Flucht - Nation - Soziale Ungleichheit

INTERKULTURELLE PÄDAGOGIK
UND POSTKOLONIALE THEORIE

Herausgegeben von Heike Niedrig und Louis Henri Seukwa

BAND 11

PETER LANG

Roxana Dauer

Flucht - Nation – Soziale Ungleichheit

Eine Diskursanalyse zur bildenden Funktion von Medien

PETER LANG

Bibliografische Information der Deutschen Nationalbibliothek
Die Deutsche Nationalbibliothek verzeichnet diese Publikation in der Deutschen Nationalbibliografie; detaillierte bibliografische Daten sind im Internet über http://dnb.d-nb.de abrufbar.

Bei dem vorliegenden Text handelt sich um eine Dissertation, die im Jahr 2022 an der Fakultät für Erziehungswissenschaft der Universität Hamburg angenommen wurde.

D 18
ISSN 1867-626X
ISBN 978-3-631-88506-2 (Print)
E-ISBN 978-3-631-88521-5 (E-PDF)
E-ISBN 978-3-631-88522-2 (EPUB)
DOI 10.3726/b20010

Peter Lang – Berlin · Bern · Bruxelles ·
New York · Oxford · Warszawa · Wien

Diese Publikation wurde begutachtet.

www.peterlang.com

Danksagung

An dieser Stelle möchte ich all denjenigen danken, die auf verschiedenste Weite zum Gelingen dieser Arbeit beitragen haben.

Dabei gilt mein tiefer und herzlicher Dank meinem Promotionsbetreuer Prof. Dr. Louis Henri Seukwa. Vielen Dank für dein stetiges Vertrauen in mich. Ich habe sehr viel von dir gelernt und du hast mir immer wieder neue Perspektiven eröffnet. Dafür und für vieles mehr bin ich dir zutiefst dankbar.

Mein weiterer Dank gilt Prof. Dr. Gordon Mitchell. Unseren Austausch über meine Arbeit habe ich stets als sehr inspirierend empfunden. Vielen Dank für deine Offenheit und dein Vertrauen, das du mir entgegengebracht hast.

Herzlich danke ich auch Prof. Dr. Joachim Schroeder für die Begleitung und Unterstützung insbesondere in der Endphase dieses Dissertationsprojektes. Durch deine Anmerkungen hat diese Arbeit noch einmal an Qualität gewonnen.

Ich bedanke mich auch bei Prof. Dr. Harald Ansen für seine Unterstützung. Deine Ermutigung, mich auf das Stipendium zu bewerben, hat mir viel bedeutet und maßgeblich zum Gelingen dieser Arbeit beigetragen.

Für eine kritische Sichtung des Textes danke ich außerordentlich Dagmar Dauer, Manuela Schrödel und Bernd Hildebrandt. Eure Anmerkungen und Hinweise haben mir sehr geholfen und die Arbeit verbessert.

Darüber hinaus danke ich allen Mitgliedern des Graduiertenkollegs „Qualitätsmerkmale sozialer Bildungsarbeit". In den verschiedenen Kolloquien, Forschungswerkstätten und Peergroups wurden mir viele Perspektiven auf unterschiedlichste Fragestellungen eröffnet, die mir ansonsten verwehrt geblieben wären.

Mein besonderer Dank gilt meinen Kolleg*innen und Freund*innen Tobias Hensel, Sofie Olbers und Sally Peters. Mit euch hat mir der Büroalltag immer viel Freude bereitet und ich habe unseren regen Austausch als ungemeine Unterstützung erfahren. Danke für die schöne gemeinsame Zeit.

Überaus dankbar bin ich für die finanzielle Unterstützung als ehemalige Stipendiatin des Graduiertenkollegs „Qualitätsmerkmale sozialer Bildungsarbeit", welches durch die Behörde für Wissenschaft und Forschung im Rahmen der Landesforschungsförderung Hamburg gefördert wurde. Diese finanzielle Unterstützung hat maßgeblich zum Gelingen der vorliegenden Arbeit beigetragen.

Ganz besonders bedanke ich mich bei meiner Familie – meinen Eltern, Geschwistern und Großeltern – für ihre Ermutigungen und Zusprüche. Darüber hinaus gilt mein außerordentlicher Dank Kai Hildebrandt. Es war nicht immer einfach, doch du hast mich mit deiner optimistischen Grundhaltung mich immer wieder daran glauben lassen, dass ich diese Arbeit bewältigen kann. Ich danke dir von Herzen für deine Geduld, dein Mitgefühl und deine Unterstützung.

Abstract

Seit dem Jahr 2015 hat der Diskurs über geflüchtete*migrierte Personen in der medialen Berichterstattung in Deutschland eine Hochkonjunktur erfahren. Vor diesem Hintergrund untersucht die vorliegende Arbeit im Rahmen einer empirischen Diskursanalyse im Anschluss an Michel Foucault und Stuart Hall die Titelbilder der Wochenzeitung Die Zeit aus dem Jahr 2015, die das Thema Flucht*Migration behandelten. Dabei werden die Fragen verfolgt, wie „Flüchtlings-" und Nationalstaatskonstruktionen repräsentiert wurden, in welchem Verhältnis diese Repräsentationen zueinanderstehen und inwieweit die gewählten Repräsentationen geeignet sind, soziale Ungleichheit von geflüchteten*migrierten Personen zu legitimieren. Ziel der Arbeit ist es, herauszuarbeiten, welche Mechanismen bei den genannten medialen Repräsentationen zum Einsatz kommen und inwieweit diese möglicherweise ein ausschließendes Potenzial aufweisen. Im Anschluss an die empirische Untersuchung wird diskutiert, welche Schlussfolgerungen sich in Anbetracht der Ergebnisse für (sozial-)pädagogische Handlungsfelder ergeben. Auf diese Weise ist diese Arbeit darauf ausgerichtet, einen Beitrag zu einer kritischen Medienpädagogik zu leisten.

Schlagworte: Flucht*Migration – Repräsentation – „Flüchtlingskonstruktion" – Nationalstaatlichkeit – soziale Ungleichheit – Diskursanalyse – Medien – Michel Foucault – Stuart Hall – kritische Medienpädagogik

Inhaltsverzeichnis

1 Problemstellung

Deutsche Medien diskutieren insbesondere seit dem Jahr 2015 die Zuwanderung von Menschen nach Europa und Deutschland kontrovers. Nicht selten war und ist bis heute in diesem Zusammenhang von der sogenannten „Flüchtlingskrise"[1] die Rede. Dieses Thema hat ähnlich wie bereits in den 1990er Jahren erneut eine Hochkonjunktur erfahren. Auf den ersten Blick lassen sich seit dem Jahr 2015 sehr diverse und vielfältige Diskursstränge ausmachen. So wurde beispielsweise über eine deutsche „Willkommenskultur" (vgl. Fischhaber 2015) in den Medien berichtet und es waren Bilder zu sehen, wie Menschen an überfüllten Bahnhöfen von Ehrenamtlichen freudig empfangen und mit dem Nötigsten versorgt wurden (vgl. Hengst/Sperber 2015). Thematisiert wurden Einzelschicksale, wie beispielsweise im Falle Alan Kurdis, dessen Leichnam gemeinsam mit dem seiner Mutter Rehana Kurdi und dem seines Bruders Ghalib Kurdi an der türkischen Mittelmeerküste angeschwemmt wurde. Sie waren bei dem Versuch das Mittelmeer zu überqueren, ertrunken (vgl. Frank 2015). Einprägsam waren ebenso Fotoaufnahmen von Menschen, die aus Kriegsgebieten wie Syrien oder Afghanistan zu Fuß auf europäischen Autobahnen unterwegs waren (vgl. Orth 2015). Oder aber es wurde in deutschen Medien über Anschläge auf Personen in Erstaufnahmeeinrichtungen berichtet, wie bspw. in Heidenau (vgl. Meisner 2015) und Clausnitz (vgl. Tretbar 2016). In Heidenau kam es im August 2015 anlässlich einer bevorstehenden Nutzung eines leerstehenden Gewerbegebäudes als Erstaufnahmeunterkunft über mehrere Tage hinweg zu massiven rechtsextremen Ausschreitungen, während in Clausnitz ein Mob mit „Wir sind das Volk!"-Ausrufen Personen einschüchterte, die sich mit einem Bus auf der Anreise zu ihren Wohnungen befanden. Gegen die rechten Demonstrierenden wurde nicht durchgegriffen, sondern die Polizei wandte körperlichen Zwang gegenüber den Personen im Bus an, wie ein medial weit verbreiteter Videoausschnitt dokumentierte (vgl. Spiegel Online 2016).

Die Liste an Ereignissen, die rund um den Themenbereich Flucht*Migration[2] seit dem Jahr 2015 in den Medien behandelt wurden, ließe sich über viele

---

1 In der vorliegenden Arbeit nehme ich eine dekonstruktivistische Perspektive auf den Begriff des „Flüchtlings" ein. Um seinen Konstruktionscharakter sprachlich kenntlich zu machen, ist er jeweils in Anführungszeichen gesetzt.

2 In der vorliegenden Arbeit verwende ich die Schreibweise Flucht*Migration, um kenntlich zu machen, dass eine vermeintlich eindeutige Abgrenzung von Flucht gegenüber Migration, wie es im juristischen Sinne sowie im allgemeinen

weitere Seiten fortsetzen und wäre dennoch nicht erschöpft. Was sich anhand der medialen Berichterstattung jedoch zeigt, ist, dass Flucht*Migration die Gesellschaft bewegt. Es scheinen Themen zu sein, welche es wert sind, dass Medien darüber in Bezug auf verschiedenste gesellschaftliche Bereiche berichten. Sei es bezogen auf das Gemeinwesen von Städten und Kommunen, den Wohnungs- und Arbeitsmarkt, den Gesundheits- und Bildungssektor, inter-/nationale Politik u.v.a.m. Parallel zu der großen medialen Präsenz des Themenbereiches Flucht*Migration hat es seit dem Jahr 2015 eine Reihe gesetzlicher Verschärfungen in der deutschen Asylgesetzgebung sowie repressive Maßnahmen in deutscher und europäischer Migrationspolitik gegeben. Um nur einige Beispiele zu nennen:

- Mit der Verabschiedung der sogenannten Asylpakete I und II in den Jahren 2015 und 2016 wurde die bereits ohnehin stark reglementierte Gewährung von Asyl weiter beschränkt. Das Asylpaket I, das am 23. Oktober 2015 in Kraft trat, erhöht u.a. die Aufenthaltsdauer für Schutzsuchende in Erstaufnahmeeinrichtungen ebenso wie die Residenzpflicht[3] von drei auf sechs Monate. Albanien, Kosovo und Montenegro wurden zu sicheren Herkunftsstaaten erklärt und auf diese Weise die Durchsetzung von Abschiebungen von Personen, denen der Schutzstatus nicht zuerkannt wurde, beschleunigt. Das Sachleistungsprinzip[4] wurde gegenüber dem Geldleistungsprinzip

---

Sprachgebrauch oftmals vorgenommen wird, nicht möglich ist. Wie u.a. die transnationale Migrationsforschung gezeigt hat (vgl. Faist et al. 2014; Pries 2011), sind Flucht*Migrationsbewegungen heterogen und die Lebensrealität der jeweiligen Personen lässt sich entlang dieser dichotomen Kategorien nicht abbilden. Dennoch handelt es sich bei Flucht und Migration innerhalb nationalstaatlicher Asyl- und Migrationsregime um machtvolle Kategorien. Für Personen, die innerhalb dieser Asyl- und Migrationsregime positioniert sind, folgen aus der Zuordnung als „Flüchtling" oder „Migrant*in" weitreichende Konsequenzen für den Zugang zu gesellschaftlicher Teilhabe. Zur Kenntlichmachung dieses Spannungsfeldes wird in der vorliegenden Arbeit die Schreibweise „Flucht*Migration" resp. „geflüchtete*migrierte Personen" gewählt.

3 Schutzsuchende Personen dürfen den Landkreis bzw. das Stadtgebiet, in dem sie ihren Asylantrag gestellt haben, nicht bzw. wenn, dann erst mit einer Genehmigung der Ausländerbehörde verlassen.

4 Anstelle von Geldleistungen wird der Bedarf an Nahrung, Kleidung, Hygieneartikeln usw. über Wertgutscheine bzw. Lebensmittelpakete u.ä. gedeckt. Eine selbstbestimmte Versorgung der Betroffenen ist damit verunmöglicht.

gestärkt sowie Leistungskürzungen bis unterhalb des Existenzminimums ermöglicht (vgl. Der Bundestag 2016a; Dernbach 2016; Pro Asyl 2015).

- Im Rahmen des Asylpakets II wurde u.a. der Familiennachzug für subsidiär Schutzberechtigte vom 17. März 2016 bis zum 1. August 2018 ausgesetzt (vgl. Der Bundestag 2016b). Dies galt auch für unbegleitete, minderjährige Personen. Erst seit August 2018 ist der Nachzug von engsten Familienangehörigen wieder möglich, dabei jedoch auf ein Kontingent von 1.000 Personen pro Monat begrenzt (vgl. BAMF 2018; Kessler und Krause 2018, S. 4).
- In Bayern wurden sogenannte „Ankerzentren" (Ankunfts-, Entscheidungs- und Rückführungszentren; vgl. Lückoff 2019) eigerichtet. Bis zur Entscheidung über ihren Asylantrag werden Schutzsuchende dort für bis zu 18 Monate untergebracht. Während dieser Zeit besteht für sie Residenzpflicht, sie unterliegen einem Ausbildungs- und Arbeitsverbot, staatliche Transferleistungen werden nach dem Sachleistungsprinzip gewährt, es besteht ein Betreuungsverbot für ehrenamtliche Helfende sowie eine eingeschränkte medizinische Versorgung (vgl. Pro Asyl 2018: 4).
- Das Bundeskabinett hat im April 2019 den Entwurf von Bundesinnenminister Horst Seehofer für ein „Geordnetes-Rückkehr-Gesetz" verabschiedet[5]. Dieser Gesetzesentwurf ist eine weitere Maßnahme, welche das Asylgesetz in Deutschland deutlich schwächt (vgl. Pro Asyl 2019). Es sieht u.a. vor, dass asylbeantragende Personen, die keine Ausweisdokumente vorlegen oder bei der Beschaffung von Ersatzunterlagen nicht mitwirken, mit Sanktionen bei Sozialleistungen, Arbeitsverbot und Wohnsitzauflagen rechnen müssen. Darüber hinaus wird die Inhaftierung von Personen erleichtert, deren Asylantrag abgelehnt wurde. Diese sollen auch in regulären Haftanstalten untergebracht werden können, wenn keine Plätze in speziell dafür vorgesehenen Einrichtungen vorhanden sind (vgl. Bullion 2019; Iser 2019). Mit der Aufhebung einer räumlichen Trennung zwischen Personen, denen kein Aufenthalt gestattet wird, und strafgefangenen Personen, wird gleichzeitig eine Gleichsetzung zwischen Asylrecht und Strafrecht vorangetrieben. Eine zunehmende Kriminalisierung von asylsuchenden Personen ist die Konsequenz.
- Auf internationaler Ebene versuchen Deutschland und die EU-Mitgliedstaaten geflüchtete*migrierte Personen zunehmend daran zu hindern, in die Nähe der Grenzen der EU zu kommen. Ein Beispiel hierfür ist die Verabschiedung des sogenannten EU-Türkei-Deals. Dieser besagt,

5 Das vorliegende Kapitel wurde im April 2019 verfasst. Spätere Änderungen des Gesetzesentwurfs wurden nicht berücksichtigt.

dass die Türkei Schutzsuchende zurücknimmt, die nach dem 20. März 2016 ohne gültige Reisedokumente über die Türkei das Territorium europäischer Mitgliedstaaten erreicht haben. Hiervon können alle Personen, die kein Asyl beantragen oder deren Asylantrag bereits abgelehnt wurde, betroffen sein (vgl. Europäischer Rat 2016). Im Gegenzug haben sich die EU-Mitgliedsstaaten bereit erklärt, für jede – hauptsächlich von den griechischen Inseln – abgeschobene Person, eine andere schutzsuchende Person aus der Türkei aufzunehmen. Dieses 1:1 Verfahren stellt eine weitere Maßnahme dar, die abschreckend wirkt. Für geflüchtete*migrierte Personen wird damit das Risiko erhöht, keine langfristige Bleibeperspektive innerhalb der europäischen Mitgliedsstaaten zu erhalten, wenn sie versuchen sollten, über die Mittelmeerroute in die EU einzureisen. Zudem sicherte die EU der Türkei bis Ende 2018 drei Milliarden Euro für die Versorgung Schutzsuchender in der Türkei zu (vgl. Cremer 2017; Schmeitzner 2018; Tagesschau.de 2016).

- Darüber hinaus bemüht sich die EU um einen Ausbau ihres Einflusses in afrikanischen Staaten, um zu verhindern, dass geflüchtete*migrierte Personen nach Europa kommen. Unter Slogans wie „The European Union's cooperation with Africa on migration" (EU KOM 2015) zahlt die EU im Rahmen unterschiedlicher Abkommen (vgl. z.B. „Rabat Process", „Khartoum Process"; ebd.) Hilfsleistungen an afrikanische Staaten, die sich im Gegenzug verpflichten, die sogenannte „irreguläre Migration" (ebd.) zu bekämpfen. Das bedeutet: Mehr Entwicklungshilfe für mehr Flucht*Migrationskontrolle. Die EU investiert in diesem Bereich immer mehr Geld. In dem Zeitraum von dem Jahr 2000 bis 2015 waren es rund zwei Milliarden Euro. Bis zum Jahr 2020 sollen weitere 14 Milliarden Euro in diesem Bereich ausgegeben werden (vgl. Jakob/Schlindwein 2017: 12). Die Bemühungen der EU sind darauf ausgerichtet, jede Bewegung von Staatsbürger*innen afrikanischer Staaten in Richtung Europa als irregulär zu erklären. Schlindwein (2019) macht dies am Beispiel Niger eindrücklich nachvollziehbar:

> „Die nigrische Stadt Agadez war bislang Drehkreuz für Migranten aus Westafrika in Richtung Mittelmeer: Durch diese historische Handelsstadt im Herzen des Niger geht seit Jahrtausenden alles hindurch, was von Westafrika durch die Sahara will: Waren, Händler, Kamele und Migranten. Agadez ist die letzte große Oase vor der Sahara. Schon immer zogen hier die Karawanen durch. Weil Flüge teuer sind, reisen Afrikaner lieber mit dem Bus. Überall auf dem Kontinent sprießen überregionale Buslinien aus dem Boden, vor allem in der gemeinsamen Westafrikanischen Wirtschaftsunion ECOWAS, wo es – wie im Schengen-Raum – Freizügigkeit gibt. Schon 2015 hatte die nigrische Regierung ein Gesetz beschlossen, durch das der ‚Transport von Menschen' mit einer Gefängnisstrafe von bis zu 30 Jahren sowie einer Geldbuße von bis zu 45.000 Euro bestraft werden kann. Doch das Gesetz

wurde lange Zeit nicht angewandt. Dann reiste im Herbst 2016 Bundeskanzlerin Angela Merkel in den Niger. Sie hatte ein Geschenk dabei: Ein Projekt der Gesellschaft für Internationale Zusammenarbeit (GIZ) für Arbeitsbeschaffungsmaßnahmen im Niger im Wert von ca. 15 Millionen Euro. Nigers Präsident Mahamadou Issoufou lächelte verlegen und meinte, er habe da eher einen Betrag von rund einer Milliarde Euro im Sinn. Dafür wurde er müde belächelt. Aber dann bekam er doch, was er wollte. Nicht einmal ein Jahr später, auf der Geber-Konferenz für Niger im November 2017, schnürte die EU ein Hilfspaket für das Land. Deutschland gab noch einmal eine Extraportion obendrauf. Die Endsumme belief sich auf eine Milliarde Euro. Mit dieser Milliarde Euro stattete Deutschland die nigrische Armee mit Fahrzeugen und Radargeräten aus. Die Franzosen brachten ihren nigrischen Kameraden Verhaftungstechniken bei. Frontex entsandte Verbindungsbeamte nach Niger. Mithilfe von hochauflösenden Satellitenaufnahmen verfolgt die europäische Grenzschutzbehörde auf Bildschirmen in ihrem Hauptquartier in Warschau Reifenspuren im Wüstensand: Von Agadez aus müssen Lastwagen, Busse oder Pick-Ups vollbeladen mit Waren und Migranten tausende Kilometer durch die Wüste fahren, um die libysche Grenze zu erreichen. Unterwegs machen sie an Wasserstellen Halt, um Trinkflaschen aufzufüllen. Mithilfe von französischen Soldaten stationierte Nigers Armee gezielt Einheiten an den Wasserstellen entlang der Wüstenroute von Agadez nach Libyen. Dies führt dazu, dass immer mehr Fahrer weite Umwege machen, um Verhaftungen zu entgehen. Die Folge: Immer mehr Migranten verdursten auf dem langen beschwerlichen Weg durch die Sahara. Anfang Juni 2017 erklärte das Rote Kreuz in Niger: Ein Lastwagen war mitten in der Sahara liegen geblieben. Nur sechs Menschen konnten sich zu Fuß bis zur nächsten Wasserquelle durchschlagen. Zwei der Überlebenden führten Retter danach zum Unglücksort, an dem 44 Leichen gefunden wurden, darunter 17 Frauen und sechs Kinder. Am selben Tag rettete die nigrische Armee etwas weiter östlich 40 Menschen, die von Schleppern in der Sahara zurückgelassen wurden. Erst wenige Wochen zuvor waren in der nigrischen Wüste acht Migranten auf dem Weg nach Algerien verdurstet, darunter fünf Kinder. Gratuliert hat die Europäische Kommission Niger am 15. Dezember 2016 dafür, dass weniger Migranten nach Europa kommen. Schmuggler waren verhaftet und vor Gericht gestellt worden, 95 Fahrzeuge zum Transport von Migranten beschlagnahmt und neun Polizisten inhaftiert worden, weil sie unter Korruptionsverdacht standen. Niger leistet der EU als Türsteher einen gewaltigen Dienst."

- Die verheerenden Folgen dieser EU-Politik sind seit langem bekannt. Tausende Menschen haben im Mittelmeer, in der Sahara oder in Lagern wie in Libyen, in denen „KZ-ähnliche Verhältnisse" (Semsrott 2018) herrschen, ihr Leben verloren. Der UNHCR hat allein im Zeitraum der Jahre 2015 bis 2018 insgesamt 14.708 Todesopfer im Mittelmeer sowie entlang der Landgrenzen Europas registriert (vgl. Tabelle 1). Der öffentliche und politische Diskurs wäre womöglich ein anderer, hätte es sich hierbei um Europäer*innen gehandelt.

Es gibt aktuell keine sicheren Flucht*Migrationswege nach Europa. Die Mittelmeerroute ist einer der gefährlichsten Flucht*Migrationskorridore weltweit. Diese Situation ist europapolitisch gewollt. Im Falle Libyens wird dies deutlich, da die EU sich selbst durch Berichte des Auswärtigen Amtes, die auf „allerschwerst[e], systematisch[e] Menschenrechtsverletzungen" (AA 2017, S. 1) hinweisen, nicht davon abhalten lässt, weiterhin große Summen zum Grenzschutz zur Verfügung zu stellen (vgl. Obert 2017; Peters/Popp 2018). Von dieser Politik profitieren zeitgleich europäische IT-Unternehmen sowie Rüstungs- und Sicherheitskonzerne. Denn es fließen nicht nur Geldleistungen, sondern auch Grenzschutztechnologien in Richtung afrikanischer Staaten.

> „So stellten das Bundesverteidigungsministerium und das Auswärtige Amt 2016 zwölf Millionen Euro […] zur Verfügung, aus dem auch Sicherheitsprojekte im Irak, Jordanien, Mali und Nigeria finanziert werden. Für 2017 wurden weitere 40 Millionen für Tunesien eingeplant […]. Auch die EU steuert 14 Millionen Euro für tunesische Grenzaufrüstung bei. Deutsche Bundespolizisten bilden tunesische Grenzschützer aus, die Bundeswehr schickt Schnellboote und gepanzerte Lastwagen. Für 2017 hatte Deutschland mobile Überwachungssysteme mit Bodenaufklärungssystemen an der tunesisch-libyschen Grenze zugesagt. Fünf Nachtüberwachungssysteme, 25 Wärmebildkameras, 25 optische Sensoren und fünf Radarsysteme hat Airbus für die Ausbildung nach Tunesien geliefert. Bezahlt hat das Gerät die Bundesregierung, aus Steuergeldern. Tunesien bekommt die Hightech-Grenze quasi umsonst." (Jakob/Schlindwein 2017: 197)

Bei der Zusammenarbeit mit afrikanischen Staaten in Grenzschutzfragen verfolgt die EU folglich (mindestens) zwei migrations- und wirtschaftspolitische Interessen: einerseits Menschen an der Flucht*Migration nach Europa zu hindern, andererseits Rüstungs- sowie Sicherheitstechnik abzusetzen.

Die Phänomene, dass einerseits die Flucht*Migration in den Medien seit dem Jahr 2015 wieder eine hohe Präsenz hat, und dass andererseits zeitgleich Restriktionen in der deutschen und europäischen Migrationspolitik vorangetrieben wurden, stehen miteinander in Zusammenhang. Der Zusammenhang ist auf die verschiedenen Funktionen zurückzuführen, die Medien in einer nationalstaatlich, demokratisch organisierten Gesellschaft erfüllen, so wie dies in Deutschland und anderen EU-Mitgliedsstaaten der Fall ist. Von besonderer Bedeutung ist dabei erstens ihre *bildende Funktion*. Medien stellen Informationen für die einzelnen Personen einer Bevölkerung zur Verfügung, anhand derer sie einen Überblick, Eindruck oder vertiefende Auskünfte über Ereignisse in der Welt beziehen können. Wird Bildung sehr allgemein als ein Prozess der Auseinandersetzung eines Subjekts mit der Welt und sich selbst verstanden (vgl. Koller 2011: 9–19), dann sind Medien einer der zentralen Orte, welche dies

Tabelle 1: Recorded Deaths at the Mediterranean Sea and along land routes at Europe's borders 2015–2018

	2015	2016	2017	2018	Total
Deaths at sea	**3.771**	**5.096**	**3.139**	**2.275**	**14.281**
Number of deaths recorded along land routes at Europe's borders	144	72	75	136	427

Eigene Darstellung; Datenquelle: UNHCR 2019a: 6

ermöglichen. Über sie können wir etwas über die Welt erfahren und uns in ihr verorten. Zweitens sind sie eines der zentralen *Kommunikationsmittel*, über das verschiedene Akteur*innen in einer Massengesellschaft wie in Deutschland miteinander in Austausch treten können. Dies trifft beispielsweise dann zu, wenn Politiker*innen gegenüber Journalist*innen Stellung zu bestimmten Reformen beziehen und damit zeitgleich die Bevölkerung über ihre Politik informieren. Oder andersherum, wenn Bürger*innen im Rahmen von Demonstrationen Meinungsäußerung betreiben und über mediale Berichterstattung hoffen, dass Politiker*innen ihre Anliegen wahrnehmen und ihre Politik entsprechend ausrichten. Ein öffentlicher Diskurs kommt erst durch Medien zustande und so spielen sie drittens eine wichtige Rolle bei der *demokratischen Meinungsbildung* (vgl. Branahl/Donges 2010). Daran anschließend ist viertens die Funktion von Medien als *Kontrollinstanz* zu nennen. Im Sinne der demokratischen Gewaltenteilung von Judikative, Legislative und Exekutive werden sie auch als vierte Gewalt bezeichnet (vgl. ebd.: 7). Die Hauptaufgabe von Medien besteht aus dieser Perspektive darin, dass sie kritisch über die Arbeit von politischen Regierungen, Parteien, Unternehmen usw. berichten und auf diese Weise der Bevölkerung Informationen zur Verfügung stellen, auf deren Grundlage sie bei demokratischen Wahlen eine fundierte Entscheidung treffen kann.

Bei all den verschiedenen Funktionen (bildende Funktion, Kommunikationsmittel, demokratische Meinungsbildung, Kontrollinstanz), die Medien einnehmen, ist entscheidend, dass sie nicht über eine von ihr selbst unabhängige Realität berichten, sondern daran beteiligt sind, soziale Realität herzustellen. Denn Medien treffen immer auch eine Auswahl, worüber berichtet wird und worüber nicht.

> „Massenmedien setzen Themen in einer ganz bestimmten Weise auf die Tagesordnung, bringen sie in Umlauf und leisten auf diese Weise einen wesentlichen Beitrag zur Konstruktion und Wahrnehmung der Wirklichkeit. Sie bestimmen nicht nur, *was*

> zu einem Zeitpunkt als wichtig und diskussionswürdig erachtet wird, sondern auch die Art und Weise, *wie* darüber gesprochen oder gedacht wird.“ (Yildiz 2006: 40)

Auf diese Weise sind sie einerseits „Spiegel der Gesellschaft, andererseits aber auch [...] Konstrukteur sozialer Realität“ (Schiffer 2004, S. 48 f. zit. nach Akpınar und Wagner 2019, S. 300). Sie besitzen ein wirkmächtiges Potential und haben mitunter großen Einfluss darauf, was innerhalb einer Gesellschaft als *wahr, normal, sag-, diskurtier- und denkbar* betrachtet wird (vgl. Belina/ Dzudzek 2009: 142; Jäger 2015: 83 ff.). Vor diesem Hintergrund zeigt sich, dass die Art und Weise der medialen Berichterstattung, Gesellschaft maßgeblich beeinflussen kann. Wenn wir also wie eingangs dargelegt, beobachten, dass erstens Flucht*Migration in den Medien seit dem Jahr 2015 umfassend behandelt wurde, zweitens parallel dazu repressive Maßnahmen in der Migrationspolitik durchgesetzt wurden und wir uns drittens die gesellschaftlichen Schlüsselpositionen von Medien vergegenwärtigen, lässt sich die Frage stellen, *wie* Medien seit dem Jahr 2015 über Flucht*Migration berichtet haben. Dieser leitenden Fragestellung widmet sich die vorliegende Arbeit.

2 Stand der Forschung und Erkenntnisinteresse

2.1 Diskursanalysen zu Flucht*Migration

Eine wissenschaftliche Analyse der Berichterstattung von Medien speziell über Personen, die in Deutschland als geflüchtete*migrierte Personen positioniert werden, ist nicht neu. In den 1990er Jahren wurde eine ganze Reihe an Studien zu diesem Themenbereich publiziert (vgl. Blanke 1993; Funk/Weiß 1995; Gerhard 1992, 1994a, 1994b; Heinrichs 1992; Jäger/Link 1993; Jung et al. 1997; Klein 1994; Küpfer 1994; Leiprecht 1999; Merten 1986; Püschel/Weiß 1996; Wengeler 1993, 1995; Wodak 1994). Anlass waren die damals gestiegenen Asylantragszahlen sowie die darauffolgende Zunahme rassistisch motivierter Gewalttaten gegenüber geflüchteten*migrierten Personen (z.B. in Hoyerswerda, Rostock-Lichtenhagen, Solingen). Unter Stichworten wie der sogenannten „Ausländer-/Asylberichterstattung" beschäftigen sich diese Studien u.a. mit „dominanten Definitionen, sprachlichen Benennungen, Schlagwörtern und damit verbundenen Wertungen, den häufig vorkommenden Argumentationsmustern und -topoi sowie mit den in Politik und Medien verbreiteten Vorurteilen, Klischees, Images, Tropen und Symbolen" (Thiele 2005: 10). Zentrale Ergebnisse dieser wissenschaftlichen Untersuchungen bestehen u.a. in dem Aufzeigen von negativen bis hin zu rassistischen Darstellungsweisen von geflüchteten*migrierte Personen in den Medien. Thiele (ebd.: 10 f.) fasst wichtige Erkenntnisse dieser Studien sehr treffend wie folgt zusammen:

> „Bei der Darstellung von ‚Flucht', ‚Asyl' und ‚Einwanderung' herrschte das Negative, Konflikthaltige, Krisenhafte, Katastrophische und Sensationelle vor; häufig wurde Migration entweder mit Kriminalität oder Exotik verknüpft; Flüchtlinge und Einwanderer wurden als der deutschen Kultur fern stehend betrachtet und als Problem definiert; Asylsuchende wurden meist als ‚Wirtschaftsflüchtlinge' angesehen, gelegentlich auch als ‚Schmarotzer' oder ‚Parasiten' bezeichnet und fast durchweg auf das negativ wertende Reizwort ‚Asylanten' reduziert; in den Argumentationen ging es immer wieder um die ‚zu vielen' Flüchtlinge, den ‚massiven Missbrauch' des Asyls, die ‚begrenzte Aufnahmekapazität' und die nicht ‚verkraftbaren' finanziellen, gesellschaftlichen und kulturellen ‚Belastungen'; die Flüchtlinge wurden als ‚anonyme, dunkle Masse', als ‚Chaos', ‚Flut' und ‚Strom' sowie als ‚Marsch' und ‚Invasion' symbolisiert, so dass durch diese Sprachbilder für Deutschland eine Situation der absoluten Bedrohung (‚Überflutung', ‚Belagerung', ‚Staatsnotstand') imaginiert und dringender Handlungsbedarf (symbolisch im Sinne der ‚Eindämmung', ‚Begrenzung' und ‚Abwehr') beschworen wurde."

Ein Ergebnis dieser Analysen stellt der Verweis auf die Mitverantwortung der Medien hinsichtlich der Erzeugung gesellschaftlicher Stimmungen dar. Rassistischen Übergriffen gegenüber geflüchteten*migrierten Personen wurde so Vorschub geleistet (vgl. Blanke 1993; Funk/Weiß 1995; Gerhard 1992, 1994a, 1994b; Heinrichs 1992; Jäger/Link 1993; Jung et al. 1997; Klein 1994; Küpfer 1994; Leiprecht 1999; Merten 1986; Püschel/Weiß 1996; Wengeler 1993, 1995; Wodak 1994). Diskusanalytische Untersuchungen haben aufgezeigt, wie negative und rassistische Berichterstattungen durch Medien mit politischen Entscheidungen bspw. im Hinblick auf eine Verschärfung der Asylgesetzgebung korrelierten (vgl. Gerhard 1992; Jäger 1997). Es ist deutlich geworden, dass Medien durch ihre gesellschaftliche Schlüsselrolle maßgeblich Einfluss auf gesellschaftliche Dynamiken speziell im Kontext von Flucht*Migration nehmen. Ihre Reichweite und Einflussnahme auf gesellschaftliche Entwicklungen macht sie bis heute für wissenschaftliche Analysen interessant. Und mit Blick auf die Entwicklungen im Bereich Flucht*Migration in Deutschland scheint sich die Geschichte seit 2015 zumindest im Ansatz zu wiederholen. Nicht nur, dass mit dem Anstieg der Asylbewerber*innenzahlen insbesondere aus den Kriegsgebieten Syriens schlagartig auch wieder rechtsgerichtete Gewalttaten gegenüber geflüchteten*migrierten Personen zugenommen haben (vgl. Staud 2018; VBRG 2019). Es hat darüber hinaus ebenfalls erneut eine noch weitere Verschärfung der Asylgesetzgebung und Verschlechterung des deutsch-europäischen Umgangs mit geflüchteten*migrierten Personen gegeben (als nur eines von vielen möglichen Beispielen sei an dieser Stelle die Kriminalisierung der Seenotrettung im Mittelmeer genannt). Das Thema Flucht*Migration war entsprechend seit 2015 erneut sehr in den Medien präsent und diese Präsenz hat wiederum das Interesse von Wissenschaftler*innen geweckt. So weisen aktuelle Studien darauf hin, dass sich der mediale Diskurs seit 2015 als sehr zwiespältig darstellt (vgl. Akpınar/Wagner 2019; Almstadt 2017; Dauer 2017a; Haller 2017; Hemmelmann/Wegner 2016; Jäger/Wamper 2017). Auf der einen Seite führen bspw. Jäger und Wamper (vgl. 2017: 178 ff.) an, dass es – ähnlich wie in den 1990er Jahren – eine weiterhin problemorientierte Berichterstattung über Flucht*Migration gegeben hat. Hierunter fällt u.a. der stetige Hinweis auf eine Überforderung wohlfahrtsstaatlicher Systeme in Anbetracht der Antragsstellungen auf Asyl von geflüchteten*migrierten Personen in Deutschland (vgl. Seukwa/Dauer 2018: 67 ff.). Es wurde über chaotische Zustände in Ämtern, Behörden und Aufnahmeeinrichtungen berichtet, die nahezu einen Zusammenbruch des Staates implizierten. Es wurden mit dem Argument einer Gefährdung der inneren Sicherheit weitere Restriktionen im Bereich der rechtlichen Schutz- und Bleibeberechtigung für geflüchtete*migrierte Personen durchgesetzt (vgl. ebd.). Zudem würde Haller (vgl. 2017: 133) zufolge ein expliziter Einbezug der Bedürfnisse und Einstellungen von geflüchteten*migrierten Personen selbst in vielen Berichten weiterhin ausbleiben. Eher erscheint diese Personengruppe, wie Almstadt (vgl. 2017: 187) deutlich macht, in der Rolle der „Statisten der medial inszenierten Willkommenskultur" (ebd.). Sie dienten zur Konstruktion einer neuen nationalen Identität (vgl. Akpınar/Wagner 2019: 304; Almstadt 2017: 190), die im Wesentlichen darin bestanden habe, dass sich Deutschland als weltoffen und barmherzig präsentierte. An diese Darstellungen schließt sich auf der anderen Seite ein Bruch mit der bis dato sehr stark stereotypisierenden, negativen Berichterstattung über geflüchtete*migrierte Personen an. Die Berichterstattung sei Hemmelmann und Wegner (vgl. 2016: 24 f.) zufolge ab dem Sommer 2015 von mehr Empathie gegenüber geflüchteten*migrierten Personen geprägt gewesen. Es wurde auf Portraits von geflüchteten*migrierten Personen und ehrenamtlichen Unterstützer*innen eingegangen und Positionen von Zuwanderungs- und Asylgegner*innen wurden als „nicht zeitgemäß, undemokratisch und rationalen Argumenten nicht zugänglich" (Akpınar/Wagner 2019: 304) eingestuft. Darüber hinaus habe es zunehmend Positionierungen im medialen Diskurs gegeben, demzufolge Flucht*Migration mehr oder weniger explizit als legitime Handlung aufgefasst wurde (vgl. ebd.).

2.2 Diskursanalytische Ansätze in der Medienpädagogik

Obwohl die Studien der 1990er sowie der 2010er Jahre gezeigt haben, dass diskursanalytische Ansätze im Anschluss an Foucault sehr aufschlussreiche Erkenntnisse liefern können, ist es interessant, dass dieser theoretisch-methodologische Ansatz m.E. sehr wenig in medienpädagogische Reflexionen einbezogen wurde. So weist Dander (2017: 51) darauf hin, dass diskursanalytische Perspektiven bisher kaum für medienpädagogische Fragestellungen herangezogen wurden. Es gäbe demzufolge kaum größer angelegte Studien (wie z.B. Dissertationen) und nur vereinzelte Beiträge, die dieser Forschungsperspektive folgen würden. Entsprechend gibt es nur wenige mir bekannte erziehungswissenschaftliche bzw. medienpädagogische Analysen (vgl. Baros et al. 2017; Hentges/Kökgiran 2018; Nohl 2017; Nohl/Pusch 2017), die sich speziell aus einer diskursanalytischen Perspektive im Anschluss an Foucault mit der Berichterstattung von Medien über Flucht*Migration beschäftigen. Eine größer angelegte, systematische Studie in diesem Bereich steht bisher noch aus. Einen Beitrag zur Schließung dieser Forschungslücke zu leisten, ist Anliegen der vorliegenden Arbeit.

Die Begründung, weshalb die vorliegende Arbeit diskursanalytische Ansätze auf medienpädagogische Fragestellungen überträgt, besteht jedoch nicht ausschließlich darin, dass dies bisher wenig praktiziert wurde. Vielmehr sehe ich ein großes emanzipatorisches Potential in einer Betrachtung der Medien unter einem diskursanalytischen Paradigma. Mit dem Übertragen Foucaults diskurstheoretischer Überlegungen auf aktuelle Ereignisse, können Strukturen und Mechanismen des gesellschaftlichen Zusammenlebens sichtbar werden, die sonst zwar im Verborgenen liegen, aber dennoch nicht wirkungslos sind. So können wir etwas darüber erfahren, wie Diskurse funktionieren und auf diese Weise das (re-)produziert wird, was Bestandteil unserer sozialen Wirklichkeit ist. Wird also z.B. ein bestimmter Stereotyp einer bestimmten Personengruppe in Medienberichten wiederholt, dann nimmt dies potenziell Einfluss darauf, wie sich Menschen in unserer Gesellschaft begegnen (und das ist nur einer von vielen möglichen Wirkungsweisen). Dies haben die genannten Diskursanalysen der 1990er Jahre sehr gut gezeigt. Unter Einbezug diskursanalytischer Perspektiven Foucaults wird deutlich, wie Diskurse unweigerlich mit der Ausübung von Macht und Herrschaft verknüpft sind und bspw. mit gezielten Darstellungen in den Medien (alias diskursiven Praktiken) versucht werden kann, Einfluss auf die Handlungen von Menschen zu nehmen. Indem sich Medienrezipierende bewusstmachen, welche Funktion Medien in einer Gesellschaft innehaben, von wem sie gemacht werden, welche Interessen von Medienmachenden möglicherweise mit einer bestimmten Darstellung verfolgt werden, wer wiederum versuchen könnte, Medienmachende zu beeinflussen usw., ermöglicht dies eine bessere Einordnung der Informationen, die über die Medien vermittelt werden. Daran anschließend können Gegenstrategien entwickelt werden, indem bspw. weitere Informationsquellen hinzugezogen sowie Medienberichte in den genannten übergeordneten Zusammenhang eingeordnet werden. Dies setzt insofern ein emanzipatorisches Potential frei, als dass Rezipierende einer bestimmten Darstellung eines medialen Sachverhaltes in diesem Fall diesem nicht alternativlos ausgeliefert sind. Sich der gesellschaftlichen Zusammenhänge bewusst zu sein, kann ein *kritisches* (s.u.) Nachdenken über selbige ermöglichen. Gerade für medienpädagogische Fragestellungen, wenn es also darum geht, wie bspw. Erziehungswissenschaftler*innen, Pädagog*innen oder Sozialarbeitende einen Beitrag zur Unterstützung ihrer Adressat*innen im Umgang mit Medien leisten können, scheint mir der Einbezug Foucaults diskursanalytischer Überlegungen aus den genannten Gründen sehr gewinnbringend.

Vor diesem Hintergrund ist ein Ziel der vorliegenden Arbeit, unter Anwendung eines diskursanalytischen Ansatzes, einen Beitrag zu einer kritischen

Medienpädagogik zu leisten. Kritik verstehe ich dabei im Sinne Foucaults als „die Kunst nicht dermaßen regiert zu werden“ (Foucault 1992: 12). Gemeint ist hiermit vereinfacht formuliert, sich bei der Rezeption von Medien nicht übermäßig von den Interessen anderer Menschen in seinen Handlungen und Denkweisen leiten und lenken zu lassen. Der Hauptfokus dieser Arbeit liegt dabei nicht darauf, einen Gesamtdiskurs nachzuvollziehen, wie dies z.B. Jäger und Wamper (2017) oder Haller (2017) tun. Vielmehr wird die bildende Funktion von Medien reflektiert, indem mediale Berichterstattung über Flucht*Migration diskursanalytisch untersucht wird. Zudem werden daran anschließend Überlegungen angestellt, welche Schlussfolgerungen sich für eine pädagogische Praxis im Umgang mit Medien ableiten lassen. Dies macht eines der Innovationspotentiale der vorliegenden Studie aus.

2.3 „Flüchtlingskonstruktionen“

Die vorliegende Arbeit schließt sich darüber hinaus an zentrale Ergebnisse des Forschungsprojektes „Bildungsinstitutionen im Spiegel von Flüchtlingsbiographien afrikanischer Jugendlicher in Hamburg“ (vgl. Neumann et al. 2003b: 8) an. Anders als in gängigen Vorstellungen, welche die Ursache dafür, dass Personen zu „Flüchtlingen“ würden, auf gesellschaftliche Verhältnisse außerhalb Deutschlands zurückführen würden (vgl. Niedrig 2015: 31), verstehen Niedrig und Seukwa (2010: 184) die Kategorie „Flüchtling“ als ein „Produkt institutionellen Handelns in der Ankunftsgesellschaft“ (ebd.). Die Autor*innen unterscheiden dabei einerseits zwischen einer *politisch-rechtlichen* und andererseits zwischen einer *sozialen Konstruktion* des „Flüchtlings“. Sie treffen eine Unterscheidung dabei wie folgt:

> „Der ‚Flüchtling‘ ist zum einen ein politisch-rechtliches Konstrukt, insofern das Ausländer- und Asylrecht die Kriterien für die Zuerkennung dieses Status definiert und ein langwieriger Rechtsprozess, das Asylverfahren, durchlaufen werden muss, um eine Anerkennung als ‚legitimer Flüchtling‘ zu erlangen. Dabei ist der Flüchtlingsstatus auf rechtlicher Ebene äußerst hierarchisch strukturiert; differenziert wird u.a. zwischen Asylberechtigten, Konventionsflüchtlingen, zum Aufenthalt Befugten und lediglich Geduldeten, um nur einige für unser Projekt relevante Flüchtlingskategorien zu nennen [...]. Flüchtling-Sein ist zum anderen aber auch ein soziales Konstrukt, insofern der ‚Flüchtling‘ bestimmten sozialen Zuschreibungen ausgesetzt ist. In Anlehnung an Goffman (1975) führt Schroeder aus, dass der ‚Flüchtling‘ (wie andere sozial Stigmatisierte) Produkt einer ‚moralischen Karriere‘ sei, d.h. die Selbstdeutung als ‚Flüchtling‘ erfordere die Anerkennung der sozialen Zuschreibung einer ‚beschädigten Identität‘ und einer Differenz zum ‚Normalen‘, durch die sich die Normalität bestätigt bzw. genau genommen erst herstellt. “ (Niedrig/Seukwa 2010: 184)

Diese Unterscheidung zwischen einerseits einer politisch-rechtlichen und andererseits sozialen Konstruktion des „Flüchtlings" greift die vorliegende Studie auf. Wie Niedrig (2015: 31) sehr treffend schreibt, ist demzufolge „[d]er ‚Flüchtling' […] nicht einfach da, sondern wird diskursiv hergestellt, sowohl im juristischen und politischen als auch im öffentlich-medialen und Alltagsdiskurs." Anders als Niedrig und Seukwa (vgl. ebd.), deren Fokus auf den Bildungsbiografien von Jugendlichen mit Flucht*Migrationsgeschichte lag, übertrage ich diese Unterscheidung zwischen einer politisch-rechtlichen und sozialen Konstruktion von „Flüchtlingen" auf einen etwas anderen Kontext.

Wie eingangs erwähnt, ist die Frage von Interesse, welche Mechanismen sozialen Ausschluss in Bezug auf die Lebensverhältnisse von geflüchteten*migrierten Personen legitimieren. Diese Perspektive macht es notwendig, die Struktur des Nationalstaates näher zu betrachten. Denn es sind nationalstaatliche Institutionen wie sogenannte „Ausländerbehörden", Polizei, Gerichte, Strafvollzugsanstalten, aber auch Schulen, Ausbildungsstätten, Universität usw., die an der Herstellung sozialer Ungleichheit zwischen – in diesem Fall – deutschen Staatsbürger*innen und geflüchteten*migrierten Personen beteiligt sind. Es sind diese nationalstaatlichen Organe, die entlang des aufenthaltsrechtlichen Status einer Person darüber entscheiden, wer sich in Deutschland aufhalten, wer seine bzw. ihre Familie nachholen, wer wohlfahrtsstaatliche Transferleistungen in Anspruch nehmen, wer eine Ausbildung oder ein Studium aufnehmen oder schulische Bildung in Anspruch nehmen darf. Und weil in Deutschland – aber auch in anderen nationalstaatlich organisierten Gesellschaften – diese Institutionen über die genannten Befugnisse verfügen, sie mehr oder weniger anerkennen und damit auch akzeptieren, dass Menschen entlang ihrer jeweiligen nationalstaatlichen Zugehörigkeit ungleich behandelt werden bzw. ihnen ungleicher Zugang zu gesellschaftlichen Ressourcen gewährt wird, scheint es mir notwendig zu untersuchen, welche gesellschaftlichen Mechanismen zu einer (Re-)Produktion genau dieser Akzeptanz beitragen.

Vor diesem Hintergrund beziehe ich mich auf die Vorarbeiten von Niedrig und Seukwa (vgl. 2010), indem ich die Kategorie „Flüchtling" als eine einerseits politisch-rechtliche und andererseits soziale Konstruktion betrachte, übertrage diese Perspektive aber auch auf den Nationalstaat. Per se gibt es den „Flüchtling" ebenso wenig wie den Nationalstaat. Beides sind das Produkt diskursiver Praktiken ergo das Ergebnis menschlichen Handelns. Und beide Konstruktionen – die des „Flüchtlings" und des Nationalstaates – stehen dabei in einem Verhältnis zueinander. So wird Personen *in* einem Nationalstaat die Position des „Flüchtlings" zugewiesen. Wie oben beschrieben, ist der ungleiche Zugang zu gesellschaftlichen Ressourcen eine Folge dieser Positionierung oder wie

Schroeder es formuliert, ein „Produkt institutionellen Handelns" (2003: 422). Der Nationalstaat ist somit die übergeordnete Struktur, die den sozialen Ausschluss von als „Flüchtlinge" positionierten Personen legitimiert.

2.4 Mediale Repräsentationen im Kontext von Flucht

Es gibt einen gesellschaftlichen Konsens, der beinhaltet, dass wir auf diese Art und Weise in einer nationalstaatlich organisierten Gesellschaft zusammenleben, in der manche Menschen als „Flüchtlinge" positioniert werden und über ungleichen Zugang zu Ressourcen verfügen. Initial für die vorliegende Untersuchung ist die Frage gewesen, wie es dazu kommt, dass dieser soziale Ausschluss eine derart hohe Akzeptanz erfährt. Was ist der Grund dafür, dass es Gesetze und Institutionen gibt, die dazu beitragen, dass Menschen in menschenunwürdigen Verhältnissen leben müssen? Weshalb ist es gesellschaftlich akzeptiert, dass wir entlang nationalstaatlicher Zugehörigkeiten zwischen Menschen unterscheiden? Woran liegt es, dass wir einem Teil der Bevölkerung Zugang zu basalen Ressourcen wie Arbeit, Wohnraum, Bildung usw. gewähren und dem anderen Teil nicht? Was veranlasst uns, zwischen „Deutschen" und „Nicht-Deutschen" bzw. „Flüchtlingen" zu unterscheiden? Weshalb scheint es normal zu sein, Menschen, die als „Flüchtlinge" in unserer Gesellschaft platziert werden, weniger Solidarität entgegenzubringen als Menschen, die wir als Deutsche einstufen? Weswegen tolerieren wir es, dass Behörden wie z.B. die Polizei Menschen abschieben, weil sie nicht über das passende Ausweisdokument bzw. einen anerkannten Aufenthaltsstatus verfügen? Welche Mechanismen sind es, die diesen gesellschaftlichen Konsens herstellen und die deutsche Gesellschaft das akzeptieren lässt? Und woran liegt es, dass angesichts dieser offensichtlichen sozialen Ungerechtigkeit nicht kollektiv aufbegehrt wird?

Einen Anhaltspunkt mögliche Antworten auf diese Fragen zu finden, liefert Hall (vgl. 1997) mit seinen Überlegungen zum Zusammenhang von Repräsentation, Bedeutung, Kultur, Sprache und Medien. Vereinfacht formuliert, konstatiert Hall (vgl. ebd.: 9), dass wir geteilte Konzepte von der Welt und den sich darin befindenden Dingen bräuchten, um zusammen eine soziale Welt aufbauen zu können. Für das Zusammenleben in einer Gemeinschaft müssten wir im Großen und Ganzen in der Lage sein, die Welt auf eine ähnliche Weise zu verstehen bzw. ihr einen ähnlichen Sinn zu geben. Um uns wiederum über diesen Sinn – oder anders ausgedrückt – die Bedeutung der Welt und der sich darin befindenden Dingen mit anderen Menschen verständigen zu können, benutzten wir u.a. Sprache und Bilder. Beides seien Repräsentationssysteme. Repräsentationen von Personen, Dingen, Gegenständen, Ereignissen usw. würden es uns ermöglichen, auf komplexe Art und Weise über die Welt nachzudenken und uns mit anderen Menschen über diese Gedanken, Ideen, Vorstellungen usw. auszutauschen. Repräsentationen seien also gewissermaßen Hilfsmittel, mit denen wir auf Dinge verweisen würden, die im jeweiligen Moment unter Umständen nicht materiell und haptisch anwesend sind. Entscheidend bei der Verwendung von Repräsentationen sei zudem, dass wir über sie den Dingen in der uns umgebenden Welt einen Sinn geben, also ihnen eine Bedeutung zuschreiben würden. Hall (vgl. ebd.: 7 f.) zufolge sei Repräsentation konstitutiv für die Herstellung von Bedeutung. Ohne Repräsentation, also ohne Sprache, ohne Bilder usw., könnten wir keine Bedeutung herstellen. Wir stellten Bedeutung von etwas (z.B. einem Ereignis, einem Gegenstand, oder einer Person) her, indem wir es repräsentieren würden. Das soziale Miteinander und das Teilen von Konzepten von der Welt über Repräsentationssysteme wie z.B. die Sprache, erfolgen innerhalb einer Kultur. Als Kultur bezeichnet Hall (vgl. ebd.: 9) das soziale Miteinander mehrerer Menschen, die den Dingen in der Welt auf eine ähnliche Art und Weise eine bestimmte Bedeutung zuweisen. Die Kultur sei auf diese Weise die treibende Kraft für die Herstellung von Bedeutung. Innerhalb einer Kultur – so Hall (vgl. ebd.) – seien Medien eines der zentralen Kommunikationsmittel, mit deren Hilfe sich die Mitglieder dieser Gemeinschaft verständigen würden. Medien könnten Hall (vgl. ebd.: 14) zufolge als eines der mächtigsten und weitreichendsten Systeme für die Zirkulation von Bedeutung betrachtet werden. Denn Medien hätten eine hohe Reichweite und, indem sie unter Anwendung von Sprache und Bildern über Ereignisse, Personen usw. berichten, sei Repräsentation und damit die (Re-)Produktion von Bedeutung eine ihrer Hauptaufgaben. Die vorliegende Arbeit schließt an das hier dargelegte Verständnis von Hall (vgl. ebd.) an.

Um die Zusammenhänge zwischen Repräsentation, Bedeutung und Medien noch deutlicher zu machen, führe ich im Folgenden ein Beispiel Halls (vgl. ebd.: 7 f.) an. Man stelle sich vor, Politiker*innen würden sich zur Besprechung einer politischen Situation treffen und die Medien würden darüber berichten. Würden wir uns Hall (vgl. ebd.) zufolge nun die Frage stellen, was ein solches Treffen *bedeuten* würde, müssten wir für eine Antwort hierauf alle Fakten kennen, die zu diesem Treffen geführt hätten. Wir müssten wissen, was jede und jeder Teilnehmer*in von dem Treffen erwartete, was seine oder ihre Interessen und Ziele seien, bevor wir umfassend die *Bedeutung* dieses Treffens feststellen könnten. Doch selbst, wenn wir all diese Informationen hätten, würde es, so Hall (vgl. ebd.), niemals nur eine einzige, endgültige Interpretation dessen geben, was bei diesem Treffen passiert sei bzw. worum es wirklich gehe. Es werde immer eine umstrittene Frage sein und niemals nur eine einzige, festgelegte Bedeutung dieses Treffen geben. Das Ergebnis dieser Überlegung sei, dass es im Vorfeld nichts absolut Festgelegtes gegeben habe, über das in den Medien berichtet (repräsentiert) worden sei. Daraus solle nicht der Fehlschluss abgeleitet werden, dass in Frage stehe, ob es ein tatsächliches Ereignis gegeben habe. Selbstverständlich hätten sich Leute getroffen, sie hätten miteinander geredet, gestritten, hätten womöglich Entscheidungen getroffen usw. Entscheidend sei aber, dass es bereits im Vorfeld – also bevor berichtet (repräsentiert) wurde – zweifelhaft gewesen sei, was die *wahre Bedeutung* dessen sei, was passierte. Denn die wahre Bedeutung hänge davon ab, was jede*r Einzelne daraus machten bzw. wie er oder sie das, was passiert sei, deuteten oder interpretierten. Und letzteres hänge wiederum davon ab, *wie* etwas dargestellt ergo repräsentiert wurde.

Wenn man also in Anbetracht dieser Überlegungen Halls (vgl. ebd.) wissen will, wie sich ein gesellschaftlicher Konsens herstellt, der darin besteht, dass eine Gesellschaft sich in Form eines Nationalstaates organisiert und innerhalb dieses Nationalstaates bestimmte Personen als „Flüchtlinge" positioniert sowie diese benachteiligt bzw. sozial ungleich behandelt, dann macht es Sinn mediale Repräsentationen näher zu untersuchen. Denn wie hier aufgezeigt wurde, besetzen Medien eine Schlüsselrolle bei der Kommunikation innerhalb einer Gesellschaft wie in Deutschland und sind über ihre Repräsentationen maßgeblich an der Herstellung sozialer Wirklichkeit beteiligt. Aus diesem Grund hat die vorliegende Arbeit mediale Berichterstattung zum Gegenstand. Sie untersucht vor diesem Hintergrund, in welchem Verhältnis die Repräsentationen von „Flüchtlings-" und Nationalstaatskonstruktionen in medialer Berichterstattung zueinanderstehen. Dabei liegt der Fokus speziell auf dem Verhältnis dieser beiden Konstruktionen zueinander, um zu ermitteln, welche Mechanismen dazu beitragen, dass sozialer Ausschluss von Personen, die als „Flüchtlinge" in Deutschland positioniert werden, als legitim gilt. Es geht darum, diskursive Muster in der Repräsentation aufzuzeigen, die dazu beitragen, dass der soziale Ausschluss bestimmter Personengruppen Normalität ist. Das Wissen darum, wie diese gesellschaftliche Normalität hergestellt wird, eröffnet eine Möglichkeit der Kritik. Denn wenn wir verstehen, wie der Diskurs funktioniert, können wir uns einerseits in der Kunst üben, „nicht dermaßen regiert zu werden" (Foucault 1992: 12) sowie andererseits dieses Wissen für pädagogische Handlungsfelder nutzbar machen.

2.5 Erkenntnisinteresse

Ziel der vorliegenden Arbeit ist es, einen Beitrag zur Schließung der hier aufgezeigten Forschungslücke zu leisten. Meine Untersuchungen haben ergeben, dass es keine Studie gibt, die diskursanalytische Repräsentationen von „Flüchtlings-" und Nationalstaatskonstruktionen in ihrem Verhältnis zueinander und hinsichtlich einer Legitimation sozialen Ausschlusses untersucht und aus den Analyseergebnissen Schlussfolgerungen für medienpädagogische Fragestellungen ableitet. Die Perspektive der vorliegenden Arbeit zielt auf eine Dekonstruktion[6] dessen, was gesellschaftlich als gemeinhin akzeptiert und anerkannt gilt. Ein zentrales Anliegen dieser Arbeit ist es, einerseits die politisch-rechtliche und andererseits die soziale Platzierung von Menschen als „Flüchtlinge" und den damit einhergehenden sozialen Ausschluss in Frage zu stellen. Das Erkenntnisinteresse der vorliegenden Studie ist daher, wie Medien in Deutschland Nationalstaats- und „Flüchtlingskonstruktionen" repräsentieren und in welchem Verhältnis letztgenannte zueinanderstehen. Daran anschließend ist es von Interesse, inwieweit dieses Verhältnis der Repräsentationen zu einer (Re-)Produktion einer Legitimationsgrundlage für sozialen Ausschluss beiträgt oder aber möglicherweise auch dominante Platzierungen von als „Flüchtlinge" positionierten Personen durchkreuzt und gängige Legitimationsmuster der Exklusion von geflüchteten*migrierten Personen in Frage stellt. Und zu guter Letzt geht diese Arbeit der Frage nach, was sich aus diesen Erkenntnissen für eine Förderung der Medienkompetenz in pädagogischen Handlungsfeldern ableiten lässt. Die forschungsleitenden Teilfragen, die sich daraus ergeben, lauten entsprechend:

- Wie wird Nationalstaatlichkeit in deutschen Medien repräsentiert?
- Wie werden „Flüchtlingskonstruktionen" repräsentiert?
- In welchem Verhältnis stehen diese Repräsentationen zueinander?
- Inwiefern legitimieren diese Repräsentationen und ihr Verhältnis zueinander sozialen Ausschluss?

---

6 Mit Bezug auf Derrida (vgl. 1983: 45) führt Schroeder (2003: 417 f.) aus, Dekonstruktion sei „eine spezifische Zugangsweise auf die Produktion von interpretierenden Texten, in der das Ziel nicht mehr die Etablierung einer ‚richtigen Lesart', sondern die Öffnung möglicher Bedeutungen ist. Dadurch werde im Text fixierter Sinn in einem kontinuierlichen Prozess verschoben und relativiert, es könnten immer wieder neue, bislang unentdeckte oder übersehene Aspekte und Dimensionen von Bedeutungen sichtbar". Die vorliegende Arbeit schließt sich diesem Begriffsverständnis einer Dekonstruktion an.

- Was folgt aus diesen Erkenntnissen für eine Förderung der Medienkompetenz in pädagogischen Handlungsfeldern?

Die Untersuchung zielt in einem ersten Schritt darauf ab, mediale Repräsentationsformen Nationalstaats- und „Flüchtlingskonstruktionen" zu identifizieren. In einem zweiten Schritt gilt es diese hinsichtlich ihres exkludierenden Potentials einzuordnen und zu reflektieren. In einem dritten Schritt gilt es zu überlegen, wie die Erkenntnisse dieser Diskursanalyse für (sozial-)pädagogische Handlungsfelder, die mit einer Förderung der Medienkompetenz ihrer Adressat*innen befasst sind, nutzbar gemacht werden können.

3 Zum Aufbau der Arbeit

In den nachfolgenden Ausführungen geht es in einem ersten Schritt darum, sich dem Untersuchungsgegenstand der Flucht*Migration anzunähern. Es wird dargelegt, inwieweit sich bei genauerer Betrachtung Schwierigkeiten hinsichtlich einer Abgrenzung von Flucht- gegenüber Migrationsbewegungen ergeben. In diesem Zusammenhang wird einerseits herausgearbeitet, inwiefern aus der Positionierung von Menschen als „Flüchtlinge“ unterschiedliche gesellschaftliche Teilhabechancen hervorgehen. Andererseits wird eine globale Perspektive eingenommen und die Verantwortung der EU-Mitgliedsstaaten in Bezug auf die Schaffung von Flucht*Migrationsursachen in den Fokus gerückt. Ziel ist es, auf diese Weise herauszustellen, wie problematisch sich die Positionierung von Menschen als „Flüchtlinge“ erweist und wie machtvoll die Konstruktion des „Flüchtlings“ hinsichtlich ihres ein- bzw. ausschließenden Charakters ist.

Im Anschluss an diese Auseinandersetzung mit der Konstruktion des „Flüchtlings“ schließt sich eine funktionalistische Betrachtung von Medien an. Im Mittelpunkt steht hierbei die Frage, welche Rolle den Medien hinsichtlich einer (Re-)Produktion des sozialen Ausschlusses von geflüchteten*migrierten Personen potenziell zukommt. Dabei werden die unterschiedlichen Funktionen von Medien in einer nationalstaatlich organisierten Gesellschaft herausgearbeitet.

Im darauffolgenden Kapitel wird die staatlich bedingte soziale Ungleichheit im Kontext von Flucht*Migration unter der Perspektive der Gouvernementalität im Anschluss an Foucault näher betrachtet. Diesem Gegenstand ist ein eigenes Kapitel gewidmet, da die staatlich bedingte soziale Ungleichheit – wie aufzuzeigen ist – für die betroffenen Personen besonders schwer wiegt. So ist der Staat durch im Gesetz verankerte Regelungen dazu legitimiert, Menschen gegenüber Zwang und Gewalt anzuwenden. Wie genau die Zusammenhänge im Kontext von Flucht*Migration sind und welche Rolle hierbei den Medien zukommt, wird in diesem Kapitel näher erläutert.

An diese theoretischen Vorarbeiten schließt sich eine Darlegung der methodologischen Grundannahmen sowie der methodischen Vorgehensweise der vorliegenden Untersuchung an. Es wird expliziert, wie bei der Datenerhebung und -auswertung vorgegangen wurde und anhand welcher Analyseschritte das empirische Material untersucht wurde.

Vor der Darstellung der Ergebnisse der empirischen Untersuchung wird eine Auseinandersetzung mit der Notwendigkeit einer reflexiven Haltung der jeweils Forschenden vorgenommen. Im Mittelpunkt steht hierbei die (Re-)Produktion sozialer Ungleichheit durch den Forschungsprozess selbst sowie die „komplizenhafte Verstrickung" westlicher (Nachwuchs-)Wissenschaftler*innen mit sozial ungleichen Verhältnissen. In diesem Kapitel wird die reflexive Auseinandersetzung mit der eigenen Forschungstätigkeit nachgezeichnet und auf diese Weise transparent gemacht.

An das Reflexionskapitel schließt sich die Darlegung der Ergebnisse der empirischen Untersuchung an. Es handelt sich hierbei um eine detaillierte Analyse von Titelseiten der Wochenzeitung Die Zeit aus dem Jahr 2015, die das Thema Flucht*Migration thematisierten. Entlang der Analyse von sechs Titelseiten wird rekonstruiert, welche Repräsentationsformen des Nationalstaates sowie der Konstruktion von „Flüchtlingen" sich in dem Datenmaterial wiederfinden und inwieweit sich hieraus Legitimationen sozial ungleicher Verhältnisse ergeben (vgl. Erkenntnisinteresse).

Abgeleitet aus den Ergebnissen der empirischen Untersuchung wird im vorletzten Kapitel diskutiert, welche Ableitungen sich für (sozial-)pädagogische Handlungsfelder ergeben. Die vorliegende Arbeit schließt mit einer Abschlussbetrachtung.

4 Zum Untersuchungsgegenstand Flucht*Migration

Bei dem bisher grob umrissenen Themenkomplex zu Flucht*Migration handelt es sich um einen sehr weit gefassten Untersuchungsgegenstand, der viele Teilaspekte umfasst. Während Migration beispielsweise im allgemeinen Sprachgebrauch als ein Überbegriff für die dauerhafte Verlagerung des Lebensmittelpunktes von Menschen fungiert (z.B. Binnenmigration, Arbeitsmigration, Bildungsmigration), bezeichnet Flucht gemeinhin einen Ortswechsel als Reaktion auf eine äußere, lebensbedrohliche Situation (z.B. Naturkatastrophen, Krieg, Verfolgung) (vgl. Schiefer 2017: 19 ff.; Treibel 2011: 17 ff.). Eine wissenschaftliche Auseinandersetzung mit der eingangs dargelegten Problemstellung braucht folglich eine Eingrenzung. Diesem gilt es sich in den folgenden Kapiteln schrittweise anzunähern.

4.1 Abgrenzungen von Flucht gegenüber Migration[7]

4.1.1 Zwischen Zwang und Freiwilligkeit: Juristische Bestimmung und allgemeiner Sprachgebrauch des „Flüchtlingsbegriffes“

Sozialwissenschaftlich betrachtet stellen sich einige Schwierigkeiten bei dem Versuch, Flucht als ein gesondertes Phänomen gegenüber Migration abzugrenzen. Für eine Annäherung an diese Problematik kann die „Flüchtlingsdefinition“ des UNHCRs[8] sowie die Genfer Flüchtlingskonvention (GFK) als eines der völkerrechtlich wichtigsten Abkommen herangezogen werden (vgl. UNHCR 2015). Als „Flüchtlinge“ gelten demzufolge alldiejenigen, die ihren Herkunftsstaat aufgrund von politischer Verfolgung[9] verlassen. Eine

7 Dieses Unterkapitel schließt an den Beitrag von Seukwa und Dauer (2018: 59–66) an.

8 Der UNHCR (United Nations High Commissioner for Refugees) ist das Sonderorgan der Vereinten Nationen („United Nations“; kurz: UN) zum weltweiten Schutz von „Flüchtlingen“ und Staatenlosen (vgl. UNHCR 2019).

9 Nach der Genfer Flüchtlingskonvention ist ein „Flüchtling“ eine Person, die „aus der begründeten Furcht vor Verfolgung wegen ihrer Rasse, Religion, Nationalität, Zugehörigkeit zu einer bestimmten sozialen Gruppe oder wegen ihrer politischen Überzeugung sich außerhalb des Landes befindet, dessen Staatsangehörigkeit sie besitzt, und den Schutz dieses Landes nicht in Anspruch nehmen kann oder wegen dieser Befürchtungen nicht in Anspruch nehmen will; oder die sich als staatenlose infolge solcher Ereignisse außerhalb des Landes befindet, in welchem sie ihren gewöhnlichen

Unterscheidung gegenüber Migrant*innen wird dabei auf die Migrationsursachen und -motive der jeweiligen Personen zurückgeführt. Während die „Flüchtlingsdefinition" der GFK voraussetzt, dass die jeweiligen Personen sich zur Migration „gezwungen" (UNHCR 2019b) gesehen hätten und „nicht mehr in ihre Heimat zurückkehren" (ebd.) könnten, seien sie demgegenüber von Migrant*innen zu unterscheiden, die sich „freiwillig" (ebd.) dazu entschieden hätten, „in ein anderes Land zu reisen" (ebd.). Als Migrant*innen gelten demzufolge im juristischen Sinne auch Personen, die ihren Lebensunterhalt in ihrem Herkunftsstaat in nicht ausreichendem Maße sichern konnten und sich ausgehend von diesen sogenannten ökonomischen Motiven, zum Verlassen ihres Herkunftsstaates gezwungen sahen resp. entschieden haben[10]. Eine ähnliche rechtliche Auslegung des „Flüchtlingsbegriffs" ist in der deutschen Gesetzgebung verankert, was auch darauf zurückzuführen ist, dass Deutschland die GFK in nationales Recht umgesetzt hat (vgl. Hailbronner 2014: 373–384). Die juristischen „Flüchtlingseigenschaften" sind in Deutschland in § 3 Abs. 1 Asylgesetz (AsylG) festgelegt. Nur wer auf dieser Gesetzesgrundlage als „Flüchtling" anerkannt wird, ist in Deutschland „Flüchtling" im juristischen Sinne. Weiterhin muss in diesem Zusammenhang in jedem Einzelfall individuell eine begründete Furcht vor Verfolgung glaubhaft gemacht werden. Für das Asylverfahren bedeutet dies, dass nicht nur auf die „subjektive Furcht vor Verfolgung" (ebd.: 382) der antragsstellenden Person abgestellt wird, sondern diese auch „‚begründet', d.h. auf objektive Tatsachen gestützt" (ebd.) sein muss. Insgesamt wird damit sowohl in der deutschen Gesetzgebung als auch in den Kodifizierungen der GFK eine Individualisierung der Fluchtgründe vorgenommen (vgl. Nuscheler 2004: 187 ff.). Neben dem „Flüchtlingsschutz" gibt es drei weitere Schutzansprüche, die im Rahmen eines Asylverfahrens in Deutschland geprüft werden: Asylberechtigung (Art. 16a Abs. 1 GG), subsidiärer Schutz

Aufenthalt hatte, und nicht dorthin zurückkehren kann oder wegen der erwähnten Befürchtungen nicht dorthin zurückkehren will." (Art. 1 GFK)

10 Wie im Folgenden aufgezeigt wird, liegt die Krux gerade in der Unterscheidung zwischen Freiwilligkeit und Zwang. Darüber hinaus ist es an dieser Stelle wichtig darauf hinzuweisen, dass das Anliegen dieser Studie nicht darin besteht, Migration mit sog. ökonomischen Motiven gleichzusetzen. Eine (Re-)Produktion von Stereotypisierung wie „alle Migrant*innen seien arm" oder dergleichen ist keineswegs das Ziel dieser Ausführungen. Vielmehr geht es darum aufzuzeigen, dass sich Menschen mit politisch-wirtschaftlichen Situationen konfrontiert sehen können, die einer Zwangssituation gleichkommen, juristisch betrachtet aber nicht als legitime Migrationsmotive klassifiziert werden.

(§ 4 Abs. 1 AsylG) und Abschiebungsverbote (§ 60 Abs. 5 und 7 AufenthG). „Flüchtlingsschutz" und Asylberechtigung sind hinsichtlich ihrer Rechtsfolgen identisch und am weitreichendsten in ihrer Schutzgewährung. So wird bspw. ein befristeter Aufenthalt von drei Jahren erteilt, die Aufnahme einer Beschäftigung sowie ein Nachzug der Familie ermöglicht. Personen, denen subsidiärer Schutz gewährt oder denen gegenüber ein Abschiebungsverbot ausgesprochen wurde, sind im Vergleich hierzu rechtlich schlechter gestellt. Eine Aufenthaltserlaubnis wird z.T. nur für ein Jahr ausgestellt, Arbeitserlaubnis und Familiennachzug sind an die Erfüllung weiterführender rechtlicher Regelungen gebunden[11].

Während der Begriff des „Flüchtlings" im juristischen Sinne sehr eng definiert ist, findet er im allgemeinen Sprachgebrauch oftmals eine weiter gefasste Verwendung. In vielen Teilen der Zivilgesellschaft bezeichnet er alle Personen, die sich aufgrund von nicht mehr erträglichen Lebensverhältnissen dazu gezwungen sahen, ihren Lebensmittelpunkt zu verlagern. Der jeweilige juristische Aufenthaltstitel spielt dabei häufig eine untergeordnete Rolle (vgl. Schiefer 2017: 20). Entsprechend können die jeweiligen Flucht*Migrationsmotive im Vergleich zu der juristischen Definition in Deutschland sehr viel weiter gefasst sein. Sie können bspw. sowohl Aspekte wie politische Verfolgung, Krieg, Diskriminierung oder sozialen Ausschluss umfassen, als auch Naturkatastrophen, Armut, Arbeitslosigkeit oder geringe Bildungschancen. In manchen Fällen wird der „Flüchtlingsbegriff" durch weniger negativ besetzte Alternativen wie z.B. Geflüchtete, Schutzsuchende oder geschützte Personen ersetzt (vgl. Neue deutsche Medienmacher*innen 2018: 45 ff.). Als entscheidende Gemeinsamkeit haben all diese Begriffe die Grundannahme, dass sich die jeweiligen Personen nicht unabhängig von äußeren Lebensbedingungen bzw. aus rein freiwilligen Motiven zur Flucht*Migration entschieden haben, sondern sich dazu gezwungen sahen (vgl. Schiefer 2017: 20). Das Moment des Zwangs kommt folglich auch hier zum Tragen.

Anhand der Gegenüberstellung der einerseits eng gefassten juristischen Definition sowie andererseits des weiteren Begriffsverständnisses zeigt sich, dass jeweils das Kriterium der Freiwilligkeit bzw. des Zwangs in Bezug auf das Migrationsmotiv als entscheidend herangezogen wird. Das Problem ist jedoch, dass diese Unterscheidung übertragen auf lebensweltliche Realitäten stark

---

11 Aufgrund der Komplexität des Asyl- und Ausländerrechts in Deutschland können an dieser Stelle nicht alle Rechtsfolgen der jeweiligen Schutzansprüche ausgeführt werden. Für weiterführende Ausführungen sei verwiesen auf BAMF 2014; BI 2014.

vereinfachend ist. Die komplexen strukturellen und individuellen Faktoren, die dazu führen, dass Menschen ihren Lebensmittelpunkt verlagern, sind entlang dieser dichotomen Kategorien kaum angemessen zu erfassen. Eine derart klare Unterscheidung ist bei Flucht*Migrationsanlässen in der Praxis nicht umzusetzen. Flucht*Migration ist in den meisten Fällen veranlasst durch eine Mischung von sowohl ökonomischen als auch politischen Faktoren und steht in Zusammenhang mit strukturellen Rahmenbedingungen, die auch dann als Zwang wirken können, wenn es sich nicht um politische Verfolgung handelt (Betts 2009: 4 ff., 160 ff.). So können sich Menschen aus ökonomischen Gründen – bspw. durch eine Bedrohung von Armut – *gezwungen* sehen, im Ausland Arbeit oder nach besseren Lebensbedingungen für sich und ihre Familien zu suchen. Eine ebenso unfreiwillige Situation kann im Falle von Naturkatastrophen vorliegen, oder wenn Personen innerhalb ihres Herkunftsstaates aufgrund von bewaffneten Konflikten oder Gewalt als sogenannte Binnenvertriebene fliehen bzw. migrieren (vgl. UNHCR 2018: 75). Im Sinne der GFK ist hier allerdings keine Anerkennung als „Flüchtling" und somit auch keine gesellschaftliche Teilhabe in den jeweiligen Zielländern resp. außerhalb der jeweiligen Herkunftsstaaten über diesen Schutzstatus möglich. Umgekehrt verfügen nach GFK-Kriterien geflüchtete Menschen bei ihrer Flucht über Elemente *freier* Handlungsspielräume. Dies kann beispielsweise die Wahl des exakten Zeitpunktes der Flucht oder die Fluchtroute betreffen (vgl. Betts 2009: 4 f.). Nach der juristischen Definition kann Migration folglich Aspekte des Zwangs und Flucht Elemente der Freiwilligkeit beinhalten. Bei der Konstruktion von „Flüchtlingen" handelt es sich somit um ein ambivalentes Konstrukt. Es ermöglicht erstens für diejenigen, die juristisch als „Flüchtlinge" anerkannt werden, eine partielle gesellschaftliche Teilhabe, während Personen, die diesen Schutzstatus nicht erhalten, von Abschiebung und Abgrenzung bedroht sind. Zweitens sind aber selbst diejenigen, denen juristische Aufenthaltstitel durch das Asylsystem zugesprochen werden, von problematischen Lebensverhältnissen betroffen. Drittens ist mit der Konstruktion von „Flüchtlingen" eine Hierarchisierung von Menschenleben verbunden. Das Leben der einen gilt als schützenswert, wohingegen das Leben der vermeintlich „illegalen Migrant*innen" diesen Status nicht erhält. Wie sehr eine vermeintlich eindeutige Unterscheidung zwischen Zwang und Freiwilligkeit bei Flucht*Migrationsmotiven an den tatsächlichen Lebensverhältnissen von Menschen scheitert, wird sehr prägnant deutlich, wenn wie im anschließenden Kapitel eine globale Perspektive eingenommen wird.

Vorab ist darauf hinzuweisen, dass sich anhand der Auseinandersetzung mit einer möglichen Definition des „Flüchtlingsbegriffes" ein grundlegendes Dilemma offenbart, dass sich auch aus sozialwissenschaftlicher Perspektive nicht lösen lässt. Denn mit jeder Festlegung von „Flüchtlingseigenschaften" – seien es weit oder enger gefasste Kriterien –, wird mindestens implizit eine Entscheidung darüber getroffen, welche Flucht*Migrationsmotive als legitim und welche als illegitim betrachtet werden (vgl. Scherr 2015a: 360). Oder anders formuliert: wessen Leben als schützenswert eingestuft wird und wer davon ausgenommen ist. An diesem Grundproblem ändert auch das Ersetzen des Begriffes „Flüchtling" durch Alternativen wie Geflüchtete, Geflohene, Schutzsuchende oder geschützte Personen nichts. Zwar gibt es andere Argumente, die für eine Verwendung dieser alternativen Begriffe sprechen. Beispielsweise ist im Deutschen die Wortendung „-ing" oftmals verniedlichend und negativ konnotiert (z.B. Eindringling, Schädling, Schreiberling, Fiesling; vgl. Kothen 2016; NDMM 2018). Doch auch bei einer Verwendung von Alternativen zum „Flüchtlingsbegriff" bleibt eine Hierarchisierung, die zwischen legitimer und illegitimer Migration unterscheidet, bestehen. Diese Unterscheidungspraxis schwingt entsprechend auch mit, wenn in öffentlichen Debatten darüber gestritten wird, wer denn nun ein „echter Flüchtling" sei, wer „Scheinasylant", „Wirtschaftsflüchtling", „Asyltourist", „illegaler Migrant*in" oder „nur Migrant*in" (vgl. Jöris 2015). An dieser Stelle ist es wichtig, darauf hinzuweisen, dass das Problem nicht ausschließlich in der juristischen Anerkennung von Menschen als „Flüchtlinge" zu verorten ist. Im Gegenteil ist die GFK und die damit verbundene Möglichkeit, dass Menschen aus Krisengebieten in anderen Teilen der Welt zumindest ein Minimum an Schutz erfahren können, eine überaus wichtige moralische Errungenschaft. Eine gänzliche Negation der Kategorie des „Flüchtlings" aus sozialwissenschaftlicher Perspektive würde die Gefahr bergen, die Position all jener Personen zu schwächen, die aus Krisengebieten geflohen sind und über die Anerkennung als „Flüchtlinge" zumindest ein Minimum an Schutz erfahren. Ihren Anspruch auf diese Rechte zu bestreiten, ließe sich unter wissenschaftsethischen Gesichtspunkten kaum verantworten. Was es aber gilt herauszustellen, ist zum einen, dass die Unterscheidung zwischen Migrant*innen und „Flüchtlingen" entlang der Kriterien von Zwang und Freiwilligkeit nicht in der Eindeutigkeit zu treffen ist, wie dies in der öffentlichen Diskussion oftmals geschieht. Zum anderen geht es darum, die Strukturen, Implikationen und Hintergründe, die mit dem womöglich harmlos erscheinenden Begriff des „Flüchtlings" verbunden sind, in den Fokus einer wissenschaftlichen Auseinandersetzung zu rücken. Wenn im Rahmen der vorliegenden Arbeit die Problematik der „Flüchtlingskonstruktion" thematisiert wird, dann geht es in keinem Fall darum, Menschen, die geflohen sind, ihre Schutzbedürftigkeit abzusprechen oder ihre Erlebnisse zu verharmlosen. Vielmehr besteht das Ziel darin, aufzuzeigen, wie machtvoll die Konstruktion des „Flüchtlings“ ist, da sie über den Zugang zu gesellschaftlichen Ressourcen entscheidet. Dabei gilt es zu berücksichtigen, dass die Kategorisierung von Menschen als „Flüchtlinge“ Bestandteil sozialer Wirklichkeit ist, weshalb die vorliegende Arbeit nicht grundsätzlich auf die Verwendung des Begriffs verzichten kann. Wenn der Begriff verwendet wird, dann ist damit immer das *Konstrukt* des „Flüchtlings“ gemeint, weshalb dieser in Anführungszeichen gesetzt ist. Es gilt damit die Konstruktion als solches auf sprachlicher Ebene kenntlich zu machen.

4.1.2 Globale Ungleichheit und (Neo-)Kolonialismus: Beteiligung der EU-Mitgliedsstaaten an der Schaffung von Flucht*Migrationsursachen

Die Unterscheidung zwischen Zwang und Freiwilligkeit in Bezug auf die Migrationsmotive von Menschen und die daran geknüpfte Gewährung von Schutz resp. gesellschaftlicher Teilhabe bzw. der Ausschluss von selbiger, erweist sich zusätzlich als problematisch, wenn die Außenpolitik der EU-Mitgliedsstaaten näher betrachtet wird. Im Folgenden gilt es aufzuzeigen, dass und wie die EU-Mitgliedsstaaten sich an der Schaffung von Flucht- bzw. Migrationsursachen beteiligen. Sie tragen eine Mitverantwortung bei der Herstellung von Zwangssituationen für Menschen außerhalb der EU, die sie zu einer Migration zwingen, aber nach der GFK und den nationalen Gesetzgebungen in der EU nicht als schützenswerte Notlage gelten.

Beginnen lässt sich dabei mit einer Betrachtung der global ungleichen Verhältnisse. Im Jahr 2018 ist das Vermögen der reichsten Menschen der Welt um 12 % gewachsen, was 2,5 Milliarden US-Dollar am Tag entspricht (vgl. Dworack et al. 2019: 3). Demgegenüber ist zeitglich das Vermögen der ärmsten Hälfte der Weltbevölkerung um 11 % bzw. 500 Millionen US-Dollar am Tag gesunken „und in den Ländern Afrikas südlich der Sahara stieg die Zahl der Menschen, die von weniger als 1,90 US-Dollar pro Tag leben müssen.“ (ebd.) In der Welt, in der wir heute leben, hat der Ort unserer Geburt mit den größten Einfluss auf unser Lebenseinkommen (vgl. Beck 2011; Kreckel 2006: 3 f.; Milanović 2016: 140). Menschen, die in einem vergleichsweise wohlhabenden Nationalstaat geboren sind, genießen einen – wie Milanović (ebd.: 140) es treffend bezeichnet – „‚Ortsbonus‘, während jene, die im falschen Land zur Welt kommen, mit einer ‚Ortsstrafe‘ belegt werden.“ So ist z.B. das „Einkommen eines Menschen […] 93-mal höher, wenn er statt im Kongo in den Vereinigten Staaten zur Welt kommt.“ (ebd.: 142)

Diese global ungleichen Verhältnisse sind historisch betrachtet kein Zufall, sondern untrennbar mit dem Kolonialismus, der Etablierung eines globalen Kapitalismus sowie im Anschluss daran einer Überführung in neokolonialistische Verhältnisse verbunden. Um dies nur kurz zu umreißen: Im Zuge des modernen Kolonialismus – also jener Zeit, in der sich neben dem Kolonialismus allmählich die Entwicklung eines westeuropäischen Kapitalismus etablierte – wurden die Wirtschaftsbeziehungen zwischen Kolonialmächten und den Kolonien komplex miteinander verwoben (vgl. Loomba 2007: 7–22). Die Bevölkerungen der kolonialisierten Länder wurden von westlichen Kolonialmächten nicht nur durch genozidalen Terror sowie immense psychische und physische Gewaltprozeduren in einen Zustand total(itär)er Entrechtung versetzt (vgl. Ofuatey-Alazard 2011: 136–153; Ofuatey-Alzard 2011: 519). Die Rohstoffe der ehemaligen Kolonien wurden nicht nur dauerhaft geplündert, sondern gleichzeitig auch ihre Volkswirtschaften langfristig umstrukturiert und an den Westen gebunden. Für die Produktion westlicher Konsumgüter wurden bspw. Sklav*innen als billige Arbeitskräfte vom afrikanischen auf den amerikanischen Kontinent verschleppt, auf westindischen Plantagen Zucker für den europäischen Markt produziert, oder aber Baumwolle von Indien nach England transportiert, dort zu Kleidung verarbeitet und schließlich zu Lasten der lokalen indischen Textilproduktion wieder auf dem indischen Markt abgesetzt (vgl. Loomba 2007: 7–22). Unabhängig davon, in welche Richtung Arbeitskräfte, Güter und Rohstoffe verlegt wurden, die Profite flossen immer einseitig in Richtung der Kolonialmächte. Der Kolonialismus lässt sich daher auch als die „Hebamme des Kapitalismus“ (ebd.: 9) bezeichnen. Diese Ungleichheit hat sich auch nach dem offiziellen Ende der Kolonialzeit infolge des Zweiten Weltkriegs fortgesetzt. Sie drückt sich bis heute in ungleichen (Wirtschafts-) Beziehungen zwischen Ländern des globalen Nordens und Südens aus und lässt sich als Neokolonialismus bezeichnen (vgl. ebd.: 7–12). Hierunter fällt u.a. das Streben westlicher Länder und Wirtschaftsunternehmen nach einer kapitalistischen Gewinnmaximierung in den ehemals kolonialisierten Staaten. Dabei versuchen bspw. europäische Regierungen sowie Firmen ihre Interessen in Form einer Kontrolle über Rohstoffe, Finanz- und Warenmärkte zu Lasten der Bevölkerungen des globalen Südens durchzusetzen (vgl. Diallo 2017: 194 ff.). Im Folgenden wird am Beispiel des transnationalen Landerwerbs aufgezeigt, wie durch neokoloniale Verhältnisse Flucht*Migrationsursachen geschaffen werden und inwieweit europäische Staaten für die Schaffung von Flucht*Migrationsursachen verantwortlich sind.

*4.1.2.1 Zwang zur Flucht*Migration am Beispiel transnationalen Landerwerbs*

Der Begriff des transnationalen Landerwerbs bezeichnet sehr allgemein gefasst den großflächigen Kauf bzw. die Pachtung von Land durch Konzerne, Investoren und Regierungen (vgl. Anseeuw et al. 2012: 6). Hierbei handelt es sich um ein komplexes Phänomen, das global in vielen Staaten zu beobachten ist, an dem sehr viele verschiedene Akteur*innen mit sehr divergenten Investitionsmotiven beteiligt sind und im Rahmen dessen Investitionen zu sehr unterschiedlichen Bedingungen abgeschlossen werden (vgl. Anseeuw et al. 2012: 6). Um dennoch Aussagen über die globalen Entwicklungen treffen zu können, wurde die Land Matrix Initiative (vgl. 2019c) gegründet[12], die weltweit Daten und Informationen zu transnationalem Landerwerb aus verschiedenen Quellen[13] zusammenträgt und sie der Öffentlichkeit zur Verfügung stellt.

Tabelle 2 zeigt ausgehend von diesem Datensatz links die Weltrangliste jener zehn Staaten, die im globalen Vergleich die höchste Gesamtfläche in Bezug auf transnationalen Landerwerb erzielten[14]. Mit dem Fokus auf Europa zeigt sich, dass Großbritannien (Platz 4 mit rd. 7.900.000 ha), Spanien (Platz 6 mit rd. 4.700.000 ha) und die Schweiz (Platz 10 mit rd. 3.900.000 ha) unter den Top Investor*innen rangieren. Betrachten wir im Vergleich dazu die globalen Hauptzielländer transnationalen Landerwerbs (vgl. Tabelle 2), belegen mit dem Blick auf den afrikanischen Kontinent die Demokratische Republik Kongo (Platz 2 mit rd. 8.000.000 ha), Sudan (Platz 6 mit rd. 4.300.000 ha), Süd-Sudan (Platz 7 mit rd. 4.200.000 ha), Madagaskar (Platz 8 mit rd. 4.000.000 ha) und Mozambique (Platz 10 mit rd. 3.900.000 ha) fünf von zehn Spitzenplätzen. Diese statistische Gegenüberstellung belegt einerseits, dass europäische Staaten an dem Geschäft transnationalen Landerwerbs beteiligt sind und das in nicht

12 Daran beteiligt sind das Centre for Development and Environment (CDE) an der Universität Bern, das Centre de coopération Internationale en Recherche Agronomique pour le Développement (CIRAD), das German Institute of Global and Area Studies (GIGA), die Gesellschaft für Internationale Zusammenarbeit (GIZ) und die International Land Coalition (ILC) (vgl. Anseeuw et al. 2012: 6).

13 Die Datengrundlage setzt sich sehr divers zusammen: Company Sources (16,6 %), Contract (23,8 %), Crowdsourcing (23,4 %), Government sources (16 %), Media Report (16,5 %), Other (15,7 % + 29,2 %); Personal information (20,2 %), Research Paper / Policy Report (16,8 %) (vgl.Land Matrix Initiative 2019a).

14 Investor*innen können private Akteur*innen, Regierungen oder Kooperationen zwischen beiden sein. Als „Investor Countries“ wird der Hauptsitz der jeweiligen Investor*innen gezählt (vgl. Land Matrix Initiative 2019b).

Tabelle 2: Transnational Land Deals – Top Investor Countries compared to Top Target Countries

Top Investor Countries		**Top Target Countries**	
USA	13.435.107 ha	**Peru**	16.282.373 ha
China	11.994.619 ha	**Congo, Dem. Rep.**	8.092.209 ha
Canada	8.134.482 ha	**Ukraine**	6.724.295 ha
UK	7.851.124 ha	**Brazil**	5.420.472 ha
Malaysia	5.871.589 ha	**Philippines**	4.821.026 ha
Spain	4.659.786 ha	**Sudan**	4.297.886 ha
South Korea	4.640.627 ha	**South Sudan**	4.171.972 ha
Brazil	4.609.497 ha	**Madagascar**	3.980.483 ha
India	4.099.279 ha	**Papua New Guinea**	3.925.998 ha
Switzerland	3.917.221 ha	**Mozambique**	3.916.384 ha

Eigene Darstellung; Datenquelle: Land Matrix Initiative 2019d; Stand: 06.05.2019

unerheblicher Weise. Gleichzeitig wird deutlich, dass afrikanische Staaten mit fünf von zehn Plätzen auf der Weltrangliste zu den primären Investitionsregionen zählen (vgl. Nolte et al. 2016: 1 ff.). Dies zeigt auch Abbildung 1 sehr eindrücklich.

So ist die vom transnationalen Landerwerb betroffene Gesamtfläche auf dem afrikanischen Kontinent mit über 55.000.000 ha um das 27fache größer als im Vergleich zum europäischen Kontinent. In Europa sind demzufolge gerade einmal ca. 2.000.000 ha durch transnationalen Landerwerb veräußert. In dem ersten analytischen Bericht der Land Matrix Datenbank kommen die Autor*innen Anseeuw et al. (vgl. 2012: 12) zu der Einschätzung, dass die Rollenverteilungen zwischen Ländern des Globalen Nordens als aktivere Investor*innen und Staaten des Globalen Südens als primäre Investitionsziele, eine Folge kolonialer Verhältnisse sind. Sie schreiben hierzu:

> „North American and European investors have negotiated land deals mainly on the African continent, in South America and in Indonesia and the Philippines. This finding confirms the suggestion that such investors appear to preferentially target countries, such as former colonies, with which they already have connections […], drawing on established commercial and political networks.“ (ebd.: 22)

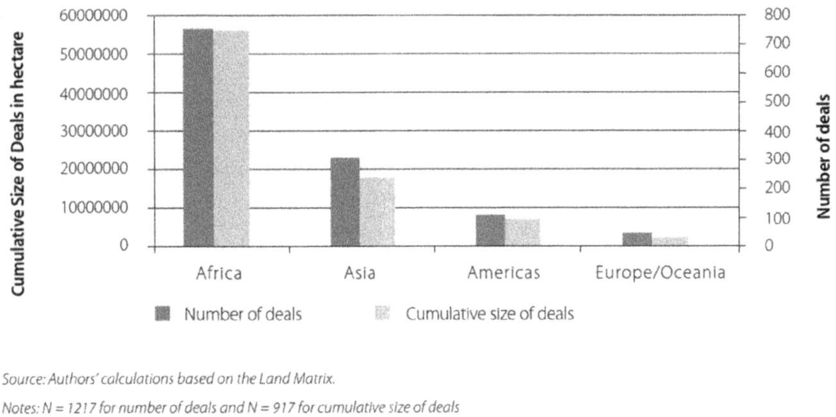

Abbildung 1: Land acquisitions by region, number of projects and size
Quelle: Anseeuw et al. 2012: 7

In den Gebieten ehemaliger Kolonien können westliche Investor*innen auf bestehende kommerzielle sowie politische Netzwerke zurückgreifen und sich diesen Einfluss entsprechend zu Nutze machen. Transnationaler Landerwerb ist somit ein Beispiel für Neokolonialismus. Darüber hinaus kommen Anseeuw et al. (ebd.: 7) zu dem Ergebnis:

> „Investors are targeting countries that are among the poorest, are poorly integrated into the world economy, have a high incidence of hunger, and weak land institutions. The data reveal a tendency for investors to focus on the poorest countries, and those that are also less involved in world food exchanges. Our results confirm that investors are targeting countries with weak land tenure security, although they try to look for countries that, at the same time, offer relatively high levels of investor protection. Furthermore, 66% of the reported deals go to countries with high prevalence of hunger."

Wenn man also berücksichtigt, dass die Ungleichheit zwischen den Nationalstaaten weltweit den größten Einfluss auf das Lebenseinkommen eines Menschen hat, dann zeigt sich anhand dieser Daten, dass transnationaler Landerwerb dazu geeignet ist, diesen Trend zu verstärken. Denn die Gewinne, die aus dem jeweiligen Landerwerb hervorgehen, fließen primär nicht an die einheimischen Bevölkerungen, sondern an die Investor*innen im Ausland.

Es lässt sich die Frage anschließen, welche Konsequenzen konkret aus diesen Formen des Landerwerbs für die einheimischen Bevölkerungen folgen. Eine allgemeingültige Aussage erweist sich als schwierig, da – wie bereits

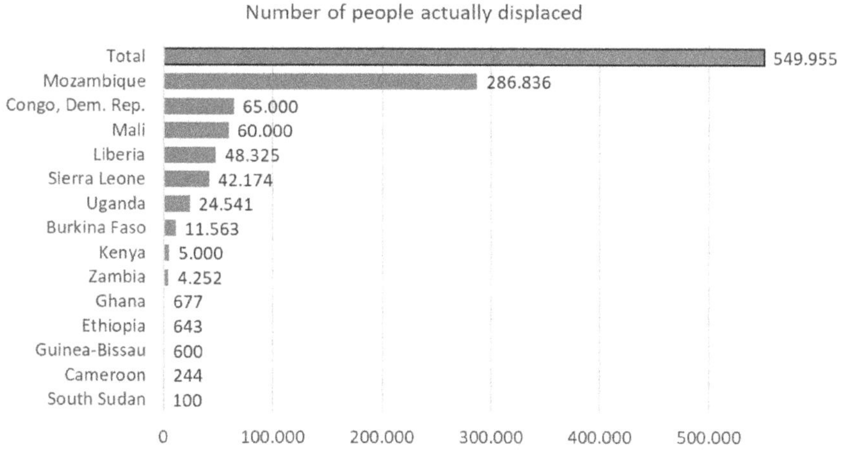

Abbildung 2: Anzahl vertriebener Personen durch transnationalen Landerwerb auf dem afrikanischen Kontinent

Quelle: Eigene Darstellung; Datengrundlage: Land Matrix Initiative 2019a. Der Datensatz wird fortwährend erweitert. Die hier vorliegende Grafik wurde auf Grundlage des Datensatzes vom 26.04.2019 erstellt.

angedeutet – die Bedingungen der jeweiligen Vertragsabschlüsse divers sind. Dennoch lassen sich aus den verfügbaren Daten einige Schlüsse ziehen. Eine für diesen Zusammenhang entscheidende Information betrifft die Anzahl an Personen, die durch den Abschluss transnationaler Landerwerbe vertrieben wurden. Die Autor*innen Anseeuw et al. (vgl. 2012: 41–44) weisen darauf hin, dass Vertreibung lokaler Bevölkerungen häufig eine Folge großflächigen, transnationalen Landerwerbs ist. Entsprechend weist der Datensatz der Land Matrix Initiative für manche Länder diesbezüglich Angaben aus (vgl. Land Matrix Initiative 2019c). Abb. 2 gibt einen Überblick über die registrierten Fälle aller afrikanischen Staaten.

Wie sich zeigt, beträgt die Gesamtzahl vertriebener Personen über eine halbe Millionen Menschen. Dabei ist zu berücksichtigen, dass unter Einbezug der Dunkelziffer die Zahl betroffener Personen weit höher liegen dürfte (vgl. Anseeuw et al. 2012: 41 ff.). Wird nun exemplarisch betrachtet, welche europäischen Länder in jene Staaten investieren, bei denen die Vertriebenenzahlen am höchsten sind, ist im Falle von Mozambique mit rd. 300.000 Vertriebenen zu sehen, dass Norwegen, Portugal und Großbritannien hieran beteiligt sind. Insgesamt belegt Mozambique mit 3.916.384 ha veräußerter Landfläche

Platz zehn auf der Rangliste der Top-Zielländer transnationalen Landerwerbs (vgl. Tabelle 2). Hiervon hat Norwegen sieben Verträge über eine Gesamtflächengröße von rund 630.000 ha abgeschlossen, Portugal 14 Verträge über eine Größe von rund 380.000 ha und Großbritannien 15 Verträge über eine Größe von 130.000 ha[15]. Zwar können diese Werte für die einzelnen Investitionsländer (Norwegen, Portugal, Großbritannien) nicht addiert werden, da sich die Investitionen z.T. überschneiden. Sprich aufgrund von Kooperationen ist ein und derselbe ha bspw. sowohl für Großbritannien als auch in Portugal als Investitionsstaat ausgewiesen. Dennoch wird deutlich, dass betrachtet an der Gesamtinvestitionsfläche von rd. 3.900.000 ha die Anteile europäischer Staaten einen erheblichen Anteil ausmachen. Daraus lässt sich der Schluss ziehen, dass europäische Akteur*innen (Regierungen, private Investor*innen) durch ihre Investitionen an der Ursache der Vertreibung von rd. 300.000 Personen im Falle Mozambiques beteiligt sind.

Als ein ähnliches Beispiel kann die Dem. Rep. Kongo herangezogen werden. Hier wurden 65.000 vertriebene Personen registriert, während die Dem. Rep. Kongo Platz zwei auf der Weltrangliste der Zielinvestitionsländer belegt. Aus Europa investieren dort Liechtenstein, Schweiz, Luxemburg und Belgien. Besonders auffällig ist hier Liechtenstein, das im Rahmen von 17 Vertragsabschlüssen über eine Gesamtfläche von rund 3.580.000 ha verfügt, gefolgt von der Schweiz mit rund 3.300.000 ha (20 Verträge). Belgien ist mit vier Verträgen über eine Gesamtfläche von rund 300.000 ha beteiligt und Luxemburg verfügt über rund 40.000 ha (3 Verträge). Gerade in Anbetracht der immensen Investitionen durch Liechtensteiner sowie Schweizer Investor*innen ist eine Beteiligung an der Vertreibung von der ansässigen Bevölkerung nicht zu leugnen. Ein hiermit verbundenes Problem resultiert für die ansässigen Bevölkerungen u.a. aus den verschiedenen Landbesitzsystemen. Aneseeuw et al. (2012: 39) beschreiben die Situation wie folgt:

15 Das Web-Interface der Land Matrix ermöglicht es, sich Daten nach bestimmten Kriterien anzeigen zu lassen. Für die hier dargelegten Zahlen wurden die Datenbankabfragen in zwei Schritten vorgenommen: zuerst wurden über den Menüpunkt „Charts -> Web of Transnational Deals“ (vgl. Land Matrix Initiative 2019e) die Verbindungen zwischen z.B. Mozambique zu europäischen Staaten ermittelt. In einem zweiten Schritt wurde über den Menüpunkt „Data -> By Investor Country“ das jeweilige Investitionsland (z.B. Norwegen) gewählt, anschließend der Filter (als einziger) „Target Country -> Mozambique“ gesetzt und die dann die gelisteten Werte für die Flächengröße der einzelnen „Deals“ addiert.

> „This discrepancy between users and formal owners implies that those who are selling or leasing land are not the ones who are actually using it. […] While large amounts of land in many parts of the world, but particularly in Sub-Saharan Africa, are being used by smallholders on the basis of customary, and sometimes communal, use rights, these farmers often do not own the land formally."

Die Verpachtung bzw. der Verkauf von Land kann also – je nachdem wie das jeweilige Projekt umgesetzt wird – zur Folge haben, dass Personen, die mit der bisherigen Nutzung der Landflächen ihren Lebensunterhalt bestritten, in dem Moment ihre Existenzgrundlage verlieren, in dem ausländische Investor*innen die jeweiligen Flächen für andere Zwecke bewirtschaften und die vorherigen Nutzer*innen an diesem Prozess nicht beteiligen.

*4.1.2.2 Weitere Beispiele für die Schaffung von Flucht*Migrationsursachen durch die EU-Außen- und Wirtschaftspolitik*

Die hier angeführte Statistik belegt, dass Menschen sich maßgeblich durch Investitionen europäischer Konzerne und Regierungen veranlasst – resp. *gezwungen* – sehen, ihren Lebensmittelpunkt zu verlagern. Denn was bleibt, wenn die Grundlage für die Bestreitung des Lebensunterhalts entzogen wird? Der Entschluss zur Flucht*Migration ist eine logische Konsequenz. Dabei ist das Beispiel des transnationalen Landerwerbs nur eines von vielen, anhand dessen sich zeigt, wie die EU-Mitgliedsstaaten sich daran beteiligen Flucht*Migrationsanlässe zu verursachen. So könnte weiterführend z.B. die Überfischung der Ozeane durch europäische Großkonzerne angeführt werden, wie dies vor den Küsten des Senegals, Gambias und weiterer (west-)afrikanischer Staaten geschieht (vgl. Dörries 2017; Marrenbach 2018; Ziegelmayer 2014). Riesige europäische Fischtrawler erzielen in küstennahen Gewässern derart hohe Fangquoten, dass für die lokalen Fischereibetriebe zu wenig für die Bestreitung ihres Lebensunterhalts übrigbleibt. Ähnlich wie im Falle des transnationalen Landerwerbs wird durch diese Form der europäischer Wirtschafts- bzw. Fischereipolitik den Bevölkerungen in afrikanischen Staaten die Existenzgrundlage entzogen und ein Teil der Menschen auf diese Weise zur Flucht*Migration gezwungen. Diese Situation spiegelt sich auch in einer Befragung von Geflüchteten in Deutschland durch das Institut für Arbeitsmarkt- und Berufsforschung (IAB), das Forschungszentrums des Bundesamtes für Migration und Flüchtlinge (BAMF) sowie des Sozio-oekonomischen Panels (SOEP) am Deutschen Institut für Wirtschaftsforschung (DIW Berlin) wider (vgl. Brücker et al. 2016). Demzufolge gaben 39 % von 2.349 befragten

Personen[16] als dritthäufigsten Flucht*Migrationsgrund an, vor „schlechten persönlichen Lebensbedingungen" (ebd.: 24) geflohen resp. migriert zu sein[17]. Die prekäre Lebenslage der geflüchteten*migrierten Personen verdeutlicht sich darüber hinaus daran, dass deren Route bis heute, trotz des hohen Risikos, über das Mittelmeer führt. Im Zeitalter des Internets und der sozialen Netzwerke sind sich die Betroffenen der Gefahr bewusst sind. Der Umstand, dass Menschen trotz alledem ihr Leben riskieren, spricht für stark belastende Lebensverhältnisse in den Herkunftsländern.

Neben der bisher aufgezeigten Beteiligung der EU-Mitgliedsstaaten an der Schaffung von Flucht*Migrationsursachen ist als ein weiterer wichtiger Aspekt der Export von Waffen zu nennen. Im Zeitraum der Jahre 2013 bis 2017 waren sechs EU-Mitgliedsstaaten unter den ersten Zehn der Weltrangliste mit den höchsten Waffenexporten (vgl. SIPRI 2018: 8). So belegte Frankreich Platz drei, Deutschland Platz vier, Großbritannien Platz sechs, Spanien Platz sieben, Italien Platz neun und die Niederlande Platz zehn (vgl. ebd.). Unter den hauptabnehmenden Staaten von Waffen waren im selben Zeitraum mit Saudi-Arabien (Platz zwei), den Vereinigten Arabischen Emiraten (Platz vier) und dem Irak (Platz neun) wichtige Akteur*innen der Golfregion, in der nicht zuletzt durch den Krieg in Syrien viele Spannungen bestehen (vgl. ebd.; Der Bundestag 2017: 14 ff.). Diese Zahlen zeigen speziell mit dem Fokus auf Syrien, dass die Menschen dort vor einem Krieg fliehen, der zumindest teilweise erst durch in Europa produzierten Waffen möglich ist. Dies muss ebenso dann einbezogen werden, wenn in politischen Diskursen darüber gestritten wird, ob und ggf. wie viele der geflüchteten*migrierten Personen (aus Syrien) die europäischen Mitgliedsstaaten aufnehmen und wie diese innerhalb der EU verteilt werden sollen. Man kann konstatieren, dass diese Menschen nur deshalb zu sogenannten Geflüchteten geworden sind, weil Europa dafür die Waffen lieferte. Aber selbst unabhängig von der Situation in Syrien werden Waffen potenziell immer gegen andere Menschen eingesetzt. Wenn eine Personengruppe dies in größerem Maße betreibt, führen Waffen also zwangsläufig dazu, dass ein Teil der bedrohten Personen versuchen wird, dieser Gewaltausübung durch Flucht*Migration

---

16 Für die Untersuchung wurde nicht die enge juristische Definition des „Flüchtlingsstatus" zu Grunde gelegt, sondern es wurden ebenso Personen mit subsidiärem Schutzstatus, Personen im laufenden Asylverfahren sowie Personen mit einer Duldung befragt (vgl. Brücker et al. 2016: 17).

17 Zum Vergleich: der häufigste genannte Flucht*Migrationsgrund war „Angst vor gewaltsamen Konflikten/Krieg" (70 %), gefolgt von „Verfolgung" (44 %) (vgl. Brücker et al. 2016: 24).

zu entkommen. Wer sich also ernsthaft politisch aktiv in Europa gegen die Schaffung von Flucht*Migrationsursachen einsetzen wollen würde, müsste entsprechend gegen Waffenexporte eintreten. Bisher steht eine solche Politikwende im dominanten politischen Diskurs auf europapolitischer Ebene sowie in Deutschland zumindest öffentlich nicht zur Debatte.

4.1.3 Zwischenfazit

Es ließen sich eine Reihe weiterer Beispiele für eine Beteiligung der EU-Mitgliedsstaaten an der Produktion von Flucht*Migrationsgründen anführen. Eine dezidierte Darlegung würde dabei jedoch den Rahmen der vorliegenden Arbeit sprengen, weshalb an dieser Stelle nur auf weiterführende Literatur verwiesen werden kann (vgl. Braunsdorf/Friedrich-Ebert-Stiftung 2016; Heimeshoff et al. 2014; Heinrich-Böll-Stiftung 2014; Hess et al. 2016a; UNHCR 2019a). Entscheidend ist hier zum einen, dass die EU Verantwortung für die Schaffung von Flucht*Migrationsursachen trägt. Durch ihre Außen- und Wirtschaftspolitik schafft sie Momente *erzwungener* Flucht*Migration, die vor dem Hintergrund der juristischen „Flüchtlingsdefinition“ – und daraus ableitend ebenso im allgemeinen Sprachgebrauch – jedoch nicht als schützenswert deklariert werden. Wenn also Menschen auf der Suche nach besseren Lebensbedingungen versuchen, dem Kapitalfluss nach Europa zu folgen, weil die EU-Mitgliedsstaaten sich zuvor an einer Zerstörung der lokalen Ökonomien ihrer Herkunftsländer beteiligt haben, sehen sie sich an den Grenzen der EU mit massiven Abwehrmaßnahmen konfrontiert. Ihre Mobilität wird als „ökonomisch motivierte Migration“ oder schlimmer als „illegale Migration“ oder „irreguläre Migration“ kategorisiert, die – so die EU und z.T. nationale Rhetorik der Mitgliedsstaaten – verhindert werden müsste und gegen die sich die EU abzuschirmen versucht.

Darüber hinaus ist für den hier aufzuzeigenden Zusammenhang wichtig, auf die starke Ausrichtung der europäischen Außen- und Wirtschaftspolitik an den jeweiligen nationalstaatlichen Interessen hinzuweisen. Das Wohl der jeweils eigenen Bevölkerung eines Nationalstaates steht an erster Stelle. Wie an späterer Stelle weiter ausgeführt wird, ist dieser Mechanismus dem Prinzip des Nationalstaates immanent. Zentral ist jedoch, dass das Nationalstaatsprinzip globale Ungleichheit legitimiert (vgl. Beck 2008, 2011). Wie sich im Fall der geflüchteten*migrierten Personen, deren Weg über das Mittelmeer führt, auf sehr drastische Weise zeigt, spielen das Leben und die Lebensverhältnisse von Nicht-EU-Staatsbürger*innen keine Rolle, wenn es auf der anderen Seite um außen- und wirtschaftliche Interessen der EU-Mitgliedsstaaten geht.

Konkret versuchen bspw. Politiker*innen der an das Mittelmeer grenzenden EU-Mitgliedsstaaten geflüchtete*migrierte Personen an der Einreise in die EU zu hindern, indem sie Seenotrettung kriminalisieren (vgl. Schmid 2018). Ziel ist dabei mitunter eine Rückführung der geflüchteten*migrierten Personen nach Libyen zu erreichen, obwohl bekannt ist, dass den Menschen dort Tod und Folter droht. Diese Politik verantworten aber auch EU-Binnenstaaten wie Deutschland. Sie treiben einerseits die finanzielle und rüstungstechnische Ausstattung libyscher Milizen durch EU Gelder voran (vgl. Jakob/Schlindwein 2017: 49 ff.; Obert 2017). Andererseits halten sie an unsolidarischen Verordnungen wie Dublin II fest. Diese regelt, dass Asylsuchende verpflichtet sind, ihren Asylantrag in jenem EU-Staat zu stellen, über den sie zuerst eingereist sind. Da Flucht*Migration bspw. nach Deutschland ohne Visum nahezu unmöglich ist, ohne zuvor das Territorium eines anderen EU-Mitgliedsstaates betreten zu haben, führt diese Regelung in der Konsequenz dazu, dass sich Staaten wie Deutschland einer Verantwortung der Aufnahme von Schutzsuchenden unter Berufung auf die Dublin II Verordnung entziehen können und an das Mittelmeer angrenzende EU-Staaten wie Italien oder Spanien mit einer ungleich höheren Zahl an Asylanträgen allein gelassen werden (vgl. Jakob/Schlindwein 2017: 50 ff.). Es zeigt sich also auch auf der Ebene der EU, dass sich jeder Nationalstaat selbst der nächste ist. Darüber hinaus kann in Anbetracht der hier grob umrissenen Außenpolitik der EU-Mitgliedsstaaten, spätestens aber unter Berücksichtigung der dramatischen Zahlen an Todesopfern im Mittelmeer, die Absurdität der Entscheidung darüber, wer vermeintlich „echter Flüchtling“, wer „Wirtschaftsflüchtling“, oder „irreguläre/r Migrant*in“ ist, nicht länger geleugnet werden.

Es könnte an dieser Stelle die Frage angebracht werden, weshalb die vorliegende, in der Sozialen Arbeit und Erziehungswissenschaft verortete Arbeit bisher derart stark internationale EU-Politik fokussiert. Die Antwort ist, dass eine wissenschaftliche Auseinandersetzung mit dem Untersuchungsgegenstand Flucht*Migration dieses Phänomen m.E. nicht losgelöst von den globalen, (neo-)kolonialen Ungleichverhältnissen betrachten kann. Zu sehr bedingt die EU-Außen- und Wirtschaftspolitik die Flucht*Migrationsbewegungen der letzten Jahrzehnte. Zu sehr sind die ungleichen Beziehungen zwischen ehemaligen Kolonialmächten und ehemaligen Kolonialisierten verschleiert, durch die der globale Norden noch bis heute überproportional profitiert. Zu wenig werden genau diese historischen, politischen Verhältnisse im dominanten Diskurs über Flucht*Migration benannt. Zu wenig wird in diesem Diskurs auf die Schonungslosigkeit der EU-Außen- und Wirtschaftspolitik hingewiesen, die einerseits die Schaffung von Flucht*Migrationsursachen verantwortet und andererseits mit jedem Mittel – sei es auch noch so menschenverachtend – versucht, Flucht*Migration zu unterbinden. Um zumindest einen kleinen Beitrag gegen diese Unverhältnismäßigkeit in der Diskursführung zu leisten, thematisiert die vorliegende Arbeit explizit die EU-Politik, wenngleich ein Bewusstsein darüber besteht, der Tragweite der internationalen Verflechtungen für die jeweils konkret betroffenen Personen dennoch nicht gerecht werden zu können. Die hier dargelegten internationalen Beziehungen bilden nur einen Bruchteil des Gesamtzusammenhangs ab. Die vorangegangenen Ausführungen sind als ein Versuch der Reflexion und der Durchkreuzung einer Verschleierung (neo-) kolonialer Verhältnisse im Kontext von Flucht*Migration zu verstehen. Es gilt m.E. diese Strukturen und Hintergründe bei einer Operation mit dem Begriff des „Flüchtlings" – wie es die vorliegende Arbeit zum Gegenstand hat – proaktiv einzubeziehen. Für die vorliegende Arbeit folgt daraus, dass die Frage nach der medialen Berichterstattung über Flucht*Migration seit dem Jahr 2015 im Kontext der hier angerissenen historisch, politischen Zusammenhänge betrachtet wird.

4.2 Soziale Ungleichheit im Kontext von Flucht*Migration

In den vorangegangenen Kapiteln wurde einerseits aufgezeigt, wie die europäische Außen- und Wirtschaftspolitik Menschen zur Flucht*Migration zwingt. Anderseits wurden die massiven Abschirmungsmaßnahmen an den Außengrenzen der EU thematisiert, mit denen sich geflüchtete*migrierte Personen bei dem Versuch, innerhalb der EU-Mitgliedsstaaten bessere Lebensverhältnisse für sich zu erreichen, konfrontiert sehen. Neben diesen Personengruppen, für die sich die Situation mitunter bereits prekär darstellt, gibt es Menschen, die das Territorium der EU-Mitgliedsstaaten erreicht haben und die versuchen über die nationalstaatlichen Asylsysteme eine dauerhafte Bleibeperspektive für sich zu erzielen. Der Lebenssituation dieser Personen widmet sich das folgende Kapitel. Am Beispiel Deutschlands sind dabei a) die politisch-rechtlichen Hürden sowie b) die Stigmatisierungen von geflüchteten*migrierten Personen in europäischen Ankunftsgesellschaften Gegenstand der Auseinandersetzung. Ziel dabei ist es, herauszuarbeiten, weshalb sich eine Beschäftigung mit der Positionierung von Menschen als geflüchtete*migrierte Personen als notwendig erweist.

4.2.1 Das deutsche Asylsystem und die politisch-rechtlich legitimierte soziale Ungleichheit

Die gesellschaftlichen Teilhabechancen von geflüchteten*migrierten Personen sind in Deutschland stark durch ihren jeweiligen aufenthaltsrechtlichen Status bestimmt. Der Sachverständigenrat deutscher Stiftungen für Integration und Migration (vgl. Johansson 2016) weist in einer seiner Studien darauf hin, dass abhängig vom jeweiligen Aufenthaltsstatus die Lebenslage dieser Personen von gesetzlichen Restriktionen, erhöhtem Armuts- und Gesundheitsrisiko, Segregation, Benachteiligungen und Zugangshindernissen zu gesellschaftlicher Teilhabe geprägt ist (vgl. ebd. 6). Folgende zentrale Erkenntnisse der genannten Studie machen dies deutlich:

- Im Bereich der Arbeitsmarktintegration lässt sich eine niedrige Erwerbstätigenquote sowie eine überwiegende Beschäftigung im Niedriglohnsektor ohne anerkannte Qualifikation ausmachen (vgl. ebd.: 5).
- Der Zugang zu Schulbildung für Kinder und Jugendliche ist in Abhängigkeit vom jeweiligen Bundesland stark behördlich reglementiert (vgl. ebd.)
- Die Möglichkeit eine Ausbildung beginnen zu können, hängt davon ab, ob der jeweilige Aufenthaltsstatus dies zulässt (vgl. ebd.).
- Eine Anerkennung bereits vorhandener Qualifikationen ist u.a. aufgrund gesetzlicher Restriktionen nur erschwert möglich (vgl. ebd.: 6, 23).
- Kompetenzen non-formaler Bildung wie bspw. (fremd-)sprachliche Kenntnisse bleiben überwiegend ungenutzt (vgl. ebd.: 6).
- Die Unterbringung in Gemeinschaftsunterkünften kann sich als psychische und körperliche Belastung darstellen, die Kontaktaufnahme zu Mitgliedern der Ankunftsgesellschaft behindern und somit segregierend wirken (vgl. ebd.).
- Bei der Gesundheitsversorgung bestehen rechtlich stark eingeschränkte Leistungsansprüche und z.T. Zugangshindernisse aufgrund von Ängsten, mangelnden Informationen oder Kommunikationsschwierigkeiten (vgl. ebd.).
- Die Unterbringungsbedingungen und Versorgung sowie der aufenthaltsrechtliche Status können Einfluss auf den psychischen und physischen Gesundheitszustand nehmen (vgl. ebd.: 7).

Diese grob skizzierten Lebensverhältnisse von geflüchteten*migrierten Personen in Deutschland lassen erkennen, dass für sie in vielen gesellschaftlichen Bereichen – wenn überhaupt – nur partielle gesellschaftliche Teilhabemöglichkeiten bestehen. Politisch-rechtliche Vorgaben durch Gesetze und Institutionen verwehren ihnen vielfach den Zugang (vgl. Niedrig/Seukwa 2010: 184;

Schroeder 2003: 420 ff.). Darin drückt sich eine Hierarchie gesellschaftlicher Teilhabe aus (vgl. Neumann et al. 2003a: 24; Niedrig/Seukwa 2010: 184). Eindrücklich offenbart sich dies bei näherer Betrachtung der Befugnisse verschiedener Aufenthaltstitel. So sind bspw. der „Flüchtlingsschutz" (§ 3 Abs. 1 AsylG) und die Asylberechtigung (Art. 16a Abs. 1 GG) sehr weitreichend hinsichtlich ihrer Rechtsfolgen zur Gewährung gesellschaftlicher Teilhabe. Es wird hier u.a. ein befristeter Aufenthalt von drei Jahren, die Aufnahme einer Beschäftigung sowie der Nachzug von Familienangehörigen gewährt. Der subsidiäre Schutz (§ 4 Abs. 1 AsylG) und das Abschiebungsverbot (‚Duldung', § 60 Abs. 5 und 7 AsylG) sind im Vergleich hierzu sehr viel schwächer. In diesen Fällen wird eine Aufenthaltserlaubnis z.T. nur für ein Jahr ausgestellt und eine Arbeitserlaubnis sowie der Familiennachzug sind an die Erfüllung weiterführender rechtlicher Regelungen gebunden. Diese Aufenthaltstitel des Asylsystems und des „Flüchtlingsschutzes" reichen insgesamt allerdings in Bezug auf die Befugnisse zu gesellschaftlicher Teilhabe nicht an den Status der deutschen Staatsbürgerschaft heran. Werden sie mit den Rechten deutscher Staatsbürger*innen verglichen, sind Personen mit rechtlichen „Flüchtlingsstatus" ebenso wie Personen am Rande des Asylsystems mindestens in einem, wenn nicht mehreren Lebensbereichen, gegenüber deutschen Staatsbürger*innen benachteiligt (vgl. Brubaker 1994: 45 ff.). Vor diesem Hintergrund besteht folglich eine politisch-rechtlich legitimierte soziale Ungleichheit zwischen (deutschen) Staatsbürger*innen und geflüchteten*migrierten Personen.

Der Grund für diese Form sozialer Ungleichheit, die durch Gesetze und Institutionen gestützt ist, liegt wiederum in der Art und Weise, wie Nationalstaaten organisiert sind. So ist nach der politikwissenschaftlichen Dreielementenlehre nach Jellinek (vgl. 1914) das Staatsvolk als eine abgrenzbare Gruppe von Personen ein zentrales, konstitutives Merkmal europäischer Nationalstaaten (neben Staatsgebiet sowie Gewaltmonopol des Staates). Das Staatsvolk wird dabei über die Institution der Staatsbürgerschaft definiert und es wird auf diese Weise zwischen Mitgliedern und Nicht-Mitglieder unterschieden (vgl. Brubaker 1994: 45–61). Unter den Mitgliedern des jeweiligen Nationalstaates gilt – zumindest seiner politisch-rechtlichen Verfasstheit zufolge – das Prinzip der Gleichheit. Demzufolge haben alle Mitglieder eines Nationalstaates resp. die jeweiligen Staatsbürger*innen einen politisch-rechtlich verfassten Anspruch auf gleichen Zugang zu gesellschaftlichen Gütern (vgl. ebd.). Alle anderen Personen, die nicht über den Status der Staatsbürgerschaft verfügen, sind demgegenüber von diesem Gleichheitsprinzip ausgenommen und werden nachrangig behandelt, wenn nicht sogar ausgeschlossen (vgl. Beck 2011: 70). Die Herstellung einer sozialen Ungleichbehandlung und sozialen Ausschlusses mittels politisch-rechtlicher Mittel gegenüber allen Personen ohne passende Staatsbürgerschaft ist somit dem Nationalstaatsprinzip inhärent (vgl. Beck 2011: 69–72). Gesetze schreiben dies fest und staatliche Institutionen sorgen für die Durchsetzung der gesetzlichen Regelungen, wie dies z.B. im Falle abgelehnter Asylanträge und der darauffolgenden Abschiebung von geflüchteten*migrierten Personen durch Polizeibeamt*innen der Fall ist. Rieger (1998: 15) schreibt in diesem Zusammenhang treffend:

> „Der Staat konstituiert sich als ‚Mitgliederorganisation' bzw. als ‚Verband von Bürgern', indem er ‚öffentlich einen bestimmten Personenkreis als seine Mitglieder anerkennt und ausgrenzend den Rest der Welt als Nichtbürger, als Fremde oder Ausländer klassifiziert'."

Die oben beschriebene Hierarchisierung entlang verschiedener Aufenthaltsstatus des Asylsystems sowie des politisch-rechtlichen „Flüchtlingsschutzes" und der damit verbundene Eingriff in die Lebensverwirklichungschancen von Menschen ist vor diesem Hintergrund eine Konsequenz nationalstaatlicher Logik. Oder anders formuliert: das Nationalstaatsprinzip legitimiert auf diese Weise soziale Ungleichheit. Die politisch-rechtliche Positionierung von Menschen als „Flüchtlinge" sowie alle anderen Aufenthaltsstatus innerhalb und am Rande des Asylsystems sind dabei Bestandteil dieser Legitimierung sozialer Ungleichheit.

4.2.2 Stereotypisierungen und Stigmatisierungen von geflüchteten*migrierten Personen im Kontext der Nation

In dem vorangegangenen Kapitel wurde aufgezeigt, dass geflüchtete*migrierte Personen in Deutschland gezielt durch politisch-rechtliche Maßnahmen von sozialem Ausschluss entlang nationalstaatlicher Zugehörigkeiten betroffen sind. Neben diesen rechtlich-institutionellen Hürden, können stigmatisierende Alltagszuschreibungen sowie Rassismuserfahrungen die Lebenslagen von geflüchteten*migrierten Personen erschweren. Stigmatisierungen sowie rassistische Zuschreibungen lassen sich in einer wechselseitigen Beziehung mit den politisch-rechtlichen Positionierungen innerhalb und am Rande des Asylsystems betrachten. Wie stellt sich dieser Zusammenhang dar?

Hierfür ist es in einem ersten Schritt notwendig, sich den Unterschied zwischen Stereotypisierung und Typisierungen zu vergegenwärtigen. Mit Bezug auf Hall (vgl. 2010: 143 f.) kann die Bildung von Typen als eine grundlegende Art der menschlichen Denkstruktur verstanden werden. Demzufolge ist die menschliche Erschließung der Welt dadurch geprägt, dass wir alles, was uns begegnet – seien es Gegenstände, Menschen oder Ereignisse – versuchen in übergeordnete Kategorien bzw. Typen einzuordnen. Hall (vgl. 2010: 143) definiert einen Typ dabei als „,eine einfache, anschauliche, leicht einprägsame, leicht zu erfassende und weiterhin anerkannte Charakterisierung, in der einige wenige Eigenschaften im Vordergrund stehen und Wandel oder „Entwicklung" auf einem minimalen Niveau gehalten wird'." Auf diese Weise sei es uns möglich, zwischen den uns umgebenden Dingen zu unterscheiden und ihnen eine Bedeutung zuzumessen. Bezogen auf das Zusammentreffen von Menschen führt Hall (ebd.: 143) dieser Grundannahme folgend weiter aus:

> „So machen wir uns ein Bild von einer Person, indem wir an die *Rollen* [Herv. i. O.] denken, die diese Person spielt: ist er oder sie Vater oder Mutter, Kind, Arbeiter/in, Liebhaber/in, Chef/in, oder Rentner/in? Wir rechnen ihn oder sie einer bestimmte[n] Gruppe zu nach Kriterien wie Klasse, Geschlecht, Altersgruppe, Nationalität, ‚Rasse', Sprachgruppe, sexuellen Vorlieben usw. Wir ordnen ihn oder sie nach dem Persönlichkeitstyp ein – handelt es sich um einen fröhlichen, ernsten, depressiven, zerstreuten, hyperaktiven Menschen? Unser Bild davon, wer die Person ‚ist', gründet auf den Informationen, die wir akkumulieren, indem wir ihn oder sie innerhalb dieser verschiedenen Ordnungen der Typisierung positionieren."

Aus diesen Formen der Typisierungen würden sich wiederum Stereotypisierungen ableiten. Der Unterschied zwischen beiden bestehe im Wesentlichen darin, dass wir im Falle von Stereotypen die gesamte Persönlichkeit eines Menschen auf diese „wenigen, ‚einfachen, anschaulichen, leicht einprägsamen, leicht zu erfassenden und weiterhin anerkannten' Eigenschaften einer Person" (ebd.: 143 f.) festschreiben würden. Es erfolge in einem solchen Fall eine übertriebene und vereinfachende Reduzierung der jeweiligen Person auf diese wenigen Eigenschaften (vgl. ebd.).

Mit Blick auf die eingangs gestellte Frage, welcher Zusammenhang sich zwischen politisch-rechtlich legitimiertem sozialen Ausschluss durch nationalstaatliche Asylsysteme und Stereotypisierungen besteht, wird in einem zweiten Schritt ausgeführt, welche Funktion Stereotypisierungen im Kontext nationalstaatlich organisierter Gesellschaften erfüllen können. Auch hier muss etwas ausgeholt werden, indem wir uns das Konzept des sozialen Phänomens der Nation vor Augen führen. Anderson (vgl. 1988: 14 ff.) versteht eine Nation, welche der Wortbedeutung nach Bestandteil eines *Nation*alstaates ist, als eine „vorgestellt[e] Gemeinschaf[t]" (ebd.: 21). Sie sei demnach insofern *vorgestellt*, als dass sich ihre Mitglieder niemals alle persönlich kennen würden – sei die betreffende Nation auch noch so klein –, aber dennoch jede Person eine Vorstellung von der Gemeinschaft habe. Unter dem Gesichtspunkt der *Gemeinschaft* sei wiederum für eine Nation kennzeichnend, dass sich ihre Mitglieder „[…] unabhängig von realer Ungleichheit und Ausbeutung, als ‚kameradschaftlicher'

Verbund von Gleichen [...]" (ebd.: 17) verstünden. Zentral sei aber in diesem Zuge, dass die Gemeinschaft *begrenzt* sei. So schreibt Anderson:

> „Die Nation wird als *begrenzt* [Herv. i. O.] vorgestellt, weil selbst die größte von ihnen mit vielleicht einer Milliarde Menschen in genau bestimmten, wenn auch variablen Grenzen lebt, jenseits derer andere Nationen liegen. Keine Nation setzt sich mit der Menschheit gleich. Selbst die glühendsten Nationalisten träumten nicht von dem Tag, da alle Mitglieder der menschlichen Rasse ihrer Nation angehören werden [...]." (ebd.: 16)

Wie an dieser Definition einer Nation deutlich wird, beinhaltet die Vorstellung einer nationalen Gemeinschaft, dass es neben Mitgliedern auch Nicht-Mitglieder gibt. Eine Abgrenzung nach außen ist damit nicht nur für die Ebene des National*staates* konstitutiv, sondern auch für jene der *Nation.*

Für die einer Nation angehörenden Mitglieder erfüllt die Nation selbst u.a. die Funktion, dass sie ihnen eine nationale Identität zur Verfügung stellt. Nationale Identität meint in diesem Zusammenhang, dass sie uns einen Ort der Zugehörigkeit, ein Zuhause, die Zugehörigkeit zu etwas Größerem anbietet (vgl. Hall 2012a: 200 ff., 205 f.). Mit Hall (ebd.: 202) gesprochen, gibt sie „unserer eintönigen Existenz Bedeutung und Sicherheit und bindet unser Alltagsleben an das nationale Schicksal, das vor uns existierte und uns überleben wird." Die Nation hat dabei Identifikationen aus „vormodernen Zeiten" (ebd.: 201) wie den Stamm, das Volk oder die Religion abgelöst (vgl. ebd.). Unsere jeweilige nationale Identität ist dabei selbstverständlich nicht genetisch bedingt, sondern das Ergebnis von Sozialisationsprozessen. So werden wir in eine Nation hineingeboren und unsere jeweilige nationale Zugehörigkeit präsentiert sich uns im ersten Moment als etwas scheinbar Natürliches und Selbstverständliches (vgl. ebd.: 200).

Wie bereits unter Bezug auf Anderson (1988) angedeutet, bestimmt sich unsere nationale Identität allerdings nicht nur aus sich selbst heraus, sondern aus der Abgrenzung zu „anderen" (Nationen). Hall (2010: 117) zufolge wissen wir bspw. „[...] was ‚Britischsein' ist, nicht nur wegen bestimmter nationaler Charakteristika, sondern auch weil wir seine Differenz von seinen ‚Anderen' definieren können – ‚Britischsein' ist nicht-französisch, nicht-amerikanisch, nicht-deutsch, nicht-jamaikanisch und so weiter." Und an dieser Stelle kommen die eingangs angesprochenen Stereotypisierungen zum Tragen. Denn die Konstruktion nationaler Identitäten geht oftmals mit stereotypen Zuschreibungen der jeweils „Anderen" einher. Anders formuliert greifen wir auf Stereotype zurück, um unsere eigene Identität zu bestimmen. Sehr pointiert beschreibt

Hall (ebd.: 144) die Zusammenhänge zwischen Stereotypisierungen und der Ebene der Nation wie folgt:

> „[…] Stereotypisierung [ist] Teil der Aufrechterhaltung der sozialen und symbolischen Ordnung. Sie errichtet eine symbolische Grenze zwischen dem ‚Normalen' und dem ‚Devianten', dem ‚Normalen' und dem ‚Pathologischen', dem ‚Akzeptablen' und dem ‚Unakzeptablen', dem was ‚dazu gehört' und dem, was ‚nicht dazu gehört' oder was ‚das Andere' ist, zwischen ‚Insidern' und ‚Outsidern', Uns und Ihnen. Sie vereinfacht das ‚Zusammenbinden' oder ‚Zusammenschweißen' zu einer ‚imaginierten Gemeinschaft'; und die schickt alle ‚Anderen', alle diejenigen, die in irgendeiner Weise anders, ‚unakzeptabel' sind, in ein symbolisches Exil."

Die Stereotypisierungen auf der Ebene der Nation legitimieren, dass sich eine Gesellschaft Gesetze auferlegt und Institutionen schafft, welche „die Anderen" ausgrenzt. Nationale Narrative liefern somit – mal mehr, mal weniger explizite – Begründungen, warum es legitim ist, dass Menschen abgeschoben werden. Es ist dieser Logik folgend eben scheinbar legitim, *weil* diese Menschen eben *nicht-deutsch* sind. Es scheint legitim zu sein, ihnen nicht die gleiche Solidarität, die gleichen Rechte, die gleichen Teilhabechancen entgegenzubringen, wie es bspw. unter Deutschen der Fall ist, weil sie nicht dazugehören.

Nationale Stereotypisierungen und politisch-rechtlicher Ausschluss stützen sich damit wechselseitig. Über die nationale Identität und die damit verbundene Abgrenzung gegenüber „den Anderen" nach „außen" wird eine gesellschaftlich breite Akzeptanz für sozialen Ausschluss geschaffen. Dieser Ausschluss wird daran anschließend durch Gesetze und Institutionen gegenüber den vermeintlich „Anderen" – in diesem Fall geflüchtete*migrierte Personen als Nichtdeutsche-Personen resp. Personen ohne deutsche Staatsbürgerschaft – faktisch durchgesetzt. Diese Wechselbeziehungen könnte man sich vereinfachend als einen Kreislauf vorstellen. Denn andersherum tragen auch Gesetze und Institutionen – also jene Mechanismen, die stärker auf der Ebene des Staates als auf der Ebene der Nation zu verorten sind – zu der Schaffung einer gesellschaftlichen Akzeptanz bei und geben der Nation somit einen festen Rahmen (vgl. Hall 2012a: 205 f.).

Was folgt aus all dem für die Lebenslage von geflüchteten*migrierten Personen in Deutschland? Einerseits kann die mitunter alltägliche Bezeichnung von Menschen als „Flüchtlinge" als ein Ausdruck der (Re-)Produktion einer „imaginierten Gemeinschaft" (vgl. Anderson 1988) der – in diesem Fall deutschen – Nation gewertet werden. Diese Bezeichnung macht eine Abgrenzung nach außen deutlich. Es sind „die Anderen", diejenigen, die erst einmal nicht dazugehören, die nicht vollwertigen und entsprechend nicht gleichen Mitglieder der „imaginierten Gemeinschaft" der Nation. Entsprechend ist aus dieser

Nicht-Zugehörigkeit ihr ungleicher Zugang zu gesellschaftlicher Teilhabe bzw. ihr sozialer Ausschluss legitimiert. Die politisch-rechtlich festgelegte Hierarchisierung entlang verschiedener Aufenthaltstitel (siehe oben; „Flüchtlingsschutz", Asylberechtigung, subsidiärer Schutz, Duldung, usw.) wird auf diese Weise scheinbar plausibilisiert.

Andererseits kann die alltägliche Bezeichnung von Menschen als „Flüchtlinge" (Geflüchtete, Menschen mit Fluchterfahrungen usw.) als eine Produktion „beschädigter Identitäten" (Schroeder 2003: 423) gefasst werden. Schroeder (vgl. ebd.) zufolge, der sich bei seinen Ausführungen auf Goffman (1975) bezieht, zeichnen sich beschädigte Identitäten dadurch aus, dass die betroffenen Personen nur dann Zugang zu gesellschaftlicher Teilhabe bekommen könnten, wenn sie eben diese annehmen würden. Ähnlich wie bei Menschen mit Behinderungen, Sexarbeiter*innen oder kriminalisierten Personen gelte dies auch für geflüchtete*migrierte Personen. Im Falle beschädigter Identitäten könnten die betroffenen Personen in einer Gesellschaft nur dann soziale Anerkennung erlangen, wenn sie „[…] eine Reihe von Techniken der Anpassung und Verhaltensäußerungen erlernen und anwenden." (ebd.) Von zentraler Bedeutung sei es dabei,

> „[…] die Zuschreibung zu akzeptieren, eine beschädigte Identität zu haben. Indem der Stigmatisierte diese akzeptiere und sich öffentlich entsprechend verhalte, liefere er dem Normalen die Bestätigung, normal zu sein. Dies wiederum sei die entscheidende Voraussetzung, damit der Normale sich überhaupt auf eine Interaktion mit dem Stigmatisierten einlasse. Indem der Stigmatisierte öffentlich bekunde, kein ‚voller Mensch' zu sein, sondern ein beschädigter, werde die Differenz zum Normalen deutlich gemacht, und nun erst zeige der Normale die Bereitschaft zur sozialen Interaktionen mit dem Stigmatisierten." (ebd.)

Wie auch weiter oben bereits dargelegt wurde, kann das „Flüchtling-Sein" so zu einem Stigma werden, sprich zu einem negativ bewerteten Persönlichkeitsmerkmal, welches die Betroffenen von den übrigen Mitgliedern einer Gesellschaft unterscheidet. Die Akzeptanz dieser Festschreibung durch die Betroffenen, anders zu sein, ist zugleich Voraussetzung, um überhaupt in einer Gesellschaft der Normalen agieren zu können. Entscheidend ist dabei, dass stigmatisierten Personen die Vollwertigkeit ihres Mensch-Seins abgesprochen wird. Die vermeintlich „Anderen" haben in dieser Logik keinen Anspruch auf die gleichen Rechte oder die gleiche Solidarität wie sie unter den vermeintlich Normalen gilt, gerade weil sie anders sind und von den Normalitätsanforderungen abweichen. Das Stigma trägt auf diese Weise dazu bei, eine Legitimationsgrundlage für sozialen Ausschluss zu schaffen. Als ein Beispiel führen Niedrig und Schroeder (2003: 104) in diesem Zusammenhang an, dass die Zuschreibungen von als „Flüchtlinge" positionierten Personen nicht selten in einer Täter-Opfer Dichotomie verhaftet sei.

> „Das Bild des ‚Flüchtlings als (unschuldiges, verfolgtes) Opfer' impliziert im kollektiven gesellschaftlichen Bewusstsein assoziative Zuschreibungen, die traditionell weiblich konnotiert sind: passiv, duldsam, leidensfähig, bescheiden, anspruchslos, unterwürfig, angepasst, zurückhaltend. Im Umkehrschluss bedeutet dies aber: Es kann kein ‚echter Flüchtling' (‚wirklich Verfolgter') sein, der oder die diesem Bild nicht entspricht."

Betroffene sehen sich mitunter in jeglichen Bereichen ihres Lebens wie z.B. in institutionellen Kontexten von Ausbildung und Beruf, im Freizeitbereich, der Politik oder Öffentlichkeit mit diesen und anderen Formen von Stigmatisierungen konfrontiert. Wann immer Personen in alltagssprachlichen Kontexten als „Flüchtlinge", Geflüchtete, Menschen mit Fluchterfahrungen, Asylbewerber*innen, usw. adressiert werden, wird damit mindestens implizit die vermeintliche Andersartigkeit markiert. Davon können nicht nur Personen mit dem juristischen Aufenthaltstitel des „Flüchtlings" betroffen sein, sondern alle Personen, die auch nur im Entferntesten als „Flüchtlinge" gelesen werden. Dies kann eine Einschränkung der bereits durch Gesetze und Institutionen eingeschränkten Lebensverwirklichungschancen von geflüchteten*migrierten Personen verstärken und somit zu einer weiterführenden Prekarisierung ihrer Lebenslage beitragen.

4.2.3 Zwischenfazit

In den vorangegangenen Ausführungen wurde dargelegt, wie sozialer Ausschluss nicht nur über die politisch-rechtliche Organisation von Nationalstaaten und des „Flüchtlingsschutzes" legitimiert wird, sondern auch über stereotypisierende und stigmatisierende Zuschreibungen. Bemerkenswert ist, dass diese einerseits politisch-rechtlich festgeschriebene und andererseits im Alltagsdiskurs produzierte soziale Ungleichbehandlung in Europa gewissermaßen eine gesellschaftliche Grundakzeptanz erfährt. Während für soziale Ungleichverhältnisse innerhalb von Nationalstaaten zumindest ein gewisser gesellschaftlicher Restbestand an Empörungspotential besteht (z.B. die Zunahme der Schere zwischen armen und reichen Bevölkerungsschichten, der Gender Pay Gap, Missstände im Bildungs- und Gesundheitswesen, usw.), scheint die Ungleichbehandlung von Menschen entlang nationalstaatlicher Zugehörigkeiten und damit auch von geflüchteten*migrierten Personen weniger grundlegend im breiten öffentlichen Diskurs hinterfragt zu werden. Wenn wir die oben beschriebenen Mechanismen der Wirkungsweisen von nationalen

Identitäten berücksichtigen, lässt sich dieser offensichtliche Unterschied zwar zumindest teilweise erklären. Gleichzeitig fällt auf, dass im 21. Jahrhundert und damit in einer Zeit, in der potenziell ein Großteil der Menschheit miteinander digital vernetzt ist, das Konzept der Nationalstaatlichkeit und nationalen Zugehörigkeit vergleichsweise wenig in Frage gestellt wird. Nicht zuletzt aus diesem Grund widmet sich die vorliegende Arbeit der Frage, wie es tatsächlich um den medialen und damit öffentlichen Diskurs bestellt ist. Wie wird über nationalstaatliche Zugehörigkeiten im Kontext von Flucht*Migration berichtet? Welche Bilder werden von geflüchteten*migrierten Personen gezeichnet? Und welche Mechanismen kamen in der medialen Darstellung zum Tragen, die ggf. zu einer Legitimierung sozialer Ungleichheit gesellschaftliche hätten beitragen können? Oder aber wie wurden diese Legitimierungen in Frage gestellt, durchbrochen oder unterlaufen? Diesen Fragen widmen sich die folgenden Kapitel.

5 Funktionalistische Betrachtung von Medien

Die Medien – wie bisher vereinfachend formuliert wurde – gibt es nicht. Mediale Berichterstattung ist vielseitig und hat sich insbesondere in den letzten Jahrzehnten mit dem Hinzukommen der sogenannten Social Media weiter ausdifferenziert. Im Folgenden gilt es, sich den unterschiedlichen Funktionsweisen medialer Berichterstattung, insbesondere mit dem Fokus auf Massenmedien, anzunähern.

5.1 Die bildende Funktion von Medien[18]

In den vorangegangenen Kapiteln wurde dargelegt, dass die vorliegende Arbeit im Anschluss an Niedrig und Seukwa (vgl. 2010), einerseits „Flüchtling" als ein politisch-rechtliches Konstrukt und andererseits als ein soziales Konstrukt betrachtet. Beide Dimensionen des „Flüchtlingskonstrukts" bedingen sozialen Ausschluss auf unterschiedlichen Ebenen. In einem ersten Schritt wird im Folgenden eine heuristische Definition eines Bildungsbegriffes für die vorliegende Arbeit entwickelt. Daran anschließend zeigt das folgende Kapitel, zum einen welchen Einfluss Medien aufgrund ihrer bildenden Funktion auf den sozialen Ausschluss haben, der aus der politisch-rechtlichen Konstruktion des „Flüchtlings" hervorgeht. Zum anderen wird argumentiert, inwieweit Medien aus bildungstheoretischer Perspektive den sozialen Ausschluss beeinflussen, der mit der sozialen Konstruktion des „Flüchtlings" einhergeht.

5.1.1 Annäherung an eine Definition des Bildungsbegriffs

Ziel der nachfolgenden Ausführungen ist es, die bildende Funktion von Medien herauszuarbeiten. Entscheidend ist dabei, welches Verständnis eines Bildungsbegriffes für die vorliegende Arbeit zugrunde gelegt wird und inwieweit Medien in diesem Zusammenhang eine bildende Funktion zugeschrieben werden kann. Ganz allgemein gefasst können Medien „aus pädagogischer Sicht als mögliche Quelle von Lern- und Bildungsprozessen gedeutet werden"

---

18 Einfachheitshalber spreche ich in diesem Kapitel von *den Medien,* wohlwissend, dass es *die Medien* nicht gibt. Genau genommen müsste jeweils von einzelnen medialen Repräsentationen gesprochen werden, die im aktuell gültigen diskursiven Sagbarkeitsfeld kursieren. Ich halte diese Komplexitätsreduktion an dieser Stelle für notwendig, um meine Argumentation plausibel nachvollziehbar machen zu können.

(Cleppien/Lerche 2010: 13). Wird auf die weit verbreitete Unterscheidung zwischen formaler Bildung, non-formaler Bildung sowie informeller Bildung Bezug genommen (vgl. Lüders 2007: 187), lässt sich feststellen, dass sich eine Auseinandersetzung mit Medien – hier verstanden als Massenmedien (Printmedien, Fernsehen, Rundfunk, etc.) – in allen drei Bereichen ausmachen lässt. So hat bspw. die Kultusministerkonferenz (vgl. 2012) deutlich gemacht, dass der adäquate Umgang mit Medien Teil der schulischen Curricula ist. Aber auch im non-formalen Bildungsbereich wie bspw. der Kinder- und Jugendhilfe kann der Umgang mit Medien Gegenstand der Auseinandersetzung werden. Als letzter Bereich kann das informelle Lernen angeführt werden, als jener Bereich, in dem Lernen nicht institutionell organisiert ist, sondern sich in alltäglichen lebensweltlichen Zusammenhängen vollzieht (vgl. Hartung 2010: 74). Das Lesen von Zeitungen bspw. kann in dem Bereich einer alltäglichen Routine verortet werden. Medien werden folglich für (sozial-)pädagogische Fachkräfte in unterschiedlichen Bereichen relevant. Sei es als Teil des schulischen Curriculums, dem Auftauchen im non-formalen Bildungsbereich oder durch informelles Lernen. Hartung (ebd.) macht in diesem Zusammenhang deutlich:

> „Als umspannende Räume sozialen und kulturellen Handelns sind Medien immer weniger als exklusive und separierbare Umgebungen menschlichen Lebens zu verstehen, sondern diese sind heute zweifellos konstitutiver Bestandteil des alltäglichen Lebensvollzugs. Medien rahmen, begleiten, moderieren und konstituieren Erlebnisse und Erfahrungen entscheidend mit und offerieren nicht nur Anlässe und Räume für vielfältige Lernerfahrungen, in dem hier nicht nur bewusst oder unbewusst Informationen erschlossen [werden], sondern diese sind heute auf vielfältige Weise an der Gestaltung von Alltagsvollzügen und den Prozessen der Individuation beteiligt und entfalten damit zugleich eine unhintergehbare sozialisierende Kraft."

Die Rolle von Medien ist hinsichtlich der Vermittlung von Selbst- und Weltverhältnissen von zentraler Bedeutung. Doch wie lassen sich diese Lern- bzw. Bildungsprozesse aus einer erziehungswissenschaftlichen resp. medienpädagogischen Perspektive im Detail verstehen. Eine allgemeine Definition des Bildungsbegriffs liefern Raithel et al. (2009: 36) mit Bezug auf Adorno, die sich wie folgt darstellt:

> „In einer modernen Definition lässt sich unter Bildung die Förderung der Eigenständigkeit und Selbstbestimmung eines Menschen verstehen, die durch die intensive sinnliche Aneignung und gedankliche Auseinandersetzung mit der ökonomischen, kulturellen und sozialen Lebenswelt entsteht (vgl. ADORNO 1971, 44)."

Im Mittelpunkt eines solchen Verständnisses von Bildungsprozessen steht folglich die Reflexion des Welt- und Selbstverhältnisses eines Subjektes. An dieses sehr allgemeine Verständnis von Bildung lässt sich speziell mit Blick auf die bildende Funktion von Medien mit Spanhels (2002: 6 f.) Überlegungen anschließen, indem er schreibt:

> „Bildung soll hier als Persönlichkeitsbildung verstanden werden, als ein Selbstzweck und nicht als Mittel zu irgendwelchen Zwecken. Im engeren Sinne ist dann Medienbildung ein Aspekt der Persönlichkeitsbildung als Prozess und als Ergebnis des Prozesses der Vermittlung von Welt und Selbst durch Medien. Medienbildung ist ein Prozess, in dem der Heranwachsende und der Erwachsene sein ganzes Leben hindurch eine kritische Distanz zu den Medien und ihren Weiterentwicklungen aufbaut und eine Verantwortungshaltung gegenüber den Medien und im Umgang mit ihnen einnimmt [...]. In diesem Sinne müsste Medienbildung als ein Teil der Allgemeinbildung gesehen werden [...]. Medienbildung ist wie alle Bildung an Kommunikationsprozesse gebunden und erfordert daher angesichts der Vielfalt der Zeichen- und Mediensysteme ein Wissen über und die Fähigkeit zur Metakommunikation, sprachliche Bildung als Fundament und eine Kenntnis der basalen Funktion der Sprache für die metakommunikativen Prozesse."

Eine so verstandene Medienbildung ist demnach Bestandteil des lebenslangen Lernens und betrifft damit alle Menschen in von Medien geprägten Gesellschaften. Weiterhin wird an dieser Stelle Medienbildung als Bestandteil einer Allgemeinbildung verstanden. Hier lässt sich mit Klafkis (vgl. 1990) Allgemeinbildungskonzept anschließen. Klafki (vgl. ebd.) entwickelte mit diesem Konzept im Bereich einer kritischen Erziehungswissenschaft einen Ansatz, bei dem er sich explizit auf die damaligen Auffassungen eines neuhumanistischen Bildungsverständnisses bezog (vgl. Friesenhahn 2014: 69 ff.) „Aus seiner Sicht könne und müsse diese klassische Vorstellung neu belebt und weitergeführt werden, da eine Gesellschaft ein Konzept von Bildung als Orientierungsrahmen für die Weiterentwicklung des Bildungswesens vom Kindergarten bis zur Erwachsenenbildung brauche." (Friesenhahn 2014: 69) Bildung müsse – im Anschluss an Klafki (1990: 93 f.) – demzufolge verstanden werden als

> „selbsttätig erarbeiteter und personal verantwortbarer Zusammenhang dreier Grundfähigkeiten...:
>
> - als Fähigkeit zur Selbstbestimmung jedes Einzelnen über seine individuellen Lebensbeziehungen und Sinndeutungen zwischenmenschlicher, beruflicher, religiöser Art;
> - als Mitbestimmungsfähigkeit, insofern *jeder* [Herv.i.O.] Anspruch, Möglichkeit und Verantwortung für die Gestaltung unserer gemeinsamen kulturellen, gesellschaftlichen und politischen Verhältnisse hat;
> - als Solidaritätsfähigkeit, insofern der eigene Anspruch auf Selbst- und Mitbestimmung nur gerechtfertigt werden kann, wenn er nicht nur mit der Anerkennung, sondern mit dem Einsatz *für* [Herv.i.O.] diejenigen und dem Zusammenschluß *mit*

> [Herv.i.O.] ihnen verbunden ist, denen eben solche Selbst- und Mitbestimmung aufgrund gesellschaftlicher Verhältnisse, Unterprivilegierung, politischer Einschränkungen oder Unterdrückungen vorenthalten oder begrenzt werden."

Um diese Fähigkeiten der Selbstbestimmung, der Mitbestimmungs- und der Solidaritätsfähigkeit entwickeln und erproben zu können, stellen Medien einen zentralen Bezugspunkt dar. Jörissen und Marotzki (2009: 15) betonen in diesem Zusammenhang die Rolle von Medien, indem sie schreiben:

> „Das Lernen und die Erziehung, die wir der nachfolgenden Generation auferlegen, ist in einem bildungstheoretischen Reflexionsrahmen gerade dadurch gekennzeichnet, jene Flexibilität aufzubauen, die heute und morgen benötigt wird, um die Komplexitätsschübe und gesellschaftlichen Transformationen im Zeitalter der Informationsgesellschaft verantwortlich gestalten zu können. Medien stellen hierzu ein wichtiges Orientierungsmittel dar, denn die meisten orientierungsrelevanten Informationen über unsere Welt erfahren wir durch Printmedien, Fernsehen und Internet. Insofern sind Bildungsprozesse in der Moderne – im Sinne des Allgemeinbildungsbegriffs Klafkis – auf Medien angewiesen. Es geht dabei aber nicht nur um die Orientierung in der Welt *mittels* [Herv.i.O.] der medialen Informationen. Vielmehr stellt die *Orientierung in medialen Sphären selbst* [Herv.i.O.] heute eine wichtige Aufgabe dar. Selbst- und Weltbezüge sind also prinzipiell medial vermittelt."

Medial vermittelte Informationen fungieren demzufolge als zentraler Orientierungspunkt in Bezug auf die Vermittlung von Selbst- und Weltverhältnissen. Klafki (1990) entwirft einen Allgemeinbildungsbegriff, bei dem er die Auseinandersetzung mit gesellschaftlichen Herausforderungen in den Mittelpunkt stellt. Er schreibt hierzu:

> „Allgemeinbildung bedeutet in dieser Hinsicht ein geschichtlich vermitteltes Bewußtsein von zentralen Problemen der Gegenwart und – soweit vorauszusehen – der Zukunft zu gewinnen, Einsicht in die Mitverantwortlichkeit aller angesichts solcher Probleme und Bereitschaft, in ihrer Bewältigung mitzuwirken." (Klafki 1990: 95)

Ähnlich wie Humboldt, so gehe auch Klafki davon aus, „dass sich Bildung nicht selbst hervorbringt, sondern durch die Auseinandersetzung mit kulturell überlieferten Inhalten entsteht." (Friesenhahn 2014: 70) Es sei kein abstrakter Kanon von Bildungsinhalten, die als inhaltliche Orientierung für Bildungsprozesse fungieren würden, sondern es seien die typischen „Schlüsselprobleme" (Klafki 1990: 95) der jeweiligen Zeit. Friesenhahn (ebd.) macht in diesem Zusammenhang deutlich:

> „Als Schlüsselprobleme, die geeignet seien, sein normatives Bildungskonzept auch didaktisch umzusetzen, nannte Klafki z.B. die Friedensfrage, die Umweltproblematik, gesellschaftlich produzierte Ungleichheit, Möglichkeiten und Gefahren von

Steuerungs-, Informations- und Kommunikationsmedien, individueller Glücksanspruch, zwischenmenschliche Verantwortung und Anerkennung des Anderen."

Um sich mit den Schlüsselproblemen unserer Zeit auseinanderzusetzen, braucht es Medien. Sie sind in diesem Zusammenhang eine zentrale Quelle, über die wir uns über entsprechende gesellschaftliche Herausforderungen informieren können und damit zentrale Orte für die Initiierung von Lern- und Bildungsprozessen. Zu diesen gesellschaftlichen Schlüsselproblemen lässt sich auch das Thema der globalen Flucht*Migrationsbewegungen zählen. In den nachfolgenden Ausführungen wird erörtert, welche Rolle Medien angesichts ihrer bildenden Funktion im Kontext der Konstruktion von „Flüchtlingen" zukommt.

5.1.2 Die bildende Funktion von Medien und der soziale Ausschluss einer politisch-rechtlichen Konstruktion von „Flüchtlingen"

Wie in den vorangegangenen Ausführungen deutlich gemacht wurde, ist Bildung eine wesentliche Aufgabe der (Massen-)Medien. Das Vermitteln von Informationen darüber, wie andere Menschen in der Nachbarschaft, in der Region, in anderen Teilen der Welt leben, und inwieweit Ereignisse an diesen anderen Orten die Adressat*innen der Medien jeweils selbst betreffen, ist eine ihrer zentralen Funktionen (vgl. Hall 2012b: 126 f.). Sie liefern z.B. Wissen darüber, welches neue Gesetz von der Regierung verabschiedet wurde, um die Sicherheit der Bevölkerung zu erhöhen. Sie präsentieren uns statistische Ergebnisse, wie sich die Zahl der Asylantragsstellungen im letzten Jahr im Vergleich zum Vorjahr entwickelt hat oder interviewen Aktivist*innen dazu, weshalb sie an einer Demonstration gegen Rassismus teilgenommen haben. Mit Hilfe dieser und vieler anderer Informationen, die über Medien zwischen den verschiedenen Personen einer Gesellschaft vermittelt werden, können die jeweiligen Einzelpersonen abschätzen, ob und ggf. welche Entscheidungen sie daraus für ihr Leben ableiten. Medien[19] können damit als einer (von vielen) „sozialen Orten" (Jäger 2015: 84) verstanden werden, über die sich Diskurse vermitteln bzw. von denen aus „gesprochen" (ebd.) wird. Mit Blick auf die diskursiven Praktiken der Nation sind Medien damit ein mögliches Kommunikationsmittel, um gemeinsame Geschichte, Mythen, Traditionen, Symbole usw. auszutauschen und damit ein Gefühl von Zugehörigkeit zur nationalen Gemeinschaft herzustellen. Wird in den Medien bspw. der Akt des Sprechens über die „Flüchtlinge" einerseits und ein „nationales Wir" andererseits ständig

19 Dieses Unterkapitel schließt an den Beitrag von Dauer 2017 an.

(re-)produziert, so kann dies eine stabilisierende Wirkung auf beide soziale Konstruktionen („Flüchtling“ und „Nationalstaat“) haben.

Weiterhin prägen Medien und die dort stattfindende Berichterstattung unsere Wahrnehmung und Vorstellung von der Welt maßgeblich. Sie sind einer der zentralen Orte, über die wir Informationen über Ereignisse beziehen, die in der Welt um uns herum geschehen und anhand derer wir uns in der Welt selbst verorten (vgl. Keppler 2005). Sie stellen Aussage und Anschauungsformen bereit, welche Haltungen und Handlungsweisen und damit die Lebenswelt der Subjekte sowie Subjektivierungsprozesse mitbestimmen (vgl. Thiele 2005: 7; Wellgraf 2008). Medien sind damit auf unterschiedlichste Art und Weise wirkmächtig. Ihre diskursiven Praktiken haben maßgeblich Einfluss auf die Konstruktion sozialer Wirklichkeit, die Gestaltung von Gesellschaft sowie Prozesse der Subjektivierung. Und genau diese Faktoren sind es, die eine diskurstheoretische Analyse von Medienberichterstattung hinsichtlich des Darstellungsverhältnisses von nationalstaatlicher Zugehörigkeit und „Flüchtlingskonstruktionen“ interessant machen. Es ist ihre Wirkmächtigkeit in Verbindung mit ihrer Schnittstellenposition zwischen Politik und Bevölkerung sowie die Reichweite, die Medien erzielen können. Es ist die Einflussnahme, die Medien potenziell auf zwischenmenschliche Beziehungen haben können: Wie wir einander begegnen, wie wir einander bezeichnen, wem wir uns „zugehörig“ fühlen und von wem wir denken, dass er oder sie vermeintlich „anders“ ist. Denn je nachdem, wie Medien mit sozialen Zugehörigkeitsdifferenzierungen von „Wir“ und „die Anderen“ umgehen, hat dies Folgen für das, was in einer Gesellschaft als „wahr“, „wirklich“ oder womöglich sogar als scheinbar „nicht zu hinterfragende Ordnung“ betrachtet wird.

Um dies konkret an einem Beispiel zu verdeutlichen, stelle man sich eine demokratisch, nationalstaatlich organisierte Gesellschaft vor, wie wir sie in Deutschland vorfinden. Der wiederholte Medienbericht darüber, dass sich Politikerin C strikt gegen die Aufnahme von geflüchteten*migrierten Personen ausspricht, kann dazu führen, dass Person B, die von diesen Äußerungen in den Medien erfährt und sich ehrenamtlich in einer „Willkommensinitiative“ engagiert, sich bei der nächsten Bundestagswahl entscheidet, die Partei von Politikerin C nicht mehr zu wählen. Zu dieser Entscheidung kommt Person B, weil sie diesen speziellen Äußerungen von Politikerin C nicht zustimmt, obwohl sie die Jahre zuvor immer die Partei von Politikerin C gewählt hat. Indem Person B über die Medien von diesen Äußerungen erfahren hat, hat sie daraus eine Entscheidung für ihr eigenes Verhalten abgeleitet, nämlich nicht mehr wie bisher die Partei von Politikerin C zu wählen. Person B hat mithilfe der Medien insofern ihr Verhältnis zur Welt verändert, als dass sie die Partei von Politikerin C nun nicht mehr mit ihrer Wähler*innenstimme unterstützt. Die vorliegende Arbeit geht also einerseits davon aus, dass Medien diejenigen Menschen bilden, welche die Inhalte der Medien lesen, wahrnehmen, rezipieren. Andererseits wird davon ausgegangen, dass die Informationen, die über Medien vermittelt werden, das Verhalten und die Handlungsweisen von Menschen beeinflussen können.

Es ließe sich nun die Frage anschließen, welcher Zusammenhang zwischen der bildenden Funktion von Medien mit dem sozialen Ausschluss von als „Flüchtlinge" positionierten Personen speziell auf der politisch-rechtlichen Ebene besteht. Weitergedacht könnte das bedeuten: Nehmen wir an, ebenso wie Person B haben auch viele andere wahlberechtigte Personen über die Medien von den Äußerungen von Politikerin C erfahren, sich daran gestört und deshalb entschieden, ihre Stimme einer anderen Partei zu geben. Partei K hat vor den nächsten Bundestagswahlen eine Stärkung des Asylrechts und Verbesserung der Lebensbedingungen von geflüchteten*migrierten Personen in ihrer Wahlkampagne in den Mittelpunkt gestellt, worüber die Medien ausführlich berichtet haben. Weil viele Wähler*innen diese politischen Vorschläge von Partei K sehr befürworten, wählen sie Partei K anstatt wie zuvor die Partei von Politikerin C. Das führt dazu, dass Partei K den zweithöchsten Anteil der Wähler*innenstimmen für sich gewinnen kann, eine Koalition mit der Partei von Politiker*in C eingeht und nun an der nächsten Regierung beteiligt ist. Diese neue Regierungsposition ermöglicht es den Politiker*innen der Partei K Einfluss auf Gesetzesänderungen zu nehmen. Sie schaffen es, eine Anpassung der staatlichen Transferleistungen von Personen im Schutz- und Asylsystem an das Niveau von SGB II Leistungsempfänger*innen durchzusetzen, die Verteilung von Essens- und Sachgutscheinen anstelle von Geldleistungen bundesweit abzuschaffen sowie die Residenzpflicht für Personen im laufenden Asylverfahren abzuschaffen.

Wie sich an diesem Beispiel zeigt, hätte der Einsatz der Politiker*innen von Partei K folglich dazu geführt, dass sich die Lebenssituation von als geflüchtete*migrierte positionierten Personen tatsächlich verbessert und das Ausmaß des politisch-rechtlich legitimierten Ausschlusses dieser Personengruppe eingegrenzt wird. Denn hätten die Medien nicht darüber berichtet, dass Politikerin C die Aufnahme weiterer Personen strikt ablehnt, hätten Person B sowie viele andere Wähler*innen die Partei von Politikerin C möglicherweise anders bewertet und trotzdem weiterhin gewählt. Ähnliches ließe sich auch in Bezug auf das Wahlprogramm der Partei K feststellen. Hätten die Medien nicht über das aktuelle Wahlprogramm berichtet, hätten viele der Wähler*innen nicht davon gewusst und wären möglicherweise nicht auf die Idee gekommen, Partei

K zu wählen. Partei K wäre nicht an der Regierung beteiligt gewesen und hätte Gesetze zur Verbesserung der Situation von geflüchteten*migrierten Personen nicht durchsetzen können. Die Informationen aus den Medien haben die Entscheidungsgrundlage und Handlungsentscheidungen von Person B sowie anderen Rezipient*innen erweitert. Ein klassischer Bildungsprozess. Anhand dieses Beispiels zeigt sich, wie die bildende Funktion den sozialen Ausschluss von geflüchteten*migrierten Personen auf politisch-rechtlicher Ebene beeinflussen kann.

5.1.3 Die bildende Funktion von Medien und der soziale Ausschluss einer sozialen Konstruktion von „Flüchtlingen"

Medien beeinflussen mittels ihrer bildenden Funktion nicht nur die Ebene der politisch-rechtlichen Konstruktion von als „Flüchtling" positionierten Personen, sondern auch die soziale „Flüchtlingskonstruktion". Letztere bezieht sich auf Zuschreibungen, Adressierungen und Stigmatisierungen von denen geflüchtete*migrierte Personen mitunter betroffen sind. Im Folgenden lautet die Frage, inwiefern Medien mittels ihrer bildenden Funktion genau diese Zuschreibungen, Adressierungen und Stigmatisierungen beeinflussen.

Um dies erneut an einem Beispiel zu verdeutlichen: Stellen wir uns Person G vor, die selbst deutsche Staatsbürgerin ist und in den Medien davon liest, dass Deutschland von einer „Flüchtlingskrise" betroffen ist[20]. Medienberichte titeln, es gäbe Hinweise darauf, dass die Zahl der „Flüchtlinge" seit mehr als einem Jahr dramatisch ansteige und die Bundesregierung viel zu spät reagieren würde (vgl. Popp et al. 2016, Der Spiegel vom 16.01.2016). Auch die Wirtschaft fürchte sich vor einem „Flüchtlingsstrom". Ein Ansturm von „Asylbewerbern" würde die Republik ökonomisch überfordern (vgl. Sommerfeldt 2016, Die Welt vom 10.08.2016). Kurze Zeit, nachdem Person G diese Berichte über die deutsche „Flüchtlingskrise" gelesen hat, ergibt sich die Situation, dass sie eine*n Nachmieter*in für eine ihrer Eigentumswohnungen suchen muss. Person G ist Eigentümerin von drei Mehrfamilienhäusern, die sie von ihrem Vater geerbt hat. Da kürzlich eine Mietpartei ausgezogen ist, muss sie nun eine*n Mieter*in für die freistehende Wohnung finden. Person G inseriert die Wohnung auf einer Onlineplattform, woraufhin sich Familie R auf das Wohnungsangebot

---

20 Ab dem Jahr 2015 war in deutschen Medien regelmäßig von der sogenannten „Flüchtlingskrise" die Rede (vgl. Haller 2017; Jäger und Wamper 2017). Das hier fiktiv gewählte Beispiel ist an einen Mediendiskurs angelehnt, der sich in Deutschland tatsächlich ereignet hat.

von Person G meldet. Als Person G mit Frau R telefoniert, fällt ihr der Akzent von Frau R auf. Person G erkundigt sich bei Frau R nach dem Einkommen der Familie R und erfährt, dass die Familie Leistungen nach dem Asylbewerberleistungsgesetz bezieht und die Miete durch staatliche Transferleistungen finanziert werden soll. Aus den Informationen, die Person G über Familie R hat, kommt G zu dem Schluss, dass es sich bei der Familie R wohl um „Flüchtlinge" handeln muss, von denen sie auch in den Medien gelesen hat. Gleichzeitig hat sich auf die Wohnungsausschreibung das Ehepaar W gemeldet. Herr W spricht akzentfrei Deutsch und ist Bankkaufmann und Frau W Zahnärztin. Person G muss nun eine Entscheidung treffen, mit wem sie einen Mietvertrag schließt. Sie entscheidet sich für das Paar W. Sie hat bei Familie R, die offensichtlich zu den „Flüchtlingen" gehört, ein ungutes Gefühl. Person G hat schließlich in den Medien davon gelesen, dass der deutsche Wohlfahrtsstaat und die deutsche Wirtschaft aufgrund der „Flüchtlingsströme" überfordert sind. Wenn Deutschland in einer „Flüchtlingskrise" steckt und von „Flüchtlingsströmen" betroffen ist, scheint es ihr sehr plausibel zu sein, dass etwas dagegen getan werden muss. Man sollte keine Anreize für einen weiteren Zuzug von „Flüchtlingen" schaffen, um Deutschland aus der Krise zu helfen. Außerdem stört Person G, dass die Miete von Familie R aus deutschen Steuergeldern bezahlt werden soll. Es sind doch auch „ihre" Steuergelder, von denen diese Familie R die Wohnung anmieten will. Person G findet, dass „Deutsche" in so einer Krise zusammenhalten müssten. Und weil sie hierzu ihren Beitrag leisten möchte, vermietet Person G die Wohnung an das vermeintlich deutsche Paar W.

Dieses Beispiel ist sehr plakativ, vereinfachend und in jedem Fall unterkomplex. Dennoch lassen sich hieran einige Mechanismen nachvollziehbar machen, die zwar nicht immer in dieser Eindeutigkeit Teil des Alltags von Menschen in Deutschland sind, aber dennoch im Kleinen ihre Wirkung entfalten können. Medien sind ein Bildungsmedium, über das die Mitglieder einer nationalstaatlich organisierten Gesellschaft Informationen über die Welt erhalten können. Die Informationen aus Medien ermöglichen es den Personen, ihr Verhältnis zwischen sich selbst und der Welt einordnen bzw. klären zu können (vgl. Hall 2012b: 126 ff.). Durch die vermittelten Informationen bieten Medien jeder einzelnen – sie rezipierenden – Person die Möglichkeit, ihr Handeln entsprechend auszurichten (vgl. Hartung 2010: 74). Wenn Menschen anhand der über Medien vermittelten Informationen ihr Verhalten bzw. ihre Handlungen ausrichten, dann kann dieses Verhalten bzw. diese Handlung den sozialen Ausschluss von als „Flüchtling" positionierten Personen beeinflussen. Wie am Beispiel deutlich wurde, kann das Verhalten von Personen, die bereits in Deutschland leben, gegenüber als „Flüchtling" positionierten Personen solidarisch oder ausgrenzend sein. Person G hat sich über die Medien Informationen eingeholt, was aktuell in der deutschen Gesellschaft vor sich geht. Sie hat sich also mittels der Medien gebildet. Diese haben ihr vermittelt, dass Deutschland aktuell in einer krisenhaften Situation aufgrund des Zuzugs von als „Flüchtlinge" bezeichneten Personen steckt und so in gewisser Weise durch die „Flüchtlinge" bedroht ist. Weil sich G selbst als Deutsche identifiziert, überträgt sich dieses Gefühl der Bedrohung auch auf sie. Die „Flüchtlinge", das sind in diesem Fall „die Anderen", die Nicht-Deutschen, welche die deutsche Wirtschaft zu überfordern drohen. Person G hat als Deutsche ein Interesse daran, dass es der deutschen Wirtschaft gut geht. Denn das erhöht die Wahrscheinlichkeit, dass es auch potenziell ihr selbst gut geht. Person G entscheidet sich also *dagegen* die Wohnung an Familie R zu vermieten, *weil* sie die Familie als „Flüchtlinge" betrachtet. Person G kommt zu diesem Schluss, *weil* sie sich über die Medien informiert bzw. gebildet hat, sich aufgrund der dort erhaltenen Informationen über „Flüchtlinge" von ebendiesen bedroht fühlt und einen Beitrag dazu leisten möchte, um dieser Bedrohung zu begegnen. Die Verhaltensweise von Person G gegenüber Familie R wirkt deswegen stigmatisierend, weil Person G ihre Entscheidung, Familie R nicht als Mieter*innen zu wählen, mit dem „Flüchtling-Sein" der Familie R begründet. Die Familie R wird auf dieses Merkmal reduziert und alle anderen Eigenschaften der betreffenden Personen werden diesem einen untergeordnet. Dieser Mechanismus macht die soziale Konstruktion von „Flüchtlingen" im Wesentlichen aus. In diesem fiktiven Beispiel verstärkt Person G damit für Familie R den ohnehin bereits bestehenden sozialen Ausschluss durch die politisch-rechtliche Konstruktion von „Flüchtlingen" auf der Ebene des alltäglichen Lebens (im Bereich dessen, was hier als soziale Konstruktion des „Flüchtlings" bezeichnet wird). Je nachdem, welche Informationen über die Medien vermittelt werden, und welches Bildungsangebot sie damit schaffen, können sie folglich einen Beitrag dazu leisten, die Differenz zwischen den vermeintlich „Anderen" zu betonen oder abzubauen und daran anschließend Einfluss auf ein ausschließendes oder solidarisches Verhalten der Adressat*innen zu nehmen.

Auch wenn das Beispiel – wie gesagt – insgesamt sehr vereinfachend und überspitzt gewählt wurde, so sind die gewählten Beispiele der Medienberichte sehr nahe an Schlagzeilen angelehnt, die es zwischen 2015 und 2016 tatsächlich gegeben hat (vgl. Haller 2017; Jäger und Wamper 2017). Dass es zumindest entfernt ähnliche Situationen zwischen Vermieter*innen und Wohnungssuchenden im Vergleich zum obigen Beispiel in Deutschland in den letzten Jahren gegeben hat und bis heute gibt, ist nicht ausgeschlossen. Es ist belegt, dass es für geflüchtete*migrierte Personen aufgrund stigmatisierender Vorbehalte von

Vermieter*innen, aber auch Arbeitgeber*innen oder anderen Gatekeeper*innen in der Ankunftsgesellschaft mitunter sehr schwierig ist, Zugang zu gesellschaftlicher Teilhabe zu bekommen (vgl. Johansson 2016; Neumann et al. 2003b; Schiefer 2017). Es ist davon auszugehen, dass Medienberichte in Anbetracht ihrer zentralen gesellschaftlichen Funktionen hierzu mitunter einen Beitrag leisten. Das bedeutet allerdings nicht, dass Medien zwangsläufig negativ über geflüchtete*migrierte Personen berichten. Wie Haller (vgl. 2017: 137) betont, haben Medien insbesondere im Sommer 2015 sehr positiv über Flucht*Migration nach Deutschland und die damit verbundene „Willkommenskultur" berichtet. Das Beispiel hätte also entsprechend auch so gewählt werden können, dass Person G die Wohnung *gerade* an Familie R und nicht an das Paar W vermietet, *weil* sie Familie R als neu Zugezogene unterstützen möchte. Medien können folglich auch einen Beitrag zum Abbau von Ressentiments gegenüber geflüchteten*migrierten Personen leisten.

Medien wirken aber natürlich nicht nur auf jene, die bereits seit längerem z.B. in Deutschland leben, sondern auch auf die, die neu hinzukommen, sprich die geflüchteten*migrierten Personen. Wenn bspw. fortwährend in Medien negativ über Flucht*Migration berichtet wird, dann kann das bei den betroffenen Personen z.B. dazu führen, dass sie sich unerwünscht fühlen. Es kann eine Entscheidung befördern, Deutschland wieder zu verlassen, weil sie einerseits sich mit vielen bürokratischen Hürden bei der Aufnahme einer Berufstätigkeit oder Ausbildung konfrontiert sehen (Konsequenzen, die sich aus der *politisch-rechtlichen* Konstruktion von „Flüchtlingen" ergeben) sowie sich andererseits unwillkommen, nicht-zugehörig fühlen (Konsequenzen, die sich aus der sozialen Konstruktion von „Flüchtlingen" ergeben) und somit eine Perspektivlosigkeit verstärken (vgl. Schmitt et al. 2019: 40 ff.). Umgekehrt ist es aber auch möglich, dass wenn sehr positiv über Flucht*Migration berichtet wird und sich dies auch in persönlichen, zwischenmenschlichen Begegnungen von Flucht*Migrierenden widerspiegelt, indem sie z.B. Unterstützung in der Ausbildung, im Beruf, in der Schule oder im privaten Bereich wie einem Sportvereint o.ä. erfahren, kann es sie in dem Bestreben bestärken, ein Leben und eine Zukunft in Deutschland aufzubauen.

Einschränkend muss an dieser Stelle noch hinzugefügt werden, dass sich aus den hier aufgezeigten Zusammenhängen zwischen medialer Berichterstattung und den Handlungen der einzelnen Personen keine allgemeingültige Kausalität ableiten lässt. Person G soll hier nicht aus der Verantwortung genommen und die alleinige Verantwortung bei den Medien verortet werden. Sehr wohl wäre es Person G möglich gewesen, zu dem Ergebnis zu kommen, die Wohnung doch an Familie R zu vermieten, auch wenn die Medien von einer „Flüchtlingskrise" in Deutschland berichten und sie die Familie in der Position der „Flüchtlinge“ betrachtet. Doch es ist hier wie bei allen Bildungsprozessen. Der genaue Mechanismus bzw. das, was am Ende bei einem Subjekt zu Erkenntnis A oder B und daran anschließend zu Handlung A oder B führt, lässt sich nicht bis ins Detail zurückverfolgen. Ob es tatsächlich der Bericht in den Medien über die „Flüchtlingskrise“ war, der Person G dazu bewog, die Wohnung nicht an Familie R zu vermieten, oder ob es nicht doch das Gespräch mit ihrer Arbeitskollegin war oder ein ganz anderes Erlebnis, lässt sich auch im Rahmen dieses fiktiven Beispiels nicht abschließend beantworten. Doch es lassen sich zumindest annäherungsweise die Wechselwirkungen zwischen der Art und Weise, wie Medien berichten und dem, wie sich die einzelnen Subjekte in einer Gesellschaft verhalten, rekonstruieren.

Zusammenfassend kann festgehalten werden, dass mediale Berichterstattung potenziell auf alle Menschen eine Wirkung entfalten und ihr Handeln beeinflussen kann, die die jeweiligen Medien rezipieren. Und weil Medien potenziell die Weltsicht von Menschen und daran anschließend ihre Handlungen beeinflussen können (vgl. Hartung 2010: 74), kann dies auch das Ausmaß des sozialen Ausschlusses auf den Ebenen der einerseits politisch-rechtlichen sowie andererseits der sozialen Konstruktion von „Flüchtlingen“ beeinflussen. Medien wirken somit potenziell sowohl auf der Ebene der durch die Politik und das Rechtssystem bestimmten Kodifizierungen dessen, wer als „Flüchtling“ gilt und welche Rechte und Pflichten die jeweiligen Personen haben, als auch auf der Ebene des sozialen Miteinanders und alltäglichen Lebens von als „Flüchtling“ positionierten Personen mit den restlichen Mitgliedern der jeweiligen Ankunftsgesellschaft. Aufgrund dieser Wirkungsmächtigkeit von medialer Berichterstattung ist die Art und Weise, *wie* Medien bilden bzw. welche Informationen sie über das Konstrukt des „Flüchtlings“ vermitteln, für das Ausgangsproblem des sozialen Ausschlusses von als „Flüchtling“ positionierten Personen in einer nationalstaatlich organisierten Gesellschaft von besonderem Interesse und Gegenstand der vorliegenden Untersuchung.

5.2 Medien als (Re-)Produzierende sozialer Wirklichkeit

Der Anlass für die Verfassung des folgenden Unterkapitels, bestand u.a. in der Frage, wie die Gesellschaft dazu kommt, manche Menschen als „Flüchtlinge“ zu positionieren. Woher kommt es, dass unsere Gesellschaften so organisiert ist, dass zwischen z.B. deutschen Staatsbürger*innen und „Flüchtlingen“ oder zwischen „Flüchtlingen“ und „Nicht-Flüchtlingen“ unterschieden wird? Weshalb gesteht die Gesellschaft Menschen unterschiedliche gesellschaftliche Teilhabechancen in Abhängigkeit von einem Aufenthaltsstatus oder „Flüchtlings-Status“ zu? Diese Fragen allumfassend zu beantworten, kann die vorliegende Arbeit aufgrund der hohen Komplexität sowie der Fülle der historisch bedingten und gegenwärtigen Mechanismen nicht leisten. Dennoch kann man sich zumindest teilweise an mögliche Erklärungen annähern. Bei diesem Vorhaben liegt den folgenden Ausführungen ein diskursanalytisches Paradigma im Anschluss an Foucault (vgl. Foucault 2013, 2014b) sowie darauf aufbauend Auszüge aus Halls (vgl. Hall 1997, 2012b) medientheoretischen Überlegungen zu Grunde[21]. Eine Begründung und Darlegung des Mehrwerts genau dieser theoretischen Ansätze findet sich am Ende dieses Unterkapitels. Die sehr breit gestellte Eingangsfrage wird dabei zudem auf die Rolle der Medien eingegrenzt. So zielt die folgende Argumentation darauf, aufzuzeigen, inwieweit aus einer diskurstheoretischen Perspektive mediale Repräsentationen oder vereinfacht Medien den sozialen Ausschluss von als „Flüchtlinge“ positionierten Personen beeinflussen und sich an der (Re-)Produktion unserer sozialen Wirklichkeit beteiligen.

Da es nun – wie oben angekündigt – darum geht, sich einem diskurstheoretischen Verständnis von Gesellschaft anzunähern, bedarf es einer Vergegenwärtigung dessen, was genau unter dem Begriff des Diskurses zu verstehen ist. Vorab ist dabei anzumerken, dass Foucault keine einheitliche, stringente Theorie vorgelegt hat, welche sich als *die Diskurstheorie* begreifen ließe, sondern im Laufe seiner Schaffenszeit seine Überlegungen stets weiterentwickelt, verändert und zum Teil verworfen hat (vgl. Parr 2014; Ruoff 2013: 15 ff.). Der Diskurs nimmt dennoch in seinen Arbeiten immer wieder eine Schlüsselposition ein, ebenso wie die Verbindungen des Diskurses zu *Wirklichkeit*, *Macht*, *Wahrheit* und *Wissen*. Mit Blick auf eine Definition des Foucaultschen Diskursbegriffes, lässt sich feststellen, dass anders als im allgemeinen Sprachgebrauch, in welchem Diskurs mitunter synonym für einen öffentlichen Meinungsstreit oder eine Debatte verwendet wird (vgl. Kerchner/Schneider 2006), Foucault den Diskurs nicht als die Widerspiegelung einer vorgängigen Realität versteht. Ihm zufolge bestünde die Aufgabe nicht darin,

> „die Diskurse als Gesamtheiten von Zeichen (von bedeutungstragenden Elementen, die auf Inhalte oder Repräsentationen verweise), sondern als Praktiken zu behandeln,

21 Hall hat sich in seinen Arbeiten auf Foucault bezogen (vgl. Stauff 2014: 361 ff.). Foucault selbst hat sich jedoch nicht näher mit der Analyse speziell von Medien beschäftigt. Da in der vorliegenden Arbeit Medienberichte Teil des zentralen Untersuchungsgegenstands sind, werden die medientheoretischen Ansätze Halls ergänzend zu Foucault hinzugezogen.

> die systematisch die Gegenstände bilden, von denen sie sprechen. Zwar bestehen diese Diskurse aus Zeichen; aber sie benutzen diese Zeichen für mehr als nur die Bezeichnung der Sachen. Dieses *mehr* [Herv.i.O.] macht sie irreduzibel auf das Sprechen und die Sprache. Dieses *mehr* [Herv.i.O.] muß man ans Licht bringen und beschreiben." (Foucault 2013: 74)

Ausgehend von diesem Zitat können wir feststellen, dass sich Diskurse mindestens als Zeichen bzw. Schrift und Sprache verstehen lassen, jedoch darüber hinausgehen. Dieses „mehr" (vgl. ebd.) der Diskurse erweist sich bei der Lektüre Foucaults zum Teil als sehr abstrakt und komplex, da Foucault, wie bereits angedeutet, über den Diskurs in sehr unterschiedlichen Kontexten nachgedacht hat. Um dennoch mit diesem abstrakten „mehr" (vgl. ebd.) empirisch operieren zu können, schlage ich als heuristische Definition des Diskurses vor, ihn als die Summe aller möglichen Aussagen in Schrift und Sprache zu einer bestimmten Zeit zu verstehen, welche Einfluss auf die Gestaltung der materiellen Wirklichkeit nehmen (vgl. Hall 2012b: 148 f.). Unter einer Verlaufsperspektive ist der Diskurs die Gesamtheit allen Wissens, das durch die Zeit fließt (vgl. Foucault 2013: 156; Jäger/Jäger 2007: 23). Das, was sich als soziale Wirklichkeit bezeichnen ließe, konstituiert sich dabei im Diskurs. Der Begriff der sozialen Wirklichkeit meint hier die Art und Weise, wie Menschen einerseits der materiellen Welt und andererseits dem Bereich des Sozialen – also allem, was sich im Bereich des menschlichen Miteinanders abspielt – einen Sinngehalt bzw. Bedeutung zuschreiben (vgl. Hall 1997: 6, 12 f., 1999b: 511, 2013: 10 ff.). Um diese Zusammenhänge zu veranschaulichen, nehmen wir als ein Beispiel den Prozess der Errichtung eines Grenzzaunes. Der Grenzzaun ist unter der hier aufgezeigten Perspektive materiell vorhanden und stellt bspw. für Menschen ein Hindernis dar, um von einem Ort zu einem anderen zu gelangen. Der Zaun wurde von Menschen errichtet. Es gab eine oder mehrere Personen, welche die Idee hatten, dass es zu befürworten sei, an genau dieser Stelle einen Grenzzaun zu bauen. Sie haben sich möglicherweise mit anderen Personen über diese Idee ausgetauscht und den Bau beschlossen. Schließlich ist jemand (vermutlich im Austausch gegen Geld) an den vorgesehenen Ort gefahren, hat mehrere Pfähle in der Erde verankert und mit Stacheldraht verbunden. An diesem Beispiel der Errichtung eines Grenzzaunes, ließen sich alle Tätigkeiten als eine diskursive Praktik beschreiben, die im Bereich des zwischenmenschlichen Austausches und Verhandelns stattgefunden haben. Unter dem Begriff der diskursiven Praktik verstehe ich dabei, eine Aussage innerhalb des Diskurses zu tätigen (vgl. Foucault 2013: 254–262; Hall 1999b: 511). Wenn Person A zu Person B sagt: „Ich habe eine Idee. Lass uns einen Grenzzaun bauen", dann ist diese Aussage eine diskursive Praktik und auf übergeordneter Ebene Bestandteil des

Diskurses. Ebenso wäre es eine diskursive Praktik, wenn Person C zu Person D sagt: „Ich habe einen Auftrag für dich. Baue einen Zaun an Ort X. Ich bezahle dich dafür.“ Zusammengenommen können dann viele einzelne diskursive Praktiken dazu führen, dass schließlich Person C zu Ort X fährt, ein Loch gräbt, Pfähle in der Erde befestigt und diese mit Stacheldraht verbindet. Der materiell vorhandene Grenzzaun kann aus dieser Perspektive als das Produkt vieler diskursiver Praktiken betrachtet werden. Er ist das Ergebnis des Diskurses, der zu einer bestimmten Zeit zwischen einer bestimmten Gruppe von Menschen stattgefunden und Einfluss auf die Formung der materiellen Welt genommen hat (vgl. Hall 2012b: 148 f.).

Der Diskurs ist damit für die Herstellung sozialer Wirklichkeit – oder anders formuliert für das, was in einer Gesellschaft als denkbar, als wahr oder als wirklich betrachtet wird – konstitutiv und unterliegt darüber hinaus in Abhängigkeit von historischen Gegebenheiten einer ständigen Veränderung (vgl. Ruoff 2013: 15 ff.). Die materielle Welt hat keinen objektiven Sinngehalt, den wir uns als Menschen erschließen könnten. Sie bedeutet – so die diskurstheoretische Annahme – nicht etwas von sich heraus. Das, was die Dinge bedeuten, den Sinn, schreiben erst wir Menschen ihnen über Sprache und Schrift zu (vgl. Hall 1999b: 511). So ist m.E. die Feststellung Halls (ebd.) sehr treffend, wenn er schreibt:

> „Reality exists outside language, but it is constantly mediated by and through language: and what we can know and say has to be produced in and through discourse. Discursive ‘knowledge’ is the product not of the transparent representation of the ‘real’ in language but of the articulation of language on real relations and conditions. […] There is no degree zero in language. Naturalism and ‘realism’ – the apparent fidelity of the representation to the thing or concept represented – is the result, the effect, of a certain specific articulation of language on the ‘real’. It is the result of a discursive practice.“

Erst Sprache und Schrift bzw. der Diskurs ermöglicht es uns, Ideen von der Welt zu entwickeln und über die Welt nachzudenken. Vor diesem Hintergrund gehe ich in der vorliegenden Arbeit davon aus, dass das Soziale bzw. Gesellschaftliche durch Diskurse strukturiert ist. Legen wir diese Annahmen zu Grunde, dann lässt sich daraus in Bezug auf das Verhältnis von Diskurs und Medien ableiten, dass auch sie Teil des Diskurses sind. Denn Sprache und Schrift sind die primären Instrumente, mit denen Medienmachende operieren. An anderer Stelle legt Hall (2012b: 127) diese Zusammenhänge m.E. sehr prägnant dar, indem er schreibt:

> „Wenn wir von ‚Nachrichten' und ‚besser informiert sein' sprechen, müssen wir im Auge behalten, um welche Art von Information es sich handelt. Erstens sind es ‚Nachrichten' im engen Sinne: aktuelle Informationen darüber, was in Großbritannien und der Welt geschieht. Aber es sind gleichzeitig ‚Bilder' und ‚Abbildungen' von dieser Welt, die wir erhalten – und diese sind ein mächtiger Anreiz, Bescheid wissen zu wollen. Außerdem sind sie ‚Wissen' darüber, wie Menschen sich verhalten, woran sie denken, worüber sie sprechen und wie die Moden – bei Kleidern, Lebensstilen, Sprachen oder Ideen – sich ändern. Schließlich sind es ‚Nachrichten' darüber, wie Meinungen *über* [Herv.i.O.] Ereignisse sich ändern. Es wäre besser, all dies nicht ‚Informationen' im engsten Sinne zu nennen, sondern praktisches soziales Wissen. [...] Anstatt einfach zu sagen, die Medien ‚informieren und unterrichten', wäre es wohl besser zu sagen, sie erweitern und formen unser generelles soziales Wissen – unsere ‚Bilder von der Welt' – über Ereignisse in unserer Gesellschaft und an anderen Orten."

Medien können folglich als (Re-)Produzierende eines generellen sozialen Wissens verstanden werden. Was folgt aus diesen Feststellungen für die vorliegende Arbeit? Wenn wir an die hier dargelegte Auffassung von diskursiven Praktiken zurückdenken, dann ist zu erkennen, dass auch Medien diskursive Praktiken vornehmen. Hall (vgl. 1999b) hat diesen Vorgang mit seinem Encoding/Decoding-Modell näher beschrieben. Stark verkürzt lässt sich sagen, dass dieses Modell theoretisch beleuchtet, wie Medien Informationen produzieren, verbreiten und wie diese wiederum von den Leser*innen interpretiert werden (vgl. Krotz 2009: 214–218). Dem Modell liegt die Vorstellung zu Grunde, dass Sprache und Schrift als Zeichen verstanden werden können. Kommunikation, bei der Zeichen zum Einsatz kommen, kann dabei nur funktionieren, wenn die Zeichen nach Regeln verpackt – sprich codiert – und entschlüsselt – sprich decodiert – werden, die beiden Parteien, die an der Kommunikation beteiligt sind, bekannt sind. Die Regeln, wie die Zeichen zu codieren und decodieren sind, erlernen wir über die Personengruppe, in der wir aufwachsen. Übergeordnet ist hiermit die jeweilige Gesellschaft oder auch die Kultur gemeint, in der wir sozialisiert werden (vgl. ebd.).

Nun ließe sich die Frage anbringen, in welchem Verhältnis hierzu der Begriff der medialen Repräsentation steht, der bereits weiter oben eingeführt wurde. Der Begriff der medialen Repräsentation beschreibt m.E. im Vergleich zum Encoding/Decoding Modell weniger die Interaktion zwischen den Subjekten, sondern benennt, wenn man so möchte, das Endprodukt dieses Prozesses. Zwar muss es bei der Repräsentation ein Subjekt gegeben haben, welches etwas repräsentiert. Eine Person muss also z.B. ein Foto erstellt und darunter eine Schlagzeile gesetzt haben, damit es überhaupt etwas gibt (die Titelseite), das etwas anderes (das jeweilige Ereignis/Person/etc. *auf* der Titelseite) repräsentiert (vgl. Hall 1997: 7 f.). Und damit ein Subjekt überhaupt Sprache verwenden kann, um eine Schlagzeile zu formulieren, sind diesem Prozess Interaktionen bzw. diskursive Praktiken zwischen anderen Subjekten vorausgegangen (z.B. hat das fotografierende Subjekt in der Interaktion mit anderen Personen die Sprache erlernt, um Sprache in Form von Schrift auf der Titelseite einsetzen zu können). Das fotografierende Subjekt hat die von ihm oder ihr verwendete Sprache über die jeweilige Kultur bzw. Gesellschaft erlernt, in der er oder sie sich bewegt. Wenn aber dieses Foto mit der Schlagzeile auf der Titelseite einer Zeitung erscheint, dann handelt es sich hierbei um eine mediale Repräsentation, unabhängig davon, ob sie wahrgenommen und rezipiert wird. Ein Verständnis davon zu entwickeln, wie sich diese verschiedenen Begrifflichkeiten zueinander verhalten, ist von Bedeutung, da im empirischen Teil der vorliegenden Arbeit Titelseiten näher untersucht werden. Und um zu verstehen, womit wir es bei der Rezeption von Medien zu tun haben, ist es notwendig sich die hier beschriebenen Prozesse und Mechanismen bewusst zu machen.

Für die weitere Argumentation können wir rekapitulieren: Medienschaffende arbeiten im Wesentlichen mit Bildern und Sprache. Bilder und Sprache sind jeweils eigene Repräsentationssysteme, die wechselseitig aufeinander einwirken können (vgl. Hall 2010: 109 ff.). Wenn wir davon ausgehen, dass Medien mittels ihrer Repräsentationen diskursive Praktiken betreiben und diskursive Praktiken unsere materielle sowie soziale Welt formen, dann nehmen auch Medien mit ihren Repräsentationen Einfluss auf die Formung unserer materiellen und sozialen Welt. Diese Feststellung ist für die vorliegende Arbeit von besonderer Bedeutung, insbesondere wenn man die sozial ungleichen Lebensverhältnisse von als „Flüchtling" positionierten Personen berücksichtigt. Denn diese soziale Ungleichheit ergibt sich aus der Art und Weise, wie unsere materielle und soziale Welt geformt ist. Indem Medienschaffende unsere soziale Wirklichkeit (re-)produzieren, können sie folglich auch die soziale Ungleichheit von geflüchteten*migrierten Personen beeinflussen.

Bislang wurden diese Zusammenhänge auf einer eher abstrakten Ebene näher beschrieben. Offen ist noch die Frage, wie genau Medienschaffende bei der (Re-)Produktion sozialer Wirklichkeit vorgehen. Nehmen wir hierfür noch einmal das Beispiel von oben, in dem Person A der Meinung ist, dass es eine gute Idee sei, einen Grenzzaun zu bauen, und überlegen, welche Rolle Medien in diesem Zusammenhang spielen könnten. Nehmen wir an, Person A sagt nicht nur zu Person B, dass sie den Bau eines Grenzzauns für eine gute Idee halte, sondern gibt Person C, der Journalist ist, ein Interview und erzählt ihm von ihrer Vision. Über all die verschiedenen Wege der Medienproduktion führt das Interview zwischen Person A und C dazu, dass eine Titelseite erscheint, auf der unter einem Foto von Person A zu lesen ist: „Grenzzaun jetzt!

Person A von Notwendigkeit überzeugt. Das exklusive Interview jetzt in Zeitung H." Von der Idee eines Grenzzaunes erfährt somit nicht nur Person B, die Person A persönlich kennt, sondern auch eine ganze Reihe weiterer Personen, welche die Zeitung H lesen oder nur zufällig die Titelseite an einem Kiosk oder über eine Werbekampagne der Zeitung H sehen. Die Idee von Person A ist jetzt unter einer großen Gruppe von Menschen im Umlauf. Und alle, die von der Idee erfahren, können auf sehr unterschiedliche Weise darüber denken und sich dazu verhalten. Manchen ist es egal, was Person A für Ideen hat, manche stimmen der Idee von Person A zu, manche lehnen sie ab. Es ist schwer zu sagen, was daraufhin als Nächstes passieren wird. Vielleicht findet sich tatsächlich eine Mehrheit, die den Bau eines Grenzzaunes unterstützt. Vielleicht wird dieses Thema aber von neuen Schlagzeilen nach kurzer Zeit abgelöst. Was unabhängig von den darauffolgenden Ereignissen ersichtlich wird, ist, dass über Medien Informationen unter einer großen Gruppe von Menschen gestreut werden können. Hall (vgl. 2012b: 148 f.) spricht in diesem Zusammenhang auch davon, dass Medien Ideen innerhalb einer Gesellschaft zirkulieren lassen.

Diese potenziell große Reichweite innerhalb einer großen Gruppe von Menschen erzielen zu können, ist einer der Gründe, aus der sich die Wirkmächtigkeit von (Massen-)Medien ableitet und weshalb eine wissenschaftliche Analyse der Art und Weise, *wie* Medienschaffende berichten, von Bedeutung ist. Denn wie an diesem Beispiel deutlich wird, können Medien den Diskurs maßgeblich mitgestalten. U.U. hat niemand über einen Grenzzaun nachgedacht, bevor dieses Thema auf der Titelseite platziert wurde. Ein anderer Grund besteht darin, dass (Massen-)Medien bei der Ausübung ihrer Kernkompetenz, dem Berichten über Ereignisse in der Welt, bereits selektieren, urteilen und bewerten (vgl. Hall 2012b: 132 f.). Wie bereits formuliert, haben Menschen – unter der Perspektive eines diskursanalytischen Paradigmas – keinen Zugang zu einer objektiven Wirklichkeit. Dies gilt folglich auch für Medienschaffende. Wenn sie über ein Ereignis berichten, dann ist diese Tätigkeit immer auch mit Selektion, Entscheidungen, Bewertungen und Interpretationen verbunden. Hall (ebd.) macht dies an folgendem Beispiel sehr deutlich:

> „Sie [die Sender von Rundfunk und Fernsehen; Anmerk. R.D.] müssen immer auch *selektieren* [Herv.i.O.]. Es gibt Millionen von wichtigen Ereignissen in der Welt, die jede Minute passieren. Es gibt nur eine halbe Stunde Nachrichten und vielleicht zehn Hauptpunkte dabei. Nicht nur, welcher Punkt in welcher Reihenfolge, sondern auch *welcher Aspekt* [Herv.i.O.] eines Ereignisses berichtet werden soll, liegt in der Verantwortung der BerichterstatterInnen. Jeder Bericht von JournalistInnen, der von der Arbeit vor Ort zurückkommt, ist eine Auswahl aus ‚allem was passiert ist'. ReporterInnen oder Kameraleute haben jeweils ein oder zwei Aspekte für die Berichterstattung

> ausgesucht. Davon wiederum müssen die Nachrichtenredakteurinnen und -redakteure, wenn es hochkommt, ein paar Sekunden, die gezeigt werden sollen, auswählen. Einzelne Berichte müssen bearbeitet und für die Nachrichtensendung zurechtgeschnitten werden. Sie müssen der Länge, der Art und dem Format der Programme angepasst werden. Kommentar und begleitende Bilder oder Informationen müssen in eine Reihenfolge gebracht werden. Übergänge müssen zwischen den einzelnen Berichten hergestellt werden. In gewisser Weise stimmt es, dass die ‚Nachrichten' von den Leuten wieder zu ihnen zurückfließen. Richtiger aber ist, dass es die BerichterstatterInnen sind, die den Kommunikationskreislauf initiieren und strukturieren; was sie nicht eingeben, wird auch nicht zirkulieren. Dieser Prozess der ‚Initiierung' von Kommunikation ist festgeschrieben und beinhaltet weitreichende editorische Eingriffe, viele Verfahren des *Formens* [Herv.i.O.] und der *Auswahl* [Herv.i.O.], welche nicht nur auf den *vorhandenen* [Herv.i.O.] zur Verfügung stehenden technischen Mitteln basieren, sondern auf *Urteilen* [Herv.i.O.] – z.B. auf Vorstellungen davon, was ‚bedeutend', ‚wichtig' und ‚dramatisch' ist, was einen ‚Nachrichtenwert' hat und was nicht. Was zuerst ein naturalistischer Prozess zu sein schien (die Welt zu zeigen, wie sie ist), offenbart sich nun als eine sehr komplexe soziale Praxis – die Praxis des *Nachrichtenmachens* [Herv.i.O.] – des *Produzierens* [Herv.i.O.] von Information. Was zuerst als ein perfekter Kreis zu sein schien, kann jetzt als ein Kreislauf gesehen werden, der zwischen *ungleich gewichteten* [Herv.i.O.] Elementen hergestellt wurde. BerichterstatterInnen kommunizieren; das Publikum ‚empfängt' ihre Kommunikation. ‚Freier Fluss' ist in Wirklichkeit *strukturierter* [Herv.i.O.] Fluss."

Wenn Medienschaffende bei der Ausübung ihrer Kernkompetenz selektieren, formen und strukturieren, dann ist es wichtig zu berücksichtigen, dass sie auf diese Art vorgehen *müssen*. Es geht nicht darum zu behaupten, sie würden keine gute Arbeit machen. Es ist derzeit schlicht unmöglich, über alle Ereignisse in der Welt gleichermaßen zu berichten. Was an dieser Stelle deutlich werden soll, ist, dass Medienrezipient*innen sich dieser Mechanismen bewusst sein sollten. Es ist nicht die objektive Wirklichkeit, die über die Medien vermittelt wird, sondern nur ein kleiner Ausschnitt der Dinge, die in der Welt passiert sind und die dabei für uns bereits im Vorfeld in einem gewissen Rahmen *selektiert und interpretiert* wurden.

Es ließe sich die Frage anbringen, was der Vorteil wäre, wenn Medienrezipient*innen sich dieser Tatsache bewusst wären? Wenn man sich vor Augen führt, dass die Welt, wie wir sie heute vorfinden – und hierzu sind auch die sozialen Ungleichheiten im Falle von als „Flüchtling" positionierten Personen zu zählen – das Ergebnis menschlicher Ideen ist, dann könnte der nächste Schritt darin bestehen, nach neuen Ideen zur Gestaltung einer gerechteren und integrativeren Gesellschaft zu suchen. Entscheidend ist hier der Aspekt der Veränderbarkeit. Der Diskurs und die soziale Wirklichkeit sind von Menschen gemacht. Es sind Ideen von Menschen (geknüpft an Praktiken des Denkens,

Sprechens und Handelns), die über die Zeit von Generation zu Generation in Form des Diskurses überliefert wurden und zu der Entstehung genau dieser Organisation von Gesellschaft geführt haben. Eine Organisationsform, die das Konzept eines Nationalstaates beinhaltet, in dem manche Personen als sogenannte „Flüchtlinge" platziert werden und nicht die gleichen Rechte haben wie diejenigen Personen, die als z.B. deutsche Staatsbürger*innen platziert werden. Die soziale Ausgrenzung von als „Flüchtling" positionierten Personen ist über Diskurse sowohl auf der Ebene des sozialen Miteinanders (Stigmatisierungen, Stereotypisierungen usw.) verankert, als auch durch eine materielle Formung der Welt (Grenzzäune, Mauern, Unterkünfte speziell für geflüchtete*migrierte Personen usw.). Angesichts der Tatsache, dass dies die Produkte von menschlichen Ideen sind, dann bedeutet das im Umkehrschluss auch, dass wir andere Ideen für die Gestaltung eines faireren sozialen Miteinanders entwickeln können. Es gibt kein Naturgesetz, welches besagen würde, dass auch künftig Menschen einander auf genau diese ungleiche Art und Weise begegnen müssten. Es ist eine menschliche Idee, dass es „Flüchtlinge" gibt. Es ist eine Konstruktion menschlichen Wissens, dass es etwas wie Nationalstaaten und nationalstaatliche Zugehörigkeiten gibt, aus denen wir einen juristischen „Flüchtlingsstatus" ableiten. Wir müssen m.E. beginnen, diese bestehenden Grenzen zu überschreiten. Erst die unseres Denkens, dann die unseres Handelns. Mit der vorliegenden Arbeit und der Anwendung einer diskursanalytischen Untersuchung versuche ich hierzu einen Beitrag zu leisten.

Doch was kann eine diskursanalytische Untersuchung, wie sie die vorliegende Arbeit vornimmt, vor diesem Hintergrund leisten und worin besteht ihr Mehrwert? So wie ich die diskursanalytischen Überlegungen Foucaults (vgl. 2013, 2014b, 2015) verstehe, geht es u.a. darum, die oftmals unsichtbaren Machtmechanismen der Diskurse offen zu legen und transparent zu machen. So schreibt Foucault (2005: 289) über die Notwendigkeit der Analyse von Machtbeziehungen:

> „In Gesellschaft leben bedeutet: Es ist stets möglich, dass die einen auf das Handeln anderer einwirken. Eine Gesellschaft ohne ‚Machtbeziehungen' wäre nur eine Abstraktion. Dadurch wird es, nebenbei gesagt, jedoch politisch nur noch notwendiger, dass wir analysieren, wie sie in einer bestimmten Gesellschaft beschaffen und wie sie geschichtlich entstanden sind, was ihre Festigkeit oder Zerbrechlichkeit ausmacht und unter welchen Umständen die einen verändert, die andern abgeschafft werden können. Denn dass es keine Gesellschaft ohne Machtbeziehungen geben kann, bedeutet keineswegs, dass die bestehenden Machtbeziehungen notwendig sind oder dass Macht innerhalb der Gesellschaft ein unabwendbares Schicksal darstellt, sondern, dass es eine ständige politische Aufgabe bleibt, die Machtbeziehungen und den

‚Agonismus' zwischen ihnen und der intransitiven Freiheit zu analysieren, herauszuarbeiten und in Frage zu stellen, ja dass dies sogar die eigentliche politische Aufgabe jeglicher sozialen Existenz darstellt."

Mit dem diskursanalytischen Ansatz, den Foucault vorschlägt, stehen ebendiese Machtbeziehungen in einer Gesellschaft im Fokus und setzen darüber hinaus – wie bereits angesprochen – ein emanzipatorisches Potential frei. Indem wir Ausschnitte der diskursiven Praktik zu einem bestimmten Zeitpunkt näher betrachten und rekonstruieren, auf welche Art und Weise diese spezifische Wissensformen (Ideen) (re-)produzieren, kann dies ein Anhaltspunkt sein, um bestehende diskursive Praktiken zu ändern. Denn wenn wir wissen, wie der dominante Diskurs funktioniert, eröffnet uns das die Möglichkeit, in Abgrenzung dazu andere Positionen stark zu machen und ggf. Gegendiskurse zu entwickeln. Es könnte dann bspw. darum gehen, Personen eine Stimme zu geben, deren Erfahrungen, Meinungen, Ansichten und Haltungen im dominanten Diskurs nicht oder nur wenig repräsentiert werden und/oder die Ideen haben, die soziale Ungleichheit zwischen uns abzubauen. Wenn wir dominante Positionen innerhalb des Diskurses nicht hinterfragen, den nationalstaatlich bedingten sozialen Ausschluss als quasi-Natürlichkeit darstellen, tragen wir dazu bei, ebendiesen sozialen Ausschluss zu normalisieren. Das trifft auch dann zu, wenn wir die Kategorisierung von Menschen als „Flüchtlinge" ständig wiederholen und die damit verbundenen Stigmatisierungen nicht reflektieren. Das Wissen einer Gesellschaft ist veränderbar und diskursanalytische Methoden können Anhaltspunkte liefern, wie wir den menschengemachten Ungleichheiten auf die Spur kommen können.

Selbstverständlich handelt es sich auch bei einer diskursanalytischen Untersuchung nur um einen sehr kleinen Schritt in diese Richtung. So ist es m.E. nicht möglich, den gesamten Diskurs in einer komplexen und stark ausdifferenzierten Gesellschaft wie wir sie z.B. in Deutschland, aber auch in nahezu allen anderen Teilen der Welt vorfinden, zu erfassen oder zu beschreiben. Entsprechend kann auch eine diskursanalytische Untersuchung speziell von medialen Repräsentationen nur einen sehr kleinen Ausschnitt des gesamten Diskurses bzw. des Wissens und der Ideen erfassen, die zu einem bestimmten Zeitpunkt innerhalb einer Gruppe von Menschen geteilt werden. Aber indem man einen kleinen Ausschnitt näher betrachtet, erfährt man auch etwas über den gesamten Diskurs. Denn wie Hall (vgl. 2012b: 148 f., 2013: 31 ff.) es treffend beschreibt, unterliegen das Wissen und die Ideen in einer Gesellschaft bestimmten Gesetzmäßigkeiten. Sie sind nicht losgelöst und frei florierend, sondern sind einerseits das Ergebnis eines vorangegangenen Diskurses und nehmen andererseits Einfluss auf den Diskurs in naher Zukunft.

Das Ergebnis einer solchen Analyse wird keine Patentrezepte liefern können. Es geht in dieser Arbeit auch nicht darum zu behaupten, dass es besser wäre, die Gesamtheit aller Nationalstaaten von heute auf morgen abzuschaffen. Ich möchte mit meiner Arbeit dazu ermutigen, mehr, häufiger und intensiver darüber nachzudenken, welche Alternativen möglich wären. Es bedarf der Kreativität vieler (wenn nicht sogar aller) Menschen, um das Projekt, eine bessere Welt für alle zu schaffen, umzusetzen. Ich bin davon überzeugt, dass es möglich ist, unsere globalen Gesellschaften besser zu organisieren als es momentan der Fall ist. Die Aufteilung der Welt in Nationalstaaten bringt viele Probleme mit sich, die m.E. auch nicht von einem Nationalstaat allein gelöst werden können. Die Klimakrise, welche bereits jetzt viele Menschen zur Flucht*Migration zwingt und noch zukünftig zwingen wird, zeigt das nur zu deutlich. Ich bin mir sicher, dass die menschliche Kreativität ausreichend Potential besitzt, um Lösungen für die akuten Probleme unserer Zeit zu finden. Um diese Kreativität zu entfalten, müssen wir m.E. zuerst die Grenzen des Denkens und anschließend die des Handelns einreißen. Mit der vorliegenden Arbeit hoffe ich zumindest einen kleinen Beitrag dazu zu leisten, dass wir den Mut finden, diesen Weg zu gehen.

5.3 Medien als Kommunikationsmittel

In den vorangegangenen Kapiteln wurde aufgezeigt, inwieweit Medien eine bildende Funktion erfüllen und darüber hinaus sich an der (Re-)Produktion sozialer Wirklichkeit beteiligen. Im Folgenden geht es um zwei weitere Funktionsebenen von Medien, die es im Zuge der leitenden Fragestellung der vorliegenden Arbeit zu berücksichtigen gilt. Das betrifft einerseits die Herstellung von *Kommunikation* durch Medien innerhalb komplexer und stark ausdifferenzierter Gesellschaften (wie z.B. in Deutschland) sowie andererseits ihre daran geknüpfte Beteiligung an der Herstellung eines gesellschaftlichen *Konsenses*. Um die Zusammenhänge näher zu betrachten, widmen wir uns zuerst einmal der Betrachtung von Medien als Beteiligte an der Herstellung einer kommunikativen Situation.

Wie bereits ausgeführt wurde, vermitteln Medienschaffende Informationen zwischen verschiedenen Mitgliedern einer Gesellschaft. Über die Medien erfahren wir unter anderem, wie andere Menschen auf der Welt leben, was sie aktuell beschäftigt, wie sie sich verhalten und vieles mehr (Hall 2012b: 126 f.). Dieser Austausch von Informationen kann sehr allgemein gefasst als Kommunikation verstanden werden. Hall (2012b: 126) argumentiert darüber hinaus, dass Kommunikation eine bedeutende Funktion von Medien sei, da „[…] es für die Masse der Bevölkerung, die nicht im Zentrum der Macht und Entscheidungsgewalt steht, schwierig ist – aus ihrer eigenen begrenzten und verschiedenartigen Erfahrungswelt –, Kenntnisse über Trends, Bewegungen und Entwicklungen in der […] Gesellschaft *als Ganzes* [Herv.i.O.] zu bekommen." Informationen über Entwicklungen in der Welt zu erhalten, ist für jeden Einzelnen von uns insofern relevant, als dass wir in Abhängigkeit davon Entscheidungen für unsere Handlungen und unsere Lebensweise treffen. Wenn wir bspw. über Medienberichte erfahren, dass es in der Region, in der wir leben, Konflikte gibt, die drohen mittels des Einsatzes von Waffengewalt ausgetragen zu werden, so kann diese Information dazu führen, dass wir in Erwägung ziehen, unseren derzeitigen Wohnort zu verlassen und zu fliehen*migrieren. Die Informationen, die wir über Medien erhalten, können folglich sehr wichtig für unser Leben sein. In diesem Zusammenhang weist Hall (ebd.: 127 f.) zudem auf die verbindende Wirkung von Medien hin, indem er schreibt:

> „Die Art ‚sozialen Wissens', das die Medien vermitteln, verbindet, grob gefasst, zwei getrennte Gruppen in der Gesellschaft. Erstens überbrückt es die Distanz zwischen den ‚Mächtigen' und den ‚Machtlosen'. Die Masse des Medienpublikums setzt sich aus einfachen Bürgern zusammen, die in ihrem Alltag kaum Zugang zur oder Informationen über die große Politik und Strategie oder über Entscheidungen und Ereignissen haben, die wahrscheinlich früher oder später ihr Leben unmittelbar betreffen werden. Zweitens überbrückt es die Distanz zwischen denjenigen, die ‚wissend' sind – den ‚Informierten' –, und denen, die hinsichtlich der Funktionsweise von Macht ‚unwissend' sind. Wir haben von diesen als zwei offensichtlich verschiedenen Gruppen gesprochen. Doch man wird sehen, dass sie sich oftmals überschneiden. Diejenigen, die jeden Tag nationale Entscheidungen treffen, wissen tendenziell auch besser Bescheid – aus vielfältigen Gründen. Diejenigen, die dies nicht tun, mögen eine hohe Bildung besitzen, aber sie haben kaum Zugang zu der Art von privilegiertem Wissen, das wir hier meinen. Anders ausgedrückt: Die Massenmedien funktionieren und werden geformt durch die Art und Weise, wie *Macht* und *Wissen* [Herv.i.O.] in der Gesellschaft (ungleich) verteilt sind."

An dieser Stelle ist die Wirkmächtigkeit von Medien angesprochen. Folgen wir Hall (vgl. ebd.), dann ist es bspw. politischen Entscheidungsträger*innen leichter möglich, ihre Ideen, Meinungen und Ansichten (vgl. auch das Beispiel des Baus eines Grenzzaunes im vorangegangenen Kapitel) über die Medien unter einer großen Gruppe von Menschen zu verbreiten. Diejenigen, die einen solch erleichterten Zugang zu Medien haben, können damit auch leichter Einfluss auf das Denken und Handeln der Rezipient*innen der Medien nehmen. Natürlich funktioniert das, wie wir am Beispiel des Grenzzaunes bereits gesehen haben, nicht eins zu eins. Nur weil ein*e Politiker*in in einem Interview bekannt gibt, dass sie*er den Bau eines Grenzzaunes für eine gute Idee halte, bedeutet das nicht, dass alle Mitglieder der Bevölkerung dieser Idee zustimmen. Aber der Zugang zu Medien ermöglicht es, bestimmte Ideen in Umlauf zu bringen und auf diese Weise für Mehrheiten in einer Gesellschaft zu werben.

Mit dem Werben um Mehrheiten bzw. um Zustimmung kommen wir zur konsensbildenden Funktion von Medien. Medienschaffende sind einerseits auf einen gesellschaftlichen Konsens angewiesen und tragen andererseits dazu bei, einen gesellschaftlichen Konsens herzustellen. Was ist hiermit gemeint? In einem ersten Schritt muss man sich vergegenwärtigen, was mit dem Begriff des Konsenses bezeichnet wird. Hall (vgl. 2012b: 136 f.) zufolge lassen sich zwei Bedeutungen voneinander unterscheiden. Zum einen meint Konsens das *Verstehen* einer Information, also die Möglichkeit, den Sinn einer übermittelten Information zu decodieren. Zum anderen kann mit dem Begriff das *Zustimmen* oder *Übereinstimmen* in Bezug auf eine bestimmte Angelegenheit, Äußerung usw. bezeichnet werden (vgl. ebd.). Für den hier aufzuzeigenden Zusammenhang ist die erste Wortbedeutung insofern relevant, als dass es ein *konsensuelles* Wissen geben muss, damit Informationen von Medienmachenden überhaupt übermittelt bzw. von Rezipierenden verstanden (decodiert) werden können. Hall (2012b: 135 f.) macht dies an folgendem Beispiel sehr gut nachvollziehbar:

> „[D]as Publikum [muss] […] bis zu einem gewissen Grad den Interpretationsrahmen oder die Kodes, die die BerichterstatterInnen benutzen, sowie eine ganze Menge von verfügbarem allgemeinem sozialem Wissen teilen. Wenn jemand nicht weiß, was das Wort ‚Inflation' bedeutet, oder dass es dazu eine Regierungspolitik gibt, welchen Sinn ergäben für diejenige/denjenigen ein paar Punkte und Zeilen auf dem Bildschirm zusammen mit einem Kommentar, der lautet: ‚Es hat diesen Monat einen starken Anstieg der Inflation gegeben'? […] Die BerichterstatterInnen werden einen großen Teil dieser Art von Kontextwissen *voraussetzen* [Herv.i.O.] müssen – sie können nicht jedes Mal zu den Anfängen der modernen internationalen Beziehungen zurückgehen, wenn es eine neue Wende in den Ereignissen gibt. Sie müssen dieses Wissen beim Publikum voraussetzen, und das Publikum wird es haben müssen, um dem, was gezeigt wird und zu hören ist, eine Bedeutung zu geben. Bedeutung ist abhängig von gemeinsamen Systemen, gemeinsamen Kodes, gemeinsamem Wissen und einem gemeinsamen Interpretationsrahmen zwischen Kommunikator und Empfänger."

Vor diesem Hintergrund sind Medienmachende darauf angewiesen, dass sie ein gewisses Maß an Definitionen von Situationen sowie ein gewisses Maß an Kontextwissen mit den Medienrezipient*innen teilen, wenn sie über ein Ereignis berichten. Die Kommunikation über Medien zwischen verschiedenen Mitgliedern einer Gesellschaft kann nur dann funktionieren, wenn zwischen Medienschaffenden und Rezipient*innen ein Konsens über wörtliche

Bedeutungen der Informationen besteht (vgl. ebd.). Indem Medien diesen Konsens voraussetzen, tragen sie dazu bei, ihn aufrechtzuerhalten. Denn sie nehmen immer wieder auf scheinbar allgemeingültige Definitionen Bezug. Diese Definitionen von Ereignissen, Situationen, Sachverhalten usw., welche durch Medien vorausgesetzt und aktualisiert werden, sind relevant. Denn wie bereits festgestellt wurde, spiegeln Medienmachende keine reinen Fakten einer objektiven Wirklichkeit wider, sondern sie beurteilen, selektieren und interpretieren Informationen in dem Prozess der Berichterstattung. Daraus folgt, dass auch die Definitionen von Situationen, die Medienmachende als Konsens voraussetzen, diesen Mechanismen unterliegen. Ob Deutschland in einer sogenannten „Flüchtlingskrise" steckt, ist eben keine reine Beschreibung, sondern zu einem gewissen Teil auch eine Setzung.

Hier lässt sich mit einer näheren Betrachtung der zweiten Wortbedeutung des Konsensbegriffs anschließen, nämlich Konsens im Sinne einer *Zustimmung* oder *Übereinstimmung*. Je nachdem welchen Konsens Medienmachende voraussetzen, können sie beeinflussen, was in einer Gesellschaft als allgemein anerkannt gilt. Und auch die Definitionen einer Situation sind eng daran geknüpft, was in einer Gesellschaft als akzeptiert gilt. Hall (2012b: 138) schreibt hierzu:

> „Wie Leute Situationen definieren, hat Auswirkungen darauf, was sie tun und welche Politik sie zu unterstützen bereit sind. Definitionen werden daher zu Faktoren für die Art und Weise der Konfliktlösung. Sie beeinflussen das Gleichgewicht sozialer Kräfte. Aber dies ist ein entscheidendes Moment in jedem Kampf, denn es beeinflusst die Fähigkeit der einen oder anderen Seite, für die eigene Politik öffentliche Unterstützung zu beanspruchen und damit das ‚nationale Interesse' zu repräsentieren. Indem sie eine bestimmte Definition als ‚bestehenden Konsens' voraussetzen, tragen BerichterstatterInnen dazu bei, *sie erst recht dazu zu machen* [Herv. i. O.] (eine Art ‚self-fulfilling prophecy')."

Aus den Definitionen einer Situation lässt sich leicht ableiten, welches Verhalten, welche Handlungen, welche Denkweisen als nächstes folgen müssten. Wenn bspw. definiert wird, dass Europa in einer „Flüchtlingskrise" steckt und ein Konsens darüber besteht, dass eine Krise etwas Negatives ist, dann erscheint es plausibel, dass entsprechende Maßnahmen zur Abwendung der Krise getroffen werden. Die Errichtung von Grenzzäunen (wie z.B. in Ungarn im Juni 2015, vgl. Blätter für deutsche und internationale Politik 2015, S. 127), die Durchführung von Grenzkontrollen (wie z.B. an der Grenze Österreich Deutschland ab September 2015, vgl. Blätter für deutsche und internationale Politik 2015, S. 125 f.) oder die Kriminalisierung der Seenotrettung (wie z.B. in Italien seit August 2019, vgl. Blätter für deutsche und internationale Politik 2019, S. 126) scheint mit einem Mal legitim zu sein. Je nachdem, auf welche Definitionen Medienmachende regelmäßig Bezug nehmen, können diese zum Konsens werden. Aufgrund ihrer Reichweite und ihrer zentralen Rolle als Kommunikationsmittel, kann die jeweilige primäre Definition zur bevorzugten Definition ergo zum Konsens werden. Hall (2012b: 148 f.) fasst diesen Aspekt wie folgt m.E. treffend zusammen:

> „Die quasi-monopolistische Position von Rundfunk und Fernsehen gibt ihnen in unserer Gesellschaft eine große kulturelle Macht darüber, welche Ideen ständig zirkulieren, welche als ‚legitim' definiert und welche als ‚irrelevant' oder ‚marginal' klassifiziert werden. Dies ist eine Frage ideologischer Macht – und Institutionen wie Rundfunk und Fernsehen und die Presse, die über die Mittel zur ‚Definition der Realität' verfügen, spielen zwangsläufig eine ideologische Rolle, wie lästig diese Tatsache den Berichterstattern auch ist."

Im Anschluss an Hall (vgl. ebd.) ist meine Grundannahme daher, dass Legitimität nicht objektiv gegeben ist, sondern sich diskursiv – u.a. über die *diskursiven Praktiken der Medien* – herstellt. Bezogen auf den Untersuchungsgegenstand der vorliegenden Arbeit lässt sich daraus ableiten, dass die Medien aufgrund ihrer konsensbildenden Funktion die soziale Ausgrenzung von als „Flüchtling" positionierten Personen beeinflussen können. Und dies gilt sowohl bezogen auf die politisch-rechtliche sowie die soziale Konstruktion von „Flüchtlingen".

Ein Beispiel für die Art und Weise, wie Medien die soziale Konstruktion von „Flüchtlingen" beeinflussen können, wäre, wenn immer wieder die vermeintliche „Andersartigkeit" einer scheinbar homogenen Gruppe von „den Flüchtlingen" in Medien betont würde („Othering" vgl. Hall 2010). Wenn in Medienberichten immer wieder hervorgeheben würde, dass diese Personen im Vergleich zu „den Deutschen" grundsätzlich verschiedene Werte oder Lebensweisen hätten, dann könnten solche und ähnliche Berichte die Grundlage dafür schaffen, dass der soziale Ausschluss dieser Personengruppe von der Mehrheit derjenigen, die sich selbst als „Deutsche" betrachten, als legitim eingeschätzt würde. Der soziale Ausschluss von als „Flüchtling" positionierten Personen könnte somit über die dominanten Definitionen einer Situation plausibilisiert werden.

Aber auch auf die politisch-rechtliche Konstruktion von „Flüchtlingen" können Medien aufgrund ihrer konsensbildenden Funktion Einfluss nehmen. Ziehen wir für ein besseres Verständnis erneut das Beispiel der „Flüchtlingskrise" heran. Angenommen eine Gruppe von Politiker*innen definiert, dass sich eine Region in einer „Flüchtlingskrise" befindet und verschiedene Medien aus dem Bereich Rundfunk, Fernsehen und Presse berichten über diese Einschätzung.

Die Rezipient*innen dieser Medienberichte könnten dieser Einschätzung zustimmen und entsprechende Gegenmaßnahmen befürworten, um diese „Flüchtlingskrise" zu überwinden. Wenn Politiker*innen daraufhin bspw. restriktivere Maßnahmen im Bereich des Schutz- und Asylrechts verabschieden würden, dann würden solche Schritte möglicherweise von der Mehrheit der Bevölkerung akzeptiert werden, gerade weil die Bewertung, dass die jeweilige Region tatsächlich in einer „Flüchtlingskrise" stecke, zum Konsens geworden ist. Die Mehrheit der Bevölkerung schätzt es dann möglicherweise als ein legitimes Vorgehen ein, dass der soziale Ausschluss von als „Flüchtlingen" positionierten Personen weiter vorangetrieben wird. Denn diese Einschätzung wäre eben durch die dominanten Definitionen der Medien nahegelegt worden. Der Konsens, der durch die diskursiven Praktiken der Medien erstens vorausgesetzt und zweitens miterzeugt wird, kann folglich bis in die Organisation staatlicher Institutionen sowie die Ausgestaltung von Gesetzen hineinwirken. Oder anders formuliert können wir aus dieser Perspektive erkennen, dass Medien auf politische Systeme, Gesetze und Institutionen einwirken können, weil sie ein machtvolles Kommunikationsmittel sind.

Noch einmal möchte ich an dieser Stelle betonen, dass es hier nicht darum geht, zu bewerten, ob Medien grundsätzlich gut oder schlecht sind (vgl. Hall 2012b: 134). Im Umkehrschluss zu den hier getätigten Beispielen, haben sie auch das Potential, positiv, akzeptierend, inkludierend auf die Gesellschaft einzuwirken und ausgrenzenden Tendenzen entgegenzuwirken. Der Punkt ist vielmehr, dass Medienmachende – wie alle Personen einer Gesellschaft, also Personen aus Wissenschaft, Politik, Wirtschaft usw. – nicht über eine scheinbar objektive Wirklichkeit berichten können. Von einer Objektivität können wir Hall (vgl. ebd.: 137 f.) zufolge nur in dem Maße sprechen als dass damit der gesellschaftliche Konsens bezeichnet wird. Berichterstatter*innen könnten nur in dem Maße *objektiv* sein, in dem ein Konsens über die Deutung der Welt und die dort stattfindenden Ereignisse bestünde. Denn wo der Konsens zerbreche, „ist die Objektivität in Schwierigkeiten." (ebd.: 137)

Die hier aufgezeigten Mechanismen gilt es meines Erachtens bei dem Rezipieren von Medien zu berücksichtigen. Und für diesen Reflexionsprozess können, wissenschaftliche Analysen wie die vorliegende Arbeit dienlich sein. Sich dabei insbesondere die konsensbildende Funktion von Medien und ihre Rolle als zentrales Kommunikationsmittel vor Augen zu führen, ist von Bedeutung, weil wir auf diese Weise besser verstehen lernen, wie es in einer Gesellschaft zu der Legitimierung bestimmter diskursiver Praktiken bzw. der Akzeptanz sozialer Ausschließung wie im Fall von als „Flüchtling" positionierten Personen kommen kann. Und der Mehrwert einer solchen Perspektive besteht – wie bereits ausgeführt – in der Möglichkeit, anders mit Diskursen umzugehen.

5.4 Medien und Nationalstaat

Im Folgenden geht es einerseits darum, aufzuzeigen, inwieweit Medien für eine (Re-)Produktion der Nation von zentraler Bedeutung sind und damit den sozialen Ausschluss, der aus der sozialen Konstruktion von „Flüchtlingen" hervorgeht, beeinflussen können. Andererseits wird beleuchtet, in welchem Verhältnis die Ebene des Staates mit der politisch-rechtlichen Konstruktion von „Flüchtlingen" und dem damit einhergehenden sozialen Ausschluss steht. Bei der Unterscheidung zwischen der Ebene der Nation und des Staates handelt es sich um eine heuristische Vorgehensweise. Die getrennte Betrachtung macht es möglich, die verschiedenen Mechanismen, die bei dem sozialen Ausschluss von als „Flüchtling" positionierten Personen in einem Nationalstaat zum Tragen kommen, näher zu untersuchen und sich so dem Untersuchungsgegenstand anzunähern.

5.4.1 Medien als (Re-)Produzierende der Nation

Hall (vgl. 1996: 611) geht davon aus, dass in der Moderne die nationalen Kulturen, in die wir geboren werden, die wesentlichen Quellen kultureller Identität sind. Um uns selbst zu beschreiben, würden wir Aussagen heranziehen, wie: „Ich bin Engländer" oder „ich bin Deutscher" usw. womit auf unsere nationalen Identitäten Bezug genommen würde. Diese würden Hall (vgl. ebd.) zufolge von uns als grundlegender Teil unseres Daseins wahrgenommen. Das menschliche Sein, so Hall (vgl. ebd.: 612), erfordere die Identifikation mit etwas Größerem, damit das Subjekt als autonomes Wesen agieren könne. Als dieses Größere würden oftmals Gruppen, Klassen, Staaten oder Nationen dienen. Hierbei handle es sich um etwas, dem das Subjekt nicht unbedingt einen Namen geben würde, aber das sich für das Subjekt instinktiv nach einem Ort der Zugehörigkeit anfühlen würde. Ohne diese nationale Identifikation würde das moderne Subjekt, so Hall (vgl. ebd.), ein tiefes Gefühl an Subjektivitätsverlust erfahren. Nationale Kulturen seien dabei ein Phänomen der Moderne. Die Identifikations- und Zugehörigkeitsfunktion, die zuvor Stamm, Volk, Region oder Religion erfüllt hätten, sei mit der Zeit durch die Nation abgelöst worden (vgl. ebd.). Damit sei Hall zufolge, ein zentrales Problem des Nationalismus angesprochen. Einer Nation anzugehören, sei kein von Natur aus gegebenes

Merkmal von Menschlichkeit, aber es habe in unseren modernen Gesellschaften einen eben solchen Status erreicht (vgl. ebd.).

Entscheidend für die Entstehung und Aufrechterhaltung nationaler Identitäten seien Formen der Repräsentation ebendieser. Nationale Identitäten seien nichts, mit dem wir geboren würden, sondern etwas, das innerhalb und in Beziehung zur Repräsentation sich entwickeln würde (vgl. ebd.). Wir wüssten nur, was es bedeute Engländer*in (oder Deutsche*r) zu sein, weil die Art und Weise des Englisch-Seins repräsentiert wurde, als eine Reihe an Bedeutungen über die nationale Kultur (vgl. ebd.). Er schreibt hierzu:

> „The argument we will be considering here is that, in fact, national identities are not things we are born with, but are formed and transformed within and in relation to representation [Herv.i.O.]. We only know what it is to be ‚English' because of the way ‚Englishness' has come to be represented, as a set of meanings, by English national culture. It follows that a nation is not only a political entity but something which produces meanings - a system of cultural representation [Herv.i.O.]. People are not only legal citizens of a nation; they participate in the idea of the nation as represented in its national culture. A nation is a symbolic community and it is this which accounts for its ‚power to generate a sense of identity and allegiance' [...]." (Hall 1996: 612)

Demzufolge sei eine Nation nicht nur eine politische Entität, sondern etwas, das Bedeutung produziert bzw. ein System kultureller Repräsentation. Weiterhin betont Hall (ebd.: 613) die Rolle der Diskurse in diesem Zusammenhang und schreibt:

> „National cultures are composed not only of cultural institutions, but of symbols and representations. A national culture is a *discourse* [Herv.i.O.] – a way of construction meanings which influences and organizes both our actions and our conception of ourselves [...]. National cultures construct identities by producing meanings about ‚the nation' which we can *identify* [Herv.i.O.]; these are contained in the stories which are told about it, memories which connect its present with its past, and images which are constructed of it. As Benedict Anderson (1983) has argued, national identity is an ‚immagined community' [...]."

An dieser Stelle wird der Zusammenhang zwischen Repräsentation, nationaler Identität sowie der Ebene des Diskurses deutlich. Die Idee der Nation wird innerhalb des Diskurses auf unterschiedlichen Ebenen repräsentiert, worüber sich die Bedeutung nationaler Identitäten herstellt. Entscheidend ist, dass Medien dabei einen der zentralen Orte darstellen, über die sich die Ideen nationaler Identitäten vermitteln. Die Nation wird zentral in den Medien repräsentiert (vgl. Hall 2012b: 126 f.). Gleichzeitig beziehen sich Nachrichten, die über Medien kommuniziert werden, auf einen nationalen Kontext. So stellt die Nation in vielen Fällen den Referenzrahmen für Nachrichten dar, indem die Nation als Bezugspunkt herangezogen wird, wenn über Ereignisse in der Welt berichtet wird. Hall (2012b: 129) spricht in diesem Zusammenhang auch von einem Ethnozentrismus der Medien und führt folgendes Beispiel an:

> „Eine Katastrophe in fremden Ländern, die Großbritannien nicht betrifft, wird niedriger rangieren, weil sie für uns weniger wichtig ist (jedenfalls den NachrichtenredakteurInnen zufolge) als eine kleine Katastrophe, die dieses Land direkt betrifft. Sie kennen bestimmt den Witz über die Nachrichtenmeldung, die besagt: ‚Tausende starben bei Erdbebenkatastrophe. Drei Engländer verletzt.' Darin liegt mehr als ein Körnchen Wahrheit." (ebd.)

Die Betroffenheit ist oftmals eine völlig andere, wenn wir in den Nachrichten davon erfahren, dass drei Deutsche unter den Toten eines gesunkenen Schiffs waren. Es geht uns scheinbar näher. Der Grund hierin liegt u.a. in der identitätsstiftenden Funktion, die Nationen erfüllen. Sie stellt eine scheinbar persönliche Verbindung zu uns fremden Menschen her. Und das funktioniert, weil sich eine Nation als homogene Gruppe konstituiert, obwohl sie das eigentlich nicht ist (vgl. Anderson 1988: 17). Aus diesem Zusammenhang folgt für mediale Berichterstattung, dass das, was von nationalem Interesse ist, es i.d.R. weiter nach oben in den Nachrichten schafft (vgl. ebd.). Die Konstruktion nationaler Identitäten hat durch mediale Repräsentationen eine integrierende Wirkung für die Mitglieder einer Nation. Hall (2012b: 126) konstatiert hierzu:

> „Nicht nur ‚Nachrichten' und ‚Information', sondern auch Bilder und ein Gefühl für das, was wichtig und ‚bedeutend' ist – was die Nation heute beschäftigt –, bindet die britische Gesellschaft von Süden bis Norden täglich zusammen. Durch die Auswahl dessen, was berichtet und was gezeigt wird, bestimmen die Medien mit, welche Themen täglich auf die öffentliche Tagesordnung gesetzt werden, und sie tun dies im großen und ganzen [sic!] im *nationalen Maßstab* [Herv.i.O.]."

So sehr Nationen auf ihre Mitglieder integrierend wirken, so sehr wohnt ihnen auch eine Abgrenzung nach außen inne. Wie bereits an anderer Stelle deutlich gemacht wurde, bezieht sich die Konstruktion der Nation immer auf eine abgrenzbare Gruppe von Personen (vgl. Anderson 1988: 16 f.). Nationale Identitäten produzieren somit Unterschiede zwischen Menschen. Diese drücken sich häufig über eine Unterscheidung zwischen „Wir" und den „Anderen" aus. Die Positionierung von Menschen als „Flüchtlinge" ist eines der Ergebnisse dieser Unterscheidung. Die „Flüchtlinge" sind die „Anderen" und nicht gleichzusetzen mit dem nationalen „Wir". Das Problem besteht nun u.a. darin, dass mit der Abgrenzung oftmals Abwertungen der jeweils „Anderen" einhergehen. Da die Nation ein stark identitätsstiftendes Moment hat, und es implizit einer

Begründung bedarf, warum man zu der einen und nicht zu der andren Nation gehört, beinhaltet Nationalismus nicht selten eine Abwertung der anderen Nationen (vgl. Hall 1999a: 93). Stigmatisierungen, Essentialisierungen und Stereotypisierungen, die mit Bezug auf Niedrig und Seukwa (vgl. 2010) als soziale Konstruktion von „Flüchtlingen" beschrieben wurden, leiten sich u.a. aus der Funktionsweise von Nationalismen ab. Unter dieser Perspektive können nationale Identitäten Menschen voneinander trennen. Sie schaffen eine starke Solidarität unter denjenigen, die sich als einer Nation zugehörig betrachten und lässt das Schicksal von Menschen mit anderer Nationalität in gewissem Maße als weniger bedeutsam erscheinen. Da Medien der zentrale Ort sind, über den sich die Nation herstellt, ist es relevant zu untersuchen, wie Medien die Nation in Gegenüberstellung zu Berichten über die „Flüchtlinge" (re-)produzieren. Deshalb widmet sich die vorliegende Arbeit der Untersuchung von medialen Nationalstaatlichkeitskonstruktionen in Gegenüberstellung zu einer Konstruktion der als „Flüchtling" positionierten Personen.

5.4.2 Medien als dem Staat verpflichtete Instanz

Nachdem nun bereits verschiedene Aspekte der Funktionen von Medien diskutiert wurden, widmet sich das folgende Unterkapitel speziell einer Betrachtung des Verhältnisses von Medien und Staat. In dem bereits in dieser Arbeit häufig zitierten Aufsatz von Hall (vgl. 2012b), geht er davon aus, dass neben der Nation der Staat ein wichtiger Referenzrahmen für Medienschaffende darstellt. Seine m.E. stichhaltige Argumentation nimmt er dabei wie folgt vor:

> „Was jeweils glaubwürdig als ‚nationales Interesse' definiert und behauptet werden kann, wird zur Grundlage, von der aus BerichterstatterInnen arbeiten müssen. Ein früheres verdientes Mitglied des Verwaltungsrates von BBC, Sir Charles Curran, formulierte den Punkt einmal auf treffende Weise: ‚Ja, wir sind voreingenommen – voreingenommen für die parlamentarische Demokratie.' Und denkt man einmal darüber nach – könnte die Situation denn anders sein? Könnte eine Sendeanstalt lange in Großbritannien überleben, wenn sie ‚für eine Ein-Parteien-Diktatur eingenommen' wäre? Könnte sie überhaupt glaubhaft entstehen oder überleben? Dies heißt nicht, dass die Grenzen, innerhalb derer ‚Ausgewogenheit' zur Zeit funktioniert, nicht erweitert oder ausgedehnt werden könnten. Aber der ‚Konsens'-Charakter von Rundfunk und Fernsehen entsteht nicht aus ‚Voreingenommenheit' im üblichen Sinn, sondern ist eine strukturelle Bedingung, von der das gesamte Rundfunk- und Fernsehunternehmen abhängt. Wir haben die Analogie des ‚Parlaments' benutzt, aber tatsächlich wäre es besser, uns das Funktionieren von Rundfunk und Fernsehen in Analogie *zum Staat* [Hev.i.O.] zu denken. Sie müssen, wie der Staat, auf dem Boden des ‚nationalen Interesses' stehen. Sie müssen offensichtlich außerhalb von und über dem Spiel der Parteiinteressen stehen. Sie müssen widerstreitende Interessen ausgleichen. Ihr

> Personal muss, wie das des Staates ‚neutral', aber dem ‚System als Ganzes' verpflichtet sein. Die Parallelen sind sogar noch enger. Denn da Rundfunk und Fernsehen nicht zu einem ‚Staat im Staate' werden dürfen, müssen sie ihre ‚Definition der politischen Realität' *vom Staat* [Herv.i.O.] übernehmen. Was der Staat als ‚legitim' definiert, ist ‚der Bezugspunkt für die Form aller im Fernsehen gezeigten Realität'." (ebd.: 146)

Dieses Zitat ist insofern für die vorliegende Arbeit interessant, als dass – wenn wir von diesen Annahmen ausgehen – einerseits die Nation einen zentralen Bezugspunkt für Medienmachende darstellt sowie andererseits der Staat ihnen einen Rahmen vorgibt. Wenn wir uns zudem daran erinnern, dass Medienschaffende einerseits auf einen gesellschaftlichen Konsens angewiesen sind, um Informationen zwischen verschiedenen Personen in einer Gesellschaft übermitteln zu können und sich dabei gleichzeitig an der Konstruktion eines gesellschaftlichen Konsenses beteiligen, dann kommt unter dieser hier neu aufgezeigten Perspektive hinzu, dass die durch Medien betriebene Konstruktion eines gesellschaftlichen Konsenses, sich im Rahmen dessen zu bewegen hat, was der Staat als legitim definiert. Medienschaffende sind somit der Konstruktion eines gesellschaftlichen Konsenses verpflichtet, der die Legitimität des Staates nicht grundlegend in Frage stellt.

Wenn wir diese Annahme zugrunde legen, was bedeutet das für die Fragestellung der vorliegenden Arbeit? Eine der leitenden Ausgangsfragen lautete, inwieweit Medien die nationalstaatlich bedingte Legitimität des sozialen Ausschlusses von als „Flüchtling" positionierten Personen hinterfragen. Wenn wir jetzt wie an dieser Stelle Hall (vgl. ebd.) hinzuziehen, so müsste eine Teilantwort auf diese Frage lauten: Medienmachende sind in einem gewissen Maße daran gebunden, soziale Ungleichheit von als „Flüchtling" positionierten Personen zu (re-)produzieren. Sie tun dies, weil sie dem Staat verpflichtet sind – so Hall (vgl. ebd.) – und der Staat diese soziale Ungleichheit bzw. den sozialen Ausschluss von als „Flüchtling" positionierten Personen als legitim festgesetzt hat. Oder anders formuliert: weil der Staat die soziale Ungleichheit von als „Flüchtling" positionierten Personen als legitim definiert und Medien daran gebunden sind, was innerhalb eines Staates als legitim gesetzt wird, können sie die nationalstaatlich bedingte soziale Ungleichheit von als „Flüchtling" positionierten Personen nicht grundsätzlich in Frage stellen.

Von diesen Annahmen ausgehend, ließe sich die Vermutung anstellen, dass Halls (vgl. 2012b) Medienverständnis davon ausginge, dass Medienschaffende über keinerlei Autonomie verfügen würden, regierende Personen innerhalb eines Staates nicht kritisieren und nur im Sinne der jeweiligen Regierungsparteien berichten dürften. Doch dem ist nicht so. So schreibt Hall (ebd.: 146 f.) weiter:

> „Natürlich besitzen Rundfunk und Fernsehen andere, ausgleichende Verantwortlichkeiten, welche diese Wiedergabe weniger monolithisch machen. Denn sie müssen *auch* [Herv.i.O.] Konflikte behandeln (auch wenn dies den Mächtigen Unannehmlichkeiten bereitet), über Trends berichten, die ‚schlechte Nachrichten' für den Staat sind, bis zu einem gewissen Grad Meinungsverschiedenheiten in der Gesellschaft wiedergeben, offizielle Ansichten in Frage stellen und untersuchen und die offizielle Politik auf ihre Kohärenz und inneren Widersprüche hin überprüfen. Dies trägt dazu bei, Rundfunk und Fernsehen ‚offen' zu halten, und schafft oft ein Klima des ‚Kalten Krieges' zwischen BerichterstatterInnen und PolitikerInnen. Dies wiederum erweitert die Möglichkeiten der Medien, ‚Konsens' widerzugeben und zu konstruieren, aber es verschiebt nicht ihre grundsätzliche Ausrichtung. Was als ‚legitime Opposition' definiert wird, besitzt regelmäßig Zugang zur Diskussion im Fernsehen. Was am Rande der staatlichen Definition von Konsens liegt, wird für den Fernsehdiskurs marginal sein. Was die Unversehrtheit des Staates bedroht – besonders wenn es mit Mitteln der Gewalt geschieht –, kann beim Fernsehen nicht gezeigt werden, es sei denn nach ausdrücklicher Erlaubnis (z.B. Interviews mit IRA-Sprechern). Der Staat *definiert letztendlich das Terrain* [Herv.i.O.], auf dem die Repräsentationen der Welt im Fernsehen konstruiert werden. Bedeutet dies, dass Fernsehen einfach – wie einige Leute behauptet haben – ein ‚ideologischer Apparat' *des Staates* [Herv.i.O.] ist? In einigen Ländern trifft das tatsächlich zu. Aber in Großbritannien wird die Beziehung zwischen Rundfunk und Fernsehen und dem Staat – wie der Justiz – durch die klassische Doktrin der ‚Gewaltenteilung' geregelt. Andernfalls könnten sie ihre geforderte Funktion nicht erfüllen, *sowohl* [Herv.i.O.] ‚unparteiische Wissensquelle' *als auch* [Herv.i.O.] ‚Teil des Systems' zu sein. Curran machte die treffende Beobachtung, dass die ‚BBC die *Position* [Herv.i.O.] einer quasi-juristischen Unparteilichkeit hat.' […] Dies heißt *nicht* [Herv.i.O.], wie Curran behauptet, dass Rundfunk und Fernsehen völlig autonom sind und nur äußerem Einfluss und Druck unterliegen. Aber sie sind formal unabhängig – relativ autonom."

Anhand dieses Auszugs wird deutlich, dass Hall (vgl. ebd.: 143) Medienschaffende weder als Marionetten derjenigen betrachtet, welche in dem Maße über Macht verfügen, als dass sie den Prozess der Medienproduktion maßgeblich beeinflussen können. Noch versteht Hall (vgl. ebd.: 148) die Medien als vollständig unabhängig. Vielmehr würden sich Medienschaffende in einem Spannungsfeld zwischen Unparteilichkeit resp. Autonomie und einer Verpflichtung gegenüber nationalen Interessen bzw. einem staatlich definierten Konsens bewegen. Zusammenfassend schreibt Hall (2012b: 148):

> „Wir haben somit behauptet, dass keine der dominanten Erklärungen – ‚unabhängig und unparteiisch' oder ‚voreingenommen' – adäquat ist, denn sie können das *determinierte Verhältnis* [Herv.i.O.] nicht fassen, in dem Rundfunk und Fernsehen in unserer Gesellschaft stehen. Nur das Konzept der determinierten Struktur erlaubt uns dies."

Halls (vgl. ebd.) Auffassung von Medien als determinierte Struktur folgt die vorliegende Arbeit. Neben den bisher skizzierten Determinierungen von Medien, ist die Verpflichtung gegenüber dem Staat ein Teilaspekt dessen.

Was folgt aus diesen Annahmen für den Untersuchungsstand der vorliegenden Arbeit? Wenn wir Medien wie beschrieben als determinierte Struktur verstehen, dann lässt sich daraus ableiten, dass eine (radikale) Dekonstruktion von Nationalstaatlichkeit nicht Teil des medialen Mainstreams sein kann. Denn die hier formulierte Annahme beinhaltet, dass Medien eben genau die nationalstaatliche Organisation nicht grundsätzlich in Frage stellen. Für die empirische Analyse in der vorliegenden Arbeit kann in Anbetracht dieser theoretischen Herleitung davon ausgegangen werden, dass innerhalb des medialen Diskurses eine grundlegende Hinterfragung von nationalstaatlich bedingtem sozialen Ausschluss, bezogen auf die Lebenssituation von als „Flüchtling" positionierten Personen, nicht zu erwarten sein wird.

Daran ließe sich die Frage anschließen, weshalb es überhaupt von Relevanz ist, die Medienberichterstattung unter der leitenden Fragestellung der vorliegenden Arbeit wissenschaftlich zu analysieren. Als entscheidend erweist sich hierbei der Handlungsspielraum, über den Medienschaffende verfügen. Es ist m.E. zutreffend, dass sie in einem gewissen Maße den nationalen Interessen und staatlichen Definitionen von Legitimität verpflichtet sind. Doch wie wir gesehen haben, verfügen sie eben *auch* über Autonomie. Gerade weil Medienschaffende – zumindest in Deutschland zum aktuellen Zeitpunkt – nicht dem politischen Regierungsapparat unterliegen, sondern formal der Grundsatz der Gewaltenteilung gilt und Medien vor diesem Hintergrund auch als vierte Gewalt bezeichnet werden (vgl. Branahl/Donges 2010: 6 f.), ist es interessant, wie Medienschaffende diesen Spielraum zwischen Autonomie und Verpflichtung nutzen. Wie positionierten sie sich innerhalb des hier aufgezeigten Spannungsfeldes? Wie nutzen sie ihre Handlungsspielräume? Wie weit nähern sie sich den Grenzen der staatlichen Legitimierung sozialer Ungleichheit im Kontext von Flucht*Migration an? Welche Mechanismen lassen sich innerhalb der medialen Repräsentationen identifizieren? Und welche Anschlussperspektiven ergeben sich daraus für eine kritische Rezeption von Medien? Wie deutlich wird, gibt es noch einige offene Fragen, zu deren Beantwortung die vorliegende Arbeit zumindest im Ansatz beizutragen versucht.

5.5 Zwischenfazit

Wenn man die soziale Ungleichheit von als „Flüchtling" positionierten Personen als Problem betrachtet und dieses nachhaltig lösen will, dann muss man auch über die Herstellung von Legitimität sprechen. Es gilt in der Mehrheit der Bevölkerung in Deutschland aktuell als akzeptiert, dass Menschen, die wir als „Flüchtlinge" positionieren, abseits städtischer Zentren in Vororten mit schlechter Infrastruktur leben. Es gilt als akzeptiert, dass sie nicht den gleichen Zugang zu Arbeit, Bildung, Gesundheitsversorgung wie deutsche Staatsbürger*innen haben, also de facto benachteiligt werden. Es gilt als akzeptiert, dass Grenzzäune gebaut und Milliarden Steuergelder für einen Schutz der europäischen Außengrenzen aufgewendet werden. Es scheint zur Abwendung der inszenierten „Flüchtlingskrise" legitim, dass Seenotrettung ausgesetzt wird, anstatt geflüchtete*migrierte Personen vor dem Ertrinken zu retten. Inwieweit diese Akzeptanz aufrechterhalten wird, darauf haben Medien, wie hier aufgezeigt wurde, einen Einfluss. Unter der hier aufgezeigten theoretischen Perspektive sind sie an der Produktion von Legitimität beteiligt, weshalb es mediale Repräsentationen näher zu untersuchen gilt. Denn je nachdem, wie Medien über Flucht*Migration berichten, wie sie eine Situation definieren, können sie maßgeblich Einfluss auf den Konsens in einer Gesellschaft und die Dimensionen der dort vorherrschenden Legitimität nehmen. Medien sind ein zentrales Kommunikationsmittel in modernen Gesellschaften mit einer hohen Reichweite. Ihre Repräsentationen sind wirkmächtig. Die Ideen, die in Medien kursieren sowie die medialen diskursiven Praktiken determinieren die Organisation von Gesellschaft. Umgekehrt nehmen die Organisationsformen von Gesellschaft Einfluss auf das, was innerhalb ihrer Grenzen als „wahr" oder „sagbar" gilt. Vor dem Hintergrund dieser Schlüsselposition von Medien wird es relevant, näher zu untersuchen, was sie über als „Flüchtling" positionierte Personen berichten. Dies ist zentral, wenn man etwas darüber erfahren will, wie es dazu kommt, dass als „Flüchtlinge" positionierte Personen von politisch-rechtlich legitimierten Ausschluss betroffen sind. Wie anhand der bildenden Funktion von Medien gezeigt wurde, richten Menschen mitunter Entscheidungen in ihrer Lebensführung an den Informationen aus, die sie über die Medien bekommen haben. Medien berichten nicht über eine von ihnen unabhängige, objektive Wirklichkeit, sondern konstruieren den Sinn, den wir uns von der Welt machen – sprich die soziale Wirklichkeit – mit. Wenn die Frage von Interesse ist, wie es dazu kommt, dass Menschen in einer Gesellschaft als „Flüchtlinge" positioniert werden und ihnen ungleiche Verwirklichungschancen zukommen, dann ist es vor diesem Hintergrund von großer Bedeutung, *was* Medien über diese Personen berichten. Daher hat die vorliegende Arbeit dies zum Gegenstand.

6 Gouvernementalisierung des Staates im Fluchtkontext

Wie bereits dargelegt, gehe ich in der vorliegenden Arbeit davon aus, dass der Nationalstaat ein zentraler Grund für die benannte soziale Ungleichheit von geflüchteten*migrierten Personen ist. Ausgehend von dieser Annahme gilt es genauer zu betrachten, welches Verständnis von Nationalstaat der vorliegenden Arbeit zugrunde liegt. In den vorangegangenen Kapiteln wurde mit Bezug auf Hall (vgl. 1996, 2012b) und Anderson (vgl. 1988) bereits eine heuristische Definition der Nation dargelegt. Was bisher noch aussteht ist eine detailliertere Annäherung an eine Definition des Staates. Im folgenden Kapitel betrachte ich daher zuerst aus einer diskurstheoretischen Perspektive, was unter dem Begriff Staat verstanden werden kann. Darauf aufbauend widme ich mich der Betrachtung des Verhältnisses von Staat und „Flüchtlingskonstruktionen".

Diesem Verhältnis ein gesondertes Kapitel zu widmen, ist erforderlich, da Forderungen nach einer Lockerung oder Abschaffung des Flucht*Migrationsregimes nicht selten mit einem Verweis auf die Souveränität des Staates begegnet wird. Wenn bspw. NGOs, Interessensverbände oder Privatpersonen die Abschaffung von Abschiebungen, Abschiebegefängnissen, das Stoppen des Ertrinkens von Menschen im Mittelmeer oder ähnliche Forderungen stellen, dann berufen sich viele darauf, dass diese und ähnliche Schritte nicht möglich seien, weil im anderen Fall das Gewaltmonopol des Staates in Frage gestellt würde. Dies dürfe nicht passieren, weshalb an dem Status quo festgehalten werden müsste. Der Staat wird in solchen Diskursen nicht selten als ultima ratio und Legitimierung für eine Aufrechterhaltung sozialer Ungleichheitsverhältnisse angeführt. Er fungiert in solchen Fällen als Totschlagargument. Dieses Argument näher zu betrachten, ist Gegenstand des folgenden Kapitels. Wenn wir verstehen, was es umfasst, wenn von dem „Staat" die Rede ist, können wir uns ein besseres Bild davon verschaffen, welche Mechanismen an einer staatlichen Legitimierung sozialer Ungleichheit von als „Flüchtling" positionierten Personen beteiligt sind. Für dieses Vorhaben wurde – wie zuvor auch – eine diskursanalytische Perspektive gewählt. Entsprechend geht es im Folgenden darum, diskurstheoretisch zu beschreiben, wie der Staat dazu beiträgt, dass als „Flüchtling" positionierte Personen bspw. gegenüber deutschen Staatsbürger*innen benachteiligt werden und im Vergleich zu ihnen ungleiche Lebensverwirklichungschancen haben. Abschließend werde ich in diesem Kapitel aufzeigen, weshalb es vor diesem Hintergrund notwendig ist, eine Medienanalyse – wie im Fall der vorliegenden Arbeit – vorzunehmen.

Ausgangspunkt für dieses Unterfangen bildet Foucaults Staatsbegriff, der sich dem Phänomen des Staates unter der Perspektive der Gouvernementalität gewidmet hat. Bevor wir uns seinen Überlegungen zur Funktionsweise des Staates annähern, ist die Frage angebracht, weshalb Foucaults Begriffsverständnis für die vorliegende Arbeit herangezogen wird. Der zentrale Grund ist das Erkenntnisinteresse, das auf das Verhältnis bzw. die Beziehung der Konstruktionen von Staatlichkeit zu jenen von „Flüchtlingen" ausgerichtet ist. Hier interessiert, welche Mechanismen an der Positionierung von Menschen als „Flüchtlinge" wirken und die damit verbundene Herstellung sozialer Ungleichheit in einer Gesellschaft legitimieren bzw. welche Mechanismen diese sozialen Konstruktionen (re-)produzieren. Da der Staat für die Herstellung sozialer Ungleichheit konstitutiv ist, bedarf es einer Analyseperspektive, die es ermöglicht, die Konstruktion von Staatlichkeit ebenso wie jene von „Flüchtlingen" aus einer einheitlichen Perspektive zu betrachten. Durch Foucaults theoretische Grundannahmen zum Staat ist genau dies möglich. Seine Überlegungen zur Gouvernementalität erlauben es, Subjektivierungen – bzw. in diesem Fall die Positionierung von Menschen als „Flüchtlinge" – und die Formierung des Staates aus einer einheitlichen Perspektive in den Blick zu nehmen. Es handelt sich bei beiden nicht um zwei voneinander getrennte, sondern eng miteinander verwobene Prozesse (vgl. Foucault 2006: 162; Lemke 2014: 261). Entsprechend wird aus diesem Staatsverständnis heraus – wie an späterer Stelle aufzuzeigen ist – plausibel, weshalb es einer Analyse printmedialer Darstellungen bedarf, wenn es um die Frage der (Re-)Produktion von Staatlichkeit geht.

Ein Vorteil der Gouvernementalitätsperspektive besteht zudem darin, dass sie es ermöglicht, die Verhältnisse von Subjekten zueinander, unabhängig von staatlichen Institutionen, zu betrachten. Würde man beispielsweise die Positionierungspraktiken von Menschen als „Flüchtlinge" innerhalb einer Institution (wie z.B. der sogenannten „Ausländerbehörde") untersuchen, könnte man vorwiegend Aussagen darüber treffen, inwiefern geflüchtete*migrierte Personen Rechte verloren oder erhalten hätten (vgl. Foucault 2005: 901)[22]. Die jeweiligen

22 „[...] wenn man bei der Machtanalyse nicht von Freiheit, von den Strategien und der Gouvernementalität ausgeht, sondern von der Institution und der Politik, [kann man das Subjekt] nur als Rechtssubjekt ins Auge fassen. Man hätte ein Subjekt, das mit Rechten ausgestattet wäre oder nicht, und das durch die Institutionen der politischen Gesellschaft Rechte erhalten oder verloren hätte: Man wird so auf eine juridische Konzeption des Subjekts zurückgewiesen. Umgekehrt gestattet, so glaube

Subjekte würden vorrangig als Rechtssubjekte wahrgenommen und damit eine verengte Perspektive auf das Subjekt eingenommen werden. Demgegenüber gestattet es der Begriff der Gouvernementalität, die Freiheit des Subjekts unabhängig von staatlichen Institutionen zu analysieren (vgl. ebd.).

Darüber hinaus ermöglicht es im Rahmen der vorliegenden Arbeit bei der Bezugnahme auf Foucaults Staatsverständnis einer eklektizistischen Arbeitsweise vorzubeugen. So hatte ich zwischenzeitlich in Erwägung gezogen, andere Staatsbegriffe wie bspw. den Arendts (vgl. 1993) in diese Arbeit einzubeziehen. Hierbei wäre allerdings ein Bruch in Bezug auf das erkenntnistheoretische Paradigma dieser Arbeit problematisch geworden. Foucaults Staatsverständnis steht konträr zu einer klassischen, politikwissenschaftlichen Vorstellung staatlicher Souveränität und beide lassen sich nicht ohne weiteres miteinander verbinden (vgl. Scheu 2014: 62 ff.). Gleichwohl bedeutet das nicht, dass nicht an anderen Stellen (z.B. bei einer Annäherung an den Begriff der „Nation“) auf theoretische Betrachtungsweisen zurückgegriffen wird, die über Foucault hinausgehen. Der Unterschied ist jedoch, dass der überwiegende Teil der theoretischen Annahmen, welche in dieser Arbeit zur Anwendung kommen, zumindest in ihrem Ansatz in einem diskurstheoretischen Paradigma zu verorten sind und sich auf diese Weise nicht grundlegend widersprechen. Vielmehr ergänzen sie sich, indem sie auf unterschiedliche gesellschaftliche Phänomene fokussieren.

6.1 Gouvernementalität

6.1.1 Annäherung an den Begriff der Gouvernementalität

Foucault hat eine Analyse des Staates unter der Perspektive der Gouvernementalität vorgenommen (vgl. Foucault 2010: 116). Der Begriff der Gouvernementalität leitet sich „[…] vom französischen Adjektiv *gouvernemental* [Herv. i. O.] (die Regierung betreffend)“ (Lemke 2014: 260) ab und ist auf die Analyse von Regierungsverhältnissen ausgerichtet. Unter der Perspektive der Gouvernementalität geraten „unterschiedliche Handlungsformen und Praxisfelder, die in vielfältiger Weise auf die Lenkung und Leitung von Individuen und Kollektiven zielen“ (Lemke 2014: 260), in den Blick. Mit seinem Konzept der Gouvernementalität analysiert Foucault Machtverhältnisse und die Konstitution des

ich, der Begriff der Gouvernementalität, die Freiheit des Subjekts und die Beziehung zu anderen geltend zu machen, was doch gerade den Gegenstandsbereich der Ethik konstituiert.“ (Foucault 2005: 901)

Staates in einer Gesellschaft. Dabei beschreibt er sein Verständnis von Gouvernementalität wie folgt:

> „Mit diesem Wort ‚Gouvernementalität' möchte ich drei Dinge sagen. Ich verstehe unter ‚Gouvernementalität' die aus den Institutionen, den Vorgängen, Analysen und Reflexionen, den Berechnungen und den Taktiken gebildete Gesamtheit, welche es erlauben, diese recht spezifische, wenn auch sehr komplexe Form der Macht auszuüben, die als Hauptzielscheibe die Bevölkerung, als wichtigste Wissensform die politische Ökonomie und als wesentliches technisches Instrument die Sicherheitsdispositive hat. Zweitens verstehe ich unter ‚Gouvernementalität' die Tendenz oder die Kraftlinie, die im gesamten Abendland unablässig und seit sehr langer Zeit zur Vorrangstellung dieses Machttypus geführt hat, den man über alle anderen hinaus die ‚Regierung' nennen kann: Souveränität, Disziplin, [die] [...] einerseits die Entwicklung einer ganzen Serie spezifischer Regierungsapparate [und andererseits] die Entwicklung einer ganzen Serie von Wissensarten nach sich gezogen hat. Schließlich denke ich, daß [sic!] man unter ‚Gouvernementalität' den Vorgang oder vielmehr das Ergebnis des Vorgangs verstehen sollte, durch den der mittelalterliche Staat der Gerichtsbarkeit, der im 15. und 16. Jahrhundert zum Verwaltungsapparat wurde, sich nach und nach ‚gouvernementalisiert' hat." (Foucault 2006: 162 f.)

Bei einer gouvernementalen Betrachtungsweise geht es u.a. um die Frage, wie verschiedene Praktiken es möglich machen, dass etwas wie der „Staat" eine historische Wirklichkeit und Konsistenz erfahren kann (vgl. Lemke 2014: 262). Daran geknüpft ist Foucaults spezifisches Begriffsverständnis von Staat. Dieses ist insofern interessant, als dass er hier den Staat nicht als ein zentralisiertes System versteht, von dem eine konzentrierte Machtausübung auf eine Gesellschaft ausgehen würde. Es gibt demnach nicht den einen Ort oder die eine Personengruppe, bei der das zentrale Gewaltmonopol des Staates liegen würde (vgl. Foucault 1978: 38 f.). Entsprechend lehnt Foucault eine souveränitäts- und staatszentrierte Vorstellung von Staat konsequent ab und kritisiert die zu seiner Zeit (und zum Teil bis heute) weit verbreiteten Grundbegriffe und Untersuchungsraster der Politikwissenschaften und politischen Philosophie (vgl. Foucault 2005: 259; Vasilache 2014: 1 ff.), indem er konstatiert:

> „[...] die politische Theorie hat nie aufgehört, von der Person des Souveräns besessen zu sein. Diese Theorien befassen sich noch alle mit dem Problem der Souveränität. Was wir jedoch brauchen, ist eine politische Philosophie, die nicht um das Problem der Souveränität, also des Gesetzes, des Verbots herum konstruiert ist. Man muß [sic!] dem König den Kopf abschlagen: das hat man in der politischen Theorie noch nicht getan." (Foucault 1978: 38)

In Foucaults Verständnis ist der Staat vielmehr das dezentralisierte Ergebnis spezifischer Handlungs- und Denkweisen von Menschen, durch die sich etwas wie der Staat erst konstituiert (vgl. Foucault 2006: 513 f.). Lemke (2014: 262) interpretiert Foucaults gouvernementale Perspektive auf den Staat m.E. sehr treffen, indem er schreibt:

> „‚Staat' wird dabei weder als Real-Objekt noch als ideologische Fiktion begriffen, sondern als ein dynamisches Ensemble von Beziehungen und Synthesen, das zugleich die institutionelle Struktur des Staates und das Wissen vom Staat hervorbringt."

In diesem Sinne kann der Staat als das Resultat gesellschaftlicher Kräfteverhältnisse (vgl. Foucault 2006: 162) verstanden werden, als eine „komplexe Verbindung zwischen Techniken der Individualisierung und totalisierender Verfahren" (Foucault 2005: 277) oder auch als die „[...] Konsequenz der Regierungskunst und [...] [das] Ensemble unterschiedlichster Technologien" (Ruoff 2013: 138). Foucault (2006: 163) schreibt hierzu:

> „Das, was es für unsere Modernität, das heißt für unsere Aktualität an Wichtigem gibt, ist also nicht die Verstaatlichung der Gesellschaft, sondern das, was ich eher die ‚Gouvernementalisierung' des Staates nennen würde."

Wie bereits deutlich geworden ist, weicht das hier grob umrissene Staatsverständnis Foucaults von tradierten politikwissenschaftlichen Definitionen des Staates ab. Dafür wurde er kritisiert (vgl. Vasilache 2014: 8). Als Gründe, weshalb es diese andere Analyseperspektive der Gouvernementalität brauche, führt Foucault (1978: 39) in Erwiderung dazu aus:

> „Ich will nicht sagen, daß [sic!] der Staat nicht wichtig ist; was ich sagen will, ist, daß [sic!] die Machtverhältnisse und infolgedessen die Analyse, der man sie unterziehen muß [sic!], über den Staat hinausgehen müssen. Dies in zweierlei Hinsicht: vor allem, weil der Staat, selbst mit seiner Omnipotenz, selbst mit all seinen Apparaten weit davon entfernt ist, den ganzen tatsächlichen Bereich der Machtverhältnisse zu besetzen, und dann weil der Staat nur auf der Grundlage vorher bestehender Machtbeziehungen funktionieren kann. Der Staat ist Überbau in Bezug auf eine ganze Serie von Machtnetzen, die die Körper, die Sexualität, die Familie, die Verhaltensweisen, das Wissen, die Techniken usw. durchdringen, und diese Beziehungen werden ihrerseits von einer Art Über-Macht konditioniert und wirken konditionierend auf sie, die im wesentlichen [sic!] um eine gewisse Anzahl großer Verbotsfunktionen herum strukturiert ist; aber dies Über-Macht mit ihren Verbotsfunktionen kann nur insofern wirklich greifen und sich halten, als sie in einer ganzen Reihe vielfältiger, nicht definierter Machtverhältnisse verwurzelt ist, die die notwendige Grundlage dieser großen Formen negativer Macht bilden, und genau das wollte ich deutlich machen."

Es zeichnet sich ab, dass der Staat im Sinne Foucaults ein komplexes Netz aus verschiedenen Elementen wie Macht- und Regierungsverhältnissen sowie Verbots- und Disziplinierungsmaßnahmen ist, welche auf das Verhalten einzelner

Subjekte einwirken. Dieser Vorstellung von Staatlichkeit schließt sich die vorliegende Arbeit an. Dementsprechend geht sie davon aus, dass es den *einen* gesellschaftlichen Ort, auf den sich der Staat begrenzen ließe, nicht gibt. Der Staat – und eine Analyse des Staates – ist entsprechend nicht nur auf politische Institutionen beschränkt. Vielmehr folgt diese Arbeit Foucaults Annahmen, dass das Wesen des Staates darin besteht, dass seine Existenz durch eine Vielzahl an Denkweisen, Äußerungen und Handlungen auf verschiedenen gesellschaftlichen Ebenen immer wieder bestätigt, aktualisiert und transformiert wird. Staat (re-)produziert sich durch ein Konglomerat diverser verschiedener Handlungs- und Denkweisen, die sehr unterschiedlicher Natur sein können (vgl. Lemke 2014: 262). Sie können sowohl formalisiert sein, wie bspw. das Beantragen eines Passes oder der behördliche Akt der Gewährung des juristischen „Flüchtlingsstatus", oder aber sich in weniger formalisierten Bereichen der individuellen Selbstdisziplinierung und Selbstführung ausdrücken.

6.1.2 Der Begriff der Regierung

Nach dieser ersten Annäherung an Foucaults Begriffsverständnis des „Staates" bzw. der Gouvernementalität lässt sich die Frage stellen, welcher Stellenwert Institutionen, Gesetzen und Verwaltungsapparaten in diesem Zusammenhang zukommen. Anders gefragt: was für ein Verständnis kann von Prozessen entwickelt werden, wenn bspw. als „Flüchtlinge" positionierte Personen gegenüber „deutschen Staatsbürger*innen" durch institutionelle Handlungsweisen benachteiligt werden (Aussetzung des Familiennachzugs, Residenzpflicht, erschwerter Zugang zu Arbeit, Wohnraum, Bildung)? Oder auch wie kann die materielle-institutionelle Diskriminierung unter der Perspektive der Gouvernementalität beschrieben werden? Um hierauf eine Antwort zu finden, gilt es im Folgenden sich dem Begriff der Regierung anzunähern, der sich als bedeutend für Foucaults Verständnis von Gouvernementalität erweist.

Wie bereits erwähnt, bezieht sich der Begriff der Gouvernementalität zentral auf Regierungsverhältnisse. Regierung kann dabei im weiteren Sinne als die „Führung" (Foucault 2005: 286) von Menschen verstanden werden. Sie umfasst die „[…] Gesamtheit von Prozeduren, Techniken, Methoden, welche die Lenkung der Menschen untereinander gewährleisten […]" (ebd.), wobei gilt, dass „[d]as, was man regiert, sind auf jeden Fall Leute, es sind Menschen, es sind Individuen und Kollektive". (Foucault 2006: 183) Unter dem Begriff der Regierung versteht Foucault „[…] die Gesamtheit der Institutionen und Praktiken, mittels derer man die Menschen lenkt, von der Verwaltung bis zu Erziehung." (Foucault 2005: 116) Entsprechend – und auch einer zentralisierten Vorstellung von „Staat" zuwiderlaufend – bezieht sich Regierung nicht nur auf eine staatliche Regierungsmacht oder

> „[...] institutionalisierte und legitime Formen politischer und ökonomischer Unterordnung, sondern [auf] mehr oder weniger überlegte und berechnete Handlungsweisen, die jedoch alle darauf abziel[en], die Handlungsmöglichkeiten anderer Individuen zu beeinflussen. In diesem Sinne heißt Regieren, das mögliche Handlungsfeld anderer zu strukturieren." (Foucault 2005: 286 f.)

Hier ist primär der Bereich der „Führung durch andere" angesprochen, bei dem bspw. an die Leitung eines Gemeinwesens, einer Familie, einer Institution, eines Geschäftes oder – um es noch konkreter zu machen – an die Sanktionierungspraxis im Asylbewerberleistungsgesetz (AsylbLG) zu denken wäre (vgl. Foucault 2005: 286 f.). Befindet bspw. eine Sachbearbeiterin oder ein Sachbearbeiter, dass eine Person, die leistungsberechtigt ist, ihrer Mitwirkungspflicht im Asylverfahren (der Vorlage eines Passes, Urkunde usw.) nicht nachkommt, werden die Leistungen gekürzt (vgl. §1a AsylbLG). Die Sanktionen zielen in diesem Fall auf die Hinwirkung bestimmter Handlungen, nämlich die Beteiligung an einer eindeutigen Feststellung der Staatsangehörigkeit. Mit Hilfe der Sanktionen wird versucht, die Handlungen der Personen, die Bezüge nach dem AsylbLG erhalten, zu lenken, zu steuern – bzw. im Sinne des hier dargelegten Begriffsverständnisses – zu regieren.

Unter Foucaults Begriff der Regierung fällt aber auch die „Führung des Selbst" („Techniken des Selbst"[23] (Foucault 2005: 259), „Technologien des Selbst" (Foucault et al. 1993: 26)), also alle Techniken und Praktiken, die Menschen auf sich selbst anwenden, um sich zu lenken oder zu disziplinieren (vgl. Foucault 2005: 259). Sie sind darauf ausgerichtet, dass die jeweilige Person

> „[...] aus eigener Kraft oder mit Hilfe anderer eine Reihe an Operationen an seinem Körper oder seiner Seele, seinem Denken, seinem Verhalten und seiner Existenzweise vor[nimmt], mit dem Ziel, sich so zu verändern, daß er einen gewissen Zustand des

23 Foucault hat letzteres auch ausführlicher unter dem Aspekt der „Sorge um sich" beschrieben: „Den nützlichsten Leitfaden bieten wohl die ‚Techniken des Selbst', wie man sie nennen könnte, also die in allen Kulturen anzutreffenden Verfahren zur Beherrschung oder Erkenntnis seiner selbst, mit denen der Einzelne seine Identität festlegen, aufrechterhalten oder im Blick auf bestimmte Ziele verändern kann oder soll. Es geht darum, die für unsere Kultur so typische Forderung nach Selbsterkenntnis in den umfassenderen Rahmen der mehr oder weniger expliziten Frage zu stellen, was man mit sich selbst tun, welche Arbeit man an sich verrichten und wie man ‚Herrschaft über sich selbst' erlangen soll durch Aktivitäten, in denen man selbst zugleich Ziel, Handlungsfeld, Mittel und handelndes Subjekt ist." (Foucault 2005: 259)

Glücks, der Reinheit, der Weisheit, der Vollkommenheit oder der Unsterblichkeit erlangt." (Foucault et al. 1993: 26)

Als ein Beispiel könnte eine Schülerin oder ein Schüler mit unsicherem Aufenthaltsstatus angeführt werden, die bzw. der sich trotz struktureller Hindernisse und institutioneller Diskriminierungen nicht von dem Erwerb formaler Bildungsabschlüsse abhalten lässt. Wenn diese Person sich bspw. täglich freiwillig selbst dazu diszipliniert, ihre Energie, Freizeit sowie die ihr zur Verfügung stehenden Ressourcen einzusetzen, um gute Leistungen in schulischen Fächern zu erzielen (vgl. Seukwa 2006: 228–242).

Regierung meint in diesem Zusammenhang also nicht – wie der Begriff vielleicht eher alltagweltlich verstanden wird –, dass die jeweils regierende Person ihre Wünsche, Ziele, Vorstellungen gegenüber anderen Personen ausschließlich mit der Ausübung von Zwang durchsetzt. Regierung im Sinne Foucaults ist komplexer. Sie kann indirektes Eingreifen umfassen, wie z.B. die Schaffung von bestimmten Anreizen, oder aber auch die Androhung von Strafe – ohne dass es zur tatsächlichen Ausübung von Gewalt oder Zwang kommt –, um Einfluss auf das Handeln anderer zu nehmen. Der Einsatz dieser Mittel kann dann wiederum dafür genutzt werden, darauf hinzuwirken, dass die Regierten bestimmte Handlungen als „Techniken ihres Selbst" etablieren. In einem solchen Fall bedarf es also nicht mal mehr einer expliziten externen Lenkung oder Steuerung, sondern die jeweiligen Personen würden ihre eigene Subjektivität in einer spezifischen Weise konstruieren und modifizieren, die den Regierenden dienlich ist. Eine Balance zwischen all dem zu finden, zwischen der Schaffung von Anreizen, der Drohung mit Strafen, der Anwendung von Zwang oder aber dem Nahelegen bestimmter Subjektpositionen, sprich den vielen verschiedenen Techniken und Praktiken, die zur Lenkung, Leitung und Kontrolle anderer Menschen zum Einsatz kommen können, macht die Komplexität der Regierung aus. Es gilt dabei nicht zu viel zu herrschen, nicht zu viel zu leiten, zu lenken, den Subjekten einen gewissen Freiraum zu gewähren. Innerhalb dieses Freiraums werden dann aber wiederum Anreize bzw. Disziplinierungsgelegenheiten geschaffen, die dazu führen, dass sich die Subjekte selbst leiten, lenken, sich selbst disziplinieren usw. (vgl. Foucault 2005: 210 f., 276 f.; Lemke 2014: 262; Maurer/Weber 2006: 10). Foucault spricht daher auch von „Regierungskunst" (vgl. Foucault 2017: 151 ff.).

Wenn wir jetzt wieder zurück zu Foucaults Verständnis von Staat kommen, dann ist er vor diesem Hintergrund als das „Korrelat" (Foucault 2018: 19) der hier aufgezeigten Regierungspraktiken zu analysieren. Die angesprochenen Institutionen, Gesetze und verwaltungsrechtlichen Verfahren, aus denen sich die politisch-rechtliche Konstruktion von „Flüchtlingen" ergibt, sind wiederum Bestandteil des „Ensembles von Prozeduren" (Foucault 2017: 14) und Technologien, über die sich der Staat herstellt. Sie sind auf die Lenkung, Leitung und Kontrolle bzw. auf die Führung von Menschen resp. der Bevölkerung ausgerichtet und können im weiteren Sinne als Regierungspraktiken verstanden werden.

6.1.3 Der Begriff der Macht

Neben dem Begriff der Regierung nimmt der Begriff der Macht eine zentrale Rolle in den Überlegungen Foucaults zur Gouvernementalität ein. In den vorangegangenen Ausführungen ist der Begriff der Macht mehrfach aufgetaucht, doch die Frage, was er genau bezeichnet, bisher offengeblieben. Diese Leerstelle auszuräumen ist Gegenstand dieses Kapitels. Dabei sei – wie auch bei den anderen Foucaultschen Analysebegriffen – darauf hingewiesen, dass Foucault Macht in unterschiedlichen Kontexten untersucht und in diesem Zusammenhang verschiedene Machtbegriffe verwendet hat (z.B. Pastoralmacht, Biomacht, Disziplinarmacht; siehe hierzu z.B. Ruoff 2013, S. 161 ff.). Eine kurze und gleichzeitig erschöpfende Definition zu geben, ist daher an dieser Stelle nicht zielführend. Vielmehr geht es im Folgenden darum, im Ansatz ein Verständnis von Macht für die Fragestellung der vorliegenden Arbeit zu entwickeln und entsprechend zu klären, wie der Begriff der Macht in Zusammenhang mit Foucaults Staatsverständnis verstanden werden kann.

6.1.3.1 Strategische Spiele in zwischenmenschlichen Beziehungen

In Foucaults Gesamtwerk nimmt die Macht neben dem Diskurs und dem Wissen eine Schlüsselposition ein. Sehr allgemein gefasst, bezeichnet Foucault mit dem Begriff der Macht ein komplexes, gesamtgesellschaftliches Kraftfeld. Er schreibt hierzu:

> „Unter Macht, scheint mir, ist zunächst zu verstehen: die Vielfältigkeit von Kraftverhältnissen, die ein Gebiet bevölkern und organisieren; das Spiel, das in unaufhörlichen Kämpfen und Auseinandersetzungen diese Kräfteverhältnisse verwandelt, verstärkt, verkehrt; die Stützen, die diese Kräfteverhältnisse aneinander finden, indem sie sich zu Systemen verketten – oder die Verschiebungen und Widersprüche, die sie gegeneinander isolieren; und schließlich die Strategie, in denen sie zur Wirkung gelangen und deren große Linien und institutionelle Kristallisierungen sich in den Staatsapparaten, in der Gesetzgebung und in den gesellschaftlichen Hegemonien verkörpern. [...] Macht ist der Name, den man einer komplexen strategischen Situation in einer Gesellschaft gibt." (Foucault 2014a: 113 f.)

Die Feststellung, dass die gesamte Gesellschaft in ein Machtfeld eingebunden sei, indem gerungen und strategisch vorgegangen werde, wirkt auf den ersten Blick noch recht abstrakt. Jedoch vermittelt es einen ersten Eindruck des Wesens der Macht als ein komplexes Konstrukt, welches nicht abschließend und allgemeingültig definiert werden kann, sondern immer von den jeweiligen Kontextbedingungen abhängig ist (vgl. Foucault 2005: 285). Der Umstand der Kontextabhängigkeit ist auch darauf zurückzuführen, dass Foucault sein Machtverständnis insbesondere in seinen späteren Arbeiten stark auf die Beziehungsebene zwischen Menschen anwendet. Er schreibt hierzu:

> „Ich gebrauche das Wort Macht kaum, und wenn ich es zuweilen tue, dann um den Ausdruck abzukürzen, den ich stets gebrauche: die Machtbeziehungen. […] [I]n den menschlichen Beziehungen, was sie auch immer sein mögen, ob es nun darum geht, sprachlich zu kommunizieren, […] oder ob es sich um Liebesbeziehungen, um institutionelle oder ökonomische Beziehungen handelt, [ist] die Macht stets präsent: Damit meine ich die Beziehungen, in denen der eine das Verhalten des anderen zu lenken versucht. Es sind Beziehungen, die man auf unterschiedlichen Ebenen, in verschiedener Gestalt finden kann. Diese Machtbeziehungen sind mobile Beziehungen, sie können sich verändern und sind nicht ein für alle Mal gegeben. […] [Sie] sind also mobil, reversibel und instabil.“ (vgl. Foucault 2005: 285)

Macht ist demzufolge allgegenwärtig in jeder zwischenmenschlichen Beziehung, sei es zwischen Eltern und Kindern, Mitarbeiter*innen und ihren Vorgesetzten, in Freundschaften, Liebesbeziehungen oder aber zwischen der politischen Regierung eines Staates und der jeweiligen Bevölkerung. In den seltensten Fällen ist eindeutig und unumkehrbar, dass die Machtverhältnisse in eine bestimmte Richtung laufen, denn sie können sich immer auch umkehren, wenn sich Menschen beispielsweise zusammenschließen, aufbegehren oder den Versuch einer Einflussnahme subversiv unterlaufen. Eine Analyse von Macht kann entsprechend in all diesen unterschiedlichen Zusammenhängen erfolgen (vgl. Ruoff 2013: 154–165).

6.1.3.2 Macht-, Regierungsverhältnisse und die produktive Seite der Macht

Mit dem Fokus auf dem Verhältnis von Menschen zueinander, versteht Foucault – wie bereits angeklungen – „[…] Machtbeziehungen als strategisch[e] Spiel[e] zwischen Freiheiten, also Spiel[e], in denen die einen das Verhalten der anderen zu bestimmen versuchen, worauf die anderen mit dem Versuch antworten, sich darin nicht bestimmen zu lassen oder ihrerseits versuchen, das Verhalten der anderen zu bestimmen […].“ (Foucault 2005: 900) An dieser

Stelle lässt sich an die vorangegangenen Darlegungen zum Verhältnis von Regierung und Staat anknüpfen. Kurzer Rückblick: es wurde festgestellt, dass Staat im weiteren Sinne als ein Korrelat von Regierungstechniken, Regierung als die Selbst- und Fremdführung von Menschen verstanden werden kann und Führung wiederum gleichbedeutend mit dem Versuch ist, die Handlungen anderer zu strukturieren. Wenn es nun um den Begriff der Macht geht, so ist dieser – als strategisches Spiel – genau in dem hier aufgezeigten Feld von Staat, Regierung und Führung zu verorten.

> „Machtausübung [besteht] […] darin, ‚Führung zu lenken', also Einfluss auf die Wahrscheinlichkeit von Verhalten zu nehmen. Macht gehört letztlich weniger in den Bereich der Auseinandersetzung zwischen Gegnern oder der Vereinnahmung des einen durch den anderen, sondern in den Bereich der ‚Regierung' […]." (Foucault 2005: 286 f.)"

Die Führung von Menschen, sie zu regieren und lenken findet folglich innerhalb von Machtbeziehungen statt, und der Versuch, die Handlungen anderer beeinflussen zu wollen, ist nicht nur kennzeichnend für die Regierungs-, sondern ebenso für Machtverhältnisse.

> „Das charakteristische Merkmal der Machtbeziehungen läge dann in der Tatsache, dass wir es hier mit einem Handlungsmodus zu tun haben, der auf Handeln einwirkt. Das heißt, Machtbeziehungen sind tief im sozialen Nexus verwurzelt und bilden daher keine Struktur oberhalb der ‚Gesellschaft', von deren vollständigen Beseitigung man träumen könnte. In Gesellschaft leben bedeutet: es ist stets möglich, dass die einen auf das Handeln anderer einwirken. Eine Gesellschaft ohne ‚Machtbeziehungen' wäre nur eine Abstraktion." (Foucault 2005: 288)

Speziell im Kontext der Gouvernementalität werden von den Regierenden Mechanismen, Taktiken, Disziplinierungsverfahren etc. verfolgt, um speziell die Handlungen der jeweiligen Bevölkerung in eine bestimmte Richtung zu lenken.

Neben den bisher dargelegten Kennzeichen von Macht besteht ein weiterer wesentlicher Aspekt ihres Wesens darin, dass sie weder per se gut noch per se schlecht ist. Dieses Verständnis von Macht bei Foucault unterscheidet sich im Vergleich zu den gängigen Auffassungen von Machtbeziehungen zu seiner Zeit (vgl. Bublitz 2014: 274). Sie habe nicht zwangsläufig etwas mit politischen Strukturen, einer herrschenden sozialen Klasse oder dem Verhältnis von Herrschenden gegenüber Untergebenen zu tun und sei nicht nur negativ auf Repression, Unterwerfung und Ablehnung ausgerichtet (vgl. Foucault 2005: 889 f.). Vielmehr betont er daneben auch ihre produzierende, bildende, formende Seite.

> „[...] Wenn die Macht immer nur unterdrückend wäre, wenn sie niemals etwas Anderes tun würde als Nein zu sagen, glauben Sie wirklich, dass es dann dazu käme, dass ihr gehorcht wird? Dass die Macht Bestand hat, dass man sie annimmt, wird ganz einfach dadurch bewirkt, dass sie nicht bloß wie eine Macht lastet, die Nein sagt, sondern dass sie in Wirklichkeit die Dinge durchläuft und hervorbringt, Lust verursacht, Wissen formt und einen Diskurs produziert; man muss sie als ein produktives Netz ansehen, das weit stärker durch den ganzen Gesellschaftskörper hindurchgeht als eine negative Instanz, die die Funktion hat zu unterdrücken." (Foucault 2003: 197)

Als ein Beispiel in Bezug auf die Frage, ob Macht nun produktiv oder unterdrückend sei, führt Foucault das Verhältnis einer Lehrperson zu einer Schülerin bzw. einem Schüler an. Für ihn sei nicht ersichtlich, was grundsätzlich schlecht daran sein sollte, wenn eine Person mit mehr Erfahrungen und Wissen (Lehrperson), diese an eine andere Person (Schüler*in) weitergeben würde (vgl. Foucault 2005: 899). Dieses Beispiel weitergedacht, könne m.E. von einer Entfaltung der produktiven Seite der Macht bspw. dann die Rede sein, wenn die Lehrperson der Schülerin bzw. dem Schüler beibringt, wie sie oder er eine mathematische Aufgabe lösen kann. Kommt nun die Schülerin oder der Schüler in einer späteren Ausbildung in eine Situation, in der sich ihr bzw. ihm dieses Wissen als nützlich erweist, dann ist aus der Machtbeziehung zwischen Lehrperson und Schüler*in etwas Produktives hervorgegangen. Denn die Schülerin oder der Schüler konnte aus dem durch die Lehrperson vermittelten Wissen einen persönlichen Nutzen, einen Mehrwert für sich ziehen. Umgekehrt könne Foucault (vgl. 2005: 899) zufolge eine Lehrperson ihre Überlegenheit in Bezug auf Wissen und Erfahrung gegenüber der Schülerin oder dem Schüler auch ausnutzen, wobei es sich in diesem Fall um die unterdrückende und negative Seite der Macht handeln würde. Vor diesem Hintergrund wird deutlich, wie stark die Ausprägung von Macht vom jeweiligen Kontext abhängig ist.

6.1.3.3 Machtbeziehungen, Freiheit und Herrschaft

Als einen weiteren Punkt hinsichtlich einer Annäherung an die Merkmale von Macht ist noch auf die Freiheit als Vorbedingung für Machtbeziehungen einzugehen. Foucault (vgl. 2005: 890) betont, dass es keine Machtverhältnisse gebe, in denen eine oder mehrere Personen *alle* und die ihnen in Handlungsoptionen unterlegenen *keine* Macht hätten. Er schreibt hierzu:

> „Man sollte außerdem beachten, dass es Machtbeziehungen nur in dem Maße geben kann, in dem die Subjekte frei sind. Wenn einer von beiden vollständig der Verfügung des anderen unterstünde und zu dessen Sache geworden wäre, ein Gegenstand, über den dieser schrankenlose und unbegrenzte Gewalt ausüben könnte, dann gäbe es keine Machtbeziehungen. Damit eine Machtbeziehung bestehen kann, bedarf es

> also auf beiden Seiten einer bestimmten Form der Freiheit. Selbst wenn die Machtbeziehung völlig aus dem Gleichgewicht geraten ist, wenn man wirklich sagen kann, dass der eine alle Macht über den anderen besitzt, so lässt sich die Macht über den anderen nur in dem Maße ausüben, in dem diesem noch die Möglichkeit bleibt, sich zu töten, aus dem Fenster zu springen oder den anderen zu töten. Das heißt, dass es in Machtbeziehungen notwendigerweise Möglichkeiten des Widerstands gibt, denn wenn es keine Möglichkeit des Widerstands – gewaltsamer Widerstand, Flucht, List, Strategie, die die Situation umkehren – gäbe, dann gäbe es überhaupt keine Machtbeziehungen. Vor diesem Hintergrund weigere ich mich, die Frage zu beantworten, die man mir manchmal stellt: ‚Aber wenn die Macht überall ist, dann gibt es keinen Widerstand.' Ich antworte: Wenn es Machtbeziehungen gibt, die das gesamte soziale Feld durchziehen, dann deshalb, weil es überall Freiheit gibt." (Foucault 2005: 890)

Macht setzt demzufolge Freiheit voraus. Zwar kann es sehr wohl Asymmetrien in der Verteilung von Macht und damit ungleiche Möglichkeiten in der Einflussnahme auf die Handlungen der jeweils anderen geben. Jedoch gibt es auch für diejenigen, die über ein höheres Maß an Macht verfügen, keine Garantie dafür, dass der Versuch ihrer Einflussnahme gelingen wird. In diesem Kontext bedeutet auch der Begriff der Regierung nicht, dass eine Person eine andere bis ins Detail zwingen kann, etwas nach den eigenen Wünschen und Vorstellungen zu tun. Regierungs- und Machtbeziehungen umfassen eben auch, Individuen bzw. Kollektiven einen Freiraum zu eigenständigen Handlungen zu geben und den Dingen ihren natürlichen Lauf zu lassen.

Gleichzeitig bestreitet Foucault nicht, dass es grundsätzlich Situationen geben kann, in denen sich eine ungleiche Verteilung von Macht derart zementiert hat, dass es für die jeweils unterdrückten Subjekte nahezu keinen Freiraum mehr gibt. Er unterscheidet in einem solchen Fall zwischen Herrschaftszuständen und Machtbeziehungen (vgl. ebd.: 900). Foucault (2005: 890 f.) macht dies wie folgt deutlich:

> „Jetzt gibt es in der Tat Herrschaftszustände. In sehr vielen Fällen sind die Machtbeziehungen derart verfestigt, dass sie auf Dauer asymmetrisch sind und der Spielraum der Freiheit äußerst beschränkt ist. Um ein wenn auch etwas schematisches Beispiel zu geben: Man kann nicht sagen, dass es in der traditionellen Struktur der Ehe in der Gesellschaft des 18. und 19. Jahrhunderts ausschließlich die Macht des Mannes gegeben hätte; die Frau konnte eine ganze Reihe von Dingen tun: Sie konnte ihn betrügen, konnte ihm sein Geld entlocken oder sich ihm sexuell verweigern. Sie befand sich dennoch in dem Maße in einem Herrschaftszustand, dass all dies nur eine Reihe von Listen bedeutete, die niemals dazu führen könnten, die Situation umzukehren. In diesen Fällen ökonomischer, sozialer, institutioneller oder sexueller Herrschaft besteht das Problem in der Tat darin, zu wissen, wo sich Widerstand formieren kann. Kann dies zum Beispiel in einer Arbeiterklasse der Fall sein, die in der Gewerkschaft, in der Partei (und in welcher Form: Streik, Generalstreik, Revolution, parlamentarischer

> Kampf) gegen die politische Herrschaft Widerstand leistet. In einer solchen Situation der Herrschaft muss man auf all diese Fragen je nach dem Typus und der genannten Form der Herrschaft jeweils auf spezifische Weise antworten."

An anderer Stelle beschreibt er das Verhältnis von Macht, Freiheit und Herrschaft wie folgt:

> „Wenn man Machtausübung als ein auf Handeln gerichtetes Handeln definiert, wenn man sie als ‚Regierung' von Menschen durch andere Menschen im weitesten Sinne des Wortes beschreibt, dann schließt man darin ein wichtiges Element ein, nämlich das der Freiheit. Macht kann nur über ‚freie Subjekte' ausgeübt werden, insofern sie ‚frei' sind – und damit seien hier individuelle oder kollektive Subjekte gemein, die jeweils über mehrere Verhaltens-, Reaktions- oder Handlungsmöglichkeiten verfügen. Wo die Bedingungen des Handelns vollständig determiniert sind, kann es keine Machtbeziehungen geben. Sklaverei ist keine Machtbeziehung, wenn der Mensch in Eisen geschlagen ist (dann handelt es sich um ein Verhältnis physischen Zwangs); sie ist es nur dann, wenn er sich bewegen und letztlich auch entfliehen kann. Macht und Freiheit schließen einander also nicht aus (wo Macht ist, kann es keine Freiheit geben). Ihr Verhältnis ist weitaus komplexer. In diesem Verhältnis ist Freiheit die Voraussetzung für Macht (als Vorbedingung, insofern Freiheit vorhanden sein muss, damit Macht ausgeübt werden kann, und auch als dauerhafte Bedingung, denn wenn die Freiheit sich der über sie ausgeübten Macht entzöge, verschwände im selben Zuge die Macht und müsste bei einem Zwang oder schlichter Gewalt Zuflucht suchen)." (Foucault 2005: 287)

Ausgehend von den hier dargestellten Textpassagen lässt sich im Wesentlichen zwischen zwei verschiedenen Herrschaftszuständen unterscheiden: 1) wenn man als einzelne Person komplett physischem Zwang ausgeliefert ist und *tatsächlich keine* Handlungsoptionen mehr hat, sich also nicht einmal das Leben nehmen oder einen Fluchtversuch unternehmen kann; 2) wenn man sich in einer Situation befindet, in der man zwar über kleine Freiheiten der List, Flucht oder Strategie als einzelnes Subjekt verfügt, insgesamt diese Situation der Unterdrückung allein allerdings nicht umkehren kann. Ausgehend von einer solchen Unterteilung ließe sich m.E. für die Kategorie 1) festhalten, dass es sich hierbei um keine Machtbeziehung handelt, da die unterdrückte Person faktisch über keinerlei Handlungsoptionen verfügt. Hinsichtlich der Kategorie 2) scheint m.E. dem Verhältnis in dem Maße eine Machtbeziehung zu Grunde zu liegen, als dass die unterlegene Person zumindest ein Minimum (List, Flucht etc.) an Freiraum hat, sich allein aus ihrer Situation jedoch nicht befreien kann.

Zusammenfassend lässt sich Folgendes hinsichtlich einer Annäherung an das Wesen der Macht festhalten: Macht kann als ein Kraftfeld verstanden werden, das die gesamte Gesellschaft durchzieht. Sie findet sich in jeglicher Form zwischenmenschlicher Beziehungen und kann mit dem Begriff der

Machtbeziehungen gleichgesetzt werden. Machtbeziehungen sind im weiteren Sinne dadurch geprägt, dass Menschen gegenseitig auf ihre Handlungen versuchen Einfluss zu nehmen. Machtausübung kann in diesem Zusammenhang mit dem Begriff der Regierungsausübung gleichgesetzt werden. Darüber hinaus setzen Machtbeziehungen Freiheit der Subjekte voraus. Dort, wo es keine Freiheit in Machtbeziehungen gibt, handelt es sich um Herrschaftszustände. Letztere sind dadurch gekennzeichnet, dass 1) Subjekte faktisch keinerlei Handlungsspielraum haben oder 2) minimale Handlungsspielräume haben, aber der Unterdrückungssituation ohne Hilfe Dritter nicht entkommen können.

Doch was bedeuten diese Überlegungen nun für die Definition eines Staatsbegriffes im Rahmen der vorliegenden Arbeit? Wird der Staat als Produkt von Regierungstechniken verstanden, welche auf das Führen einer Bevölkerung ausgerichtet sind, dann durchzieht Macht als ein Kraftfeld die gesamte Gesellschaft. Demzufolge gibt es keinen Staat ohne Machtbeziehungen und die Regierung der Bevölkerung findet in eben diesem Kraftfeld statt. Regierung ist der Versuch einer Ausübung von Macht in einer zwischenmenschlichen Beziehung und darauf ausgerichtet, die Handlungen anderer Personen entsprechend der eigenen Vorstellungen in eine bestimmte Richtung zu lenken. In einem Staat zielen solche Regierungsabsichten entsprechend nicht nur auf einzelne Subjekte, sondern auf die gesamte Bevölkerung. Darüber hinaus setzen Machtbeziehungen Freiheit der Subjekte voraus. Hinsichtlich einer Gouvernementalisierung des Staates folgt daraus, dass es auch in einem Staat für die einzelnen Subjekte einer Bevölkerung Handlungsspielräume geben muss. Diese Freiheiten können allerding auch in einem Staat bzw. durch das Ensemble seiner Regierungstechniken derart eingeschränkt werden, dass sich Herrschaftszustände einstellen, in denen die Subjekte resp. die Bevölkerung massiv unterworfen werden.

Um diese Vielzahl an Techniken der Regierung an einem Beispiel zu verdeutlichen: Die deutsche Bundesregierung verabschiedete bspw. ein Gesetz im Bundestag wie u.a. das Asylpaket II, in dem bestimmte Länder (Albanien, Kosovo und Montenegro) als sichere Herkunftsländer klassifiziert wurden. Ausgehend von dem Gesetz, wurden dann Handlungsrichtlinien für die Behörden verfasst, auf deren Grundlage schließlich die Sachbearbeiter*innen entscheiden, ob die Kriterien zur Anerkennung als „Flüchtling" vorliegen oder nicht. Es handelt sich also um eine Kette an unterschiedlichen Verfahren auf unterschiedlichen institutionellen Ebenen (von der Einbringung eines Gesetzesentwurfs durch Ministerien der Bundesregierung über die Verabschiedung der Gesetze im Parlament bis hin zu deren Umsetzung in den Behörden (Ausländerbehörde, Polizei usw.)). Und genau diese Vielzahl an einzelnen Verfahren, Taktiken und Techniken können als Ensemble der Regierungskunst verstanden werden, die darauf abzielen, Menschen zu lenken und zu leiten. Dieses Wissen um die genannten Kriterien wird dann in Institutionen wie der Ausländerbehörde angewendet. Vereinfacht dargestellt entscheidet der bzw. die jeweilige Sachbearbeiter*in auf der Gesetzesgrundlage und auf der Grundlage ihrer*seiner internen Weisungen darüber, wann bspw. Asyl gestattet wird und wann nicht. Diese kleinen Schritte wie z.B. die einzelnen Verfahrensschritte während und im Anschluss an ein Asylverfahren (z.B. die Sichtung des Passes von Personen, die Asyl beantragt haben, durch die Ausländerbehörde, die Ausstellung von Dokumenten zur Gewährung eines rechtlichen Aufenthaltes, das Aufsuchen der Polizei zur Durchsetzung der Abschiebung, das in Gewahrsam nehmen von Personen, denen Fluchtgefahr unterstellt wird) können als Techniken, Methoden und Verfahren verstanden werden, die darauf ausgerichtet sind, Menschen zu lenken, zu kontrollieren und zu leiten.

Doch was bedeutet dies nun konkret für die Herstellung sozialer Ungleichheit durch staatliche Institutionen hinsichtlich der Unterscheidung von Menschen zwischen Staatsbürger*innen und „Flüchtlingen“? An dieser Stelle scheint es sinnvoll, ein Beispiel hinzuzuziehen, an dem sich Momente des Regierens resp. des Lenkens und Leitens im Kontext von Flucht rekonstruieren lassen. Die Inhalte der nachstehenden Tabelle wurden von der Webseite des Bundesamtes für Migration und Flüchtlinge entnommen (vgl. BAMF 2018a). Dargestellt wird eine stichpunktartige Zusammenfassung des Ablaufes eines Asylverfahrens.

Im Mittelpunkt steht im Folgenden also eine behördliche Beschreibung jenes Prozesses der juristisch-rechtlichen Anerkennung bzw. Nicht-Anerkennung von Menschen als sogenannte „Flüchtlinge“, welcher maßgeblich zu einer Herstellung sozialer Ungleichheit zwischen als „Flüchtlingen“ positionierten Personen und deutschen „Staatsbürger*innen“ führt. Zu berücksichtigen ist, dass es sich dabei um ein Online-Dokument handelt, mithilfe dessen sich das Bundesamt für Migration und Flüchtlinge (BAMF) in der Öffentlichkeit präsentiert und Wissensvermittlung gegenüber der Bevölkerung sowie asylsuchenden Personen betreibt. Das BAMF hat eine bestimmte Diskursposition (vgl. Jäger 2015: 83 f.) inne und entsprechend spiegelt das Dokument nicht den *tatsächlichen* Ablauf eines Asylverfahrens wider, sondern lässt nur Aussagen über die Außendarstellung des BAMFs zu.

Anhand der Schritte 1, 3 und 9 (vgl. Tabelle 3) wird exemplarisch deutlich, wie das BAMF in seiner Selbst-Repräsentation davon ausgeht, die Handlungen von Asylsuchenden strukturieren zu können. Mittels des Königsteiner Schlüssels könne es die „[…] Erstverteilung der Asylsuchenden (EASY) auf die Bundesländer“ vornehmen (Schritt 2, vgl. ebd.), sowie bei Ablehnung eines

Tabelle 3: BAMF 2018a – Ablauf des Asylverfahrens

1.	„Ankunft und Registrierung	Wenn Asylsuchende in Deutschland ankommen, melden sie sich bei einer staatlichen Stelle und werden registriert. Anschließend erhalten sie ein temporäres Ausweisdokument. Erst dann kann ein Asylverfahren beginnen.
2.	Erstverteilung der Asylsuchenden (EASY)	Nach der Registrierung erfolgt die Erstverteilung der Asylsuchenden (EASY) auf die Bundesländer nach dem sogenannten Königsteiner Schlüssel.
3.	Zuständige Aufnahmeeinrichtung	Die Aufnahmeeinrichtung ist für die Versorgung sowie Unterkunft zuständig und informiert die nächstgelegene Außenstelle des Bundesamts oder das nächstgelegene Ankunftszentrum.
4.	Persönliche Asylantragstellung	Bei der persönlichen Antragstellung werden weitere Dokumente erfasst und Asylsuchende über ihre Rechte und Pflichten innerhalb des Asylverfahrens aufgeklärt.
5.	Prüfung des Dublin-Verfahrens	Das Dublin-Verfahren findet vor der eigentlichen Prüfung des Asylantrages statt und stellt fest, welcher europäische Staat für die Prüfung eines Asylantrags zuständig ist.
6.	Persönliche Anhörung	Die Anhörung ist Grundlage für die Entscheidung im Asylverfahren. Ausschlaggebend ist dabei immer das Einzelschicksal. Deswegen erhalten Antragstellende ausreichend Zeit ihre persönlichen Fluchtgründe zu schildern.
7.	Entscheidung des Bundesamtes	Auf Basis der persönlichen Anhörung und der eingehenden Überprüfung von Dokumenten und Beweismitteln entscheidet das Bundesamt über den Asylantrag.
8.	Schutzformen	Bei jedem Asylantrag prüft das Bundesamt auf Grundlage des Asylgesetzes, ob eine der vier Schutzformen – Asylberechtigung, Flüchtlingsschutz, subsidiärer Schutz oder ein Abschiebungsverbot – vorliegt.
9.	Rechtsmittel gegen die Entscheidung	Bei einem ablehnenden Bescheid stehen Antragstellenden Rechtsmittel zur Verfügung: Sie können gegen die Entscheidung des Bundesamtes klagen.
10.	Ausgang des Asylverfahrens	Auf die endgültige Entscheidung des Bundesamts – den Abschluss des Asylverfahrens – folgt entweder das Aufenthalts- bzw. Bleiberecht oder aber die Ausreisepflicht.“

Eigene Darstellung; Datenquelle: BAMF 2018a

Asylantrages eine Ausreisepflicht veranlassen (Schritt 10, vgl. ebd.). Folglich könne es in beiden Fällen den Aufenthaltsort von Asylsuchenden beeinflussen. Darüber hinaus sehe es seine Zuständigkeit in der Gewährleistung von Unterkunft und Versorgung der Asylsuchenden (Schritt 3, vgl. ebd.) und verfüge damit über weitere Einflussmöglichkeiten auf grundständige Lebensbereiche von asylsuchenden Personen. Wird davon ausgegangen, dass Personen aus der Bevölkerung bzw. asylsuchende Personen diese Informationen zur Kenntnis nehmen, scheinen sie einen Beitrag leisten zu wollen, Menschen auf die Prozeduren eines Asylverfahrens vorzubereiten und somit auf eine Beeinflussung der Wünsche und Erwartungen der Subjekte ausgerichtet zu sein. Indem Menschen frühzeitig darüber informiert werden, dass sie in einem Asylverfahren frühzeitig registrieren lassen müssen, auf Bundesländer verteilt, in staatlichen Versorgungseinrichtungen untergebracht werden usw. erhöht es die Chancen, dass Menschen weniger Widerstand leisten, sich den Strukturen anpassen und gefügig machen. Zwar führt die reine Informationsvermittlung allein noch nicht dazu, dass *tatsächlich* die Versorgung, die Unterbringung usw. durch staatliche Behörden strukturiert wird, aber sie schafft Akzeptanz für die noch folgenden Prozeduren. Entsprechend kann diese Darstellung als ein Moment der Regierung resp. des Lenkens und Leitens gedeutet werden.

Daran anschließend stellt sich ausgehend von dem hier gewählten Beispiel ein Asylverfahren scheinbar als ein linearer Prozess dar, der sich in unterschiedliche Verfahrensstufen unterteilen lässt. Von der „Ankunft und Registrierung" (Schritt 1, vgl. ebd.) bis zum „Ausgang des Asylverfahrens" (Schritt 10, vgl. ebd.) scheint eindeutig zu sein, welcher Schritt auf den nächsten folgt. Dabei entsteht der Eindruck, dass diese Linearität zwingend erforderlich ist, wenn es bspw. heißt „Erst *dann* kann ein Asylverfahren beginnen" (Schritt 1, vgl. ebd.) oder „Das Dublin-Verfahren findet *vor* der eigentlichen Prüfung des Asylantrages statt" (Schritt 5, vgl. ebd.). Das Asylverfahren wird als eine Art Prüfungsverfahren oder Bewährungsprobe präsentiert, an dessen Ende ein Bleiberecht in Deutschland in Aussicht steht und damit eine rechtliche Legitimierung zur gesellschaftlichen Teilhabe. Es müssen dabei eine ganze Reihe von Vorbedingungen erfüllt sein, wenn den jeweiligen asylsuchenden Personen am Ende ein Bleiberecht zugesprochen werden soll. Wer Aussicht auf ein Bleiberecht haben möchte, die oder der müsse zuvor die vorherigen Stationen der Registrierung, der Unterbringung und Verteilung durchlaufen haben. In dieser Linearität zeigt sich ein klar vorgegebener Weg ohne Raum für Abweichungen. Das Bleiberecht am Ende des Asylverfahrens fungiert aus dieser Perspektive als eine Art Belohnung für diejenigen, die sich an die vorgegebenen Regeln halten.

Weitere Bezüge hinsichtlich Foucaults Staatsverständnis zeigen sich hinsichtlich der Verschränkung von Gesetzen und Institutionen als Bestandteil des gouvernementalen Ensembles. So tritt in der Übersicht (vgl. Tabelle oben) als wesentliches Element einerseits das BAMF als eine staatliche Institution bzw. als ein Verwaltungsapparat in Erscheinung sowie andererseits die Asylgesetze und gerichtlichen Verfahren als handlungsstrukturierende Instanz der Behörde. Das Bundesamt prüfe „[…] auf Grundlage des Asylgesetzes, ob eine der vier Schutzformen – Asylberechtigung, Flüchtlingsschutz, subsidiärer Schutz oder ein Abschiebungsverbot – vorliegt.“ (vgl. ebd., Schritt 8) Die Sachberarbeiter*innen des BAMFs können demnach nicht frei über die Gewährung von Asyl bzw. die Ablehnung eines Asylantrages entscheiden, sondern sind an die gesetzlichen Vorgaben gebunden. Zudem wird darauf hingewiesen, dass im Falle einer Ablehnung des Asylantrags die Einleitung eines gerichtlichen Verfahrens als Widerspruchsmöglichkeit offenstehe (Schritt 9). Es ist genau dieses Ineinandergreifen und die wechselseitige Einflussnahme der verschiedenen Elemente wie der Gesetze, Behörden und Gerichte aufeinander, was m.E. unter dem gouvernementalen Ensemble verstanden werden kann und anhand des oben dargestellten Beispiels in Erscheinung tritt. Gesetze und behördliche Praktiken scheinen dabei einerseits auf die Lenkung der Handlungen – in diesem Fall – von Asylsuchenden ausgerichtet zu sein sowie andererseits aber auch die Handlungsweisen der Sachbearbeiter*innen von Behörden und Institutionen zu determinieren.

Ein weiterer Moment der Rekonstruktion von Regierungsverhältnissen, lässt sich anhand des obigen Beispiels bei einer Fokussierung auf die Verwendung bestimmter sprachlicher Termini feststellen. Auf der einen Seite wird eine sehr technologische, verwaltungsrechtliche Sprache verwendet, wenn bspw. von „staatlichen Stellen“ (Schritt 1), „der Registrierung“ (Schritt 2), „Aufnahmeeinrichtungen“ (Schritt 3), der „persönlichen Antragsstellung“ (Schritt 4), der „Prüfung des Asylantrags“ (Schritt 5) usw. gesprochen wird. Diese Sprache wirkt stark versachlichend und objektivierend, so dass nicht offensichtlich wird, dass die von den Behörden getroffenen Entscheidungen zu weitreichenden Folgen für die Lebensführung der betroffenen Personen führen. Zugespitzt könnte man sagen, dass diese Sprache gewissermaßen verschleiert, wie massiv die Eingriffe und die Ausübung von Zwang durch staatliche Behörden gegenüber asylsuchenden Personen mitunter sein können (bspw. im Falle einer Durchsetzung der „Ausreisepflicht“ (Schritt 10) resp. einer Abschiebung).

Auf der anderen Seite tauchen aber auch Begriffe wie „persönliche Anhörung“ (Schritt 6), „Einzelschicksal“ (Schritt 6), „persönliche Fluchtgründe“ (Schritt 6) und „Schutzformen“ (Schritt 8) auf. Begriffe, bei denen das einzelne

Subjekt und die individuelle Lebenslage scheinbar stärker im Vordergrund zu stehen scheinen. Insbesondere der Begriff des „Schicksals" rekurriert auf etwas, wie „[...] eine höhere Macht, die in einer nicht zu beeinflussenden Weise das Leben bestimmt und lenkt." (Bibliographisches Institut GmbH 2019) Hier zeigen sich Hinweise, dass scheinbar auf der behördlichen Verwaltungsebene zumindest im Ansatz anerkannt wird, dass asylsuchende Personen ihre Situation der Beantragung von Asyl nicht allein selbst bestimmt haben. Der Verweis auf das Einzelschicksal und damit etwas wie eine höhere Macht kann als Anerkennung der äußeren Bedingungen gedeutet werden, mit denen sich asylsuchende Personen konfrontiert sehen.

Unter einer Perspektive auf Regierungsverhältnisse zeichnet sich hier das erwähnte Ineinandergreifen verschiedener Technologien ab. Zum einen zeigt sich die Linearität und Unausweichlichkeit des Asylverfahrens unter Verwendung einer technologischen Sprache, welche die mitunter einschneidenden Konsequenzen für die Lebensführung der betroffenen Personen verschleiert. Zum anderen kommen Begriffe wie „Schicksal" oder „persönliche Fluchtgründe" zum Einsatz, die nahezu etwas Metaphysisches transportieren, mindestens jedoch auf die individuelle Lebenslage fokussiert sind und eine Art Mitgefühl für die Situation der betroffenen Personen durchscheinen lassen. Als dritter Punkt lässt sich wiederum die Verschiebung der Verantwortung weg von deutschen resp. europäischen Institutionen anführen, indem die Legitimität der Flucht an die Bedingungen in der Herkunftsgesellschaft geknüpft werden.

Demgegenüber zeichnen sich allerdings auch Handlungsspielräume der Subjekte resp. asylsuchenden Personen ab. So wird in Schritt 9 darauf hingewiesen, dass innerhalb des Rechtsrahmens einer Klage den Entscheidungen des BAMFs etwas entgegengesetzt und die lenkenden Institutionen in gewisser Weise begrenzt werden könnten. An dieser Stelle zeigt sich, wie die verschiedenen Mechanismen – auf der einen Seite den Subjekten Freiraum zu gewähren sowie sie auf der anderen Seite zu leiten, disziplinieren, einzuschränken – ineinandergreifen. Zu guter Letzt erweist sich unter der Perspektive der Regierung als interessant, dass in dem oben gewählten Beispiel – anders als vielleicht angenommen werden könnte – nicht nur einzig der deutsche Staat Erwähnung findet, sondern auf andere europäischen Staaten Bezug genommen wird (vgl. Schritt 5). Für ein Asylverfahren in Deutschland ist also nicht nur *ein* Korrelat komplexer Regierungspraktiken (resp. Staat) bedeutsam, sondern *mehrere*. Die Gemengelage ist aufgrund des besonderen politischen Konstrukts der Europäischen Union also nicht nur einfach, sondern mehrfach komplex.

Neben den bisher aufgezeigten Deutungen finden sich in dem gewählten Beispiel Hinweise auf Machtbeziehungen. Bei Schritt 5 ist bspw. von einer „Prüfung des Asylantrages“ (BAMF 2018a) die Rede, während es anschließend in Schritt 6 heißt, die Grundlage für das Asylverfahren sei das jeweilige „Einzelschicksal“ (ebd.). Indem sich dieses als scheinbar untrennbar von dem Asylverfahren darstellt, ist die Prüfung des Asylantrags eine Entscheidung über das „Einzelschicksal“ (Schritt 6). Weiterhin umfasst der Begriff des Prüfens eine normative Dimension in dem Sinne, als dass er umfasst, etwas „auf Richtigkeit“ (Bibliographisches Institut GmbH 2019) zu kontrollieren oder „unter Beweis [zu] stellen“ (ebd.). Das Motiv der Beweismittelführung taucht darüber hinaus in Schritt 8 erneut auf, was die Deutung zulässt, dass es dabei um eine Identifikation der richtigen Fluchtgründe gehe bzw. die richtigen Fluchtgründe bewiesen werden müssten. Das BAMF präsentiert sich damit insgesamt in einer Position, von der aus es dem „Einzelschicksal“ (Schritt 6) eine Wertigkeit bzw. eine Legitimation zuweisen könne. Es beansprucht weitreichende Deutungs- und Entscheidungskompetenzen sowie Handlungsbefugnisse, worin sich ein hierarchisches Machtgefälle der Behörde gegenüber asylsuchenden Personen ausdrückt. Ähnlich zeigt sich dieses auch bei Schritt 4. So ist hier die Rede von einer Aufklärung asylsuchender Personen über ihre Rechte und Pflichten (vgl. BAMF 2018a). Der Begriff des Aufklärens weist darauf hin, dass sich das BAMF in der Lage sehe, gewissermaßen eine Unwissenheit bzw. ungenügende Kenntnis asylsuchender Personen beseitigen zu können. Da mehr Wissen mit mehr Macht einhergeht, lässt auch erneut ein Machtgefälle ausmachen. Dies zeigt sich erneut im Hinblick auf die Formulierung der „endgültigen Entscheidung“ in Schritt 10. Diese lässt sich ebenfalls als ein Versuch der Manifestation der Macht des BAMFs deuten, indem es sich eine quasi unumstößliche Einflussnahme zuspricht und als letzte Instanz inszeniert.

6.2 Sanfte Regierung und Zwangsausübung im Fluchtkontext

Unter der Perspektive der Gouvernementalität zeigt sich, dass als geflüchtete*migrierte positionierte Personen in einem Nationalstaat in einer Art Zwischenraum zwischen Bevölkerung und Nicht-Bevölkerung platziert werden (vgl. Lemke 2004). Im Folgenden gilt es im Anschluss an Meyer und Purtschert (vgl. 2008) aufzuzeigen, inwieweit diese Personengruppe in einem Nationalstaat mit einer Verschränkung aus sanften Regierungspraktiken und massiver Herrschaftsausübung regiert wird. Daran anschließend wird die Rolle der Medien näher beleuchtet.

Wird der erst genannte Aspekt der Gouvernementalität – die „sanfte Regierung" – näher betrachtet, so ist diese darauf ausgerichtet, „[...] Dinge und Menschen nicht unnötig zu manipulieren, sondern ihnen ihren ‚natürlichen' Freiraum zu bewahren, also das Nötige zu tun und das Unnötige zu unterlassen." (Meyer/Purtschert 2008: 153)

> „Die gouvernementale Regierung versteht sich somit als Kunst, derart in einen natürlichen Prozess einzugreifen, dass dieser auf eine ihm bereits inhärente Weise gelenkt wird." (Meyer/Purtschert 2008: 153)

Menschen werden somit nicht primär gegen ihren Willen zu etwas gezwungen, sondern es wird versucht darauf hinzuwirken, dass sie freiwillig und aktiv an ihrer eigenen Lenkung und Leitung mitwirken. Als ein Beispiel für diese sanften Regierungspraktiken können jene Momente in der Diskursführung herangezogen werden, an denen bspw. von *Migrationsmanagement* gesprochen wird. Schlüsselbegriffe stellen dabei nicht selten Termini wie Regulierung, Steuerung oder Koordinierung dar. Meyer und Purtschert (2008: 151) konstatieren in diesem Zusammenhang:

> „Im Zentrum dieser Überlegungen steht die Einsicht, dass Migration weder verhindert, gestoppt noch totgeschwiegen werden kann. Statt für oder gegen Migration Stellung zu beziehen, wird verlangt, diese als integralen Bestandteil gegenwärtiger Gesellschaften zu verstehen [...]. Sie soll nicht bekämpft, sondern so koordiniert werden, dass Sicherheit und Ordnung gewährleistet und das Wohlergehen der betroffenen MigrantInnen und Gesellschaften sichergestellt werden kann [...]."

Es geht an dieser Stelle folglich nicht um die Verhinderung oder Unterdrückung von Migration, sondern um ein flexibles Management der Interessen der Bevölkerung, der (erwünschten) Migrant*innen und der gouvernementalen Regierung (vgl. Meyer/Purtschert 2008: 152 f.). Fragen von Migration werden in diesem Zuge nicht selten mit staatlichen und privaten Akteur*innen, NGOs bzw. völkerrechtlichen Institutionen verhandelt. Anstatt mit repressiven Zwangsmaßnahmen durchzugreifen, wird versucht, mittels einer Steuerung der Migration durch die Schaffung passender Rahmenbedingungen und Anreizsysteme die gewünschten Effekte zu erzielen (vgl. ebd.: 155).

Diese Verfahrensweise ist nicht selten gekoppelt an eine Logik der kapitalistischen Ökonomie. Foucault zufolge hat mit dem neoliberalen Modell des „homo oeconomicus" (vgl. Foucault 2018: 314 f.) die Figur der*des Unternehmerin*Unternehmers sowie die Figur des Humankapitals in westlichen Gesellschaften Einzug gehalten. Aus dieser Perspektive erweist sich die Aufnahme oder Ablehnung von geflüchteten*migrierten Personen nicht als ein Akt der politischen Entscheidung, sondern als ökonomische Notwendigkeit für das

Wohl der Bevölkerung (vgl. Meyer/Purtschert 2008: 156). Die Entscheidung darüber, ob Geflüchtete*Migrant*innen als Teil der Bevölkerung anerkannt oder als Nicht-Bevölkerung abgewiesen werden, ist dabei maßgeblich von ihrer (ökonomischen) Nützlichkeit geprägt. In einer kapitalistischen Gesellschaft wie der deutschen kann dies bedeuten, dass all jene Personen als erwünscht gelten, die ihre Arbeitskraft bzw. ihre beruflichen Qualifikationen auf dem Arbeitsmarkt einsetzen können. Wer (hoch) qualifiziert ist, wird als brauchbar eingestuft, wer nicht als Arbeitskraft eingesetzt werden kann bzw. nicht qualifiziert ist, der oder die ist nicht brauchbar und bekommt – überspitzt formuliert – keinen Aufenthalt (vgl. Meyer/Purtschert 2008: 165). Diese Unterscheidung nach Nützlichkeitsaspekten findet allerdings nicht ausschließlich entlang ökonomischer Interessen Anwendung, sondern kann durch andere wie bspw. kulturelle, persönlich-private oder aber machtpolitische Interessen abgelöst und/oder ergänzt werden.

Weiterhin würden geflüchtete*migrierte Personen unter dem neoliberalen Modell des *homo oeconomicus* zu „Selbstunternehmer*Innen, die ihr Humankapital im Rahmen des Möglichen effizient einsetzen und optimieren. Als Ordnungsprinzip dient die ökonomische Logik von Angebot und Nachfrage […]. In diesem Rahmen sollen MigrantInnen ihre Wettbewerbsfähigkeit beweisen." (ebd.: 154) In diesem Zusammenhang sei in vielen westlichen Staaten Meyer und Purtschert (vgl. ebd.: 158) zufolge zu beobachten, wie der Arbeitsmarkt für sogenannte qualifizierte Arbeitskräfte gezielt geöffnet würde, während zeitgleich Kontroll- und Überwachungssysteme zur Verhinderung unerwünschter Flucht*Migrationsbewegungen ausgebaut würden.

Die Selektion zwischen einem „Innen" und „Außen", zwischen Bevölkerung und Nicht-Bevölkerung, zieht Meyer und Purtschert (vgl. 2008: 165 ff.) zufolge unterschiedliche Regierungs- bzw. Herrschaftspraktiken nach sich. Zusammengefasst stehen auf der einen Seite „sanfte Regierungstechniken", die auf all jene Geflüchtete*Migrant*innen ausgerichtet sind, die sich im Sinne einer kapitalistischen Verwertungslogik und in Abhängigkeit der Interessen der Regierenden als nützlich erweisen und in die Bevölkerung integriert werden sollen. Auf der anderen Seite befinden sich repressive, gewaltvolle Herrschaftstechniken, die auf die Anwendung von Zwang ausgerichtet sind und verhindern sollen, dass als „unbrauchbar" kategorisierte Geflüchtete*Migrant*innen Teil der Bevölkerung werden (vgl. ebd.). Die Entscheidung darüber, wann sanfte Regierungspraktiken und wann Herrschaftsausübung zum Einsatz kämen, hänge von den Interessen der jeweiligen Regierung sowie von dem ihnen zugeschriebenen Nutzenpotenzial (nicht selten im Sinne einer kapitalistischen Verwertungslogik) ab. Wenn geflüchtete*migrierte Personen als nützlich betrachtet würden, werde ihnen die Anerkennung als Bevölkerung in Aussicht gestellt. Sei dies nicht der Fall, werde mit allen Mitteln (repressive Gesetze und deren Durchsetzung) versucht, sie davon abzuhalten, Teil der Bevölkerung zu werden (vgl. ebd.). Die Zwischenräume, in denen geflüchtete*migrierte Personen platziert werden, liegen damit zwischen der Anerkennung als Bevölkerung und der Verhinderung, Teil der Bevölkerung zu werden, also Nicht-Bevölkerung zu sein. Sie sind Meyer und Purtschert (vgl. ebd.) zufolge durch Flexibilität und Willkürlichkeit gekennzeichnet, die sich nach den Interessen der jeweiligen Regierung richten. Meyer und Purtschert (2008: 167 f.) konstatieren in diesem Zusammenhang:

> „Starre Rechtsmittel werden mit Managementansätzen aufgeweicht, während sanfte Regierungstechniken an den Rändern ihres Einsatzfeldes in repressive Praktiken umschlagen. In diesem scheinbar paradoxen Umschlagen zeigt sich zugleich die Grenze der gouvernementalen Regierungslogik. Gewaltakte sind nicht nur Teil, sondern auch Gegenteil von Regierungspraktiken, weil sie bestimmte Menschen – die Nicht-Bevölkerung – nicht mehr indirekt lenken, sondern direkt unterwerfen. Ziel ist nicht, irreguläre MigrantInnen längerfristig biopolitisch verwalten zu können, sondern sie als potenzielle Bevölkerung, als Menschen, die zur Bevölkerung werden könnten, zum Verschwinden zu bringen. An ihnen lassen sich Handlungen vollziehen, die nicht den Ansprüchen liberaler Grund- und Freiheitsrechte folgen, sondern den Bedingungen effizienter und effektiver Bevölkerungssicherheit. Sie sind nicht Subjekte von Rechtsansprüchen, sondern Objekte der Verwaltung. […] ‚Den Illegalisierten werden bewusst persönliche Bedürfnisse und Individualität sowie jede sinnstiftende Betätigung abgesprochen.' Diese Praxis beruht auf einer Selektion zwischen jenen, die Subjekt von Sicherheit sein können und alle damit verknüpften Freiheitsrechte beerben, und den anderen, welche die Sicherheit bedrohen und damit nicht als Subjekte von Sicherheit in den Blick genommen werden, sondern nur als solche, welche die Sicherheit gefährden."

Indem Freiheits- und Grundrechte für die Nicht-Bevölkerung nicht in gleichem Maße gelten wie für die Bevölkerung, folgt daraus, dass den Zwangsmaßnahmen, die durch Behörden etc. umgesetzt werden, weniger Grenzen gesetzt sind. Sie sind keine Subjekte von Rechtsansprüchen – anders als die als Bevölkerung erklärten Mitglieder –, haben entsprechend keine Ansprüche auf Grund- und Freiheitsrechte, sondern sind Objekte der Verwaltung. Dies führt zu einer Entmenschlichung von geflüchteten*migrierten Personen, insbesondere dann, wenn von „illegaler Migration" oder „irregulärer Migration" die Rede ist. Mit zu den deutlichsten Beispielen hierfür zählt m.E., dass seit Jahrzenten unterlassene Hilfeleistung hinsichtlich des Ertrinkens von Menschen im Mittelmeer betrieben wird. Ebenso sind in diesem Zusammenhang die von der EU betriebene Abschottungspolitik sowie die desolate Situation in „Flüchtlingslagern“ entlang der europäischen Außengrenzen zu nennen.

Ein zentrales Mittel der hier angesprochenen Repressionen stellen Gesetzgebungen und daran gebundene institutionelle Praktiken der Anwendung von Zwangsmaßnahmen dar (vgl. Meyer/Purtschert 2008: 166). Meyer und Purtschert (ebd.) schreiben hierzu:

> „Die Gewalt eines auf Repression ausgerichteten Gesetzes ist der Grenzfall der Regierung und als Grenzfall sowohl Gegensatz als auch Teil derselben. Biopolitische Sicherheitstechniken sind in dem Mass auf die Gewalt ausländerrechtlicher Gesetze angewiesen, als sie eine für die Regierung notwendige Grenze zwischen der Bevölkerung und der Nicht-Bevölkerung herstellt. Dabei ist wichtig, dass Ort und Einsatz dieser Grenzziehung im Sinne einer gouvernementalen Taktik flexibel gehalten werden; entscheidend ist jedoch auch, dass der taktische Einsatz seine selektive und repressive Funktion nie verliert.“

Als ein Beispiel für rechtlich legitimierte Zwangsmaßnahmen kann in diesem Zusammenhang die Durchführung von Abschiebungen angeführt werden. Personen, denen nach Prüfung ihres Asylantrages kein Aufenthaltstitel zugesprochen wird, werden zur Ausreise aufgefordert. Kommen die Personen dieser rechtlich verfassten Aufforderung nicht nach, so ist die Polizei zur Durchsetzung der Abschiebung auch gegen den Willen der betreffenden Personen befugt. Die Anwendung von Zwangsmaßnahmen wie bspw. der Abschiebehaft ist in diesen Fällen rechtlich legitim. Es erweist sich als rechtkonform, dass fundamental in die Freiheitsrechte der betroffenen Personen eingegriffen wird. Für die betroffenen Personen erweist sich ein solches Eingreifen der Sicherheitsbehörden nicht selten als äußerst dramatisch, da massiv in ihre Lebensführung eingegriffen wird. An diesem Beispiel zeigt sich, dass sich die Anwendung von Gewalt nicht als gesetzeswidrig erweist, sondern durch sie legitimiert ist.

Bestandteil einer gouvernementalen Taktik sei Meyer und Purtschert (vgl. 2008: 166 f.) zufolge der willkürliche und flexible Einsatz repressiver Gewalt. Sie müsse in Ort und Einsatz flexibel sein und die Gewalt entfalte durch diese Willkür ihre selektive Wirkung zwischen Bevölkerung und Nicht-Bevölkerung. Hierzu zählten die immer wiederkehrende Veränderung von Gesetzen sowie der Ausbau von Polizei- und Geheimdienstbefugnissen (in Deutschland z.B. der Zugriff auf Handydaten durch das Bundesamt für Migration und Flüchtlinge). Entscheidend ist dabei, dass der Einsatz von Gewalt zwar flexibel sei, aber niemals seine repressive Funktion verliere, denn die Unterscheidung zwischen Bevölkerung und Nicht-Bevölkerung sei für eine gouvernementale Regierung konstitutiv (vgl. ebd.). Die Anwendung von Zwang und Gewalt greife dabei Hand in Hand mit Formen der sanften Regierung (vgl. ebd.: 168). Der Grad der Repression und der Ausübung von Zwangsmaßnahmen erweist sich unter dieser Perspektive als ein Spannungsfeld und ist geknüpft an die jeweiligen Aufenthaltstitel. Wer illegalisiert ist und keinen Aufenthaltstitel hat, der oder die hat mit größeren Repressionen zu rechnen als jene, die als „Flüchtlinge" anerkannt sind. Je schwächer der Aufenthaltstitel, desto geringer die gesellschaftlichen Teilhabemöglichkeiten, desto höher die drohende Repression, wie bspw. Abschiebehaft oder die Abschiebung selbst. Je sicherer der Aufenthaltstitel, desto eher wird eine potenzielle Mitgliedschaft als Bevölkerung in Aussicht gestellt.

Vor diesen Hintergrund lässt sich die Frage stellen, welche Rolle den Medien unter der Perspektive einer Gouvernementalität des Staates zukommt. Wird der Staat aus gouvernementaler Perspektive als ein Ensemble von Regierungstechniken verstanden, so können Medien als ein Ort betrachtet werden, über den Subjekte gelenkt und geleitet werden. Foucaults Überlegungen zur Definition von Staatlichkeit gehen davon aus, dass der Staat nicht nur überall dort ist, wo staatliche Institutionen zu finden sind, wo Politiker*innen in Parlamenten Entscheidungen treffen usw., sondern ist universeller angelegt (vgl. Lemke 2014). Wie bereits aufgezeigt wurde, vermitteln Medien Wissen über aktuelle Themen in einer Gesellschaft. Über diese Form der Wissensvermittlung formieren sich Subjektpositionen (vgl. Wedl 2008: 7 ff.). Mitglieder der jeweiligen Bevölkerung werden bspw. als solche adressiert, ebenso wie Personen, die als Nicht-Mitglieder platziert werden. Das über Medien vermittelte Wissen wird durch selbige strukturiert und geordnet. Je nachdem wie Subjekte in Medienberichten angerufen werden, kann dies Einfluss auf die Selbst- und Fremdführung nehmen (vgl. ebd.). Diskursanalytische Untersuchungen haben gezeigt, wie bestimmte Formen der Berichterstattung mit politischen Entwicklungen korrelieren (vgl. Jäger/Jäger 2007). Wie bereits weiter oben herausgearbeitet wurde, haben Medien eine gesellschaftliche Schlüsselposition inne. Die Art und Weise wie berichtet wird, kann die Handlungs- und Denkweisen der rezipierenden Subjekte maßgeblich beeinflussen. Im Spannungsfeld zwischen den aufgezeigten sanften Regierungstechniken und der Gewaltausübung gegenüber geflüchteten*migrierten Personen, lassen sich Medienberichte stärker in erst genanntem Bereich verorten. Sie können Akzeptanz für bestimmte politische Entscheidungen generieren. Je nachdem wie bspw. über Abschiebungen von geflüchteten*migrierten Personen berichtet wird, kann das Einfluss auf die Akzeptanz innerhalb der Mehrheitsgesellschaft nehmen. Medienberichte sind damit nicht selbst Instanz der Zwangsausübung, positionieren sich aber mitunter zu Momenten der Gewaltausübung im Kontext von Flucht*Migration. Wird Flucht*Migration bspw. in Medien als Bedrohung für die Bevölkerung konstruiert, kann dies zu einer gesellschaftlichen Akzeptanz repressiver Maßnahmen gegen geflüchtete*migrierte Personen führen. Auf der anderen Seite können Medien ebendiese repressiven Maßnahmen gegenüber geflüchteten*migrierten Personen auch problematisieren und in Frage stellen. Mit Blick auf eine kritische Medienrezeption gilt es die hier dargestellten Mechanismen zu berücksichtigen. Kritik als „die Kunst nicht dermaßen regiert zu werden“ (Foucault 1992: 12) kann beinhalten, sich das Potential der Regierungsausübung durch mediale Berichterstattungen bewusst zu machen. Medienberichte sind ein Ort, über den versucht wird, Einfluss auf die Handlungs- und Denkweisen von Subjekten zu nehmen. Ein Ort, über den versucht wird zu lenken und zu leiten. Zu berücksichtigen ist, dass Medien in das Kraftfeld von Machtbeziehungen eingebettet sind. Das Tätigen einer Aussage in den Medien erzeugt keinen monokausalen Effekt, vielmehr stehen mehrere konkurrierende Aussagen nebeneinander. Die Ausübung von Regierung über Medien durch verschiedene Akteure*innen wie bspw. Politiker*innen, Journalist*innen, NGOs usw. kann daher als ein Versuch verstanden werden, das Sagbarkeitsfeld auf eine bestimmte Weise zu strukturieren, ohne dass ein Erfolg garantiert ist. Der vorliegenden Arbeit liegt folglich keine absolutistische Vorstellung einer Regierungsausübung durch Medien zugrunde. D.h. auch wenn Menschen versuchen, Einfluss auf den medialen Diskurs zu nehmen und ihn in eine bestimmte Richtung zu lenken, um die Bevölkerung zu regieren, gelingt dies möglicherweise nicht auf die intendierte Art und Weise. Medien sind somit ein Ort, an dem um die Ausübung von Macht gerungen wird.

7 Methodologie und methodisches Vorgehen

In den vorangegangenen Kapiteln wurde die Rolle der Medien hinsichtlich ihrer Schlüsselposition für die Legitimierung sozialen Ausschlusses von geflüchteten*migrierten Personen aufgezeigt. Im Folgenden gilt es die methodologischen Annahmen sowie daran anschließend die methodische Vorgehensweise darzustellen, die der vorliegenden Arbeit zu Grunde liegen.

7.1 Die diskursive Praktik der Repräsentation

In Anlehnung an Foucault geht die vorliegende Untersuchung davon aus, dass das Soziale bzw. Gesellschaftliche durch Diskurse bestimmt ist. Bettinger (2007: 76; 81; 84) fasst die Manifestation von Diskursen treffend zusammen, indem er schreibt:

> „[...] Diskurse [können] grundsätzlich als gesellschaftliche Äußerungsformen in Sprache oder Schrift verstanden werden, die durch die jeweiligen gesellschaftlichen Bedingungen geregelt sind. Ein Diskurs ist ein ‚gesprochenes oder geschriebenes Ding' (Foucault), dessen Wirkung jedoch über die bloße Manifestation in Rede oder Schrift hinausgeht. [...] Diskurse sind ein Machtfaktor und sie tragen damit zur Strukturierung von Machtverhältnissen in einer Gesellschaft bei. Sie üben Macht aus, da sie Wissen produzieren und transportieren, das kollektives und individuelles Bewusstsein speist. Das in den Diskursen produzierte und transportierte Wissen ist Grundlage für individuelles und kollektives Handeln und die Gestaltung von Wirklichkeit. [...] Diskurse stellen uns Wissen, Sinn, Gegenstände zur Verfügung, bestimmte Weltbilder, kontingente Wahrheiten, Kategorien, die die Welt in einer ganz bestimmten Weise ordnen, und uns dazu nötigen, die Welt in dieser ganz bestimmten Ordnung zu ‚erkennen' und zu reproduzieren; einer Ordnung, die uns evident, naturgegeben, erscheint, und doch nur das Ergebnis eines sozialen Konstruktionsprozesses ist."

Der Diskurs stellt in diesem Sinne nicht die Widerspiegelung einer vorgängigen Realität dar, sondern vielmehr eine „[...] Praxis des Denkens, Schreibens, Sprechens und Handelns, die diejenigen Gegenstände, von denen sie handelt, zugleich selbst systematisch hervorbringt [...]" (Parr 2014: 234). Er ist damit für die Herstellung sozialer Wirklichkeit – oder anders formuliert: für das, was in einer Gesellschaft als *denkbar*, als *wahr*, als *wirklich* betrachtet wird – konstitutiv und unterliegt darüber hinaus in Abhängigkeit von historischen Gegebenheiten einer ständigen Veränderung (vgl. Ruoff 2013: 15 ff.).

Innerhalb der Diskurse spielt Repräsentation eine Schlüsselrolle wie Hall (2013: 29) aufgezeigt hat. Dabei können Repräsentationen als diskursive

Praktiken verstanden werden (vgl. ebd.). Wie bereits aufgezeigt wurde, stellt die Repräsentation von Ereignissen, Personen, Situationen usw. eine Kernkompetenz der Medien dar (vgl. Hall 1997: 6). Hinsichtlich des Zusammenhangs zwischen Medien und Repräsentationen argumentiert Hall (ebd.):

> „Now, what this idea that media practices, among other things, represent topics, represent types of people, represent events, represent situations; what we're talking about is the fact that in the notion of representations is the idea of giving meaning. So the representation is the way in which meaning is somehow given to the things which are depicted through the images or whatever it is, on screens or the words on a page which stand for what we're talking about."

Die Inhalte, die Medien (re-)produzieren, können folglich als Repräsentationen verstanden werden, über die sich Bedeutung herstellt. Es handle sich Hall (vgl. ebd.: 14) zufolge um eine Praxis der Bedeutungsproduktion, die in einen Kommunikationsprozess eingebunden sei. Die Medien gehörten dabei zu einem der einflussreichsten Systeme hinsichtlich der Zirkulation von Bedeutung in einer Gesellschaft.

Hall (vgl. 1997: 18, 2010: 110) hebt in seinen Ausführungen zum Verhältnis von Repräsentationen und Medien die Rolle von Bildern hervor. Bilder würden ebenso wie Sprache Wissen generieren (vgl. Hall 1997: 20). Das, was wir über die uns umgebende Welt wissen würden, werde dadurch bestimmt, wie sie mittels Bildern und Sprache repräsentiert werde (vgl. ebd.). Sprache und Bilder können in diesen Zusammenhang als zwei Repräsentationssysteme verstanden werden, die sich wechselseitig beeinflussen (vgl. ebd.). Hall (vgl. 2010: 110) weist in diesem Zusammenhang darauf hin, dass die durch Repräsentationen hergestellte Bedeutung bspw. eines Ereignisses nicht endgültig festgeschrieben werden könne. Er schreibt hierzu:

> „Das Foto ist, wie visuelle Darstellungen häufig, sehr kraftvoll. Aber seine Bedeutung ist sehr ambivalent. [...] Das gleiche Foto kann also mehrere recht unterschiedliche, manchmal diametral entgegengesetzte potentielle Bedeutungen tragen. [...] Aber es gibt nicht die *eine* [Herv.i.O.] wahre Bedeutung. Bedeutung ‚fließt', sie kann nicht endgültig festgeschrieben werden." (Hall 2010: 110)

Die Decodierung der Bedeutung eines repräsentierten Ereignisses sei Hall (vgl. 1997: 18) zufolge immer mit einer Interpretation verbunden und abhängig vom jeweiligen Kontext sowie den historischen Gegebenheiten. Entsprechend könne niemand die Geltung einer einzigen, festgeschriebenen Deutung einer Repräsentation für sich beanspruchen. Zwar könne eine bestimmte Lesart einer Repräsentation sich als plausibler erweisen als andere. Jedoch gäbe es immer Interpretationsspielraum, wenn die Frage nach der Bedeutung einer

Repräsentation gestellt würde (vgl. ebd.). Diesen Umstand gilt es auch bei einer wissenschaftlichen Untersuchung wie der vorliegenden Arbeit zu berücksichtigen. Wenn – wie in dieser Studie – danach gefragt wird, in welchem Verhältnis Repräsentationen von Nationalstaats- und „Flüchtlingskonstruktionen" in Medien zueinanderstehen, so lässt sich vor diesem Hintergrund feststellen, dass diese Frage nicht abschließend zu beantworten ist. Auch der Forschungsprozess unterliegt einer Interpretation. Was jedoch möglich ist, ist den Weg zur Erkenntnisgenerierung möglichst transparent zu machen und die Plausibilität bestimmter Deutungen aufzuzeigen. Dies gilt es im Folgenden aufzuzeigen.

7.2 Die Werkzeugkiste der Diskursanalyse

Ziel der vorliegenden Untersuchung ist es, Repräsentationsformen von Nationalstaatlichkeits- und „Flüchtlingskonstruktionen" zu identifizieren und aufzuzeigen, inwieweit diese sozialen Ausschluss von geflüchteten*migrierten Personen legitimieren. Es soll mittels der Analyse aktueller Medienberichterstattung untersucht werden, *wie* sich soziale Ungleichheit in Bezug auf die Konstruktion des „Flüchtlings" in Verbindung mit der Repräsentation von Nationalstaatlichkeit durch Sprache und Symbolik diskursiv herstellt. In diesem Sinne zielt die vorliegende Arbeit darauf ab, das Prinzip der Nationalstaatlichkeit und des „Flüchtlingsregimes" als bestehende Ordnungen und damit als vermeintliche Wahrheiten aus Perspektive sozialer Ungleichheitsforschung einer Kritik zu unterziehen, um damit einen Anstoß zur Veränderung öffentlicher Diskurse und (im besten Fall) gesellschaftlicher Verhältnisse zu geben. Abgeleitet aus diesen Zielen des Forschungsvorhabens ist für die vorliegende Untersuchung ein qualitatives Design zu bevorzugen, da dieses in besonderem Maße die Rekonstruktion von Regeln und Regelmäßigkeiten des Diskurses ermöglicht sowie Rückschlüsse hinsichtlich des Einflusses des Diskurses auf die Konstruktion sozialer Ordnung zulässt (Jäger 2015: 10 ff.). Unter methodologischen und methodischen Gesichtspunkten handelt es sich bei der vorliegenden Untersuchung um eine Diskursanalyse in Anlehnung an Foucault (2012, 2013, 2014b). Es gilt dabei zu berücksichtigen, dass Foucault kein engmaschiges methodisches Konzept für die Durchführung diskursanalytischer Untersuchungen vorgelegt hat. Er beschreibt seine Schriften als „Werkzeugkiste", indem er schreibt:

> „Alle meine Bücher, sei es ‚Wahnsinn und Gesellschaft' oder dieses da [Überwachen und Strafen; Anmerk. R.D.] sind, wenn Sie so wollen, kleine Werkzeugkisten. Wenn die Leute sie aufmachen wollen und diesen oder jenen Satz, diese oder jene Idee oder Analyse als Schraubenzieher verwenden, um die Machtsysteme kurzzuschließen, zu

demontieren oder zu sprengen, einschließlich vielleicht derjenigen Machtsysteme, aus denen diese meine Bücher hervorgegangen sind – nun gut, umso besser." (Foucault 1976: 53 zit. nach Treibel 2004: 58)

Jäger (vgl. 2015: 8) und Keller (vgl. 2011: 82 ff.) zufolge gelte es vor diesem Hintergrund die jeweiligen Analyseschritte flexibel dem Untersuchungsgegenstand anzupassen und sukzessive im Forschungsprozess zu entwickeln. Im Folgenden gilt es diesen Prozess für die vorliegende Untersuchung nachzuzeichnen.

7.3 Datenerhebung und Wahl des Materialkorpus

Eine Herausforderung bei diskursanalytischen Untersuchungen besteht in einer Festlegung bzw. einer Abgrenzung des jeweiligen Materialkorpus. In der Auseinandersetzung mit dem Untersuchungsgegenstand der vorliegenden Arbeit hat sich gezeigt, dass bei der medialen Repräsentation von „Flüchtlingskonstruktionen" der Verwendung von Bildern eine besondere Bedeutung zukommt. Hall (vgl. 1997: 20) hat herausgestellt, wie bedeutsam diese für die (Re-)Produktion von Stereotypen sind. Er konstatiert in diesem Zusammenhang:

„If you think of an area in which an enormous amount of work has been done in media studies, which is the area of stereotyping – gender stereotypes, class stereotypes, racial and ethnic stereotypes – you will see the way in which stereotyping is exactly an attempt to fix. Every time you see this kind of image, these are the limited range of characteristics, which one assumes is going to be implicated in the image. It's how a stereotype functions. People have assumed that therefore what this is doing is a powerful way of circulating in the world a very limited range of definitions of who people can be, of what they can do, what are the possibilities in life, what are the natures of the constraints on them. I mean, the image is producing not only identification, which I talked about before, it's actually producing knowledge; what we know about the world is how we see it represented. So the struggle to open up stereotypes is often a struggle to increase the diversity of things which subjects can be of – the possibilities of identities which people have not seen represented before – it is very important; that is 'the politics of the image.'" (Hall 1997: 20)

Da sich vor diesem Hintergrund nicht nur die Ebene der Sprache, sondern auch die der Bilder als maßgeblich dafür erweist, wie sich Bedeutungen hinsichtlich der Konstruktion von „Flüchtlingen" manifestieren, ist die Wahl des Datenmaterials bereits früh im Forschungsprozess auf Titelbilderseiten der Printausgaben deutscher Wochenzeitungen – mit dem Fokus auf die jeweiligen Titelbilder – gefallen. Insbesondere Titelseiten resp. Titelbilder haben im Vergleich zu einzelnen Artikeln eine höhere Reichweite. So werden sie durch die Auslage an den jeweiligen Verkaufsstellen oder durch Werbekampagnen auch von Personen wahrgenommen, die nicht zur Gruppe der aktiven Zeitungsleser*innen gehören.

In der Phase der Datenerhebung wurde sukzessiv mit der Zusammenstellung eines Datenkorpus begonnen. Hierfür wurden in einem ersten Schritt alle Titelseiten der Wochenzeitung Die Zeit sowie des wöchentlichen Magazins Der Spiegel im Zeitraum der Jahre 2015 und 2016 erhoben. Für die Datenerhebung wurde dabei auf die Online-Datenbank WISO (vgl. GBI-Genios Deutsche Wirtschaftsdatenbank GmbH 2021) sowie das Online-Archiv des wöchentlichen Magazins Der Spiegel (vgl. 2015) zurückgegriffen. Die Titelseiten beider Printmedien konnten hier in der jeweiligen Printversion abgerufen werden. Daran anschließend wurden alle Ausgaben ausgewählt, die das Thema Flucht*Migration auf ihrer Titelseite behandelten. Insgesamt ergab diese Zusammenstellung eine Gesamtmenge von 27 Titelseiten. Ausgehend von diesem Materialkorpus wurde mit den ersten Feinanalysen der Wochenzeitung Die Zeit für das Jahr 2015 begonnen. Der Fokus wurde hierbei auf die Titelbilder samt zugehörigen Textausschnitten (z.B. Hauptüberschrift, Unterüberschrift, Lead, Quellenangabe) gelegt. Folglich wurde nicht die gesamte Titelseite analysiert, sondern die dominante Bild- und Textebene (die jeweiligen Artikel auf der Titelseite der Wochenzeitung Die Zeit waren somit nicht Gegenstand der Analyse). Wie sich im Forschungsprozess herausstellte, erwies sich die Feinanalyse der ersten Exemplare als sehr ergiebig. Schnell stellte sich heraus, dass der anfänglich gewählte Datenkorpus für die vorliegende Untersuchung als zu umfangreich angesetzt war. Da die vorliegende Untersuchung weniger an einer breit angelegten Nachzeichnung von Diskurssträngen interessiert ist, sondern eine Rekonstruktion von Repräsentationsformen von Nationalstaatlichkeits- und „Flüchtlingskonstruktionen" fokussiert, wurde der Materialkorpus verkleinert. Statt, wie ursprünglich angedacht, zwei wöchentlich erscheinende Printmedien für den Zeitraum von zwei Jahren einer diskursanalytischen Untersuchung zu unterziehen, wurde die Wochenzeitung – Die Zeit – für den Zeitraum eines Jahres – 2015 – gewählt. Hieraus ergab sich ein Datenkorpus von insgesamt sechs Titelseiten – mit dem Fokus auf den jeweiligen Titelbildern –, die einer Feinanalyse unterzogen wurden, welche sich anhand der Darstellung der Ergebnisse der vorliegenden Arbeit nachvollziehen lässt. Bei diesen sechs Titelseiten handelte es sich um alle aus dem Jahr 2015, die das Thema Flucht*Migration als dominantes Thema behandelten.

Hieran lässt sich die Frage anschließen, weshalb die Wahl resp. die Eingrenzung auf die Wochenzeitung Die Zeit sowie den Zeitraum 2015 gefallen ist. Ziel der vorliegenden Arbeit ist es, Repräsentationsformen von Nationalstaatlichkeit- und „Flüchtlingskonstruktionen" zu identifizieren. Bei der Wochenzeitung

Die Zeit handelt es sich um ein Beispiel anhand dessen nachvollzogen werden kann, wie über Flucht*Migration in Deutschland berichtet wurde. Das Thema Flucht*Migration war im Jahr 2015 besonders präsent in deutschen Medien. Es musste folglich ein Korpus gewählt werden, der unter forschungspraktischen Gesichtspunkten händelbar ist (vgl. Keller 2011: 84 f.). Die Wahl ist vor diesem Hintergrund auf eine Wochenzeitung gefallen, um einen handhabbaren Datenkorpus zu generieren. Anders als bei Tageszeitungen ist die Anzahl der Ausgaben auf eine einmalig wöchentliche Erscheinung begrenzt, wodurch sich ein kleinerer Datenkorpus ergibt. Die Wochenzeitung Die Zeit gilt in Deutschland als ein Leitmedium, das weit rezipiert wird (vgl. Blum 2011: 7 ff.). 2015 lag der Verkauf der Printausgaben der Wochenzeitung Die Zeit bei rund 550.000 Exemplaren (vgl. IVW 2015). Gleichzeitig lässt sich anhand der Analyse von Titelseiten einer überregionalen Wochenzeitung rekonstruieren, welchen Themen gesellschaftlich zum jeweiligen Zeitpunkt einen hohen Stellenwert haben und gesamtgesellschaftlich diskutiert werden. Die Fokussierung auf eine Wochenzeitung sowie den Zeitraum von einem Jahr hat eine Konsistenz des Datenkorpus gewährleistet (vgl. Keller 2011: 88). So weist auch Keller (vgl. ebd.: 91) darauf hin, dass bei der Zusammenstellung des Datenkorpus auf eine Vergleichbarkeit der ausgewählten Daten geachtet werden müsste. Entlang des Prinzips der minimalen Kontrastierung hat sich im Forschungsprozess herausgestellt, dass das Phänomen der Repräsentation von Nationalstaatlichkeits- und „Flüchtlingskonstruktionen" in der Tiefe zu untersuchen ist. So ist das Prinzip der minimalen Kontrastierung darauf ausgerichtet, „[...] einen spezifischen Diskurs (Typus) oder ein Teilphänomen vollständig zu erfassen, in dem nacheinander möglichst ähnliche, nur geringfügig unterschiedene Aussagen, Texte, Situationen etc. analysiert werden, um das jeweils gemeinsame Grundmuster zu vervollständigen." (Keller 2011: 113 f.) Es geht folglich bei der minimalen Kontrastierung darum, einen Teilbereich „[...] möglichst genau und vollständig zu rekonstruieren" (ebd.: 92 f.). Wie sich nach ersten Feinanalysen gezeigt hat, hat sich der gewählte Datenkorpus als sehr dicht erwiesen, so dass sich eine Reduktion des ursprünglichen Datenmaterials als angemessen erwiesen hat.

7.4 Datenauswertung

Wie bereits aufgezeigt wurde, hat Foucault kein stringentes methodisches Konzept für die Durchführung diskursanalytischer Untersuchungen vorgelegt. Vielmehr gilt es aus seinen Schriften ein dem jeweiligen Untersuchungsgegenstand angemessenes methodisches Vorgehen zu rekonstruieren. Speziell mit

Blick auf die Analyse von Titelbildern, sprich einer Kombination aus Text- und Bildelementen, lässt sich Foucaults (vgl. 2012) Bildanalyse des Gemäldes „Hoffräulein" von Diego Velázquez hervorheben. Anders als in vielen anderen seiner Studien steht hier die Analyse eines Bildes im Mittelpunkt. Keller (2016: 83 f.) beschreibt Foucaults Vorgehen dabei wie folgt:

> „Foucault beginnt mit einer sehr detaillierten Wiedergabe der Bildkomposition. Diese bezieht sich nicht auf die bekannten Kontextinformationen zur Person des Malers (Velázquez) und zum Titel des Bildes (‚Die Hoffräulein'), sondern zeichnet minutiös die einzelnen erkennbaren Bestandteile in ihrer Gegenständlichkeit und Figürlichkeit nach – das, was niemand, der das Bild sieht, bestreiten kann: die ‚Wahrheit des Bildes'."

Werden diese Ausführungen Foucaults für eine Bildanalyse zu Grunde gelegt, so steht am Anfang eine ausführliche Beschreibung der Bildebene. Erst nach ausführlicher Beschreibung des Bildes resp. dessen, was gesehen werden kann, nehme Foucault Bezug auf das, was als historisches Kontextwissen verstanden werden könne. Das methodische Vorgehen der vorliegenden Untersuchung schließt an diese Verfahrensweise Foucaults an.

Bei der Analyse des Datenmaterials wurden verschiedene Analyseschritte durgeführt. Im Wesentlichen wurde dabei zwischen einer Deskription und einer Interpretation unterschieden. Um dem Qualitätskriterium der intersubjektiven Nachvollziehbarkeit[24] (vgl. Steinke 2010: 324 f.) zu entsprechen, wurde in einem ersten Schritt eine Deskription entlang folgender leitender Fragestellungen vorgenommen: 1) Was ist zu sehen? 2) Wie lautet der Text? 3) Wie ist das Verhältnis von Bild zu Text? In einem zweiten Schritt wurde anschließend an die zuvor getätigte Deskription der einzelnen Titelseiten die Frage an das Material gestellt: 4) Wie kann das Bild für sich allein gedeutet werden? 5) Wie lässt sich das Bild unter Hinzuziehung des Textes deuten? Dieser zweite Schritt der

---

24 Das Gütekriterium der intersubjektiven Nachvollziehbarkeit qualitativer Forschungsprozesse erfordert, dass ich meine Forschungsmethode und damit die Art und Weise der Generierung der Ergebnisse offenlege (vgl. Steinke 2010: 324 f.). Nur so ist ihre Überprüfbarkeit und Bewertung für Dritte möglich. Die Dokumentation stellt hierbei einen zentralen Weg dar, um eine Rekonstruktion der Perspektive der jeweiligen Untersuchung und eine Nachvollziehbarkeit der einzelnen Schritte während der Datenerhebung und -interpretation zu ermöglichen (vgl. ebd.). Für die vorliegende Arbeit folgt daraus, dass ich das Datenmaterial resp. die Titelseiten detailliert beschreiben und explizieren muss, auf welche Text- und Bildelemente ich meine Interpretation zurückführe.

Interpretation schließt jeweils mit einer kurzen Zusammenfassung zentraler Ergebnisse in Bezug auf die Analyse der einzelnen Titelseiten ab.

Diese Verfahrensweise wurde gewählt, da es sich bei der Analyse von Titelseiten um zwei verschiedene Modi der Aussage handelt (vgl. Keller 2016: 84). Einerseits um die Ebene des Bildes, andererseits um die Ebene des Textes. Die Analyse von Text und Bild unterscheidet sich dabei. Während ich bei dem Text darauf angewiesen bin, dass ich die Sprache verstehen kann, in welcher der Text verfasst ist, sind Bilder universeller und über sprachliche Grenzen hinweg decodierbar. Bilder sind unmittelbarer zugänglich und produzieren Bedeutung auch unabhängig von einer Textebene. Ein Bild kann Assoziationen hervorrufen und Bedeutung produzieren, auch wenn kein Text vorhanden ist. Dabei gilt es zu berücksichtigen, dass die Bildebene – ohne Hinzuziehung des Textes – oftmals einen größeren Interpretationsspielraum aufweist. Hall (2010: 111) macht in diesem Zusammenhang auf die wechselseitige Beziehung von Text- und Bildebene aufmerksam, indem er schreibt:

> „[Es ist häufig] der Untertitel […], durch den eine der vielen möglichen Bedeutungen ausgewählt und in Worte verankert wird. Die ‚Bedeutung' einer Fotografie liegt also nicht ausschließlich im Bilden, sondern im Zusammenwirken von Bild *und* [Herv.i.O.] Text begründet. Zwei Diskurse – der Diskurs der geschriebenen Sprache und der Diskurs der Fotographie – werden benötigt, um die Bedeutung zu produzieren und festzuschreiben."

Die für die vorliegende Arbeit entwickelten Analyseschritte sind darauf ausgerichtet, sich sukzessive einer Rekonstruktion der Bedeutung der jeweiligen Titelseite anzunähern, ohne dabei vorschnell eine bestimmte Bedeutung festzuschreiben. Konkret bedeutet dies, dass am Anfang der jeweiligen Analyse eine grundlegende Beschreibung der Titelseiten steht, die eine Einbeziehung von Kontextwissen (bspw. die Identifizierung einzelner Personen) weitestgehend außen vorlässt. Ziel ist es auf diese Weise das „‚Eigentliche' des Bildes" (Keller 2016: 84) nicht zu übersehen. Erst im zweiten Schritt der Interpretation wird unter Einbeziehung der Textebene sowie weiterer Quellen (bspw. die Blätter für deutsche und internationale Politik) eine Einordnung in einen übergeordneten Kontext vorgenommen. Dabei ist zu berücksichtigen, dass die hier dargelegten Interpretationen zu den einzelnen Titelseiten keinen alleinigen Geltungsanspruch für sich einfordern. Wie Hall (1997: 18) deutlich gemacht hat, gibt es nicht die *eine* Bedeutung eines Bildes. Er argumentiert in diesem Zusammenhang:

> „I'm going to say that, 'that is because the image has no fixed meaning.' It has potentially a wide range of meanings, and consequently, the task that we are involved in

is a task which many methodologies in cultural studies, like formal semiotics, for instance, did try to make into a kind of scientific study. There would be some way of proving that this was the meaning of the image, which everybody would take. If only we could have got as scientific as that, the question of meaning would have been resolved. That was impossible because there is no escape from the fact that meaning is, in the end, interpretation. It always shifts from one historical setting to another. It is always contextual. Only within a certain context can you say, 'That seems to me to be a stronger meaning than that.' We can have a debate about meaning and representation, but it is a debate about which is more or less plausible reading of an interpretation of an image. But we cannot say, 'That is true and your reading is wrong.'" (Hall 1997: 18)

Vor diesem Hintergrund gilt es im Folgenden vielmehr in dem weiten Spektrum der möglichen Bedeutungen, die eine Titelseite aufweisen kann, jene zu rekonstruieren, die als besonders naheliegend erachtet werden. Entlang des schrittweisen methodischen Vorgehens wird der Weg der Erkenntnisgenerierung innerhalb der vorliegenden Untersuchung transparent gemacht und der Versuch unternommen, die jeweils naheliegende Interpretation der jeweiligen Titelseiten zu plausibilisieren.

8 Reflexion

Bevor sich die vorliegende Arbeit der Darstellung der Ergebnisse der empirschen Untersuchung widmet, wird in den nachfolgenden Ausführungen eine kritische Haltung gegenüber der eigenen Forschungstätigkeit eingenommen. Es wird dargelegt, inwieweit Forschende mit einem Dilemma hinsichtlich der (Re-)Produktion sozialer Ungleichheit selbst dann konfrontiert sind, wenn sie versuchen, ebendiese zu dekonstruieren. Darüber hinaus wird im Anschluss von Spivak (vgl. 1999: 127, 205, 266 f.) herausgearbeitet, inwiefern westliche (Nachwuchs-)Wissenschaftler*innen mit den global ungleichen Verhältnissen verstrickt sind und potenziell zu ihrer Aufrechterhaltung beitragen.

8.1 Das Dilemma

Ein Problem, das sich im Zuge der Datenanalyse stellte, betrifft die (Re-)Produktion von Differenz und damit übergeordnet die (Re-)Produktion sozialer Ungleichheit durch die vorliegende Arbeit. So habe ich u.a. festgestellt, dass ich im Zuge der Auswertung genau jene Konstruktionen zu wiederholen schien, die ich eigentlich dekonstruieren wollte. Ein Beispiel, an dem sich dieses Problem aufzeigen lässt und das zugleich einen Schlüsselmoment darstellte, war die Analyse der Titelseite der Wochenzeitung Die Zeit mit der Überschrift „Wir sind die Neuen!" (Die Zeit 2015e). Sie zeigt Bewerbungsfotos ähnelnde Portraits von Personen mit unterschiedlichem Geschlecht, Alter, Kleidung sowie Haar-, Augen- und Hautfarbe. Diese Titelseite erwies sich als besonders prägnant, da hier im Vergleich zu anderen Titelseiten keine soziale Interaktion im Vordergrund steht, sondern die individuelle äußere Erscheinung der einzelnen Personen, mit der anscheinend Diversität abgebildet werden sollte. Die Analyse dieser und auch anderer Titelseiten wurde aufgrund dreier sich z.T. widersprechenden Ziele bzw. Prinzipien der vorliegenden Arbeit zu einem Dilemma.

Als erstes und bereits kurz angesprochen, ist das Ziel der Dekonstruktion der vorliegenden Untersuchung zu nennen. Um einen Beitrag zum Abbau der sozial ungleichen Verhältnisse zu leisten, ist das Forschungsvorhaben darauf ausgerichtet, den Konstruktionscharakter der sozialen Ordnungsformen des „Flüchtlings" sowie des Nationalstaates transparent zu machen. Die Unterscheidung zwischen „Flüchtling" und „Nicht-Flüchtling" aufzubrechen und zu dekonstruieren, ist eines der zentralen Anliegen. Dabei steht im Fokus, herauszustellen, dass die hier genannte soziale Ungleichheit auch das Ergebnis einer ständigen Wiederholung und Aktualisierung der Unterscheidung bzw. Differenzierung zwischen Menschen und somit das Ergebnis menschlichen Handelns und grundsätzlich veränderbar ist.

Hiermit eng verbunden und als zweiter Aspekt in dem Dilemma ist der Widerspruch zwischen einerseits dem weiterführenden Erkenntnisinteresse sowie andererseits den Gütekriterien qualitativer Forschung anzuführen, denen sich die vorliegende Untersuchung verpflichtet sieht. So ist das Erkenntnisinteresse u.a. darauf ausgerichtet, zu analysieren, wann welche Personen wie und wo als „Flüchtlinge" positioniert werden. Dieser Aspekt ist insofern von Bedeutung, als dass hinsichtlich der globalen Ungleichheit zwischen globalem Norden und Süden davon ausgegangen wird, dass der Kolonialismus hier eine entscheidende Rolle gespielt hat (und in abgewandelter Form auch heute als Neokolonialismus immer noch spielt) und dieser wiederum mit herabwürdigenden Repräsentationen von Persons of Color einherging (vgl. Arndt 2004). Das Erkenntnisinteresse ist daher u.a. darauf ausgerichtet, inwieweit sich Parallelen und Unterschiede zwischen kolonialen und heutigen Repräsentationsformen in Bezug auf „Flüchtlings-" sowie Nationalstaatlichkeitskonstruktionen zeigen, um damit Sag- und Sichtbarkeitsfelder transparent zu machen. Wenn anders formuliert die Frage lautet, inwieweit koloniale Herabwürdigungen von Persons of Color möglicherweise heute noch relevant sind bzw. auch in die Konstruktion des „Flüchtlings" einfließen, dann muss bei der Analyse auch die Haut-, Augen-, Haarfarbe von Repräsentant*innen benannt werden, denen die Position des „Flüchtlings" zugeschrieben wird. Es wird auf jene äußerlichen Merkmale – wie bspw. die Haar-, Haut- oder Augenfarbe – Bezug genommen, die bei der Konstruktion von „Rassen" herangezogen wurden, um Persons of Color zu de-privilegieren (siehe unten). Anders ist es sonst nicht möglich, hierüber eine Aussage zu treffen. Gleichzeitig ist dies in hohem Maße problematisch. Denn wenn ich bspw. bei den auf einer Titelseite abgebildeten Personen einzelne Subjekte als Persons of Color identifiziere, treffe ich damit eine Entscheidung über Differenz und Kategorisierungen und (re-)produziere diese in meiner Forschung.

Ein dritter Aspekt innerhalb des genannten Dilemmas betrifft das Gütekriterium der intersubjektiven Nachvollziehbarkeit qualitativer Forschungsprozesse, welches erfordert, dass die Forschungsmethode und damit die Art und Weise der Generierung der Ergebnisse offengelegt wird (vgl. Steinke 2010: 324 f.). Nur so ist eine Überprüfbarkeit und Bewertung für Dritte möglich. Die Dokumentation stellt hierbei einen zentralen Weg dar, um eine Rekonstruktion der Perspektive der jeweiligen Untersuchung und eine Nachvollziehung der einzelnen Schritte während der Datenerhebung und -interpretation zu ermöglichen (vgl. ebd.). Für die vorliegende Arbeit folgt daraus, dass das Datenmaterial resp. die Titelseiten detailliert beschrieben werden müssen und dabei deutlich gemacht wird, auf welche Text- und Bildelemente die jeweilige Interpretation zurückzuführen ist. Mit der Beschreibung stellt sich erneut das bereits geschilderte Problem der (Re-)Produktion von Differenz.

Das Dilemma ist, dass ich das dekonstruktivistische Ziel meiner Arbeit (Abbau sozialer Differenzierungen), meinem Erkenntnisinteresse (welche Repräsentant*innen wird die Position des „Flüchtlings" zugewiesen?) und letztlich den Gütekriterien qualitativer Forschung (Notwendigkeit intersubjektiver Nachvollziehbarkeit meiner Interpretationsergebnisse) nicht gleichzeitig und gleichermaßen gerecht werden kann. Der hier aufgezeigte Widerspruch führte dazu, dass ich begonnen habe, mich mit diesem Thema vertieft auseinanderzusetzen. Ein Ergebnis dieses Prozesses stellt das folgende Kapitel dar, welches einen Teil meines Reflexionsprozesses widerspiegelt.

8.2 Das Erfordernis einer Reflexion

Die aufgezeigte Problematik hat zwar den Anstoß für eine intensive Auseinandersetzung mit der eigenen Forschungstätigkeit resp. zu meinem Reflexionsprozess gegeben, genau genommen ist ein solches Vorgehen jedoch auch durch die theoretischen Bezugspunkte dieser Arbeit geboten. Dabei ist als Erstes die dekonstruktivistische Forschungsperspektive anzuführen, die der vorliegenden Arbeit zu Grunde liegt. In Anlehnung an Spivak (vgl. 2013: 27) fragt Dekonstruktion unentwegt danach, wie Wahrheit produziert wird und unterzieht jede Form der vermeintlichen Wahrheit einer Kritik. Es könne *keine absolute* Rechtfertigung für *irgendeine* Position geben (vgl. Spivak 1990: 104) und somit auch nicht für die eigene. Daraus lässt sich ableiten, dass Forschende das Prinzip der Dekonstruktion auf ihre eigene wahrheitsproduzierende Praxis anwenden und sich Fragen stellen müssen, wie sie bspw. selbst innerhalb der Diskurse verortet sind, was ihr eigener Anteil an der (Re-)Produktion hegemonialen Wissens und hegemonialer Systeme ist und inwieweit sie das – möglicherweise selbstgewählte – Ziel der Dekonstruktion überhaupt erreichen können.

Eine weitere Perspektive, aus der heraus sich Reflexion als Notwendigkeit begründet, betrifft die machtvolle Position, welche westliche (Nachwuchs-)Wissenschaftler*innen[25] innehaben. Es ist bereits deutlich geworden, dass die

25 Wenn im Folgenden der Begriff der Wissenschaftler*innen oder auch Forschende verwendet wird, so sind damit gleichermaßen Personen während und nach der Qualifizierungsphase der Promotion gemeint. Der Grund ist, dass auch sogenannte

vorliegende Arbeit in Anlehnung an Foucaults diskurstheoretische Überlegungen davon ausgeht, dass das, was in einer Gesellschaft als „wahr" bzw. als Wirklichkeit betrachtet wird, sich innerhalb des Diskurses sozial konstruiert (vgl. Bublitz 2011: 252; Foucault 2013: 258–265, 2014b: 24 f.). Darüber hinaus und ohne ausführlich auf das Verhältnis von Diskurs, Wissen und Macht bei Foucault einzugehen,– welches sich ohnehin nicht als stringent und einheitlich darstellt – lassen sich bezogen auf die Frage, inwieweit Wissenschaftler*innen in einem von Macht gekennzeichneten Feld agieren, kurz zusammengefasst folgende Aspekte als wesentlich herausstellen: Die Wissenschaften sind bei Foucault (vgl. 2013: 262 ff.) ein Teilbereich des Wissens (wie auch Bereiche des Rechts, der Politik oder Ökonomie, vgl. Kammler 2014), welches wiederum untrennbar mit Macht verknüpft ist (vgl. ebd. 2015: 39). Macht ist dabei eine bedeutende Quelle des Wissens und kann als eine Vielzahl von Mechanismen verstanden werden, die zu Handlungen anstiften und den Diskurs initiieren (vgl. Bublitz 2014: 274; Foucault 1992: 32; Ruoff 2013: 256 f.). Sie kann dabei gleichermaßen restriktiv und unterdrückend oder aber produktiv, bildend und formend wirken (vgl. Foucault 2003: 197). Die Macht wirkt dabei auch in jenen Bereichen, die in der westlichen Welt gemeinhin als Wissenschaften bezeichnet werden und darüber hinaus. Sie kommt auch dann zum Tragen, wenn unterschiedliche Diskursebenen wie Wissenschaften, Medien, Politik, Alltag usw. wechselseitig aufeinander Einfluss nehmen (vgl. Jäger 2015: 83 ff.). Am Beispiel der vorliegenden Arbeit ist dies der Fall, indem ein Gegenstand der medialen Berichterstattung zum Gegenstand einer wissenschaftlichen Auseinandersetzung wird, doch auch eine umgekehrte Einflussnahme ist denkbar.

Wird der Diskurs verkürzt als das Ergebnis der Gesamtheit an Bestrebungen aller Menschen verstanden, als Mitglieder einer Gesellschaft zu existieren und anerkannt zu werden (vgl. ebd.: 37), dann gilt dies eben auch für die Tätigkeiten der Wissenschaftler*innen aller Disziplinen (Geistes-, Sozial-, Naturwissenschaften usw.) (vgl. Angermüller 2012). Auch sie beteiligen sich an der Fortführung, Weiterentwicklung, Aktualisierung und (Re-)Produktion der Diskurse, betreiben eine „wirklichkeitserzeugende soziale Praxis" (Diehm et al. 2010: 79) und damit ein von Macht geprägtes Unterfangen. Sozialwissenschaftler*innen bspw. untersuchen theoriegeleitet und empirisch Phänomene

Nachwuchswissenschaftler*innen sich i.d.R. bereits an wissenschaftlichen Diskursen beteiligen bzw. in das Feld der Wissenschaften – Wissen – Macht (vgl. Foucault 2013: 262 ff.) verstrickt sind. Die hier aufgezeigten Zusammenhänge gelten damit auch für sie.

des gesellschaftlichen Lebens. Sie nehmen Einfluss auf die Gesellschaft, indem sie versuchen, soziale Wirklichkeit zu beschreiben und u.a. Hinweise darauf geben, wann etwas als „Normalität", als „Abweichung" oder als „Problem" klassifiziert wird (vgl. Dittrich/Radtke 1990: 11–14). Doch nicht nur sozialwissenschaftliche Forschung lässt sich als diskursive Praxis verstehen, sondern auch die Arbeit von Naturwissenschaftler*innen. Auch bei ihren Theorien, Methoden, Modellen und Konzepten kann aus diskurstheoretischer Perspektive davon ausgegangen werden, dass diese „[…] diskursiv erzeugt und tradiert sind, also eine bestimmte Auffassung von Natur und Naturgesetzen bereits zur Voraussetzung haben." (Jäger 2015: 33)

All dieses von Wissenschaftler*innen generierte Wissen kann insofern auf andere gesellschaftliche Bereiche Einfluss nehmen, als dass ihr Wissen für Menschen in einer hoch komplexen, globalen Welt, in den verschiedensten Funktionen und Positionen, innerhalb und außerhalb von Institutionen, in Bereichen wie Politik, Medien oder auch im Alltag als ein Orientierungspunkt fungiert. Es liefert möglicherweise dort Anhaltpunkte, wo eine Situation, Problemlage o.ä. für das einzelne Individuum oder eine Gruppe von Menschen schwer überschaubar erscheint. Wissenschaftliche Erkenntnisse können somit einen erheblichen Einfluss auf die Handlungen von Menschen nehmen und darauf, was in einer Gesellschaft als „denkbar" zw. als „wahr" betrachtet wird und sind damit wirkmächtig (vgl. Dittrich/Radtke 1990: 11–14). In der Wissenschaft Tätige können sich daher nicht auf einen Standpunkt zurückziehen, von dem aus sie ausschließlich eine von ihnen unabhängige Wirklichkeit beschreiben würden. Beides, die Beteiligung an der Konstruktion sozialer Wirklichkeit sowie die machtvolle Position und Verschränkung mit anderen gesellschaftlichen Bereichen machen m.E. eine Reflexion der eigenen Forschungstätigkeit notwendig und unumgänglich.

Ein dritter und vorerst letzter Aspekt, der ein Reflexionskapitel wie dieses erforderlich macht, besteht in den Gütekriterien qualitativer Forschung. Unger (2014: 23) betont in diesem Zusammenhang:

> „(Selbst-)Reflexivität im Hinblick auf die Subjektivität der Forschenden, ihre Positionierung im Forschungsfeld und ihren Einfluss auf den Forschungsprozess gilt in der qualitativen Sozialforschung als Qualitätsmerkmal."

Ein ständiges Reflektieren der jeweiligen wissenschaftlichen Tätigkeiten sei auch deshalb notwendig, da einerseits die Subjektivität der Forscher*innen nicht überwunden und anders als bei quantitativen Verfahren der Anspruch auf Objektivität weder erhoben noch eingelöst werden könne. Gleichzeitig könne aber auch qualitative Forschung nicht zu unterschätzende Konsequenzen für das Leben anderer Menschen mit sich bringen (vgl. ebd.). Es bedürfe daher einer ständigen Abwägung und Begründung der von Forscher*innen ausgehenden Handlungen, Wahrnehmungen und getroffenen Entscheidungen, um qualitativ hochwertige wissenschaftliche Erkenntnisse zu generieren.

Zu Beginn dieser reflexiven Auseinandersetzung legte ich bei meiner Recherche den Fokus „nur" auf meine konkrete Forschungstätigkeit, sprich die Datenerhebung und -analyse, und beschäftigte mich mit Fragen der Reifikation (vgl. Degele/Schirmer 2004; Diehm et al. 2010; Dittrich/Radtke 1990; Gahleitner 2004; Kloha/Söyler 2015; Mecheril et al. 2003). Doch mir wurde zunehmend bewusst, dass ich meine Reflexion nicht nur auf den Bereich der Datenerhebung und -auswertung beschränken darf, sondern einen übergeordneten Blick auf das Wissenschaftssystem als solches, seinem Verhältnis zum (Neo-)Kolonialismus und kapitalistischen Systems werfen muss.

Aus diesem Grund fallen die nachfolgenden Ausführungen vergleichsweise umfangreich aus und beginnen mit der Betrachtung der übergeordneten Ebene des Wissenschaftssystems. Hier geht es um die Zusammenhänge der westlichen Wissenschaften mit dem Kolonialismus. Der Rückgriff auf Postkoloniale Ansätze stellt dabei auch deshalb einen wichtigen Bezugspunkt dar, weil es mir zentral um global ungleiche Verhältnisse geht und die Postkoloniale Theorie – wie keine andere Theorierichtung – die ungleichen Verhältnisse zwischen globalem Norden und Süden in den Mittelpunkt ihrer Betrachtung gerückt hat. Und da eben dieses Verhältnis zwischen globalem Norden und Süden unmittelbar in Zusammenhang mit meinem Erkenntnisinteresse bzw. dem Ziel meiner Arbeit steht, ist ersichtlich, warum Postkoloniale Ansätze für meine Arbeit sowie für meine Reflexion bedeutsam sind und im Nachfolgenden eine zentrale Rolle spielen.

8.3 Die Verstrickungen

8.3.1 Westliche Wissenschaftler*innen und die Ausübung „epistemischer Gewalt"

Im Folgenden geht es zentral um die Frage, welche Zusammenhänge zwischen den global ungleichen Verhältnissen, die aus dem Kolonialismus hervorgegangen sind, und westlichen Wissenschaften bestehen. Eine zentrale Rolle spielt hierbei das, was Spivak (vgl. 1999: 127, 205, 266 f.) auch als „epistemische Gewalt" bezeichnet hat. Allgemein bezeichnet der Begriff die Ausübung von Gewalt auf Bereiche des Wissens und der Erkenntnismöglichkeiten, die neben der physischen Gewaltausübung wie u.a. der Ermordung, Unterdrückung und Ausbeutung durch westliche Kolonialmächte in der Zeit des Kolonialismus stattgefunden hat. Er bezieht sich zum einen auf die Disqualifizierung, Delegitimierung, Sanktionierung, Auslöschung und Verdrängung vorkolonialen Wissens. Vorkoloniale Sprachen, Theorien, Praxen, Geschichten und Traditionen wurden ausgelöscht, indem sie z.T. unter Strafe gestellt und als „barbarisch", „unzivilisiert", „naiv", „untergeordnet", als „Wissen unterhalb des Niveaus des Westens" eingestuft wurden (vgl. Castro Varela/Heinemann 2016: 18 f.; Eckert 2012). Zum anderen umfasst der Begriff die gleichzeitige Normalisierung westlicher Wissensformen zur Stabilisierung westlicher Macht und Herrschaft (vgl. Brunner 2011: 15; Garbe 2013: 3). Der globale Norden wurde im hegemonialen Diskurs westlicher Wissensproduktion gegenüber dem Süden als „dominierend", „beherrschend", „führend", als „entwickelter", „zivilisierter" und „leistungsfähiger" konstruiert. Dies hatte auf der einen Seite den Zweck, die physische Gewaltausübung des Kolonialismus zu legitimieren. Auf der anderen Seite führte es dazu, dass die Überlegenheit des Nordens als „natürlich" und „nicht anders denkbar" konstruiert wurde (vgl. ebd.) – was z.T. bis heute noch gegeben ist.

Als einen weiteren bedeutenden Aspekt bezogen auf die Ausübung „epistemischer Gewalt", nennt Spivak (2014: 265) die Konstruktion der „Anderen" sowie die Verschleierung ihrer Konstruktion als solche. Sie schreibt hierzu:

> „Bis vor kurzem war das markanteste Beispiel solch epistemischer Gewalt das von Ferne orchestrierte, weit gespannte und heterogene Projekt, das koloniale Subjekt als ANDEREN [Herv. i. O.] zu konstituieren. Dieses Projekt umfasst auch die asymmetrische Auslöschung der Spur jenes ANDEREN [Herv. i. O.] in dessen prekärer SUBJEKTITITÄT [Herv. i. O.]." (ebd.)

Castro Varela und Dhawan (2015: 154) sprechen in diesem Zusammenhang auch davon, „[…] dass die ‚Dritte Welt' in ein ‚Zeichen verwandelt' worden ist, dessen Produktion dermaßen vernebelt wurde, dass westliche Überlegenheit und Dominanz quasi naturalisiert und glaubhaft gemacht werden konnten."

Nach einer groben begrifflichen Bestimmung „epistemischer Gewalt" stellt sich die Frage, welche Verbindung zu westlichen Wissenschaftler*innen und zu einer (Re-)Produktion sozialer Ungleichheit besteht. Zur Beantwortung dieser Frage muss ein Blick in die Zeit des Kolonialismus und konkreter, auf die Rolle der westlichen Wissenschaften in diesem Kontext, geworfen werden. Als ein entscheidender Moment, an dem das Verhältnis zwischen Wissenschaften und „epistemischer Gewalt" deutlich wird, erweist sich die Konstruktion von „Rasse". Mecheril und Scherschel (2009: 42) konstatieren in diesem Zusammenhang:

„Die neuen Wissenschaften strebten danach, den Standort des Menschen in der Natur zu definieren, wobei – in Anlehnung an die Ideen der Aufklärung – die Katalogisierung und Klassifikation natürlicher Phänomene unter der Prämisse von Rationalität und Klarheit betrieben wird […]. Das Beobachtete wird ein- und angeordnet und durch die Eingliederung in eine Ordnung ‚gezähmt' und ‚bezwungen'."

Es wurde also versucht, den Menschen nach „biologischen Merkmalen" in verschiedene „Rassen" einzuteilen. Entscheidend ist jedoch, dass es sich hierbei nicht um wertneutrale Beschreibungen handelte, sondern gleichzeitig eine Hierarchisierung zwischen den Weißen Europäer*innen als „überlegene", „höhe Rasse" und der Schwarzen Bevölkerung der kolonialisierten Länder als „niedere Rassen" vorgenommen wurde (vgl. Arndt 2004; Mecheril/Scherschel 2009; Rommelspacher 2009). Die oben beschriebene Etikettierung von Persons of Color bspw. als „naiv", „unterlegen", „nicht zum Herrschen fähig" usw. wurde damit an ihre Körper geknüpft und behauptet, diese Ordnung sei zwangsläufig von der „Natur" so vorgegeben (vgl. Castro Varela/Mecheril 2016: 10 f.). Begleitet und gestützt wurden diese „Rassekonstruktionen" unter anderem durch die auf Vernunft ausgerichteten Prinzipen der Aufklärung (vgl. Mecheril/Scherschel 2009: 41 f.), letztlich mit dem Ziel, die Vorherrschaft in den kolonialisierten Gebieten zu stabilisieren, zu legitimieren und aufrecht zu erhalten. Als ein Beispiel in diesem Kontext zieht Spivak (2014: 219) einen von der Direktorenkammer der Ostindischen-Kompanie verfassten Brief an den damaligen Gouverneur heran. In diesem heißt es u.a.:

„Das begrenzte Maß an Wissenschaft, das gemäß einer vernünftigen Politik den Truppen der einheimischen Mächte [in Indien; Anmerk. d. Verf.], die mit der Regierung zusammenarbeiten, vermittelt werden könnte, sollte von Offizieren, die in unserem eigenen Dienst stehen, vermittelt werden: denn nur bei diesen Offizieren haben wir die Gewissheit, dass über unsere Absichten nicht hinausgegangen wird." (Despatches to Bengal[26] zit. nach ebd.)

Spivak (ebd.) kommentiert diesen Auszug wie folgt:

„Es geht mir hier weniger um die absolut offenkundige Politik des Überbringens des Christentums mit der einen Hand und der Sicherstellung militärischer Überlegenheit mit der anderen, als um die Strategie der planmäßigen Repräsentation von Herr und Einheimischen (die eine etwas andere Nuance hat als die vertraute Repräsentation von Herr-Knecht). Der Herr ist das Subjekt der Wissenschaft bzw. der Erkenntnis. Die fragliche Wissenschaft hier ist nicht so sehr das ‚uneigennützige' Wissen als solchen, als vielmehr die ‚eigennützige' Wissenschaft des Krieges. Die Manipulation der

26 Bd. 82, Sammlungen 13.990–14.004, Draft Military Bengal 8. Dez. 1819

> Pädagogik dieser Wissenschaft liegt auch im ‚Interesse' der Herstellung dessen, was als ‚natürliche' Differenz zwischen dem ‚Herrn' und dem ‚Einheimischen' wahrgenommen werden wird – ein Unterschied im menschlichen bzw. rassischen Material."

Deutlich wird an dieser Stelle, wie die militärischen sowie physischen Gewaltausübungen der westlichen Kolonialmächte mit der Ebene der wissenschaftlichen Wissensproduktion verzahnt wurden, um die Vorherrschaft in den kolonialisierten Gebieten zu sichern und zu legitimieren. Eine Legitimierung war auch deshalb erforderlich, da in die Zeit des Kolonialismus die Entstehung der Menschenrechte fiel (vgl. Mecheril/Scherschel 2009: 42; Rommelspacher 2009: 25 f.). So musste plausibilisiert werden, wie auf der einen Seite die Gleichheit aller Weißen, europäischen Menschen postuliert und auf der anderen Seite dennoch eine Unterdrückung und Versklavung von Persons of Color fortgesetzt werden konnte. Schließlich wollte man auf die billigen Arbeitskräfte, Rohstoffe, Territorien nicht verzichten (vgl. Karakayali et al. 2013: 1 ff.). Der Rassismus erwies sich hier als eine Lösung. Persons of Color wurden orientiert an der Aufklärung „rational" zu „Nicht-Menschen" erklärt und ihnen somit der Anspruch auf eine Gültigkeit der Menschenrechte entzogen (vgl. Rommelspacher 2009: 25 f.).

Für die eingangs aufgeworfene Frage sind vorerst zwei Aspekte von wesentlicher Bedeutung. Erstens übten westliche Wissenschaftler*innen während des Kolonialismus „epistemische Gewalt" aus, indem sie die Konstruktion von „Rassen" maßgeblich verantwortet haben, sie vorangetrieben und damit verbunden rassistische Narrationen etabliert haben. Sie beteiligten sich an den „Konstruktionen eines homogenen der Anderen" (Spivak 1999: 131, 2008: 60) als „Dritte Welt" (ebd. 2008: 61), an der Auslöschung der Spuren dieser Konstruktion (ebd. 2014: 265) und damit an der Unterwerfung, Versklavung sowie Ermordung kolonialer Subjekte. Ein zweiter wichtiger Aspekt besteht darin, dass diese Ausübung „epistemischer Gewalt" zu einer Aufrechterhaltung und Legitimation der Dominanzverhältnisse des globalen Nordens gegenüber dem Süden beigetragen hat. Die bis heute andauernde globale Ungleichheit ist nicht von den historischen Geschehnissen des Kolonialismus zu trennen und so sind mindestens auf dieser Ebene auch westliche Wissenschaftler*innen in einer (Re-)Produktion globaler Ungleichheit verstrickt.

Mit dem Ende des Kolonialismus hat sich das Problem der Ausübung „epistemischer Gewalt" durch westliche Wissenschaftler*innen – ebenso wie der Kolonialismus selbst – nicht aufgelöst. Sie hat nicht nur während der frühen Entstehungsphasen westlicher Wissenschaften stattgefunden, sondern bis ins 20. Jahrhundert hinein und darüber hinaus. An westlichen Intellektuellen wie

Foucault, Deleuze und Freud kritisiert bspw. Spivak (vgl. 2014: 222), dass sie den Kolonialismus bzw. Imperialismus des Westens in ihren theoretischen Überlegungen nicht berücksichtigt haben, er keine Erwähnung findet und seinen Folgen keine Aufmerksamkeit geschenkt wurde. Sie argumentiert diesbezüglich:

> „Auf dieser Ebene nützlich bei Foucault bleibt der Mechanismus der Disziplinierung und Institutionalisierung, der gewissermaßen die Konstitution der Kolonisierenden beschreibt. Foucault bezieht sie auf keinerlei Version (ob früh oder spät, proto- oder post-) des Imperialismus. Seine Themen sind von großem Nutzen für Intellektuelle, die mit dem Verfall des Westens beschäftigt sind. Die Verführungskraft, die sie auf diese ausüben – und das, was uns zugleich bange werden lässt –, liegt darin beschlossen, dass sie es der komplizenhaften Verstrickung des Forschersubjekts (männlicher oder weiblicher BerufswissenschaftlicherInnen) erlauben, sich selbst zu verschleiern, indem es sich in Transparenz hüllt." (Spivak 2008: 72 f.)

Wenn „epistemische Gewalt" also u.a. bedeutet, dass der Kolonialismus ausgeblendet wurde, dann ist in der von Spivak geschilderten Beobachtung ein Indiz zu sehen, wie sich westliche Wissenschaftler*innen auch nach dem offiziellen Ende des Kolonialismus an seiner Ausübung beteiligten. Sie betrieben eine Normalisierung westlicher Dominanz, indem sie die historischen Bedingungen, durch die sie selbst in eine privilegierte Position gekommen waren, als scheinbar nichts betrachteten, das einer wissenschaftlichen Analyse bedürfe. Westliche Wissenschaftler*innen – auch des späten 20. und 21. Jahrhunderts – sind damit mitverantwortlich für die Etablierung eines Weltbildes, indem aus der Kolonialzeit stammende Dominanzverhältnisse zwischen „Herrscher" und „Knecht" transformiert wurden in Diskurse der Zivilisation, des Fortschritts und der Modernität (vgl. Brunner 2016: 39 f.). Sie tragen Mitverantwortung bei der Verfestigung einer Denkweise, in der westliche Gesellschaftsformen und Wissensproduktionen als „natürliche", „selbstverständliche" und „erstrebenswerte" gesellschaftliche Entwicklungsschritte betrachtet werden (vgl. Garbe 2013: 7).

Um es noch konkreter und an aktuellen Gegebenheiten deutlich zu machen: wenn bspw. die von IWF, Weltbank, OECD, u.a. zugrunde gelegte Einteilung der weltweiten Staaten in Kategorien wie „hochentwickelten Industrieländern", welche im Wesentlichen die westliche Welt umfasst, und in „Entwicklungsländer", „am wenigsten entwickelte" oder auch „nicht entwickelte Länder", zu denen wiederum viele Länder des globalen Südens gezählt werden, vorgenommen wird, dann handelt es sich hierbei nicht nur um eine rein deskriptive Beschreibung. Vielmehr liegt dem eine normative Setzung bestimmter Kriterien zugrunde. In diesem Fall die jeweilige „wirtschaftliche Leistung", die anhand des nationalen Pro-Kopf-Bruttoeinkommens oder des Kriteriums der

Industrialisierung der Staaten gemessen wird (vgl. Bueno 2008: 92 f.). Nicht berücksichtigt ist jedoch, dass das, was hier als „wirtschaftliche Leistung" ausgelegt wird, zum einen ohne die Ausbeutung von Arbeitskräften und natürlichen Ressourcen während des Kolonialismus sich in seiner derzeitigen Verteilung auf diese Weise nicht abbilden würde. Zum anderen erfasst diese Art der Statistik auch nicht die bis heute andauernden Formen der vom Westen forcierten Abhängigkeitsverhältnisse zwischen globalem Norden und globalem Süden. Zu nennen wäre hier bspw. die fortwährenden physischen Gewaltausübungen und militärischen Interventionen, wie sie bspw. in Afghanistan oder im Irak stattgefunden haben, sowie Militärexporte in Krisengebiete, ungleiche Handelsbeziehungen oder sogenannte „Entwicklungshilfen" – Aspekte, die auch unter dem Begriff des Neokolonialismus gefasst werden können (vgl. Seukwa 2014: 49 ff.). Es wird bei Kategorisierung des IWF und ähnlichen statistischen Instrumentarien so getan, als würden sie „natürlich" gewachsene Verhältnisse abbilden, als hätten die Geschichte und auch aktuelle politische Interventionen des Westens nichts mit den heutigen globalen Ungleichverhältnissen zu tun. Dies kann m.E. als ein sehr prägnantes Beispiel für die bis heute andauernde Ausübung „epistemischer Gewalt" angeführt werden, die auch von westlichen Geistes- und Sozialwissenschaftler*innen mitunter aktualisiert und (re-)produziert wird, wenn sie diese Kategorien unhinterfragt aufgreifen.

Das Fatale an der „epistemischen Gewalt" ist, dass sie so umfassend die Art und Weise des Denkens und damit auch des Sprechens und Handelns beeinflusst. Die Konstruktion der vermeintlich „Anderen" ist so massiv (gewesen), dass sie bis heute Einfluss darauf hat, wie Menschen vermeintlich unterschiedlicher „kultureller" oder auch nationalstaatlicher Zugehörigkeit einander begegnen, wer von wem als „zugehörig" oder als „nicht-zugehörig" betrachtet wird, und welche sozialen Aus- und Einschlüsse daraus folgen. Die kolonialen Narrationen und die Konstruktion der „Anderen" haben sich auf so vielfältige Weise, teilweise implizit, teilweise explizit, in globale Organisationen und das Verhältnis zwischen globalem Norden und Süden, in die Konstruktionen von Nationalstaatlichkeiten, in die dominanten Narrative und Diskurse in der Politik, den Medien, der Wissenschaft, im Alltag, in der Öffentlichkeit der westlichen Welt eingeschrieben, so dass es einen hohen Energieaufwand braucht, um all das auch nur ansatzweise zu dekonstruieren. Und selbst dabei bleiben wir in den Konstruktionen gefangen und können sie nicht vollends überwinden.

An dieser Stelle lässt sich das Unterkapitel mit einem Zitat von Spivak (2014: 219) beenden, in dem sie explizit die Verbindung zwischen der Gewaltausübungen während des Kolonialismus und der Sprache ergo auch der westlichen Wissenschaften auf den Punkt bringt.

> „Wenn das Projekt des Imperialismus darin besteht, gewaltsam das Epistem zusammenzufügen, welches das koloniale Subjekt als beinahe zum Selbst gewordenen Andere der Geschichte (für andere) ‚bedeuten' und (für das Selbst) ‚erkennen' wird, dann zeigt das Beispiel dieser Streichungen explizit, was immer implizit ist: dass sich Bedeutung/Wissen mit Macht kreuzt. […] Das Narrativ von Imperialismus-als-Geschichte ist besonders nachvollziehbar, weil es geplant ist; und entgegen Foucaults Behauptung ist hier das ‚Modell der Sprache [*langue*] [Herv. i. O.] und der Zeichen' mitschuldig an ‚[dem] des Krieges und der Schlacht'."

8.3.2 Reflexion der eigenen Forschungstätigkeit in der vorliegenden Untersuchung

Im Folgenden beziehe ich die zuvor dargelegten theoretischen Perspektiven auf die vorliegende Arbeit. Die leitende Frage lautet, inwieweit ich erstens durch meine Position als westliche (Nachwuchs-)Wissenschaftlerin sowie zweitens durch meine konkrete Forschungstätigkeit während der Datenerhebung und -auswertung soziale Ungleichheit (re-)produziere. Ziel ist es auf diese Weise die theoretischen Ausführungen nicht nur als solche stehen zu lassen, sondern auf die derzeitigen Arbeitsstrukturen und die Praxis, aus denen die vorliegende Arbeit entstanden ist, zu übertragen. Es sei darauf hingewiesen, dass es sich hier nicht um eine abschließende und allumfassende Betrachtung handelt, sondern jene Aspekte im Fokus stehen, die sich für diese Forschung als besonders relevant erwiesen.

*8.3.2.1 Die „komplizenhafte Verstrickung" mit globaler Ungleichheit in der Position als westliche (Nachwuchs-)Wissenschaftler*in*

Was lässt sich nun also über meine eigene Position als westliche Nachwuchswissenschaftlerin sagen und welche Verbindung besteht zu einer (Re-)Produktion sozialer Ungleichheit? Wie ich aufgezeigt habe, ist das heutige westliche Wissenschaftssystem aus ungleichen Verhältnissen und der Ausübung „epistemischer Gewalt" hervorgegangen. Es hat eine Vergangenheit und zum Teil auch eine Gegenwart, die geprägt ist von der Disqualifizierung und Auslöschung präkolonialen Wissens, während westliche Wissensformen als „normal", „natürlich" und „überlegen" konstruiert werden und wurden. Nicht zuletzt hat diese Vorgehensweise dazu geführt, dass westliche Wissenschaftler*innen heute eine machtvolle gesellschaftliche Position innehaben, aus der heraus sie Einfluss auf das Denken und Handeln von Menschen nehmen können. Nun lässt sich bezogen auf die aufgeworfene Frage anführen, dass zum einen eine Aufarbeitung der historischen Rolle westlicher Wissenschaftler*innen während und in Folge des Kolonialismus in weiten Teilen noch aussteht (vgl. Garbe 2013: 7) und damit auch eine Anerkennung der Beteiligung an Krieg, Ermordung, Unterdrückung und Ausbeutung. Zum anderen gibt es auch heute noch Bereiche der Wissenschaften, die nicht nur weit von einer solchen Anerkennung ihrer historischen Verantwortung entfernt sind, sondern weiterhin eine Unterscheidung von Menschen nach „Race" postulieren (vgl. Kahn/et al. 2018; Reich 2018). Wie auch immer die jeweiligen Diskurse im Detail gestrickt sind, lässt sich für mich in der Position als Nachwuchswissenschaftlerin festhalten, dass ich durch die Ausübung meiner wissenschaftlichen Tätigkeiten genau *dieses* System, mit all seiner problematischen Vergangenheit und Gegenwart stabilisiere.

Eine solche Perspektive rührt ebenfalls von Spivak (1988: 288), die für sich als Beschäftigte einer amerikanischen Eliteuniversität konstatiert:

> „I write, of course, within a workplace engaged in the ideological production of neocolonialism even though the influence of such thinkers as Foucault."

Konkreter lässt sich bezogen auf die vorliegende Arbeit feststellen, dass es sich bei der vorliegenden Untersuchung um eine Qualifikationsarbeit handelt. Gelingt mir ein erfolgreicher Abschluss, eröffnet mir dies potenziell Berufsmöglichkeiten innerhalb und außerhalb der Wissenschaft. Das Schreiben über Nationalstaatlichkeits- und „Flüchtlingskonstruktionen" und die Verleihung des Doktortitels verhilft mir so unter gegebenen Umständen zu beruflichem Fortkommen sowie „[...] Respekt und Ansehen in liberalen akademischen Zirkeln [...]" (Castro Varela/Dhawan 2004: 213), aber auch insgesamt zu gesellschaftlicher Anerkennung. Ähnliches gilt auch für andere Formen wissenschaftlichen Arbeitens, wie z.B. das Publizieren wissenschaftlicher Aufsätze, Prüfungs- und Lehrtätigkeiten, das Referieren auf Fachkonferenzen usw. All dies ist nicht nur ein Akt der Selbstlosigkeit, sondern trägt zur Reputation der jeweiligen Wissenschaftler*innen bei und damit zu einem persönlichen Vorteil innerhalb eines auf Konkurrenz basierenden Wissenschaftssystems (vgl. Esdar et al. 2012). Dieses „Spiel der Wissenschaften" funktioniert nach eigenen Regeln und einer eigenen Logik, die ich akzeptiere, aktualisiere und (re-)produziere. Damit bin ich daran beteiligt, dass die gesellschaftliche Anerkennung der Wissenschaften und ihre machtvolle Position innerhalb der Gesellschaft bestehen bleibt.

Ein weiterer Aspekt, der sich m.E. in diesem Zusammenhang als relevant erweist, besteht darin, dass das Wissenschaftssystem, in dem ich tätig bin, wiederum in der übergeordneten Struktur des deutschen Nationalstaates verortet ist. Wenn ich Kritik an der nationalstaatlichen Ordnung und ihren ausschließenden Mechanismen übe, dann darf dies nicht darüber hinwegtäuschen, dass es das System des Nationalstaates ist, innerhalb dessen meine wissenschaftliche

Forschung stattfindet und sie mir in ihrer derzeitigen Form überhaupt erst ermöglicht. Zu einem großen Teil wird die Wissenschaft in Deutschland aus Steuergeldern finanziert. Bezogen auf den Entstehungskontext der vorliegenden Arbeit lässt sich sagen, dass der Großteil über ein Stipendium aus Hamburger Landesforschungsförderungsmitteln finanziert wurde und daran anschließend über das Gehalt als wissenschaftliche Mitarbeiterin in einem von der Deutschen Forschungsförderung geförderten Drittmittelprojekt. Erst die Organisationsform des deutschen Nationalstaates in Verschränkung mit seinem föderalen Organisationsprinzip und einem darin situierten Wissenschaftssystem, welches maßgeblich durch Universitäten und Hochschulen strukturiert ist, macht meine Forschung möglich. Anders formuliert: Ich profitiere und bin Teil von genau *dem* Nationalstaat, welcher Gegenstand meiner Kritik ist.

Darüber hinaus beinhaltet dies auch, dass ich selbst eine nationalstaatliche Zugehörigkeit habe, die Einfluss auf meine eigene Identität genommen hat bzw. nimmt. Ich bin in eine Welt geboren worden, in der sie erst einmal als Selbstverständlichkeit (ebenso wie bspw. die Kategorie Geschlecht, vgl. Gahleitner 2004: 289) galt. Sie hat mir ohne weiteres eine Existenz innerhalb des deutschen „Nationalstaates" und so den Zugang zu gesellschaftlichen Ressourcen wie Wohnraum, Bildung, Arbeit usw. ermöglicht. Durch sie wurde ich sozialisiert und es kann davon ausgegangen werden, dass ich auf diese Weise Teile dieser Identität verinnerlicht habe. Für meine Forschung folgt daraus, dass diese Prägung möglicherweise unbewusst in meine Analysen und Interpretationen des Datenmaterials auch dann einfließt, wenn ich versuche, ihr gegenüber eine kritische Distanz einzunehmen.

Als dritter Aspekt – und oben bereits kurz angesprochen – ist Spivaks (2008: 73) Kritik an der „komplizenhaften Verstrickung" westlicher Wissenschaftler*innen und Intellektueller mit den „imperialistischen Politiken" (Castro Varela/Dhawan 2015: 163) des Westens anzuführen (vgl. Spivak 1999: 37, 65, 147, 244, 309). Gemeint sind hier m.E. u.a. Privilegien und relativer Wohlstand, welche für die westliche Welt und damit auch für westliche Wissenschaftler*innen aus dem Kolonialismus hervorgegangen sind (vgl. Castro Varela/Dhawan 2004: 211 ff., 2015: 182 f.; Spivak 1988: 210, 1999: 146 ff., 2008: 66–73). Elektronische Arbeitsgeräte wie Computer, Drucker, Mobiltelefon usw., ebenso wie alltägliche Konsumgüter wie Kleidung und Lebensmittel (z.B. Fleisch, Obst, Gemüse, Kaffee, Schokolade) werden teilweise unter Sklaverei ähnlichen Verhältnissen in Ländern des globalen Südens produziert. Forschung in westlichen Institutionen, ihre Ausstattung mit finanziellen Ressourcen, Wissen und den Möglichkeiten an Einflussnahme auf Gesellschaft, ist in ihrer derzeitigen Art und Weise nur möglich, weil global ungleiche Verhältnisse bestehen. Westliche

Wissenschaftler*innen sind somit Nutznießer dieser Verhältnisse. Es lässt sich also auch hier festhalten: indem ich die Privilegien nutze, aktualisiere und stabilisiere ich sie und trage zu einer Aufrechterhaltung des Systems bei.

8.3.2.2 Die (Re-)Produktion von sozialer Ungleichheit im Forschungsprozess

Kommen wir nun zu jenem Aspekt des Dilemmas, welcher mich zu Beginn der Ausarbeitung dieses Kapitels geführt hat: die (Re-)Produktion resp. Reifikation sozialer Ungleichheitskategorien im Prozess der Datenanalyse und -erhebung. Kurz zur Rekapitulation: Das Dilemma besteht in dem Widerspruch zwischen dem Ziel der vorliegenden Arbeit (Dekonstruktion von Differenz bezogen auf die Kategorien des Nationalstaates und „Flüchtlings" als eine Intervention gegen soziale Ungleichheit), dem erweiterten Erkenntnisinteresse ((Dis-)Kontinuitäten kolonialer Diskurse bei der Repräsentation sog. „Flüchtlinge") und den Gütekriterien qualitativer Forschung (intersubjektive Nachvollziehbarkeit). Ganz deutlich zeigt sich dies anhand von drei Momenten während der Datenerhebung und -analyse, welche ich im Folgenden aufzeigen werde.

Bei der Verfolgung des Ziels der Dekonstruktion von Nationalstaatlichkeits- und „Flüchtlingskonstruktionen" ist ein zentraler Untersuchungsgegenstand u.a. die Differenzierung zwischen „Wir" und „den Anderen", wann also bspw. eine Person in der Position eines „Flüchtlings" und wann in der einer „deutschen Staatsbürgerin" oder eines „deutschen Staatsbürgers" abgebildet wird. Für den Forschungsprozess folgt daraus, dass bei der Analyse der Titelseiten eine Beschreibung der Text- und Bildebenen vorgenommen wird. Dabei muss benannt werden, *was* dargestellt ist, wenn rekonstruiert werden soll, *wie* Nationalstaatskonstruktionen im Verhältnis zu „Flüchtlingskonstruktionen" dargestellt werden. Wenn z.B. in der Überschrift einer Titelseite das Wort „Flüchtling" steht und ich komme aufgrund der Anordnung von Bild und Text zu dem Schluss, dass Person X als „Flüchtling" gelesen werden kann, dann treffe ich bereits an dieser Stelle eine Entscheidung über Differenz. Denn eine Person, die ich als „Flüchtling" lese, ist erst einmal „Flüchtling" und bspw. nicht „deutsche*r Staatsbürger*in". Das Wissen, welche Personen als „Flüchtlinge" gelesen werden können, wird auf diese Weise über die Beschreibung der Titelseiten von dem Mediendiskurs in den Wissenschaftsdiskurs hineingetragen. Mecheril et al. (2003: 107) betonen in diesem Zusammenhang:

> „Wiederholung der Zuschreibung meint hierbei nicht die simple Reproduktion sozialer Differenz, sondern ihr Aufgreifen, ihre Aktualisierung und Modellierung in einem spezifischen sozialen Setting, in dem des Forschungsprozesses. Wiederholung

heißt nicht nur Reproduktion im Sinne der Kopie eines Originals, sondern eher Übersetzung, Transponierung und Verschiebung. Differenzverhältnisse werden in der empirischen Forschung nicht schlicht reproduziert, sondern in einer neuen, nie zuvor dagewesenen Variante produziert."

Als Ergebnis (re-)produziere ich auf diese Weise Differenz und trage zur Aufrechterhaltung sozialer Ungleichheit bei. Dies wird auch als Reifikation bezeichnet (vgl. Degele/Schirmer 2004; Diehm et al. 2010; Dittrich/Radtke 1990; Gahleitner 2004; Kloha/Söyler 2015; Mecheril et al. 2003). Werden Menschen immer wieder nach diesen Differenzkategorien unterschieden, mit denen gleichzeitig auch unterschiedliche Rechte und Pflichten und damit auch gesellschaftliche Zugänge bzw. Ausschlüsse verbunden sind, leistet diese wiederkehrende Aktualisierung von Differenz einen Beitrag dazu, dass diese Ungleichheit bestehen bleibt.

Als ein weiteres Beispiel ist jene Situation anzuführen, bei welcher der Begriff des „Flüchtlings" nicht wortwörtlich im Datenmaterial auftaucht. Bei der Titelseite der Wochenzeitung Die Zeit (vgl. 2015b) vom 06.08.2015 ist bspw. von „Fremden" (ebd.), nicht aber von „Flüchtlingen" die Rede. In diesem Fall erscheint das Konstrukt des „Flüchtlings" erst durch meine Deutung und das Zurückgreifen auf mein Kontextwissen im Material. Es ist meine an den Entstehungsmechanismen von Differenz interessierte Interpretation des Datenmaterials, welche die „Flüchtlingskonstruktion" explizit ins Spiel bringt und somit diese soziale Konstruktion aktualisiert (vgl. Diehm et al. 2010: 79; Mecheril et al. 2003: 105 ff.).

Die Datenerhebung erweist sich als ein weiterer Bereich, innerhalb dessen sich die (Re-)Produktion von Differenz als problematisch darstellt. So wurde im Rahmen der vorliegenden Arbeit eine erste Vorauswahl der Daten getroffen, indem alle Titelseiten aus den Jahren 2015 und 2016 gesichtet und schließlich jene herausgesucht wurden, bei denen der Eindruck bestand, dass sie im weiteren Sinne den „Flüchtlingsdiskurs" thematisierten. Diese erste Auswahl wurde zwar später durch weitere methodische Schritte verifiziert (z.B. durch die Hinzuziehung der Quelle „Blätter für deutsche und internationale Politik", um den Entstehungskontext der jeweiligen Ausgabe zu rekonstruieren). Dennoch ist die Datenauswahl auf diese Weise erheblich von meinem Kontextwissen als Forschende, meinen Vorerfahrungen, meiner gesellschaftlichen Prägung sowie bestehenden Bildern, Symbolen und Bedeutungsketten geprägt, die mir ein mehr oder weniger konturiertes Bild davon vermitteln, welche Personen gängiger Weise als „Flüchtlinge" gelesen werden können (vgl. Foroutan/İkiz 2016: 143 f.). Wenn Spivak (vgl. 2014: 265) konstatiert, dass eines der markantesten Beispiele für „epistemische Gewalt" die Konstruktion der „Anderen" ist, dann muss für meine Forschung festgestellt werden, dass ich an diesem Prozess beteiligt bin.

Hinzu kommt auf übergeordneter Ebene und alle der genannten Beispiele betreffend, dass der sprachliche Rückgriff auf den „Flüchtlingsbegriff“ innerhalb meiner Forschung eine hoch problematische essentialisierende Wirkung entfalten kann. Wie bereits angesprochen, ist die Beschreibung des Datenmaterials wesentlicher Bestandteil meiner Analyse. Es ist ein Prozess, in dem ich sinngemäß erfasse „hier ist eine Person zu sehen, die als ‚Flüchtling‘ positioniert wird“. Dieser Vorgang der Bezeichnung erweist sich insofern als essentialisierend und stereotypisierend, als dass an dieser Stelle *ein* Merkmal, mit dem ich die jeweilige Person zu identifizieren meine, im Mittelpunkt steht, während alle anderen Persönlichkeitsmerkmale hinter diesem *einen* verschwinden (vgl. Seukwa 2007). Identitätsbestimmendes Attribut ist in diesem Moment „Flüchtling-zu-sein“, während alles andere in diesem Moment irrelevant gemacht wird (vgl. ebd.).

Das Problem ist jedoch, dass mir als Nachwuchswissenschaftlerin innerhalb der derzeitigen Strukturen und aufgrund der derzeitigen Art und Weise, wie üblicherweise Wissenschaft in westlichen Institutionen betrieben wird, kein anderer Zugang möglich ist, durch den sich dieses Dilemma vermeiden ließe. Ich kann mein Erkenntnisinteresse nicht anders beantworten, als Personen anhand der mir geläufigen Kategorisierungen zu beschreiben und damit zu essentialisieren. Spivak (1990: 51) betont in diesem Zusammenhang:

> “But it is not possible, within discourse, to escape essentializing somewhere. The moment of essentialism or essentialization is irreducible. In deconstructive critical practice, you have to be aware that you are going to essentialize anyway.“

Erklären lässt sich dies u.a. durch den Einsatz von Sprache als eines der zentralen Kommunikationssysteme, über das Informationen ausgetauscht und Bedeutung hergestellt wird (vgl. Hall 1997). Sozialwissenschaftlich Forschende müssen Sprache einsetzen, um einerseits ihre Daten erheben und fixieren zu können sowie andererseits um ihre Ergebnisse für andere zugänglich zu machen (vgl. Diehm et al. 2010: 79). Was vielleicht trivial klingt, ist ein nicht zu unterschätzender Teil des Problems. Denn um über Sprache Bedeutung herzustellen, sind Klassifizierungen notwendig. Hall (2010: 117) macht dies an folgendem Beispielen deutlich:

> „Das Hauptargument, das hier vorgebracht wird, ist, dass Differenz ins Gewicht fällt, weil sie essentiell für Bedeutung ist; ohne sie kann Bedeutung nicht existieren. Wir wissen was schwarz bedeutet, […] nicht weil es irgendeine Essenz des Schwarzseins gibt, sondern weil wir es mit seinem Gegenteil kontrastieren können – weiß.

> Bedeutung [...] ist relativ. Es ist der Unterschied zwischen schwarz und weiß, der sie schafft. [...] Bedeutung hängt somit von der Differenz zwischen Gegenständen ab." (Hall 2010: 117)

Klassifizierungen und damit Differenz ist für Sprache konstitutiv (vgl. Hall 2010: 116 ff.). Wer sich mit anderen austauschen möchte, muss auf Sprache zurückgreifen und so ist Differenzierung letztlich ein wichtiger Bestandteil der Art und Weise, wie wir uns die Welt erschließen (vgl. Hall 1997: 10). Für sozialwissenschaftlich Forschende folgt daraus, dass wenn sie gesellschaftliche Phänomene beschreiben, erfassen und analysieren und sich gleichzeitig anderen Menschen mitteilen wollen, auf Sprache zurückgreifen müssen und damit Differenz (re-)produzieren. Das *Ziel* meiner wissenschaftlichen Arbeit – nämlich die Auflösung von Differenz – steht damit dem *Weg*, den ich mit meiner Forschung einschlagen kann, diametral entgegen. Spivak (1990: 104) bringt es treffend auf den Punkt, indem sie schreibt:

> „Deconstruction, also insistently claims that there cannot be a fully practicing deconstructor."

Daraus folgt, dass dekonstruktivistische Forschung nicht verhindern kann, den „Raum der Unterdrückung" (Castro Varela/Dhawan 2015: 216) zu stabilisieren, auch wenn das genaue Gegenteil ihr Ziel ist (vgl. Spivak 2014: 155).

8.4 Zwischenfazit

Doch was ist nun angesichts dieses Dilemmas zu tun, wenn Forschende, die sich mittels der Dekonstruktion von Differenz zum Ziel gesetzt haben, gegen exkludierende Strukturen und soziale Ungleichheit aktiv zu werden, dieses nicht erreichen können? Welche Handlungsmöglichkeiten stehen ihnen dann im Umgang mit dieser Problematik offen?

Eine denkbare Schlussfolgerung wäre, eine an der (Re-)Produktion von Differenz interessierte Forschung aufgrund des beschriebenen Dilemmas als nicht lohnend zu betrachten und entsprechend diese Art der Forschung nicht zu betreiben. Sich so zu entscheiden, steht selbstverständlich allen Forschenden offen. Bei der Auseinandersetzung mit der „epistemischen Gewalt" der (Sozial-) Wissenschaften oder der eigenen „Komplizenschaft" (Spivak 1999: 37, 65, 147, 244, 309) geht es aber m.E. nicht darum, die Lösung in der Kapitulation zu suchen (vgl. Spivak 2014: 271). Zwar mag insbesondere die Kritik Spivaks zuweilen harsch und schonungslos erscheinen (vgl. Castro Varela/Dhawan 2015: 314), jedoch betont sie, dass ihr Ziel nicht darin bestehe, Wissenschaftler*innen zu

„paralysieren" (Spivak 1988: 201, Übersetzt R.D.) und damit gänzlich von ihrer Forschungstätigkeit abzuhalten. Spivak (1999: 3 f.) konstatiert:

> „I keep hoping that some readers may then discover a constructive rather than disabling complicity between our own position and theirs [people in the global south, Anmerk. R.D.], for there often seems no choice between excuses and accusations, the muddy stream and mudslinging."

Vielmehr verstehe ich diese Teile ihrer Arbeit als einen Appell, die eigene Forschung immer wieder und unermüdlich selbstkritisch zu beleuchten und somit eine grundsätzlich selbstkritische Haltung einzunehmen. So betont Spivak (1999: 309):

> „As I have been saying all along, I think it is important to acknowledge our complicity in the muting, in order precisely to be more effective in the long run. Our work cannot succeed if we always have a scapegoat. The postcolonial migrant investigator is touched by the colonial social formations."

Das zentrale Stichwort lautet hier m.E. *Selbstreflexion.* Wenn sozialwissenschaftlich Forschende mit der Sichtbarmachung von Differenzkonstruktionen versuchen, Exklusionen und strukturellen Ungleichheiten etwas entgegenzusetzen, müssen sie zur ansatzweisen Realisierung dieses Ziels ihre eigene Rolle innerhalb des bestehenden Systems *anerkennen* (vgl. ebd.). Spivak folgend, bedeutet dies eine „Wachsamkeit" (ebd.: 65, Übersetzt R.D.) gegenüber der eigenen „Komplizenschaft" (ebd., Übersetzt R.D.) zu entwickeln, sich selbst und seinen Motiven gegenüber auf der Hut zu sein, innezuhalten, anzuerkennen, dass wir als Forschende auch dann nicht aus reiner Selbstlosigkeit handeln, wenn es uns um mehr soziale Gerechtigkeit oder die Auflösung unterdrückter Räume geht. Wir müssen ein Bewusstsein für unsere Privilegien entwickeln und dafür, dass wir durch unsere Handlungen aus dieser Position heraus dazu beitragen, das bestehende System zu bestätigen und aufrechtzuerhalten. Denn sind Forschende nicht in einem hohen Maße selbstreflexiv, produzieren sie erneut hegemoniales Wissen, das zur Unterdrückung von Menschen und zur Unterdrückung der vom hegemonialen Diskurs abweichenden Wissensformen geeignet ist (vgl. Castro Varela/Dhawan 2015: 213; Spivak 1990: 103). Sie privilegieren sich in einem solchen Fall selbst und das gesamte Projekt einer dekonstruktivistischen Forschung droht damit hochgradig zu scheitern. So weist Kapoor (2004: 631) darauf hin:

> „They [the representations of the Third World subaltern] are determined by our favourable historical and geographic position, our material and cultural advantages resulting from imperialism and capitalism, and our identity as privileged Westerner [...]. When the investigating subject, naively or knowingly, disavows its complicity or

> pretends it has no 'geo-political determinations', it does the opposite of concealing itself: it privileges itself […]."

Selbstreflexion ist selbstverständlich kein ultimatives Heilmittel und es geht nicht darum, der Illusion zu erliegen, dass sie grundsätzlich ein Ausbrechen aus dem beschriebenen Dilemma ermöglicht. Wie bereits ausgeführt, gibt es keine Position außerhalb der Diskurse (vgl. Kapoor 2004: 640; Spivak 1990: 135) und somit auch dann nicht, wenn Forschende sich selbst kritisch hinterfragen. Vielmehr warnt Spivak (2007: 184) sogar vor einem zu hohen Maß an Selbstreflexion:

> „[…] when we are totally aware of our complicity, we spend our time writing about ourselves!"

Wenn ich mich als selbstreflexive Forschende darüber auslasse, wer ich bin, wo ich arbeite, für wen, durch wen veranlasst usw. dann kann dies zum einen als ein narzisstisches Schuldbekenntnis verstanden werden (vgl. Dübgen 2014: 118 ff.) und zum anderen als ein Versuch, meine Position, meine Handlung, meine „Komplizenschaft" usw. als Wissenschaftlerin hinter dem Anspruch auf „Transparenz" zu verschleiern (vgl. Spivak 2008: 72 f.). Spivak (vgl. ebd.) zufolge sei dies ebenfalls zu kritisieren. Gemeint ist an dieser Stelle m.E., dass Forschende gelegentlich versuchen, sich ihrer Verantwortung und Verstrickung in hegemoniale Dominanzverhältnisse zu entziehen, indem sie bspw. darauf verweisen, dass ihre Forschungsmethoden offengelegt seien resp. diese „transparent" machen und so ggf. darauf hoffen, sich Kritik entziehen zu können. Spivak (vgl. 2014: 264) folgend ist es unmöglich, sich mit einer solchen Positionierung aus der Affäre zu ziehen. Westliche wissenschaftliche Wissensproduktion bleibt vor dem Hintergrund des Kolonialismus und der bereits beschriebenen Beteiligung an der Ausübung „epistemischer Gewalt" einer eurozentristischen Bias verhaftet (vgl. Brunner 2011: 30 ff.).

Doch was bedeutet dies jetzt in der Konsequenz? Mit Bezug auf diese Überlegungen Spivaks sind Forschende mit einer sehr komplexen, widersprüchlichen Situation konfrontiert. An sie besteht einerseits die Anforderung, die eigenen Handlungen und Privilegien aus den global ungleichen Verhältnissen zu reflektieren, offen zu legen, zu hinterfragen und ihnen gegenüber eine kritische Haltung einzunehmen. Andererseits dürften sie sich nicht hinter einer Offenlegung resp. einer Transparenz der eigenen Position und Handlungen verstecken, möglicherweise in der Hoffnung, sich damit an Verantwortung entlasten zu können. Entsprechend funktioniere es auch nicht, sich auf einen Standpunkt zurückzuziehen, von dem aus behauptet wird, die eigene Forschung sei rein deskriptiver Natur und objektiv. Aber auch eine Anerkennung, bspw. an der

Ausübung „epistemischer Gewalt" beteiligt zu sein, erweist sich nicht als Ausweg. So sei zwar eine Wachsamkeit gegenüber der eigenen „Komplizenschaft" (Spivak 1999: 65) zentral, allerdings dürften Forschende keinen allzu großen Anspruch auf Transparenz erheben, da der Akt der Offenlegung der eigenen, privilegierten Position, auch ein Akt der Selbstkonsolidierung und damit eine Stabilisierung der eigenen Legitimität als westliche Intellektuelle sei (vgl. Castro Varela/Dhawan 2015: 217). Ebenso wenig sollten Forschende in eine Art narzisstische „Selbstgeißelung" (Spivak 1990: 115, Übersetzt R.D.) verfallen, welche die Gefahr berge, nur noch mit dem eigenen Schicksal beschäftigt zu sein und so das ursprünglich emanzipatorische Ziel einer Dekonstruktion aus den Augen zu verlieren. Und zu guter Letzt gilt es angesichts dieser Ansprüche und des Wissens darum, dass auch durch eine dekonstruktivistisch angelegte Forschung zwangsläufig Essentialisierungen betrieben würde, sich nicht lähmen und entmutigen zu lassen und womöglich gänzlich vor Forschungstätigkeiten zurückzuschrecken (vgl. Spivak 1988: 201).

Bei der Lektüre Spivaks entsteht mitunter der Eindruck, dass unabhängig davon, in welche Richtung man sich bewegt, es den einen richtigen Weg nicht gibt. Es gibt nicht die eine Lösung aller Probleme und Schwierigkeiten unserer Zeit. Die Welt ist widersprüchlich und komplex. Die Dinge sind miteinander verwoben, verwachsen und nicht immer ist leicht zu erkennen, wo ein Wissen, eine diskursive Praxis ihren Ursprung hat, welche Funktion es erfüllt und welches Wissen dafür weichen musste oder unterdrückt wurde, welche Menschen darunter gelitten haben oder leiden, die Freiheit welcher Menschen deshalb eingeschränkt wurde. Genau diese Widersprüchlichkeit auszuhalten und sich ihr zu stellen, ist m.E. eine der wenigen Möglichkeiten, mit den gegebenen Verhältnissen umzugehen. Es gibt nicht den einen richtigen Weg, der all die Probleme löst. Aber wir können versuchen nach bestem Vermögen unsere Privilegien und Fähigkeiten als Werkzeuge einzusetzen (vgl. Dübgen 2014: 119), um das hegemoniale Spiel zu hinterfragen und zu stören und somit gegen Unterdrückung und Exklusion zu intervenieren.

In diesem Sinne kann die Wachsamkeit gegenüber der eigenen „Komplizenschaft" (Spivak 1999: 37, 65, 147, 244, 309) in Verbindung mit dem gleichzeitigen Versuch, nicht in eine narzisstische Selbstdarstellung zu verfallen (vgl. Spivak 2007: 184), auch als eine Anerkennung der eigenen Grenzen als Wissenschaftler*in übersetzt werden (vgl. Castro Varela/Dhawan 2015: 217 f.). Da auch Forschende nur „Subjekteffekte" (ebd.: 17) der Diskurse sind, geht es darum, im Rahmen einer Verhandlung innerhalb der Diskurse (vgl. Kapoor 2004: 640) den hegemonialen Diskurs so gut es geht mit den zur Verfügung stehenden Mitteln zu kritisieren (vgl. Spivak 1990: 103 f.) und dabei „[...] zumindest

[zu] versuchen, uns nicht, […] in die wiederholte Konstruktion des kolonialen Subjekts […] involvieren zu lassen“ (Spivak 2011: 74). Es ist ein Arbeiten ohne Garantien (vgl. Castro Varela/Dhawan 2015: 217 f.), aber wir müssen es versuchen.

Doch es bleibt weiterhin die Frage offen, wie diese Ausführungen nun konkret im Rahmen der vorliegenden Arbeit *versucht* wurden umzusetzen bzw. welche forschungspraktischen Konsequenzen daraus abgeleitet wurden. Als eine Art zentrales Ergebnis ist das vorliegende Kapitel anzuführen, welches einen Teil meines Reflexionsprozesses abbildet. Entscheidend erscheint m.E., sich den Raum und die Zeit einer intensiven Auseinandersetzung mit meiner eigenen Rolle als Nachwuchswissenschaftlerin, den damit verbundenen Privilegien sowie – speziell im Fall dieser Arbeit – mit dem Dilemma der (Re-) Produktion von Differenz durch die eigene Forschung zu nehmen. Reflexion erweist sich aus dieser Perspektive als ein forschungsmethodischer Prozess, in dem sich Möglichkeiten eröffnen, einzelne methodische Schritte zu überdenken, nach Möglichkeiten zu suchen, wie Forschung vielleicht neue Räume eröffnen kann, wie Irritationen hervorgerufen und hegemoniale Darstellungs- und Repräsentationsformen ggf. durchbrochen werden können und einen Raum für Neues zu schaffen. Eine solche Herangehensweise nimmt grundsätzlichen Einfluss auf die eigene Forschungshaltung und damit ebenfalls auf den Prozess der Datenauswertung und die Generierung von Forschungsergebnissen. Dabei ist zu berücksichtigen, dass aufgrund der strukturellen Bedingungen, der zeitlichen Begrenzung und der personellen Ausstattung auch hier die Möglichkeitsräume begrenzt sind. Dies sollte einen jedoch nicht abhalten.

Eine zweite forschungspraktische Konsequenz besteht in dem Versuch, meine eigene Komplizenschaft mit den global ungleichen Verhältnissen anzuerkennen und ihr wachsam gegenüber zu sein (vgl. Spivak 1999: 37, 65, 147, 244, 309). Allerdings ist auch hier erneut die Frage anzubringen, was dies konkret für die vorliegende Arbeit bedeutet. Wachsamkeit gegenüber der eigenen Komplizenschaft zu gewährleisten, kann bedeuten, den Entstehungskontext der jeweiligen Untersuchung offenzulegen und aufzuzeigen, in welchem Verhältnis dieser zum Thema der Arbeit steht. Einzelne Aspekte sind diesbezüglich bereits angeklungen, doch noch einmal zur Verdeutlichung: Als Autorin lebe ich seit meiner Geburt in Deutschland, einem Land mit vergleichsweise hohem Wohlstand, in Sicherheit, ohne Austragungen inländischer bewaffneter Konflikte, ausgestattet mit finanziellen Ressourcen wie einem Stipendium bzw. angestellt an einer Universität als wissenschaftliche Mitarbeiterin, in der Großstadt Hamburg lebend, mit der Möglichkeit kleine Rücklagen bilden zu können, mir Konsumgüter leisten zu können, mobil sein bzw. reisen zu können. Ich habe nie

Hunger gelitten, das Privileg erfahren, aufgrund staatlicher Transferleistungen (Bafög, Stipendien) hohe Bildungsabschlüsse absolvieren und somit auch meine Chancen erhöhen zu können, unabhängig meinen Lebensunterhalt zu bestreiten. Und gleichzeitig bin ich, wie bereits ausgeführt wurde, komplizenhaft mit den global ungleichen Verhältnissen verstrickt, indem dieser Lebensstandard nur deshalb möglich ist, weil Menschen (in anderen Teilen der Welt) z.T. unter menschenverachtenden Bedingungen arbeiten bzw. ausgebeutet werden. Hinzu kommt speziell mit Blick auf meinen Untersuchungsgegenstand, der u.a. auf Nationalstaatlichkeitskonstruktionen und deren Dekonstruktion ausgerichtet ist: meine Forschung ist innerhalb des Systems des deutschen Nationalstaates verortet. Das Geld, mit dem ich mein Forschungsvorhaben finanziere, wurde aus staatlichen Mitteln generiert. Ebenso sind die mir offenstehenden Vernetzungsmöglichkeiten an Universitäten und Hochschulen sowie die Nutzung der universitären Infrastrukturen u.v.m. Beispiele für Verknüpfung von Nationalstaatlichkeit und meiner Forschung. Oder anders formuliert: ohne den deutschen Nationalstaat wäre meine Arbeit auf diese Weise nicht zu Stande gekommen.

So sehr mein Anliegen darin besteht, all dies transparent zu machen, bedarf es aber auch der Wahrung einer Balance, in der die eigene Positionierung nicht zum dominanten Gegenstand wird, ergo nicht zu viel über die jeweils eigene Person der Forschenden geschrieben wird. Es geht m.E. in diesem Zuge nicht darum, die eigene Biografie bis ins kleinste Detail aufzurollen, nicht psychologisch, biografisch begründen zu müssen, warum wir uns als (Nachwuchs-)Wissenschaftler*innen für das eine oder andere Thema engagieren, interessieren usw. (auch wenn eine Auseinandersetzung mit diesen Fragen durchaus für die Forschenden persönlich aufschlussreich sein können). Vielmehr scheint mir eine Sensibilität entscheidend, die uns immer wieder innehalten und reflektieren lässt. Wo die Grenzen liegen, ob überhaupt und wie viel die Forschenden über ihre eigenen Positionen und sich selbst preisgeben können und wollen, muss jede und jeder selbst entscheiden. Auch hier denke ich nicht, dass es eine allgemeingültige Antwort gibt, sondern diese immer wieder neu überdacht werden, in Frage gestellt, thematisiert werden muss. Dazu zählt auch abzuwägen, wie viel Thematisierung der eigenen Komplizenschaft dem übergeordneten Ziel der Dekonstruktion nützt und wo der Übergang zur narzisstischen Selbstdarstellung liegt.

Inwieweit mir dieses Vorhaben in Bezug auf die vorliegende Arbeit geglückt ist, werden andere beurteilen müssen. Die hier dargelegten Überlegungen zur Reflexion des Forschungsvorhabens verstehe ich als einen Versuch, die „Spuren nicht zu verwischen", wie Spivak es bspw. Foucault, Deleuze und Freud vorgeworfen hat (vgl. Spivak 2014: 222), sondern die historischen Verflechtungen und Verbindungen zwischen Kolonialismus, der Konstruktion der „Anderen", dem Anteil westlicher Wissenschaftler*innen, meinem eigenen Anteil hieran sowie den daraus folgenden Auswirkungen auf die bis heute bestehenden global ungleichen Verhältnisse zu berücksichtigen.

9 Darstellung der Ergebnisse

Im Anschluss an die theoretischen und methodologischen Vorüberlegungen widmet sich das folgende Kapitel der empirischen Analyse des ausgewählten Datenkorpus. Wie bereits dargelegt wurde, setzt sich der Datenkorpus aus sechs Titelseiten der Wochenzeitung Die Zeit aus dem Jahre 2015 zusammen, die jeweils das Thema Flucht*Migration auf ihrem Cover behandelten. Bei der Analyse der Cover wurde eine heuristische Vorgehensweise hinsichtlich der Unterscheidung zwischen jeweils einer Deskription und einer Interpretation der einzelnen Titelseiten gewählt. Heuristisch ist diese Vorgehensweise insofern, als dass ein deskriptives Vorgehen genau genommen immer auch mit einem interpretativen Akt einhergeht. Es ist demnach nicht möglich ein Artefakt, wie in diesem Fall eine Titelseite, rein objektiv zu beschreiben, denn Beschreibungen sind immer auch Interpretationen (vgl. Dittrich/Radtke 1990: 11–17). Gleichwohl wurden diese Analyseschritte gewählt, um sich einerseits dem Erkenntnisinteresse der vorliegenden Arbeit annähern zu können sowie andererseits dem Kriterium der intersubjektiven Nachvollziehbarkeit (vgl. Steinke 2010: 324 f.) hinsichtlich der Generierung von Forschungsergebnissen gerecht zu werden. Eine Umsetzung dieser heuristischen Vorgehensweise lässt sich anhand der folgenden Kapitel nachverfolgen.

9.1 „Was wollen wir tun?" – Die Zeit – 23.04.2015

9.1.1 Deskription

Was ist zu sehen?

Der Bildausschnitt zeigt ein offenes Gewässer. Es handelt sich dabei wahrscheinlich um ein Meer oder einen großen See. Der Bildausschnitt ist komplett mit Wasser ausgefüllt. Es ist kein Land oder Ufer zu erkennen. Die Bildmitte zeigt eine Gruppe von Menschen. Einige stehen bzw. sitzen auf einer Plattform, andere schwimmen im Wasser. Die Plattform ragt nur knapp über die Wasseroberfläche. Ein Teil liegt unter Wasser. Teile der Plattform sind hellblau, andere grau. Es sind schätzungsweise zwischen 60 und 80 Personen abgebildet. Die genaue Zahl ist nicht zu bestimmen, da das Bild aus einiger Entfernung aufgenommen ist und diejenigen Personen, die sich auf der Plattform befinden, alle sehr dicht beieinanderstehen, sodass nicht genau zu erkennen ist, um wie viele

Abbildung 3: Titelbild der Wochenzeitung Die Zeit vom 23.04.2015
Quelle: Die Zeit (2015a: 1); Foto: Opielok Offshore Carriers/picture-alliance/dpa

Personen es sich handelt. Die Gesichter der Personen sind aufgrund der Entfernung ebenfalls kaum erkennbar. Es ist nicht zu erkennen, wie alt die Personen sind oder welchem Geschlecht sie angehören. Auffällig ist, dass alle Personen, die sich erkennen lassen, scheinbar People of Color sind[27]. Einige Personen „kauern" auf der Plattform und haben die Beine eng an den Körper gezogen. Andere stehen auf der Plattform und halten sich aneinander fest. Einige sind im Wasser und suchen Halt an der Plattform. Wiederum andere versuchen sich an Personen über Wasser zu halten, die sich an der Plattform festhalten. Andere sitzen auf der Plattform während Beine ins Wasser hängen. Bei zwei der Personen sieht es so aus, als wenn sie keine Kleidung tragen würden, wobei die eine Person auf der Plattform sitzt (Bildmitte) und die andere Person stehend seitlich zu sehen ist und dabei den linken Arm und das linke Bein angewinkelt hat,

27 Siehe in Bezug auf die Identifizierung von Persons of Color Kapitel 8 (Reflexion) der vorliegenden Arbeit.

sodass die Scham verdeckt ist. Andere Personen tragen nur eine Hose, während der Oberkörper frei ist und wieder andere tragen nur ein Oberteil aber keine Hose. Die Mehrzahl der Personen befindet sich in der Bildmitte auf oder in unmittelbarer Nähe der Plattform. Etwa 14 Personen schwimmen im Wasser in einiger Entfernung zur Plattform. Auf der Wasseroberfläche sind kleine Wellen zu sehen. Das Wasser und die Haut einiger Personen reflektieren, was den Eindruck erweckt, dass die jeweiligen Personen nass sind, während die Sonne scheint. Es sind vereinzelte gelbe Flächen zu erkennen, wobei es sich möglicherweise um Schwimmwesten handelt.

Wie lautet der Text?

Überschriften:

(Von oben nach unten gelesen)
- „Wir wollen nicht, dass sie ertrinken. Wir wollen nicht, dass sie kommen. Was wollen wir tun? Ein ganzer Politik-Teil über den richtigen und falschen Umgang mit Flüchtlingen.“

Bildunterschrift:
- „Die Aufnahme vom 12.04.2015 zeigt Flüchtlinge, die mit ihrem Boot in unmittelbarer Nähe des Frachtschiffes ‚OOC Jaguar‘ auf dem Mittelmeer gekentert sind.“

Quellenangabe:
- Foto: Opielok Offshore Carriers/picture-alliance/dpa

Textgestaltung

„Was wollen wir tun?“ ist am größten und fettesten gedruckt und befindet sich im unteren Teil des Bildes. „Wir wollen nicht, dass sie ertrinken. Wir wollen nicht, dass sie kommen.“ ist im oberen Teil des Bildes angeordnet und kommt nach Größe sortiert, an zweiter Stelle. „Ein ganzer Politik-Teil über den richtigen und falschen Umgang mit Flüchtlingen“ ist etwas kleiner als die bisher genannten Textzeilen. Ganz klein ist die Bildunterschrift gedruckt, die sich unterhalb des Bildes befindet, sowie die Quellenangabe des Fotos, welche hochkant an der linken Seite, außerhalb des Bildes gedruckt ist. Die Textzeilen „Was wollen wir tun? Wir wollen nicht, dass sie ertrinken. Wir wollen nicht, dass sie kommen.“ sind fett, in weißer Schrift auf das Bild gedruckt. Die Schriftart ist serifen-frei. „Ein ganzer Politik-Teil […]“ ist in einer Serifenschrift und damit in einer anderen Schriftart gedruckt. Diese Zeilen sind in einem dunkelblauen Kasten am unteren Bildrand abgedruckt.

Wie ist das Verhältnis von Bild und Text?

Die Zeile „Was wollen wir tun?“ ist sehr groß gedruckt und überragt bezogen auf die Breite den Bildausschnitt, in dem sich der Großteil der abgebildeten Personen befindet. Die Buchstaben sind größer und dicker als die abgebildeten Personen. „Was wollen […]“, „Wir wollen […]“ sind direkt innerhalb des Fotos angeordnet bzw. auf das Foto gedruckt. Der Vorwiegende Hintergrund ist daher das Wasser. Die weiße Schrift steht im Kontrast zum blauen Wasser. Bei der Zeile „Was wollen wir tun?“ verdeckt das „u“ und das „n“ von „tun“ – wie es aussieht – eine Person, die im Wasser schwimmt. Im oberen Bildbereich sind zwei Punkte zwischen den Überschriften „Wir wollen nicht, dass sie ertrinken“ und „Wir wollen nicht, dass sie kommen“ zu erkennen (Deutung: möglicherweise schwimmende Personen im Wasser). Im Gegensatz hierzu sind die anderen Textzeilen nicht unmittelbar auf das Bild gedruckt. „Ein ganzer Politik-Teil […]“ ist in einem dunkelblauen Feld direkt unterhalb des Bildes angeordnet. Die restlichen Angaben liegen außerhalb des Bildbereiches. Die Bildunterschrift „Die Aufnahme […]“ ist in blau – äquivalent zur dominanten Bildfarbgebung. Nur die Quellenangabe am linken Bildrand ist schwarz gedruckt. Sonst sind die Schriftfarben in blau und weiß gehalten. Blau und Weiß sind auch dominante Farben des Bildausschnittes (Wasser und Spiegelungen).

9.1.2 Interpretation

Wie kann das Bild für sich allein gedeutet werden?

Das Foto scheint eine Gruppe von Schiffbrüchigen auf offenem Gewässer zu zeigen, wobei die Plattform als gekentertes Boot interpretiert werden kann. Die abgebildeten Personen sind im Bildmittelpunkt zentriert. Sie stehen dicht beieinander, ihre Gesichter, ihr Alter, Geschlecht usw. sind nicht erkennbar. Dies lässt sie nicht als Individuen, sondern als eine Gruppe erscheinen. Die meisten Personen sind ohne Schwimmwesten oder sonstige Rettungsmöglichkeiten dem offenen Wasser ausgesetzt. Die Körperhaltungen der Personen (z.B. kauernd, schwimmend am gekenterten Boot hängend, sich aneinander festhaltend, z.T. ohne Bekleidung) deuten darauf hin, dass es sich um eine lebensbedrohliche Situation handelt. Dieser Eindruck wird dadurch verstärkt, dass kein Land oder andere Rettungsmöglichkeit in Sicht und rundherum nur Wasser zu sehen ist. Die Umrisse dessen, was sich als gekentertes Boot deuten lässt, scheinen im

Verhältnis der abgebildeten Personen sehr klein zu sein. Die 60–80 Personen, die auf dem Bild zu erkennen sind, müssen also vermutlich sehr dicht gedrängt auf dem Boot gestanden haben.

Das Bild an sich – ohne Text – gibt keinen eindeutigen Aufschluss darüber, wer die Personen sind oder woher sie kommen. Wenn die vermutete Größe des Bootes im Verhältnis zur Anzahl der Personen im Wasser betrachtet wird, dann lässt sich die Frage stellen: wo kamen die Leute her? Warum sind so viele Menschen auf ein vergleichsweise kleines Boot gestiegen, das anscheinend kaum über Sicherheitsmittel (Schwimmweste/Rettungsboot) verfügt? Warum sind so viele Personen ein solches Risiko eingegangen? Wird versucht auf diese Fragen eine Antwort zu finden, so lässt sich an Situationen denken, in denen das Besteigen eines solchen, überfüllten, kleinen Bootes womöglich als das kleinere Übel erschienen ist im Vergleich zu dem, was die jeweiligen Personen glaubten zu erwarten, wenn sie es nicht täten. Wenn Menschen auf eine solche Weise ihr Leben riskieren, dann deutet dies darauf hin, dass die Alternativen keine guten Aussichten versprochen haben. Das Foto drückt auf diese Weise eine Art der Ausweglosigkeit aus.

Wird diese Ausweglosigkeit auf die abgebildeten Personen bezogen, so ist auffällig, dass es sich hierbei scheinbar ausnahmslos um Persons of Color handelt. Diese Repräsentation schließt an bereits bekannte koloniale Narrative von People of Color an. Sie werden als „arm“ (z.T. ohne Kleidung), „mittellos“, als „Opfer“ und eine „anonyme Gruppe“ repräsentiert (vgl. Hall 2010). Das Bild vermittelt den Eindruck, dass sie nicht über die Mittel wie „Europäer“ verfügen würden – denn ein solches Bild mit Weißen Personen ist kaum vorstellbar und wenn dann nur in äußersten Not- und Ausnahmesituationen. In diesem Kontext lässt sich Hall (2010: 127) heranziehen, indem er schreibt:

> „Dieser rassisierte Diskurs ist durch eine Reihe binärer Gegensätze strukturiert. Da ist der kraftvolle Gegensatz zwischen ‚Zivilisation‘ (weiß) und ‚Wildheit‘ (schwarz). Da ist der Gegensatz zwischen den biologischen und körperlichen Charakteristika der ‚schwarzen‘ und ‚weißen‘ ‚Rassen‘, polarisiert bis in ihre extremen Gegenteile – jedes der Signifikant einer absoluten Differenz zwischen menschlichen ‚Typen‘ oder Spezies. Da gibt es die reichen Distinktionen, die sich um die angenommene Beziehung zwischen den weißen ‚Rassen‘ und intellektueller Entwicklung herumgruppieren – Kultiviertheit, Lernen und Wissen, ein Glaube an die Vernunft, die Anwesenheit von entwickelten Institutionen, formaler Regierung und Recht, und eine ‚zivilisierte Selbstbeherrschung‘ in ihrem emotional, sexuellen und gesellschaftlichen Leben, was alles mir ‚Kultur‘ assoziiert wird; und, auf der anderen Seite, die Verbindung zwischen den schwarzen ‚Rassen‘ und allem Instinktiven – der offene Ausdruck von Emotion und Gefühl anstelle von Intellekt, der Mangel an ‚Zivilisiertheit‘ im sexuellen und sozialen Leben, ein Sich-Verlassen auf Brauch und Ritual, und der Mangel

> an entwickelten zivilgesellschaftlichen Institutionen – dies alles wird mit ‚Natur' in Verbindung gebracht."

Ansätze dieser Differenz lassen sich anhand der gewählten Abbildung der Titelseite erkennen. So wird unter dieser Perspektive eine gewisse „Rückständigkeit" derjenigen vermittelt, die als „Flüchtlinge" gelesen werden können und denen ein überlegenes „Wir" gegenübersteht. Die Titelseite reiht sich damit in ein koloniales Narrativ ein, das in Medien mitunter noch weit verbreitet ist (vgl. Eggers 2005; Hall 2010; Jäger 1997; Neue deutsche Medienmacher 2015).

Das Foto an sich, ohne Berücksichtigung des Textes, lässt keine direkten Hinweise bzgl. Repräsentationsformen von „Nationalstaatlichkeit" erkennen. Wird nur das Bild betrachtet, findet sich keine Benennung der abgebildeten Personen und auch keine Benennung nationalstaatlicher Zugehörigkeit.

Auffällig ist die Perspektive, aus der das Foto aufgenommen wurde. Die Aufnahme muss von einem Ort getätigt worden sein, die dem Wasser erhaben ist. Durch die erhöhte Position, die einer Vogelperspektive gleichkommt, entsteht der Eindruck, dass die Person, die das Foto aufgenommen hat, sich nicht in der gleichen Notlage befindet, wie die Personen, die im Mittelpunkt des Fotos abgebildet sind. Der Bildausschnitt zeigt eine Situation, die beim Betrachten das Erfordernis sofortiger Hilfeleistung suggeriert. Den abgebildeten Personen müsste so schnell wie möglich geholfen werden, damit sie nicht ertrinken. Die Perspektive der Fotoaufnahme lässt die lebensbedrohliche Situation jedoch distanziert erscheinen. Sie vermittelt den Eindruck eines erhabeneren Standpunktes, von dem aus keine akute Verwicklung in das Szenario zu drohen scheint. Es ist gewissermaßen ein Blick herunter auf „die Anderen" (vgl. Hall 2010). Oder anders formuliert ein Wägen in sicherer Entfernung. Das Bild spricht in diesem Zusammenhang die Frage an, ob es sich von Seiten der fotografierenden Person um unterlassene Hilfeleistung handelt. So gibt es im Moment der Aufnahme des Fotos keine Hinweise auf ein Einschreiten derjenigen Person, welche das Foto aufgenommen hat.

Wie lässt sich das Bild unter Hinzuziehung des Textes deuten?

Wird der Text unter analytischer Perspektive mit einbezogen, so ist die Zeile „Was wollen wir tun?" am dominantesten. Auffällig ist an dieser Stelle das „Wir". Durch die Perspektive des Bildes, indem die Situation aus einiger Entfernung, von einem erhöhten Standpunkt aus, abgebildet wird, scheint der oder die Betrachter*in mit „Wir" adressiert zu werden. Zudem wird die Aufmerksamkeit auf die Unterüberschriften gelenkt: „Wir wollen nicht, dass sie ertrinken. Wir wollen nicht, dass sie kommen." Die Bezeichnung „sie" scheint sich hierbei auf die abgebildeten Personen zu beziehen.

Für die betrachtende Person werden also zwei Handlungsoptionen nahegelegt: Entweder nicht zuzulassen, dass die abgebildeten Personen („sie") ertrinken oder nicht zuzulassen, dass „sie" kommen. Die hier dargelegten Handlungsoptionen erweisen sich dabei als dichotom. Andere Optionen scheint es hier nicht zu geben bzw. werden nicht benannt. Die betrachtende Person wird folglich mit einem Dilemma konfrontiert. Weder die erste noch die zweite Option scheinen gangbare Lösungsmöglichkeiten zu sein.

Mit Blick auf die Formulierung „Wir wollen nicht, dass sie kommen" wird eine ablehnende Aussage getätigt. Die Art dieser Formulierung impliziert, dass dem konstruierten „Wir" bekannt ist, warum die vermeintlich „Anderen" nicht willkommen sind. Es lässt sich die Vermutung anstellen, dass die abgebildete Mittelosigkeit der als „Flüchtlinge" positionierten Personen Grund für diese ablehnende Haltung ist. Da die abgebildeten Personen z.T. nicht über Kleidung verfügen, müsste das „Wir" womöglich für fehlende Ressourcen aufkommen. Auf sprachlicher Ebene wird hier eine eindeutige Ablehnung signalisiert.

Weitere Rückschlüsse darüber, wer mit „Wir" und „Sie" adressiert ist, finden sich im Lead. Hier heißt es: „Ein ganzer Politik-Teil über den richtigen und falschen Umgang mit Flüchtlingen". Mit dieser Unterüberschrift werden zwei Dinge näher bestimmt: erstens worauf sich das „tun" bezieht, nämlich auf den „richtigen und falschen *Umgang* mit Flüchtlingen" sowie zweitens wird das „sie" näher bestimmt, indem „Flüchtlinge" als Personengruppe benannt werden.

Weitere Rückschlüsse bezüglich einer Bestimmung der „Wir" und „Sie" lassen sich anstellen, wenn die Bildunterschrift betrachtet wird. Hier heißt es: „Die Aufnahme vom 12.04.2015 zeigt Flüchtlinge, die mit ihrem Boot in unmittelbarer Nähe des Frachtschiffes ‚OOC Jaguar' auf dem Mittelmeer gekentert sind." Die oben getätigte Aussage wird also damit bestätigt, dass die abgebildeten Personen sog. „Flüchtlinge" repräsentieren, die mit ihrem „Boot […] auf dem Mittelmeer gekentert sind". Darüber hinaus wird deutlich, dass das Foto von einem Frachtschiff – der „OOC Jaguar" – aus aufgenommen wurde. Wenngleich von dem Frachtschiff nichts zu sehen ist, so stellt sich die Situation als sehr ungleich dar. Auf der einen Seite ein (vermutlich) großes Frachtschiff, auf der anderen Seite ein kleines Schlauchboot. Darüber hinaus zeigt dieses Titelbild eine lebensbedrohliche Situation, in der normalerweise unverzügliche Hilfe geleistet werden müsste, da die abgebildeten Personen zu ertrinken drohen. Der Text jedoch stellt eine gewisse Freiwilligkeit in den Vordergrund. Es heißt hier nicht was *müssen, sollen* oder *können* wir tun, sondern was *wollen* wir tun. Der Wille des konstruierten „Wir" steht im Vordergrund, während Verpflichtungen zur Seenotrettung scheinbar außen vorgelassen werden. Die Titelseite zeigt folglich ein hierarchisches Gefälle. Auf der einen Seite Personen, die ohne ausreichend Rettungsboote dem offenen Meer ausgesetzt sind. Auf der anderen Seite steht das konstruierte „Wir", dem anscheinend frei zu stehen scheint, ob es in die Notsituation eingreift oder nicht.

Dieses Ungleichgewicht bzw. Dominanzverhältnis drückt sich weiterhin durch die Unterüberschrift aus: „Ein ganzer Politik-Teil über den richtigen und falschen Umgang mit Flüchtlingen". Die hier als „Flüchtlinge" adressierten Personen werden zu einem Objekt, mit dem umgegangen wird. Über die Art und Weise des Umgangs scheint das konstruierte „Wir" zu entscheiden. In Bezug auf eine souveräne Handlungsfähigkeit der als „Flüchtling" konstruierten Personen finden sich keinerlei Hinweise. Sie wird ihnen abgesprochen.

Diese Art der Repräsentation erweist sich als überaus problematisch. Das „Wir" steht auf einem Frachtschiff und blickt auf die als „Flüchtlinge" konstruierten Personen herab. Letztere können dem „Wir" aufgrund der lebensbedrohlichen Situation nicht auf Augenhöhe begegnen. In der hier gewählten Repräsentation ist die ungleiche Verteilung von Ressourcen auffällig (Frachtschiff vs. Schlauchboot). Dabei ist der Ort, von dem die Fotografie aufgenommen wurde, nicht zu sehen und somit der Ort des Sprechenden unkenntlich gemacht. Zudem ist nicht zu erkennen, wie der oder die Fotografierende handelt, ob bspw. eine Rettung der abgebildeten Personen eingeleitet wird. Es wurde hier also ein Bild gewählt, das die Sprecher*innen Position ausblendet. Das „Wir" ist in einer erhabenen Position und verfügt in dieser Repräsentation scheinbar über die Entscheidungsgewalt, wie gehandelt werden soll. Es tritt folglich eine dichotome Rollenverteilung bezogen auf Aktivität und Passivität auf. So ist das „Wir" handlungsfähig, indem es entscheiden kann, was es tun *will*. Die „Flüchtlinge" hingegen werden als Schiffbrüchige repräsentiert, die vor dem Ertrinken stehen und deren Leben bedroht ist. Sie hängen scheinbar von der Gnade des „Wir" ab. Hinzu kommt, dass das „Wir" nahezu unsichtbar ist, da von dem Frachtschiff nichts auf dem Foto zu erkennen ist. Es tritt nur auf sprachlicher Ebene in Erscheinung.

Weiterhin fällt die Dichotomie zwischen „richtig" und „falsch" auf. Es wird impliziert, es gäbe einen „richtigen" und einen „falschen" Umgang mit „Flüchtlingen". Dabei stellt sich die Frage, woran dies gemessen wird. „Richtig" bezogen worauf und für wen? Inwiefern „falsch"? Und was passiert, wenn der Umgang „falsch" ist? Bzw. warum ist es nicht gewollt, dass „sie" kommen? Diese Fragen bleiben offen, stützen jedoch das bereits angesprochenen Dominanzverhältnis. Die Bildüberschriften wirken vor diesem Hintergrund fast zynisch. So gilt es sich zu vergegenwärtigen, dass das Foto eine Situation zeigt, in der es um Leben und Tod zu gehen scheint. Die Frage in den Fokus zu stellen „was wollen wir tun?“ kaschiert, dass im internationalen Seerecht eine Verpflichtung zur Seenotrettung besteht (vgl. International Maritime Organization 2020). Aus völkerrechtlicher Perspektive steht folglich nicht zur Diskussion, *ob* Hilfe geleistet wird. Es besteht vielmehr eine rechtliche *Verpflichtung* zur Hilfeleistung.

Mit Blick auf die leitende Fragestellung der vorliegenden Arbeit, nämlich in welchem Verhältnis Repräsentationen von Nationalstaatlichkeit zu jenen von „Flüchtlingskonstruktionen“ zueinanderstehen, fällt die Konstruktion des „Wir“ ins Auge. Es wird hier ein scheinbar homogenes „Wir“ konstruiert, mit dem die betrachtende Person adressiert wird. Das „Wir“ lässt damit eine „imaginierte Gemeinschaft“ (vgl. Anderson 1988) ergo eine nationale Zugehörigkeit auf den Plan treten. Um welche nationalstaatliche Zugehörigkeit es sich konkret handelt, wird auf sprachlicher wie auf bildlicher Ebene nicht direkt benannt. Aus dem Kontext, dass es sich um eine deutsche Zeitung handelt, die diese Titelseite veröffentlicht hat, lässt sich jedoch schließen, dass sich das „Wir“ auf die deutsche nationalstaatliche Zugehörigkeit bezieht. Ein deutsches „Wir“ steht demzufolge den vermeintlich „Anderen“ ergo den sogenannten „Flüchtlingen“ gegenüber.

In Bezug auf die Formulierung „Wir wollen nicht, dass sie kommen“ kann die Frage angebracht werden, wohin sollen die „Anderen“ nicht kommen? Eine mögliche Antwort wäre *zu uns*. Das Verb „kommen“, welches hier als die Bewegung von einem Ort zu einem anderen (Migration) verstanden werden kann, impliziert, dass es scheinbar einen Ort gibt, wo sich das „Wir“ aufhält und zu dem die vermeintlich Anderen nicht kommen sollen. Hier wird also indirekt eine Verbindung zwischen dem „Wir“ und einem Ort ergo einem Territorium, welches das „Wir“ für sich beansprucht. Territoriale Besitzansprüche sind klassische Merkmale der Konstruktion von Nation (vgl. Anderson 1988: 27 f.).

Welche weiterführenden Erkenntnisse lassen sich gewinnen, wenn der diskursive Kontext berücksichtigt wird? (vgl. Jäger 2015: 86 f.) Die Zeitschrift Blätter für deutsche und internationale Politik (vgl. Arps et al. 2015) haben in ihrer monatlich erscheinenden Chronik mit Blick auf die Thematisierung von Flucht*Migration folgende Ereignisse für den Monat April 2015 veröffentlicht. Hier heißt es:

> „23.4. – EU. Die Staats- und Regierungschefs befassen sich auf einem Sondergipfel in Brüssel mit den Konsequenzen aus den vorangegangenen Flüchtlingstragödien im Mittelmeer mit vielen Hundert Opfern. An den Vortagen hatten die Außen- und Innenminister beschlossen, die finanziellen und technischen Mittel zur Rettung Schiffbrüchiger zu verstärken. Zur Diskussion steht auch die Forderung nach

> Verteilung der Flüchtlinge auf alle Mitgliedstaaten sowie die künftige Migrations- und Einwanderungspolitik der Europäischen Union. Fachleute rechnen mit einer massiven Zunahme der Flüchtlingsströme, die versuchen, von See her das europäische Festland zu erreichen." (Arps et al. 2015: 127)

Zur Einordnung dieser Quelle sei betont, dass es sich hierbei um einen Versuch handelt, die Repräsentationen der Titelseite vor dem Hintergrund anderer Diskursstränge näher zu bestimmen (vgl. Jäger 2015: 83 ff.). Es fällt auf, dass auch die Blätter für deutsche und internationale Politik nicht frei von wertenden Begrifflichkeiten sind. So ist die Formulierung „Flüchtlingsstrom" problematisch, da es sich um eine Metapher handelt, die Flucht*Migrationsbewegungen mit Naturkatastrophen gleich setzt (vgl. Neue deutsche Medienmacher 2015: 46). Warum wurde dennoch diese Quelle gewählt? Die Chronik verstehe ich hier als eine Art Hilfsmittel, um zu rekonstruieren, inwieweit das Thema Flucht*Migration auf anderen Diskursebenen aktuell war. Der Anspruch der Redaktion der Blätter für deutsche und internationale Politik ist es, monatlich „das politische Geschehen in Deutschland und der Welt" (vgl. Blätter für deutsche und internationale Politik 2020) zu analysieren und zu kommentieren. Wenngleich die Blätter für deutsche und internationale Politik nicht objektiv sind, ebenfalls eine bestimmte Sprecher*innen Position einnehmen und nur einen kleinen Teil des Diskurses widerspiegeln, so gibt diese Quelle dennoch Anhaltspunkte, welche diskursiven Ereignisse auf anderen Diskursebenen thematisiert wurden.

Speziell auf den hier gewählten Ausschnitt wird deutlich, dass es im April 2015 erneut zu hunderten Todesopfern bei der Überquerung des Mittelmeers kam. Es kann folglich davon ausgegangen werden, dass die Titelseite Der Zeit vom 27.04.2015 auf diese Ereignisse Bezug nimmt. Wie aus dem obigen Auszug hervorgeht, wurde die Seenotrettung von Schiffbrüchigen auf europäischer Ebene stark diskutiert. Die Titelseite bildet eine solche Situation ab.

In beiden Quellen spiegelt sich das Motiv einer Angst der Zunahme der Zahlen von geflüchteten*migrierten Personen wider. In beiden Fällen findet sich eine Objektivierung dieser Personengruppe. Als „Flüchtlinge" positionierte Personen werden verteilt, mit ihnen wird umgegangen. Wir haben es in beiden Fällen mit einer eurozentristischen Perspektive zu tun. Sowohl auf der Titelseite Der Zeit als auch in dem Ausschnitt Blätter für deutsche und internationale Politik geht es primär um die Interessen Europas und weniger um den Skandal, dass Tausende Menschen jährlich ihr Leben im Mittelmeer verlieren. Die bedrohte Existenz von Personen wird gleichgesetzt mit politischen Interessen und Ängsten. Würde Artikel 1 des Grundgesetzes ernst genommen, würde eine solche Gegenüberstellung nicht in Frage kommen. Problematisch ist in beiden

Fällen, dass das Sterben im Mittelmeer scheinbar in Kauf genommen wird. So ist das Mittemeer bis heute eine der gefährlichsten Fluchtrouten (vgl. UNHCR 2018), da es keine sicheren Flucht*Migrationswege nach Europa gibt und seit Jahrzenten die Abwehr von geflüchteten*migrierten Personen ausgebaut wird.

Zusammenfassung

Zusammenfassend lässt sich festhalten, dass es sich bei der hier gewählten Repräsentation des „Flüchtlingsbootes“ um eine immer wiederkehrende Form handelt, wenn über Flucht*Migration berichtet wird. Wedekind (2017: 172) schreibt hierzu treffend:

> „Vielfach wird das Bootskentern und somit der Tod hunderter von Menschen als ein unabwendbarer Schicksalsschlag eingeordnet. Auf diese Weise findet quasi eine Normalisierung des Ereignisses statt und die Verantwortung Europas wird ausgeblendet. So wird das Kentern als ‚Tragödie‘ oder ‚Katastrophe‘ bezeichnet. Durch Metaphern dieser Art kommt dem Ereignis der Status eines schlimmen Schicksalsschlags zu, und es wird zugleich suggeriert, dass dagegen nichts hätte unternommen werden können. In Verbindung mit der Abschottungspolitik der EU und dem EU-Türkei-Abkommen wird mit einer solchen Einordnung eine Entkontextualisierung vorgenommen, indem das Ereignis unabhängig von vorangegangenen politischen Handlungen betrachtet wird.“

Eine solche Entkontextualisierung lässt sich auch in Bezug auf die hier analysierte Titelseite Der Zeit ausmachen. So stellt sich die Frage nach dem Ertrinken schließlich nur, weil die EU Außengrenzpolitik auf Abschottung setzt und es keine legalen Flucht*Migrationswege gibt. Die Titelseite stellt als „Flüchtlinge“ positionierte Personen dabei als eine homogene Gruppe von Persons of Color dar. Hierbei kommt es zu einer Entpersonalisierung sowie einer Objektivierung der Personen, indem die Frage im Mittelpunkt steht, wie mit „Flüchtlingen“ umgegangen werden soll. Als betrachtende Person wird durch die gewählte Perspektive sowie gestützt durch die Bildunterschriften Distanz zum Geschehen hergestellt. Mit der Frage „Was wollen wir tun?“ steht der Wille bzw. das Interesse und die Freiwilligkeit des konstruierten „Wir“ im Mittelpunkt. Das „Wir“ lässt sich dabei auf die deutsche Nation beziehen. Es wird darüber hinaus eine Dichotomie aufgemacht, als gäbe es nur zwei Optionen: Ertrinken vs. Kommen. Dabei wird die Verpflichtung zur Seenotrettung ergo die moralische Verpflichtung (vgl. Art. 1 GG: „Die Würde des Menschen ist unantastbar.“) ausgeblendet. Auf der Titelseite wird damit Distanz zwischen einem nationalen „Wir“ und den als „Flüchtlinge“ positionierten Personen vorgenommen. Die Entpersonalisierung in Verbindung mit der gewählten Perspektive von oben

ZEIT AKADEMIE
Das Bildungsangebot der ZEIT

DIE ZEIT

Alle Video-Seminare unter www.zeitakademie.de

PREIS DEUTSCHLAND 4,70 €
WOCHENZEITUNG FÜR POLITIK WIRTSCHAFT WISSEN UND KULTUR
6. AUGUST 2015 Nº 32

Willkommen!

Was widerfährt einer Familie aus dem Irak, die in Deutschland Zuflucht sucht? Geschichten aus einem Land, das Fremden die Hand reicht

DOSSIER

Wir brauchen einen Arzt!
Mit welchen Methoden Städte und Dörfer die Doktoren anlocken
Wissen, Seite 31

»Sie erklären sogar den Eskimos das Eis«
Die US-Autorin Rebecca Solnit spricht über Männer
ZEITmagazin, Seite 16

Das teuerste aller Geräusche

Abbildung 4: Titelbild der Wochenzeitung Die Zeit vom 06.08.2015
Quelle: Die Zeit (2015b: 1); Foto: Amrai Coen für Die Zeit

herab sowie dem technologischen Gefälle (Frachtschiff vs. Schlauchboot) lassen sich Parallelen zu kolonialen Diskursen erkennen. Die abgebildeten Personen sind z.T. ohne Kleidung, was an „Völkerschauen" des 18. und 19. Jahrhunderts erinnert (vgl. Dreesbach 2012). Wir haben es zusammenfassend an dieser Stelle mit Repräsentationsformen zu tun, die an koloniale Diskurse anschließen und damit Ressentiments gegenüber als „Flüchtlinge" positionierten Personen Vorschub leisten können.

9.2 „Willkommen!" – Die Zeit – 06.08.2015

9.2.1 Deskription

Was ist zu sehen?

Die Titelseite zeigt fünf Personen. Es handelt sich um zwei Erwachsene (eine Frau, einen Mann) und drei Kinder. Das Alter der Kinder kann bei dem

Ältesten zwischen sechs und zehn Jahren (Junge), bei dem zweit ältesten Kind auf zwei bis vier Jahre (Mädchen) und dem jüngsten Kind auf etwa ein Jahr alt (Geschlecht nicht identifizierbar) geschätzt werden. Die erwachsenen Personen scheinen in etwa zwischen 30 und 40 Jahre alt zu sein. In der Bildmitte der Titelseite ist der erwachsene Mann abgebildet. Er trägt ein blaugraues T-Shirt mit Kragen (Poloshirt) und eine schwarzgraue Hose. Er hat schwarze Haare und trägt einen Schnäuzer. Er blickt zu Boden, wobei seine Augen nicht zu erkennen sind, da das Licht von oben fällt und einen Schatten in sein Gesicht wirft. Er hat das linke Bein vor das Rechte gestellt, was den Eindruck erweckt als würde er langsamen Schrittes gehen. Weiterhin trägt er einen schwarzen Rucksack, hinter dessen Gurte er die Daumen seiner Hände geklemmt hat, so dass sie Arme angewinkelt und nah am Körper sind. Um seinen Mund zeichnen sich Falten ab. Er lacht nicht, sondern wirkt betrübt. Seine Füße sind nicht zu sehen, da sie von den vor ihm stehenden Kindern verdeckt werden. Rechts vor dem Mann ist der etwa zehnjährige Junge zu sehen. Der Körper des Jungen ist zur rechten Seite des Bildes gerichtet. Er trägt eine türkis-blaue Jacke mit rotgrünem Blumen-Muster und weißer Aufschrift. Auf der linken Seite der Jacke steht „NEW“, auf der rechten Seite lässt sich ein „Y“ – „R“ – „K“ erahnen. Sein Körper ist nur etwa bis zu Taille zu sehen. Entsprechend sind auch seine Hände nicht erkennbar. Seine Arme sind leicht angewinkelt, was darauf hindeutet, dass seine Hände in seiner Jackentasche stecken. Eindeutig zu erkennen ist dies jedoch nicht. Wie auch der erwachsene Mann blickt der Junge zu Boden, in den rechten, unteren Bereich des Bildes. Seine Augen sind ebenfalls nicht zu sehen. Er trägt eine Kurzhaarfrisur. Die Haare sind nach vorne gekämmt und insgesamt kurz geschnitten. Links vor dem Mann und links von dem ca. zehnjährigen Jungen steht das Mädchen im Alter von etwa zwei bis vier Jahren. Es ist einen guten Kopf kleiner, als der Junge und trägt eine dunkelblaue Jacke mit grau-glänzenden Knöpfen an Brusttaschen und Reißverschluss. Das Mädchen hat einen gelben Schnuller im Mund, der mit einem gelben Band und einem gelben Klipp am linken Jackenkragenrand befestigt ist. Das Mädchen hat braune Haare, die leicht gelockt sind. Die Haare des Mädchens verdecken seine Stirn und sind in unterschiedliche Richtungen gewellt. Mitten auf dem Kopf sind die Haare des Mädchens mit einem pinken Haargummi zu einem kleinen Zopf zusammengehalten. Am linken Ohr trägt es einen kleinen goldenen Ohrstecker. Wie bei dem Jungen auch, ist von ihr nur der Oberkörper abgebildet und so ist die rechte Hand nicht zu sehen. In der linken Hand hält das Mädchen etwas. Es ist nicht zu erkennen, worum es sich dabei handelt. Der Blick des Mädchens ist in den rechten oberen Bereich des Bildes gerichtet. Der Mann und die beiden Kinder sind in der Mitte bzw.

die Kinder im unteren Bereich der Titelseite abgebildet. Im linken Bereich ist eine Frau zu sehen, die ein Kleinkind auf dem Arm hält. Das Kleinkind ist schätzungsweise ein Jahr alt. Das Geschlecht des Kleinkindes ist nicht eindeutig auszumachen. Es trägt einen hellen, weißen, langärmeligen Strampler mit farbigen Aufdrucken. So steht auf dem linken oberen Bein „FUN" in gelben Buchstaben vor dem Hintergrund eines hellgrauen Sterns, auf dem linken unteren Bein lassen sich die Buchstaben „with" in grau und „RIEND" in lila erkennen. Darüber scheint eine Zeichnung zu sein, die jedoch von den Händen der Frau verdeckt ist, da sie das Kind im Arm hält. Um den Hals trägt das Kleinkind ein Lätzchen in Rosa mit ebenfalls vereinzelten Aufdrucken von Tiermotiven in pink und weiß. Weiterhin trägt das Kind einen Schnuller, der an einem blauweißen Band um seinen den Hals hängt. Auf dem Kopf trägt es eine weißgraue Mütze. Es sind keine Haare zu sehen. Das Kind blickt direkt in die Kamera. Es lächelt nicht, hat jedoch einen offenen und interessierten Blick. Es hat dunkelbraune Augen. Die Arme des Kindes sind nach links und rechts ausgebreitet und die Beine durchgestreckt. Die Arme der Frau, von der es gehalten wird, sind um die Taille des Kleinkindes geschlungen sowie um seine Oberschenkel. Die Frau, die das Kind im Arm hält, ist etwa 30 Jahre alt. Auch von ihr ist nur der obere Teil ihres Körpers abgebildet, etwa bis zur Mitte ihrer Oberschenkel. Sie trägt eine schwarz-weiße Bluse, die mit Zacken gemustert ist. Die obersten Knöpfe ihrer Bluse sind aufgeknöpft. Sie trägt eine schwarze Hose. Sie hat scheinbar lange Haare, die zu einem Zopf nach hinten gebunden sind. Auch ihr Kopf ist Richtung Boden bzw. den linken unteren Bildrand gerichtet. Ihre Augen scheinen nahezu geschlossen zu sein, so dass auch ihr Blick nicht zu sehen ist. Am linken Handgelenk trägt sie ein dünnes Band, das durch einen Knoten geschlossen ist. Am rechten Handgelenk eine schwarze Uhr. Sie lacht nicht, vielmehr wirkt ihr gesenkter Blick betrübt. Sie steht zusammen mit dem ca. zehnjährigen Jungen am weitesten im Bildvordergrund, dahinter das ca. zwei- bis vierjährige Mädchen, dann der erwachsene Mann. Im Hintergrund des Bildes sind rechts und links Leitplanken zu erkennen, wie man sie bspw. in Deutschland an Autobahnen und Landstraßen findet. Hinter den Leitplanken sind auf beiden Seiten Bäume bzw. Sträucher zu sehen. Dort wo die abgebildeten Personen stehen, lassen sich zwischen den Leitplanken grauer Asphalt sowie Fahrbahnmarkierungen ausmachen. Weit hinten im Hintergrund, zwischen den beiden erwachsenen Personen ist ein Auto mit Scheinwerferlicht zu erkennen. Der mittlere bis obere Teil des Bildes zeigt Himmel, welcher von der Bildmitte von weiß bis zum äußeren Rand ins Hellblaue verläuft.

Wie lautet der Text?

Überschriften:

(Von oben nach unten gelesen)
- „Willkommen!“
- „Was widerfährt einer Familie aus dem Irak, die in Deutschland Zuflucht sucht? Geschichten aus einem Land, das Fremden die Hand reicht“
- „Dossier“

Bildunterschrift / Quellenangabe:
- „Titelbild: Familie Shamo aus dem Irak auf dem Pannenstreifen der Autobahn A 3, kurz vor Passau. Fotografiert von Amrai Coen für DIE ZEIT. Während der ersten Zeit in Deutschland wird DIE ZEIT die Familie Shamo weiter begleiten und unterstützen.“

Wie ist das Verhältnis von Bild und Text?

Die Hauptüberschrift „Willkommen!“ ist im ganz oberen Bereich des Bildes bzw. auf dem Foto platziert. Die Schrift reicht gerade im unteren Bereich der Buchstaben nahe an die Köpfe der erwachsenen Personen heran. Die Schriftart dieser Hauptüberschrift hat Serifen. Die Unterüberschrift „Was widerfährt einer Familie […]“ ist sehr viel kleiner als das „Willkommen!“ gedruckt, auf fünf Zeilen verteilt und befindet sich im rechten, oberen Bereich des Bildes. Sie ist auf den Himmel gedruckt. Die Schriftart ähnelt dem „Willkommen!“. In einer anderen Schriftart steht „Dossier“. Es ist noch mal kleiner geschrieben, ist ebenfalls vor dem Hintergrund Himmel gedruckt, reicht aber sehr nahe an die Bäume und Sträucher des Hintergrundes heran. Die Bildunterschrift steht außerhalb des Bildes und ist sehr klein, in schwarzer Schrift gedruckt.

9.2.2 Interpretation

Wie kann das Bild für sich allein gedeutet werden?

Die abgebildeten Personen können als Familie identifiziert werden. Dieser Eindruck entsteht zum einen durch die Nähe, in der die Personen zueinanderstehen. So hat bspw. die erwachsene Frau das Kleinkind auf dem Arm, die anderen beiden stehen direkt neben ihr und vor dem Mann, der als Vater gelesen werden kann. Er hat die Kinder im Blick und kann aufpassen, dass sie nicht auf die Straße laufen. Auch der Altersabstand zwischen den Kindern deutet darauf hin, dass es sich möglicherweise um Geschwister handelt, da jeweils einige Jahre zwischen ihnen liegen und sie nah beieinanderstehen.

Die Atmosphäre in dem Bild wirkt bedrückend. Ausgelöst wird dies durch die scheinbare Niedergeschlagenheit der erwachsenen Personen und des ca. zehnjährigen Jungen. Alle drei haben ihren Kopf gesenkt und Blicken zu Boden. Am meisten niedergeschlagen wirkt die Frau. Sie hat ihren Kopf im Vergleich zu den anderen am tiefsten gesenkt und ihre Augen scheinen geschlossen zu sein. Auf ihrer Stirn, zwischen den Augenbrauchen sind leichte Falten zu erkennen. In ihrem Gesicht ist keine Freude oder eine freudige Mimik erkennbar. Sie wirkt desillusioniert, niedergeschlagen, ohne Energie, steht aber dennoch aufrecht und hält das Kleinkind fest im Arm.

Der Mann hat seinen Blick ebenfalls Richtung Boden gerichtet, allerdings ist sein Kopf nicht so stark nach unten geneigt wie der Kopf der Frau. Auch sieht es so aus, als wenn seine Augen nicht geschlossen seien, sondern als wenn er einen Punkt auf dem Boden fixieren würde. Er wirkt dabei sehr nachdenklich. Seine Nasolabialfalte wirkt recht ausgeprägt und auch um den Mund hat er einige Falten sowie Augenringe, die dunkle Schatten werfen. Seine Augenbrauen sind leicht zusammengezogen. Auch er wirkt resigniert. Seine Arme sind nah an seinem Körper. Das Verschränken der Hände hinter dem Rucksackgurt deutet darauf hin, dass er den Rucksack womöglich schon längere Zeit trägt und den Rücken vielleicht etwas entlasten möchte.

Der Junge blickt ebenso wie die beiden Erwachsenen zu Boden. Sein Gesicht ist im Profil zu sehen und es wird der Eindruck vermittelt, als wenn er einen Punkt auf dem Boden fokussiert und die Augen nicht geschlossen hat. Von denjenigen, die zu Boden blicken, ist der Junge derjenige, dessen Gesicht am wenigsten hoffnungslos aussieht. Auf seinem Gesicht zeichnet sich zwar kein direktes Lächeln ab, sein Blick wirkt aber dennoch auf eine gewisse Weise freundlich. Das mittlere Kind – das ca. zwei- bis vierjährige Mädchen – scheint von dieser Niedergeschlagenheit der Eltern und des älteren Bruders nicht erfasst zu sein. Sie hat einen leicht kritischen, leicht fragenden Blick. So sind auch ihre Augenbrauen leicht zusammengezogen und im Gegensatz zu den anderen Personen blickt sie nach oben und nicht zu Boden. Es wirkt fast so, als wenn sie nicht nachvollziehen könnte, warum die anderen so betrübt dreinschauen. Das jüngste Kind, auf dem Arm der Mutter, wirkt im Vergleich zu den anderen fröhlich gestimmt. Es wirkt interessiert und neugierig. Der Blick des Kindes ist wach und es scheint abzuwarten, was passiert.

Die Hintergrundkulisse deutet darauf hin, dass sich die Personen an einer Autobahn befinden. Leitplanken und Straße zeigen typische Merkmale, wie man sie an vielen deutschen resp. europäischen Autobahnen findet. Insgesamt zeigt das Bild eine untypische Situation, nämlich eine Familie zu Fuß an einer Autobahn. Auffällig ist, dass die Personen nicht hinter der Leitplanke stehen, um der potenziellen Gefahr durch schnell fahrende Autos aus dem Weg zu gehen. Im Hintergrund ist sogar ein scheinbar heranfahrendes Auto zu sehen. Die erwachsenen Personen schenken den Autos jedoch keine offensichtliche Aufmerksamkeit. Dies verstärkt den Eindruck der Resignation, der Hoffnungslosigkeit. Sie scheinen derart in Gedanken verloren zu sein, dass sie für ihr Umfeld keinen Blick haben.

Untypisch ist auch, dass die Personen scheinbar kaum Gepäck bei sich haben. Die Frau trägt nur eine Bluse, keine Jacke. Einzig und allein der Mann trägt einen Rucksack, der aber nicht viel größer zu sein scheint als ein Tagesrucksack. Auch die Kinder haben abgesehen von ihrer Kleidung keine Dinge bei sich. Als betrachtende Person stellt sich damit die Frage: Warum halten sich diese Personen an einer Autobahn auf? Was ist passiert? Gab es einen Autounfall? Wieso wurde ein Foto in dieser potenziell gefährlichen Situation aufgenommen? Auf der Bildebene finden sich keine eindeutigen Antworten auf diese Fragen.

Auffällig ist weiterhin, dass die Eltern die Verkehrslage scheinbar nicht im Blick haben, da sie in Fahrtrichtung unterwegs sind und beide zu Boden schauen. Sie können auf diese Weise heranfahrende Autos von hinten nicht sehen. Zwar befinden sie sich scheinbar auf dem Seitenstreifen und stehen vergleichsweise weit links in der Nähe der Leitplanke. Um der Gefahr einer Kollision mit herannahenden Fahrzeugen zu entgehen, wäre die andere Seite der Leitplanke der deutlich sicherere Aufenthaltsort.

Bezogen auf die Perspektive steht die betrachtende Person der Familie direkt gegenüber. Das Richten der Blicke auf den Boden der drei genannten Personen wirkt schambehaftet. Es scheint so, als würden sie versuchen, den Blicken der Betrachtenden auszuweichen, vergleichbar mit Situationen, in denen man Personen begegnet, mit denen man nicht reden möchte. Das gewählte Foto offenbart eine gewisse Verletzlichkeit der abgebildeten Personen, da insbesondere die Erwachsenen niedergeschlagen und resigniert wirken. Es gibt keine Hinweise bezogen auf die Person, die das Foto aufgenommen hat. Die Identität der Betrachter*innen bleibt auf der Bildebene anonym.

Wie lässt sich das Bild unter Hinzuziehung des Textes deuten?

Sehr dominant ist die Hauptüberschrift „Willkommen!“ betont durch ein Ausrufungszeichen. Der Begriff wird normalerweise in einem freudigen und freundlichen Zusammenhang verwendet. „Willkommen“ ist jemand, der oder die gerade sehr passend, angenehm, erwünscht ist (vgl. Bibliographisches Institut GmbH 2019). Es kann davon ausgegangen werden, dass sich das „Willkommen!“ an die abgebildeten Personen richtet. Dieser sehr positiv besetzte Begriff steht auf den ersten Blick im Kontrast zum Bild und der Stimmung, welche dieses vermittelt. Wie oben ausführlich beschrieben, wirken die Personen z.T. sehr niedergeschlagen und resigniert. Die große Schrift und das Ausrufungszeichen wirken im Gegensatz dazu auf den ersten Blick fast euphorisch. Bei genauerer Betrachtung der Farbwahl fällt jedoch auf, dass die Schrift in einer schwarzen Serifen-Schrift gehalten ist. Die Schriftform (Serifen) und -farbe (schwarz) rufen in Verbindung mit dem gewählten Foto jedoch Assoziationen von Trauer hervor. Die Farbwahl der Schrift scheint die Stimmung, die von den Erwachsenen ausgeht, zu unterstreichen. Die Hauptüberschrift steht folglich in einem Spannungsfeld zwischen Euphorie und Anteilnahme an der bedrückenden Stimmung, die durch das Bild vermittelt wird. Man könnte zu dem Schluss kommen, dass das „Willkommen“ versucht, in gewisser Weise der Resignation der abgebildeten Personen entgegenzuwirken bzw. dass der Versuch unternommen wird, Anteil an der Gemütslage der abgebildeten Personen zu nehmen. Das Schriftdesign deutet daraufhin, dass es kein unbeschwerter Anlass ist, sondern dass der ganzen Situation etwas Bedrückendes anhaftet.

Die Unterüberschrift gibt näheren Aufschluss darüber, um wen es sich bei den abgebildeten Personen handelt und wo sie sich befinden. So heißt es: „Was widerfährt einer Familie aus dem Irak, die in Deutschland Zuflucht sucht? Geschichten aus einem Land, das Fremden die Hand reicht.“ Bei den abgebildeten Personen handelt es sich folglich um eine Familie – wie die bildorientierte Interpretation bereits nahegelegt hat –, welche anscheinend aus dem Irak kommt und sich nun in Deutschland befindet.

Weiterhin sind die Begriffe „widerfahren“, „Zuflucht“ und „Fremde“ auffällig. Dem Duden (vgl. Bibliographisches Institut GmbH 2019) zufolge wird die Formulierung „widerfahren“ in Kontexten verwendet, wenn jemandem „etwas Schicksalhaftes“ (ebd.) zuteilwird. Über diesen Begriff wird zum einen Passivität ausgedrückt. Zum anderen wird indirekt auf eine höhere Gewalt verwiesen, nämlich das Schicksal. Bezogen auf die abgebildeten Personen lässt sich die Schlussfolgerung anstellen, dass sie die abgebildete Situation nicht freiwillig gewählt haben. Der Terminus „Zuflucht“ weist in eine vergleichbare Richtung. Er umschreibt einen Ort, der in Notlagen aufgesucht wird. Die Autobahn im Hintergrund zeigt ein tendenziell ungewöhnliches und bedrohliches Setting für ein Familienfoto. Die heranfahrenden Fahrzeuge können das leibliche Wohl der abgebildeten Personen gefährden. Es lässt den Rückschluss zu, dass die abgebildeten Personen aus einer Notsituation heraus den Weg entlang der

Autobahn gewählt haben – auf der Suche nach einem sicheren Aufenthalts- ergo Zufluchtsort. Der Begriff „Fremd[e]“ lässt sich ebenso auf die abgebildeten Personen beziehen. Sie werden hier als nicht Zugehörige adressiert.

Eine mögliche Deutung kann sein, dass die abgebildete Situation zeigen soll oder zumindest darauf anspielt, wie die Familie aus dem „Irak“ „Zuflucht“ in „Deutschland“ sucht. Fragen, die auch unter Berücksichtigung der Textebene bestehen bleiben, sind: wenn die Familie aus dem Irak kommt und in Deutschland Zuflucht sucht, was macht sie dann an einer Autobahn ohne Fahrzeug? Sind sie mit dem Auto gekommen und das Auto ist liegen geblieben? Gibt es womöglich kein Auto und sie sind zu Fuß gegangen? Wo ist ihr Gepäck? Wieso schenken die Erwachsenen dem Verkehr im Hintergrund keine Aufmerksamkeit, sondern blicken scheinbar in Gedanken versunken zu Boden? Diese Fragen bleiben offen und lassen Interpretationsspielraum.

Es wird ein Dualismus aufgemacht zwischen einerseits Deutschland als ein sicherer Ort der Zuflucht sowie andererseits dem Irak als ein Ort, vor dem die Familie Zuflucht sucht. Der Not und dem Schicksal ausgeliefert zu sein, wird mit dem Irak in Verbindung gebracht. Deutschland dagegen wird als „Land“ positioniert, „das Fremden die Hand reicht“. Mildtätigkeit, Güte und Hilfsbereitschaft werden mit Deutschland in Verbindung gebracht und es wird als Retter positioniert. In diesem Zusammenhang lässt sich der Hinweis von Niedrig und Seukwa (2010: 185) anführen, dass sich das Narrativ zwischen Täter-Opfer-Retter im Fluchtdiskurs wiederhole:

> „Denn in der Dreiecksbeziehung ‚Täter-Opfer-Retter‘ kommt ‚Deutschland‘ entweder die Position des ‚Retters‘ (der ‚wirklich Verfolgten‘) oder des ‚Opfers‘ (von Asylmissbrauch‘) zu, unter keinen Umständen jedoch die Position des ‚Täters‘.“

Es werden hier folglich bereits bekannte Narrative von Retter (Deutschland) und Opfer (Familie aus dem Irak) bedient (vgl. ebd.).

Wird die Bildunterschrift hinzugezogen, finden sich weitere Hinweise hinsichtlich der Deutung der abgebildeten Situation. Hier heißt es: „Titelbild: Familie Shamo aus dem Irak auf dem Pannenstreifen der Autobahn A 3, kurz vor Passau. Fotografiert von Amrai Coen für DIE ZEIT. Während der ersten Zeit in Deutschland wird DIE ZEIT die Familie Shamo weiter begleiten und unterstützen.“ Während in der Unterüberschrift von „einer Familie“ die Rede ist, wird hier der Name der Familie genannt. Durch die Nennung des Familiennamens verliert die Repräsentation der abgebildeten Personen etwas von ihrer Anonymität. Wenngleich die Bildunterschrift sehr klein gedruckt ist und nur bei genauer Betrachtung ins Auge fällt, wird durch die Nennung des Namens eine gewisse Nähe zwischen den betrachtenden und den abgebildeten

Personen hergestellt. Es handelt sich nun nicht mehr nur um „Fremde", sondern die Betrachter*innen erfahren einen Bruchteil über die Identität der Familie. Zudem wird in der Bildunterschrift noch einmal betont, dass die Familie aus dem Irak kommt. Dies lässt die Schlussfolgerung zu, dass dies bei der Erstellung der Titelseite als eine wichtige Information erachtet wurde.

Als Ort, an dem die Aufnahme des Fotos getätigt wurde, ist der „Pannenstreifen der Autobahn A3, kurz vor Passau" benannt. Passau liegt nahe der österreichisch-deutschen Grenze in Deutschland. Angenommen das Foto soll zeigen, wie die Familie aus dem Irak nach Deutschland gekommen ist bzw. sich auf dem Weg befindet, wäre Passau ein möglicher Ort, über den die Familie nach Deutschland eingereist sein könnte. Die Nennung eines Ortes, der sehr nahe an der deutschen Grenze liegt, wäre ein Hinweis, dass das Bild eben eine Situation während oder kurz nach der Einreise nach Deutschland repräsentieren soll.

Unter Einbeziehung des diskursiven Kontextes wird hier vermutlich auf den Entschluss Tausender geflüchteter*migrierter Personen Bezug genommen, die in Ermangelung alterativer Flucht*Migrationsrouten zu Fuß über europäische Autobahnen ihre Reise fortsetzten (vgl. Herbert/Schönhagen 2020). So beschlossen beispielsweise am vierten September 2015 „rund 3.000 der Flüchtlinge, die seit Tagen am Bahnhof von Budapest ausharrten, nicht länger in Ungarn zu bleiben, sondern sich zu Fuß auf den etwa 180 Kilometer langen Weg nach Österreich bzw. nach Deutschland zu machen. Sie marschierten entlang der Autobahn nach Westen und wurden von zahlreichen Fernsehteams begleitet, die dem Zug bald den Namen ‚march of hope' verliehen." (ebd.) Es lässt sich der Rückschluss anstellen, dass die abgebildeten Personen auf der Titelseite womöglich eine ähnliche Entscheidung getroffen haben. So ließe sich plausibilisieren, weshalb sich die Familie ohne Auto auf dem Seitenstreifen einer Autobahn befindet. In diesem Zusammenhang wird weiterhin der Moment der Grenzüberschreitung indirekt thematisiert. Personen ohne deutsche oder europäische nationalstaatliche Zugehörigkeit überquerten zu Fuß die Grenzen europäischer Staaten. Das Bild tausender Menschen entlang europäischer Autobahnen zeugte von immenser Entschlusskraft, aber auch von der Dringlichkeit der Notsituation, mit der sich die Personen konfrontiert sahen. Die Titelseite scheint auf ebendiese symbolträchtigen Ereignisse Bezug zu nehmen, wenn insbesondere das Setting Autobahn berücksichtigt wird.

Wird weiter die Bildunterschrift hinzugezogen, so heißt es hier: „Fotografiert von Amrai Coen für DIE ZEIT". Hier wird deutlich, dass das Foto im Auftrag der Wochenzeitung Die Zeit aufgenommen wurde. Die abgebildete Situation wirkt auf gewisse Weise konstruiert. Dieser Eindruck wird insbesondere dadurch vermittelt, dass die erwachsenen Personen dem Verkehr scheinbar keine Aufmerksamkeit schenken. Es wirkt nicht so, als wäre die Aufnahme aus einem Affekt entstanden, sondern als hätte ein*e Fotograf*in zumindest für einen Moment lang um die Aufmerksamkeit der abgebildeten Personen gebeten. Vor diesem Hintergrund lässt sich der schambehaftete Blick nach unten der abgebildeten Personen plausibilisieren. So sehen sie sich einer Berichterstatterin gegenüber, die etwas für eine Zeitung dokumentieren möchte. Anscheinend sehen sie sich selbst nicht in einer Situation, auf die sie stolz sind. Sie wissen womöglich, dass andere Menschen diese Bilder von ihnen sehen und wissen werden, dass sie nach Deutschland gekommen sind, um Hilfe in Anspruch zu nehmen. In einer Verfassung zu sein, in der man die Hilfe anderer bedarf, können Schamgefühle hervorrufen. Sich helfen lassen zu müssen, kann als unangenehm empfunden werden. Zum einen drückt sich darin aus, dass man selbst nicht über die nötigen Mittel und Ressourcen verfügt, um autonom zu agieren. Zum anderen steht die Bedürftigkeit nach Unterstützung mit Abhängigkeiten in Verbindung. Wenn eine Person sich nicht selbst helfen kann und die Hilfe anderer in Anspruch nehmen möchte oder muss, kann es dazu kommen, dass ein Teil der eigenen Autonomie temporär aufgegeben wird. Diese Deutung würde den schambehafteten, gesenkten Blick der abgebildeten Personen erklären. Zudem wird auch durch die Formulierung „Während der ersten Zeit in Deutschland wird DIE ZEIT die Familie Shamo weiter begleiten und unterstützen“ das Motiv des Helfens noch einmal hervorgehoben. In diesem Fall wird die Wochenzeitung Die Zeit in der Rolle des Helfenden positioniert, während den abgebildeten Personen die Rolle des Opfers bzw. der Bedürftigen zugewiesen wird.

Zusammenfassung

Wird die Frage danach gestellt, wie „Flüchtlinge“ auf dieser Titelseite repräsentiert werden, fällt auf, dass der Begriff des „Flüchtlings“ selbst keine Erwähnung findet. Es ist jedoch von „Willkommen“, „Zuflucht“ und „Fremden“ die Rede. Hierbei handelt es sich um Begrifflichkeiten, die indirekt auf den Diskurs rund um die Flucht*Migration nach Europa und Deutschland Bezug nehmen und immer wieder Verwendung finden (vgl. NDMM – Neue deutsche Medienmacher*innen 2018: 15 ff.). Hinzu kommt, dass mehrfach betont wird, dass die Familie aus dem Irak kommt. Personen, die aus dem Irak geflüchtet bzw. migriert sind, haben aufgrund der Krisensituation im Irak die Chance, als „Flüchtlinge“ in Deutschland anerkannt zu werden. Insgesamt können die abgebildeten Personen vor diesem Hintergrund als „Flüchtlinge“ gelesen werden.

Wie bereits erwähnt, findet sich bei der gewählten Repräsentation die Rollenverteilung zwischen „Opfer“ und „Rettender“ wieder (vgl. Niedrig/Seukwa 2010: 185). Deutschland wird dabei in der Position repräsentiert, die Familie aus dem Irak „willkommen“ zu heißen, ihnen als „Fremd[e] die Hand“ zu reichen. Implizit lässt sich der Rückschluss anstellen, dass die Familie auf dieses Wohlwollen Deutschlands angewiesen ist. Die Rollen Opfer und Rettender sind klar verteilt.

Diese Repräsentation von als „Flüchtling“ positionierten Personen ist insofern problematisch, als dass sie vorwiegend „als ein Objekt des Handelns anderer“ (ebd.: 184) wahrgenommen werden. Die Position des Opfers kann darüber hinaus stigmatisierend wirken, da im Vordergrund die Bedürftigkeit der betroffenen Personen steht und andere Persönlichkeitsmerkmale ausgeblendet werden. Es drückt sich weiterhin ein Machtgefälle zwischen jenen, die helfen und jenen, denen geholfen wird aus. So verfügen die Rettenden im Gegensatz zu den Opfern i.d.R. über einen Vorsprung bezogen auf Mittel und Ressourcen. Rettende können über den Einsatz ihrer Mittel verfügen, während Opfer auf das Wohlwollen ihres Gegenübers angewiesen sind. Die Beziehung zwischen Rettenden und Opfern kann dabei von Paternalismus bzw. Bevormundung geprägt und die Autonomie der als Opfer positionierten Personen eingeschränkt sein. Wird diese Deutung zugrunde gelegt, lässt sich der schambehaftete Blick nach unten der drei Personen (Mutter, Vater, Sohn) plausibilisieren (vgl. oben).

Daran anschließend lässt sich die Frage stellen, wie die Repräsentation von Nationalstaatlichkeit im Verhältnis zu Konstruktion von als „Flüchtling“ positionierten Personen in Erscheinung tritt. Auffällig ist, dass die Benennung „aus dem Irak“, ergo die nationalstaatliche Zugehörigkeit, zweimal auf der sprachlichen Ebene benannt wird. Werden die abgebildeten Personen als „Flüchtlinge“ gelesen, so erweist sich ihre nationalstaatliche Zugehörigkeit scheinbar als ein von den Medienmachenden als wichtig erachtetes Kriterium. Bestimmende Merkmale der abgebildeten Personen sind folglich zum einen eine Familie zu sein sowie zum anderen aus dem Irak zu kommen.

Ein Ungleichgewicht drückt sich auf der Ebene des Sichtbaren und Unsichtbaren aus. Während von der Familie ein Foto abgebildet ist – sie also sichtbar sind – tritt Deutschland als „Land, das Fremden die Hand reicht“ nur auf sprachlicher Ebene in Erscheinung. Die einen sind sichtbar und werden als Opfer positioniert, die anderen sind unsichtbar, agieren aber scheinbar machtvoll aus dem Hintergrund, indem sie die Rolle der Rettenden einnehmen.

Mit Blick auf die Konstruktion von Nationalstaatlichkeit fällt die Personifizierung „aus einem Land, das Fremden die Hand reicht“ auf. Der Begriff Land kann unterschiedlich gedeutet werden. Allgemein gehalten bezeichnet er einen „nicht mit Wasser bedeckten Teil der Erdoberfläche“ (vgl. Bibliographisches Institut GmbH 2019). Häufig wird dieser Terminus jedoch auch als Synonym für den Begriff des Nationalstaates gebraucht (vgl. ebd.). Dabei ist die Formulierung „Hand reichen“ eine sehr zugewandte Geste, die eine zwischenmenschliche Interaktion widerspiegelt. Deutschland wird damit personifiziert und tritt nahezu als autonomes Subjekt auf sprachlicher Ebene in Erscheinung. „Fremden“ die Hand zu reichen, wird hier zudem als etwas Besonderes herausgestellt und nicht als Selbstverständlichkeit aufgefasst. Auf diese Weise wird die heroische Geste des Rettens der Familie durch Deutschland noch einmal hervorgehoben.

Der Familie, die als „Flüchtlinge“ gelesen werden können, wird weiterhin eindeutig die Position der „Fremden“ zugewiesen. Der Irak wird hier als ihre nationalstaatliche Zugehörigkeit benannt und damit ihre Nicht-Zugehörigkeit zu Deutschland betont. Eine Konstruktion von „Wir“ und „den Anderen“ (vgl. Hall 2010: 111 ff.) tritt damit in Erscheinung. Bezogen auf die Repräsentation von Nationalstaatlichkeit ist damit die Abgrenzung nach außen auffällig. Für Nationen ebenso wie Staaten ist die Begrenzung einer Gemeinschaft auf einen bestimmten Personenkreis konstitutiv (vgl. Anderson 1988: 16). Sprachlich wird ebendiese Begrenzung eindeutig vollzogen.

Die Konstruktion von Nationalität wird weithin durch die Formulierung „Geschichten aus einem Land“ bedient. Wie Hall (vgl. 1996: 613 f.) herausgearbeitet hat, so sind Geschichten und Mythen ein typisches Mittel, um Nationen am Leben zu erhalten. Hier steht die Geschichte Deutschlands als Retter*in der Familie Shamo im Vordergrund. Die hier gewählte Repräsentation von Nationalstaatlichkeit und „Flüchtlingen“ lässt eine Erfolgsgeschichte erwarten. Eine Geschichte, bei der Deutschland Fremde willkommen heißt, obwohl entsprechend der globalen nationalstaatlichen Ordnung die Familie dem Irak und nicht Deutschland zugehörig ist. Die Familie wird willkommen geheißen, *obwohl* sie „Fremde“ sind und somit die Leistung Deutschlands als heroisch herausgestellt. Personen, die sich in der Position als geflüchtete*migrierte Personen wiederfinden, wird damit ein dankbares, unterwürfiges Verhalten nahegelegt. Sie werden nicht in einer Position repräsentiert, aus der heraus sie einen Anspruch auf Teilhabe hätten, sondern ihnen wird die Rolle der Dankbaren zugeschrieben. Man könnte so weit gehen, dass diese Rolle der Dankbaren genutzt werden kann, um Forderungen auf gesellschaftliche Teilhabe an Ressourcen zu unterbinden. Dankbarkeit taucht als starkes Motiv der Lenkung und Leitung von geflüchteten*migrierten Personen auf.

Wird die Quelle Blätter für deutsche und internationale Politik (vgl. 2015d: 126) einbezogen, so wird hier mit Blick auf Flucht*Migrationsbewegungen nach

Europa betont, dass innerhalb der EU weiterhin Uneinigkeit hinsichtlich der Verteilung von geflüchteten*migrierten Personen besteht. EU-weit herrscht eine ablehnende Grundhaltung gegenüber der Aufnahme dieser Personengruppe. Die Titelseite zeichnet vor diesem Hintergrund insbesondere von Deutschland wie bereits dargelegt ein anderes Bild, nämlich das der rettenden Instanz. In diesem Zusammenhang und im Vergleich zu anderen EU-Staaten hebt sich Deutschland in der hier gewählten Repräsentation ab, indem die Willkommensgeste gegenüber geflüchteten*migrierten Personen hervorgehoben wird. Insgesamt ist damit die Verteilung der Rollen von Rettenden und Opfern eindeutig zugewiesen.

9.3 „Die Macht der Gefühle" - Die Zeit - 10.09.2015

9.3.1 Deskription

Was ist zu sehen?

Das Bild zeigt die Nahaufnahme zweier Personen, deren Köpfe im Mittelpunkt stehen. Von der einen Person (Fokusperson) sind das Gesicht und ein Teil der Schulter zu sehen. Von der anderen Person der Hinterkopf und der rechte Arm. Bei beiden Personen sieht es so aus, als wenn es sich um Frauen handelt. Die Fokusperson ist schätzungsweise zwischen 25 und 35 Jahre alt. Bei der anderen Person ist das Alter nur schwer zu bestimmen, kann jedoch auf das Alter zwischen 20 und 40 Jahren geschätzt werden. Die Fokusperson hat braune Augen, dunkelbraune, fast schwarze Haare, die nach hinten gekämmt sind, so dass ihre Stirn frei zu sehen ist. Die andere Frau hat ebenfalls braune Haare, der linke Teil ihres Kopfes ist jedoch nicht zu sehen. Die Haare der rechten Seite schimmern durch den Lichteinfall fast orange. Die Frau, von der nur der Hinterkopf zu sehen ist, trägt ein Oberteil mit kurzen Ärmeln in dunkelblau. Es ist ihr Oberarm sowie ein kleines Stück des gebeugten Unterarmes zu sehen. Der Blick der Fokusperson ist in Richtung der Betrachter*innen gerichtet, es besteht aber kein direkter Blickkontakt, sondern das, was die Person betrachtet, scheint rechts von den Betrachter*innen zu liegen. Durch den Fokus auf die Personen ist der Hintergrund stark verschwommen. Es sind hellgrüne und schwarzgraue Flächen zu sehen. Die Frau, die im Fokus steht, hat ihre Augen zusammengekniffen. Ihre Augen scheinen den Tränen nahe zu sein, während ihr Mund ein Lachen zu zeigen scheint, so dass ihre obere Zahnreihe zu sehen ist. An der rechten Seite ihres linken Auges sind mehrere kleine Fältchen zu sehen. Unter den Augen hat sie tiefe Falten, ebenso wie Falten, die zwischen

Abbildung 5: Titelbild der Wochenzeitung Die Zeit vom 10.09.2015
Quelle: Die Zeit (2015c: 1); Foto: Symbolfoto: Sollina Images/GS

Nase und Mund liegen. Auch auf ihrer Stirn zeichnen sich vertikale Falten ab. Ihre Stirn sieht sehr angespannt aus.

Wie lautet der Text?

Überschriften:

(Von oben nach unten gelesen)

- „Die Macht der Gefühle"
- „So wie jetzt das Schicksal der Flüchtlinge überwältigen immer wieder dramatische Ereignisse ein ganzes Land. Das ist die Stunde der großen Emotionen. Aber auch der Verführbarkeit."
- „Wissen"

Quellenangabe:

- „Symbolfoto: Sollina Images/GS"

Textgestaltung

Die Hauptüberschrift ist in einer Serifenschrift fett gedruckt im oberen Bereich des Bildes angeordnet. Der Text „Die Macht der Gefühle" ist groß, in weißer Schrift gehalten. Die Unterüberschrift ist linksbündig im unteren, linken Teil des Bildes angeordnet. Sie befindet sich dort, wo das Foto aufgrund des Schattens vorwiegend schwarz ist. „Wissen" ist unterhalb der Unterüberschrift angeordnet, in einer sehr viel kleineren Schriftgröße, in Großbuchstaben gedruckt. Eine Bildunterschrift fehlt, während am linken Rand vertikal außerhalb des Bildes „Symbolfoto: Sollina Images/GS" als Quelle genannt wird.

9.3.2 Interpretation

Wie kann das Bild für sich allein gedeutet werden?

Das Bild vermittelt den Eindruck, als wenn sich die abgebildeten Personen sehr nahestehen würden. Hierfür spricht die innige Umarmung, bei der sich die Körper der beiden Personen sehr nahekommen. Es ist keine distanzierte Umarmung, bei der viel Platz zwischen beiden Personen ist, sondern der Kopf der Fokusperson liegt auf der Schulter der anderen Person auf. Es sieht fast so aus, als wenn sie Wange an Wange wären. Bei der Fokusperson erscheint es so, als wäre sie erleichtert bzw. als würde sie sich über etwas freuen. Hierauf deutet ihr Lachen hin. Gleichzeitig scheint sie zu Tränen gerührt zu sein. Die Tränen deuten auf eine starke Emotionalität hin. In diesem Fall erscheint es durch das Lachen, als wenn es sich um etwas Positives handeln würde. Die Falten auf ihrer Stirn deuten auf einen gewissen Grad an Anspannung hin, so als sei da eine Last, die in dem Moment der Umarmung von ihr zumindest ein Stück weit abfallen würde, weil sie von einer anderen Person im Arm gehalten wird.

Die gewählte Perspektive der Betrachter*innen ist dabei den abgebildeten Personen sehr nahe. Zwischen Betrachter*innen und den abgebildeten Personen liegt vermutlich weniger als ein halber Meter. Das Bild zeigt eine recht intime Situation. Es fällt auf, dass die beiden Personen diese Nähe zulassen und gleichzeitig den Betrachter*innen keine Aufmerksamkeit schenken. Es lässt sich der Rückschluss anstellen, dass die abgebildeten Personen derart von ihren Emotionen überwältigt sind, dass sie keinen Raum haben, sich darüber Gedanken zu machen, dass sie beobachtet werden. Dieser Eindruck wird auch durch den leicht abwesend erscheinenden Blick der Fokusperson unterstützt. So blickt diese zwar in die Richtung der Betrachter*innen, fokussiert sie aber nicht. Vielmehr wirkt ihr Blick nach innen gerichtet, mit der eigenen Emotionalität beschäftigt.

Die Intimität der abgebildeten Situation wirft die Frage auf, unter welchen Umständen das gewählte Foto aufgenommen wurde. Auf der Bildebene lassen sich nur vage Vermutungen anstellen. Da das Foto in einer Wochenzeitung abgedruckt wurde, kann bspw. davon ausgegangen werden, dass ein*e Fotograf*in/Journalist*in dieses Bild aufgenommen hat. In diesem Fall wird eine leicht voyeuristische Note vermittelt. So wird eine emotional aufgeladene und intime Situation zwischen zwei Menschen abgebildet, die i.d.R. nicht für andere bestimmt ist. Emotionalität und Intimität sind Bereiche des Privaten und weniger im Bereich der Öffentlichkeit angesiedelt. Die abgebildeten Personen scheinen jedoch in das Eindringen ihrer Privatsphäre durch die Aufnahme des Fotos eingewilligt zu haben, da diese Titelseite ansonsten nicht in diesem Format zu Stande gekommen wäre. Eine andere Konstellation könnte sein, dass das Foto durch eine Person aufgenommen wurde, die den abgebildeten Personen nahesteht. Es wäre denkbar, dass das Foto durch ein Familienmitglied oder eine befreundete Person aufgenommen wurde, welche womöglich als nächstes die Fokusperson umarmen möchte. Auch wenn das Bild für sich genommen nicht eindeutig klärt, in welchem Verhältnis der oder die Betrachter*in zu den abgebildeten Personen stehen, so ist in jedem Fall ein zentrales Motiv die Nähe und das hohe Maß an Emotionalität, welche durch das gewählte Foto transportiert werden. Deshalb wird bei der*dem Betrachter*in Empathie für die abgebildeten Personen hervorgerufen.

Wird nur die bildliche Ebene betrachtet, finden sich keine direkten Hinweise darauf, dass es sich bei den abgebildeten Personen um geflüchtete*migrierte Personen handelt. Ebenso wenig finden sich auf der bildlichen Ebene eindeutige Hinweise auf Konstruktionen von Nationalstaatlichkeit. Jedoch vermittelt das Bild den Eindruck von Zusammenhalt und gegenseitiger Unterstützung. Elemente die indirekt auf Gemeinschaft Bezug nehmen. Hier lässt sich erneut Bezug zu Andersons (vgl. 1988: 15 ff.) Konzept der Nation als (imaginierte) Gemeinschaft herstellen. Die Nähe der Personen transportiert gegenseitige Zugehörigkeit, die scheinbar auch die Betrachter*innen miteinbezieht. Insgesamt entsteht auf der bildlichen Ebene der Eindruck, als wenn alle (Betrachter*innen und abgebildete Personen) einander als zusammengehörig einstufen.

Wie lässt sich das Bild unter Hinzuziehung des Textes deuten?

Die Titelüberschrift „Die Macht der Gefühle“ rückt in den Fokus, was auch auf Bildebene im Mittelpunkt steht, nämlich die Repräsentation starker Emotionalität. Hier wird betont, wie wirkmächtig, weitreichend und einflussreich Emotionen sein können. Auf sprachlicher Ebene scheint im ersten Moment die Emotionalität losgelöst von Personen zu sein. Sie wirkt wie eine Macht, die außerhalb der menschlichen Einflussnahme liegt. Wird das Bild hinzugezogen und nur die Hauptüberschrift gelesen, kann das Bild als ein Beispiel gelesen werden, wie machtvoll Emotionen sein können. So zeigt das Foto Personen, die von Emotionen sehr ergriffen zu sein scheinen.

Unter Hinzuziehung der Unterüberschrift lassen sich weiterführende Rückschlüsse anstellen. Hier taucht zum einen die Formulierung auf „So wie jetzt das Schicksal der Flüchtlinge […]“. Die Betonung auf „jetzt“ lässt sich auf den Moment beziehen, der auf dem Bild zu sehen ist. Daran anschließend können die abgebildeten Personen als „Flüchtlinge“ gelesen werden. Weiterhin ist die Formulierung „das Schicksal der Flüchtlinge“ auffällig. Der Grund, weshalb geflüchtete*migrierte Personen ihren Herkunftsort verlassen mussten, wird nicht im globalen Kontext und unter Berücksichtigung der Verantwortung Europas hinsichtlich der Verschärfung von Flucht*Migrationsursachen beleuchtet, sondern es wird so dargestellt, als wenn die Situation der als „Flüchtlinge“ positionierten Personen durch eine Naturgewalt bzw. etwas Gottesähnlichem – nämlich dem „Schicksal“ – verursacht worden sei. Zudem taucht auch hier eine Homogenisierung auf. Es ist „das Schicksal der Flüchtlinge“, womit suggeriert wird, als würde es „ein Schicksal“ geben, das allen „Flüchtlingen“ gemein sei.

Weiter heißt es in der Unterüberschrift „[…] überwältigen immer wieder dramatische Ereignisse ein ganzes Land“. Die Formulierung „überwältigen“ ließe sich auf die Fokusperson beziehen, da diese von ihren Emotionen sehr ergriffen zu sein scheint. Jedoch heißt es hier, dass „ein ganzes Land“ wird von „dramatischen Ereignissen“ „überwältig[t]“. Es sind nicht die abgebildeten Personen, die von Emotionen ergriffen sind, sondern „das Land“, das von den „Schicksalen der Flüchtlinge“ überwältigt wird. Auf sprachlicher Ebene wird hier „das Land“ als passiv dargestellt und zum Objekt des Handelns Anderer. Der Terminus „überwältigen“ lässt Assoziationen mit einer Opferrolle zu, die in diesem Kontext dem „Land“ zugeschrieben wird. Auch hier lässt sich insgesamt eine Verschiebung zwischen Bild- und Textebene ausmachen. Während bei der betrachtenden Person im ersten Moment Empathie für die abgebildete Person geweckt wird, dreht die Textebene die Rollen um, indem das „Land“ scheinbar in einer bemitleidenswerten Position zu sein scheint.

Dieser Eindruck wird weiterhin durch die Formulierung „dramatische Ereignisse“ gestützt. Es ist unklar, auf welche weiteren Ereignisse hier Bezug genommen wird. Klar wird, dass das aktuelle Ereignis, nämlich das „Schicksal der Flüchtlinge“ scheinbar wie andere drastische Ereignisse immer wieder „ein ganzes Land“ „überwältigen“. Es entsteht der Eindruck, als wenn das Land gar nicht zur Ruhe käme und die Ursache hierfür u.a. auf Seiten der „Flüchtlinge“ verortet wird. Der Begriff „überwältigen“ drückt dabei eine gewisse Vulnerabilität aus. Jemand, der oder die „überwältigt“ ist, kann gegen die jeweilige Einwirkung von außen in diesem Moment nichts unternehmen und ist gewissermaßen ausgeliefert. Die Formulierung „immer wieder“ lässt diesen Zustand als häufig auftretend und andauernd erscheinen, wodurch die Rolle des „Land[es]“ als Opfer verstärkt wird. Auffällig ist dabei, dass nicht eindeutig benannt wird, welches Land an dieser Stelle gemeint ist. Wird berücksichtigt, dass es sich hierbei um die Titelseite einer deutschen Wochenzeitung handelt, und dass zum Zeitraum des Erscheinens dieser Ausgabe, die Flucht*Migration von Menschen nach Europa und Deutschland sehr präsent in deutschen Medien war (vgl. Haller 2017; Jäger/Wamper 2017), lässt sich die Schlussfolgerung anstellen, dass Deutschland hier mit dem Terminus „Land“ bezeichnet wird.

Auffällig ist, dass an dieser Stelle ebenso wie in der Ausgabe Der Zeit vom 06.08.2015 (Die Zeit 2015b) die Formulierung „Land“ verwendet wird. Dem Duden zufolge wird der Begriff unter anderem synonym für ein „politisch selbstständiges, von Grenzen umgebenes Gebiet; Staatsgebiet; Staat“ (Bibliographisches Institut GmbH 2019) verwendet. Das „Land“ alias der (National)Staat tritt hier nahezu als eigenständiges Subjekt auf. Es wird eine Personifizierung vorgenommen, die gleichzeitig mit einer Homogenisierung einhergeht. Eine große Gruppe von Menschen, die dem Staat bzw. der Nation Deutschland als zugehörig betrachtet werden, treten hier als vermeintliche Einheit auf. Anderson (vgl. 1988: 15 f.) zufolge ist dies ein typisches Phänomen der Konstitution von Nationen.

Daran anschließend ruft die Formulierung „Das ist die Stunde der großen Emotionen“ der Unterüberschrift Assoziationen von Festlichkeit hervor. Es wird diese eine Stunde hervorgehoben und verschiedene „dramatische Ereignisse“ werden auf diesen besonderen Moment reduziert. Der Terminus „[…] der großen Emotionen“ hebt die Ebene der Emotionalität als besonders hervor. Denkt man an den Dualismus von Emotionalität und Rationalität, so liegt der Fokus hier eindeutig auf den Emotionen. Die Rationalität, Verstand und Vernunft scheinen in diesem Moment keine Rolle zu spielen. Wird der letzte Satz der Unterüberschrift berücksichtigt, so scheint es, als würde auf die potenziellen Gefahren des Vernachlässigens der Rationalität hingewiesen werden. Hier heißt es „Das ist die Stunde der großen Emotionen. Aber auch der Verführbarkeit.“ Laut dem Duden bedeutet verführen, „jemanden dazu bringen, etwas Unkluges, Unrechtes, Unerlaubtes gegen seine eigentliche Absicht zu tun“ (Bibliographisches Institut GmbH 2019). Dem abgebildeten Moment wird somit eine Doppeldeutigkeit zugeschrieben. Auf der einen Seite stehen große Emotionen, auf der anderen Verführbarkeit. Derselbe Moment, der auf der einen Seite als großartig dargestellt wird („Die Stunde der großen Emotionen"), scheint auf der anderen Seite gewisse Gefahren zu bergen („Aber auch der Verführbarkeit"), nämlich sich verführen zu lassen und damit zu etwas verleitet zu werden, was rational betrachtet womöglich unklug, unrecht oder unerlaubt ist.

Zusammenfassung

Speziell mit Blick auf die Repräsentation von geflüchteten*migrierten Personen fällt auf, dass das Bild keine Bildunterschrift hat, die Rückschlüsse darüber zuließe, um wen genau es sich bei den abgebildeten Personen handelt. Es bleibt folglich offen, wer dort abgebildet ist und in welcher Situation das Bild aufgenommen wurde. Die Repräsentation der geflüchteten*migrierten Personen zeichnet sich hier durch Anonymität aus. Gleichzeitig erweist sich die Repräsentation der „Flüchtlingskonstruktion" hier als doppeldeutig. Einerseits wird Empathie für die abgebildeten Personen geweckt und das abgebildete Ereignis als besonderer, nahezu feierlicher Moment („Das ist die Stunde der großen Emotionen") dargestellt. Andererseits wird dieses positive Bild durch den Hinweis auf die Gefahren der „Verführbarkeit" getrübt. Da das „Schicksal der Flüchtlinge" hier als Auslöser für „große Emotionen" dargestellt wird, lässt sich die Gefahr der „Verführbarkeit" auf die als „Flüchtlinge" positionierten Personen übertragen. Auf der einen Seite werden folglich Empathie, Mitgefühl und Emotionen für als „Flüchtlinge" positionierte Personen geweckt, auf der anderen Seite wird vor der Gefahr der Verführung und Verlockung gewarnt.

Insgesamt kann die Titelseite als ein Moment des Ankommens gedeutet werden. So ist das gegenseitige Umarmen eine typische Geste, wenn sich Menschen nach längerer Zeit wiedersehen. Es ist eine Geste der Begrüßung. Wird die Fokusperson als geflüchtete*migrierte Person gelesen, so kann die andere Person als jemand gedeutet werden, die sie in Deutschland willkommen heißt. Eine solche Deutung fügt sich in eine Repräsentation ein, in der Deutschland als vermeintlich großzügiges Gastgeberland repräsentiert wird. Die starke Emotionalität der Fokusperson lässt sich daran anschließend als Erleichterung darüber deuten, Deutschland erreicht zu haben. Diese Interpretation lässt sich insbesondere dann anstellen, wenn der diskursive Kontext hinsichtlich des Zeitraumes des Erscheinens dieser Titelseite einbezogen wird. So ist die Titelseite im „Sommer der Migration" (Hess et al. 2016b) erschienen, sprich zu einer Zeit, als das Thema Flucht*Migration nach Deutschland und Europa in den

Medien sehr präsent war. In den Blättern für deutsche und internationale Politik (2015a) wird für August 2015 darauf hingewiesen, dass

> „nach Angaben der Internationalen Organisation für Migration in Genf [...] die Flüchtlingszahlen seit Jahresbeginn eine Rekordhöhe [erreicht haben]. Bereits in den ersten Monaten seien mehr Bootsflüchtlinge in Griechenland, Italien, Spanien, Malta und anderen europäischen Ländern angekommen als im ganzen vergangenen Jahr. Nahezu täglich würden in den Sommermonaten rund 1000 Migranten an den Küsten Italiens und Griechenlands an Land gehen.“ (ebd.: 126)

Hinzu kommt, dass Bundeskanzlerin Angela Merkel im September 2015 mitteilte, die deutschen Grenzen für geflüchtete*migrierte Personen aus Krisen- und Kriegsgebieten des Nahen Ostens und Afrika offen zu halten (vgl. ebd.). Es ist eine Zeit in der in den Medien immer wieder von einer „Willkommenskultur“ (Neue deutsche Medienmacher*innen 2018: 17) in Deutschland die Rede ist. In deutschen Medien waren zu dieser Zeit Bilder von überfüllten Bahnhöfen wie bspw. in München präsent, bei denen viele Ehrenamtliche geflüchtete*migrierte Personen mit Lebensmitteln und Kleidung versorgten. So weist Haller (vgl. 2017: 101) in seiner empirischen Medienanalyse darauf hin:

> „Die referierten Untersuchungsergebnisse zeigen, dass die Lokal- und Regionalzeitungen das Narrativ Willkommenskultur im Sinne der Positionen des Politikdiskurses verbreiteten und hierbei deren euphemistisch-persuasive Diktion übernahmen. Dabei dominierten analog zu den Leitmedien die bundespolitischen Akteure den medialen Diskurs. Zwar berichteten viele Lokalausgaben auch über die mit dem Schlagwort Willkommenskultur verbundenen realen Aktivitäten; ebenso wurden Kritiker und Skeptiker mit erwähnt, soweit sie öffentlich das Wort ergriffen. Doch praktisch alle Berichte vermittelten als Grundtenor, dass der Komplex Willkommenskultur/Integration nicht zu hinterfragen, vielmehr von einem gesellschaftlichen Basiskonsens getragen und zunehmend erfolgreich sei.“

Das Motiv des Willkommen-Heißens findet sich auch, wie bereits deutlich gemacht, in der gewählten Repräsentation der Titelseite wieder. Ausgehend von dieser Deutung auf der Text- und Bildebene erscheint das gewählte Foto der Titelseite so, als wenn Menschen in Deutschland geflüchtete*migrierte Personen auffangen, ihnen den Schutz und Sicherheit vermitteln, so dass Raum für große Emotionalität entsteht. Im übertragenen Sinne wird Deutschland hier als eine Art sicherer Hafen bzw. ein Schutzraum positioniert, der es geflüchteten*migrierten Personen Erleichterung von den Strapazen ihrer Flucht ermöglicht. Auf diese Weise drücken sich auch hier die unterschiedliche Ausstattung mit Ressourcen und ein Ungleichgewicht aus. Auf der einen Seite steht der deutsche Nationalstaat als mildtätig, großzügig und hilfsbereit, auf der anderen Seite die geflüchteten*migrierten Personen, die Schutz suchen und auf

Abbildung 6: Titelbild der Wochenzeitung Die Zeit vom 17.09.2015

Quelle: Die Zeit (2015d: 1); Foto: Bernd von Jutrczenka/dpa (am 10.09.2015 nach dem Besuch einer Erstaufnahmeeinrichtung für Asylbewerber in Berlin); Beschriftung P1–P12 sind Anmerkungen von R.D.

Hilfe angewiesen sind. Bei genauerer Betrachtung findet sich also auch hier ein Dominanzverhältnis zwischen Retter und Opfer bzw. Helfenden und Schutzsuchenden (vgl. Niedrig/Seukwa 2010: 185).

9.4 „Weiß sie, was sie tut?" – Die Zeit – 17.09.2015

9.4.1 Deskription

Was ist zu sehen?

Das Bild zeigt eine Gruppe von Menschen, die dicht beieinanderstehen. Das Bild ist aus einer nahen Perspektive aufgenommen, so dass nur die Oberkörper zu sehen sind. Von manchen Personen sind nur einzelne Körperteile (z.B. Schulter, Ohr) zu erkennen. Es lassen sich in etwa zwölf verschiedene Personen voneinander unterscheiden. Von fünf Personen ist ihr Gesichtsausdruck zu erkennen. Zwei Personen stehen im Mittelpunkt des Bildes. Die Person (P1), die links steht, kann als Mann gelesen werden, der vermutlich im Alter zwischen 40 und 50 Jahren ist. Die Person, die rechts steht, kann als Frau (P2) gelesen werden, schätzungsweise im Alter zwischen 50 und 60 Jahren. Beide Personen stehen sehr dicht beieinander. Ihre Gesichter sind sich sehr nahe. Es scheint so, als würden sich ihre Wangen berühren.

P1 trägt eine dunkelblaue Jacke mit umgeschlagenen Kragen und weißem Reißverschluss. Unter der Jacke ist ein Hemdkragen zu erkennen, der ein dunkelblau-hellblaues Muster hat. Er lächelt, so dass seine obere Zahnreihe zu sehen ist. Sein Haar ist dunkelbraun und er trägt einen ebenfalls braunen, kurzen Schnäuzer. Sein Oberkörper ist nur bis zum oberen Teil seiner Schulter zu erkennen. Im Vordergrund des Bildes ist eine Hand zu sehen, die ein schwarzes Handy hält. Sie lässt sich P1 zuordnen, jedoch ist dies nicht eindeutig zu erkennen, da der Arm von der Titelüberschrift der Zeitung verdeckt ist. Der Blick des Mannes ist auf das Handy gerichtet. Es wird der Eindruck vermittelt, als würde P1 ein Selfie von sich und P2 aufnehmen.

Die zweite Person im Fokus (P2) steht sehr dicht rechts neben P1. Sie hat blondes kurzes Haar, das ihre Stirn weitestgehend bedeckt. Nur der linke obere Bereich ihrer Stirn scheint leicht durch die Haare hindurch. Ihre Augenfarbe ist blaugrau. Sie hat kleine Falten rund um ihre Augen herum, z.T. Lachfalten, aber auch Nasolabialfalten. Ihr Mund ist geschlossen, zeigt aber ein leichtes Lächeln. Auch sie blickt scheinbar auf das Handy, welches von P1 neben ihr in der Hand gehalten wird und sich in etwa auf Kopfhöhe befindet. Die Blicke von P1 und P2 sind leicht nach unten gerichtet. P2 trägt eine türkisfarbene Jacke, die einem Blazer ähnelt, jedoch kragenlos ist. Unter dem Blazer lässt sich eine Kette mit schwarzen und türkisen, zylindrischen Perlen erkennen. An der rechten Schulter von P2 ist eine Hand zu erkennen. Jedoch sieht es so aus, als wenn die Hand hinter der Schulter liegt, denn die Finger reichen nicht nach vorne, wie es vielleicht zu erwarten wäre. Bei dieser Hand ist nicht eindeutig zuzuordnen, wem sie gehört. Sie könnte entweder der P1 gehören oder einer der Personen im Hintergrund. Eine zweite Hand ist zwischen P1 und P2 zu sehen. Sie befindet sich in etwa auf Brusthöhe von P2. Es sind Zeigefinger, Mittelfinger und Daumen zu erahnen. Die Hand scheint den Oberkörper des Mannes leicht zu berühren. Jedoch ist auch hier nicht eindeutig zu benennen, welcher Person diese Hand gehört. Am ehesten lässt sie sich P2 zuordnen, möglicherweise als eine Geste etwas Abstand zu P1 zu halten.

Wie bereits erwähnt, zeigt das Bild eine Gruppe von Personen. Der Großteil hiervon lässt sich im Hintergrund verorten. Schräg rechts, hinter den beiden Fokuspersonen sind zwei Personen zu sehen, die ebenfalls als Männer gelesen werden können. Beide stehen aus Betrachter*innenperspektive schräg versetzt. P3 scheint Mitte 30 bis 40 Jahre alt zu sein. Er hat keinen Bart und eine Glatze. Er trägt einen schwarzen Anzug, ein weißes Hemd und eine schwarze Krawatte.

Seine Augenfarbe ist nicht zu erkennen, da das Foto hier bereits unscharf wird. Es ist jedoch zu sehen, dass er die Augen scheinbar etwas zusammen zu ziehen scheint, da sich auf seiner Stirn, insbesondere zwischen den Augenbrauen vertikale Falten erkennen lassen. Sein Mund ist geschlossen und seine Lippen wirken, als wenn sie leicht aufeinandergepresst werden würden. In seinem rechten Ohr scheint er eine Art In-Ear-Kopfhörer zu tragen, dessen Kabel hinter seinem rechten Ohr verschwindet. Die Hand, die an der rechten Schulter von P2 zu sehen ist, könnte auch ihm zugeordnet werden.

P4 steht schräg hinter P3. Das Bild verliert in diesem Bereich weiter an Schärfe. P4 ist schätzungsweise zwischen 30 und 40 Jahren alt. Seine Haare sind schwarzgrau. Er hat eine Kurzhaarfrisur, bei der der Haaransatz nach hinten hin ausgedünnt ist. Auf seiner Stirn lassen sich vertikale Falten erahnen. Die Augenbraue seines rechten Auges ist etwas nach oben gezogen. Sein Mund zeigt ein Lächeln. P4 trägt ein hellblau-weiß gestreiftes Hemd und darunter scheinbar ein weißes Oberteil. Er hält ein Handy in der Hand, das auf P1 und P2 gerichtet ist und in deren Richtung er blickt.

P5 steht im Hintergrund. Hier ist das Bild bereits sehr unscharf. Er kann als Mann im Alter zwischen 40 und 50 Jahren gelesen werden. P5 ist von den ihn umgebenden Personen weitestgehend verdeckt und nur einzelne Teile seines Körpers und Gesichtes sind zu sehen. Er trägt einen dunklen Anzug. Sein Gesicht wird im rechten unteren Bereich durch den Kopf von P1 verdeckt und liegt im oberen Bereich außerhalb des Bildausschnittes, sodass nur sein rechtes Auge zu erkennen ist.

P6 ist im Vordergrund des Bildes zu verorten. Auch hier ist das Bild sehr unscharf. Die Person ist nur von hinten zu sehen und auch hier nur der rechte äußerste Bereich des Kopfes und ein kleiner Teil der Schulter. Die Person scheint in etwa so groß, wenn nicht etwas größer als P1 zu sein. Das Geschlecht ist nicht eindeutig zu erkennen. Körpergröße und das scheinbare Fehlen von Haaren deuten aber eher auf einen Mann hin. Auch bei dieser Person lässt sich wie bei P3 ein Kabel erkennen, das auf der Hinterseite des Ohres entlangläuft und ähnlich wie Telefonhörerkabel geschwungen ist. Die Person trägt ein dunkles Oberteil.

Von P7 ist nur die Schulter zu sehen. Die Person trägt ein dunkelblaues Sakko, von dem nur der linke äußere Rand des Revers zu erkennen ist. Die Höhe der Schulter deutet darauf hin, dass die Person bis zu anderthalb Köpfe größer als die Fokuspersonen P1 und P2 ist. Die Person ist im Raum auf der gleichen Höhe wie die Fokuspersonen zu verorten.

P8 und P9 stehen sehr weit im Hintergrund. Von ihnen sind nur Silhouetten zu erkennen. Beide lassen sich tendenziell als Männer identifizieren. P8 trägt einen dunklen Anzug, ein weißes Hemd und eine hellblaue Krawatte. Seine Anzugjacke ist geöffnet. Vom P9 sind nur die Stirn, Haaransatz und Augen zu erahnen, der Rest der Person wird von der Fokusperson 2 verdeckt. Beide Personen haben graue Haare.

P10 steht in etwa in Höhe von P9 und P8 – also auch sehr weit im Hintergrund und ist aufgrund der Unschärfe des Bildes in diesem Bereich nur schlecht zu erkennen. Die Person kann – soweit erkennbar – als Frau gelesen werden, mit grauen, kurzen Haaren. Sie trägt eine dunkle Jacke, darunter ein weißes Oberteil und dazu ein dunkles Halstuch. Gesichtszüge sind aufgrund der Unschärfe nicht zu erkennen.

P11 steht direkt hinter den beiden Fokuspersonen und ist daher kaum zu sehen. Sie scheint etwas größer als die Fokuspersonen P1 und P2 zu sein. Von ihr ist nur ein kleiner Teil der Stirn zu sehen, der Haaransatz und eine Schulter. Die Person hat auf dem Bild lange, dunkelblonde Haare, die bis über die Schulter reichen. So sind auf der Schulter mehrere Haarsträhnen zu sehen. Sie trägt ein dunkles Oberteil.

Von P12 ist ähnlich wie von P7 nur die Schulter bzw. der rechte Teil des Oberkörpers zu sehen. Die Person trägt ebenfalls eine Jacke mit Revers. Das Oberteil ist grau. Vom restlichen Körper ist nichts weiter zu erkennen (kein weiterer Körperteil, Gesicht o.ä.). Hinter P5 und P12 scheinen noch weitere Dinge zu sein. Hier lässt sich jedoch aufgrund der Unschärfe, der Entfernung und des kleinen Ausschnittes keine weitere Beschreibung vornehmen.

Wie lautet der Text?

Überschriften:

(Von oben nach unten gelesen)

- „Merkel und die Flüchtlinge“
- „Weiß sie, was sie tut?“ (Hauptüberschrift)
- „Ein Ansturm, der kaum noch zu bewältigen ist. Manche Syrer, die gar keine Syrer sind. Und Bürger, deren Ängste wachsen. Doch die Kanzlerin bleibt unbeirrt. Warum?“
- „Politik“

Quellenangabe:

- Bernd von Jutrczenka/dpa (am 10.09.2015 nach dem Besuch einer Erstaufnahmeeinrichtung für Asylbewerber in Berlin)

Textgestaltung

Ausgenommen von der Quellenangabe und der Rubrik („Politik"), sind alle Überschriften und Textunterschriften in einer Serifenschrift verfasst. Am größten ist der Text „Weiß sie, was sie tut?" geschrieben. Er ist mehr als doppelt so groß wie der Schriftzug drüber „Merkel und die Flüchtlinge" und bis zu viermal zu groß wie die Unterüberschrift „Ein Ansturm, der kaum noch zu bewältigen ist. […].". Die Haupt- und Unterüberschriften sind in einem roten Quadrat auf dem Bild angeordnet, das ca. ein Viertel des unteren Bildbereiches verdeckt, aber noch ein bis zwei Zentimeter über den Bildrand des Fotos hinausgeht. Es handelt sich bei dem Quadrat um ein sehr knalliges, kräftiges Rot. Die Schriftfarbe innerhalb dieses Quadrats ist in Weiß gehalten. Die Hauptüberschrift („Weiß sie, was sie tut?") und die Unterüberschrift („Merkel und die Flüchtlinge") sind zwar auch in einer Serifenschrift gehalten, weichen jedoch vom Lead („Ein Ansturm, der kaum noch zu bewältigen ist. […]") ab. Die Serifen sind bei den Überschriften ausgeprägter. Die Unterüberschrift „Merkel und die Flüchtlinge" ist zusätzlich unterstrichen.

9.4.2 Interpretation

Wie kann das Bild für sich allein gedeutet werden?

Das Foto zeigt offenbar einen Moment, in dem die beiden Fokuspersonen P1 und P2 im Mittelpunkt stehen. Nahezu alle Personen, die sich um die beiden Fokuspersonen herum befinden, sind auf diese beiden ausgerichtet bzw. ihnen zugewandt oder blicken in ihre Richtung. So scheinen die Blicke von P3 und P4 direkt auf die beiden Fokuspersonen gerichtet zu sein, gleiches lässt sich für P8, P9 und P10 im Hintergrund erahnen. Die Blicke von P5 sind zwar nicht direkt auf die beiden gerichtet, dennoch ist P5 den beiden zugewandt. Gleiches lässt sich für P6 sagen. Insgesamt wirkt es daher so, als wenn alle abgebildeten Personen ihre Aufmerksamkeit – wenn auch indirekt – den beiden Personen in der Mitte des Bildes schenken. Die umstehenden Personen um die beiden Fokuspersonen wirken fast wie im Kreis um sie angeordnet. Es wirkt weiterhin so, als wenn nur wenig Platz zwischen den Fokuspersonen P1 und P2 sowie den übrigen Personen bestehen würde. Die umstehenden Personen scheinen die räumliche oder gar körperliche Nähe zu den beiden Fokuspersonen zu suchen. Auffällig sind hierbei die Handys, die von P1 und P4 auf Brusthöhe hochgehalten werden. In Bezug auf P1 scheint das Handy ein ausschlaggebender Grund dafür zu sein, dass die körperliche Nähe zwischen P1 und P2 besteht. Die Gestik von P1 deutet darauf hin, dass er ein Selfie von sich und P2 aufnehmen möchte.

P4 wiederum scheint ein Foto davon aufnehmen zu wollen, wie P1 ein Foto von sich und P2 macht. Die technischen Geräte scheinen damit in gewisser Weise die Situation zu bestimmen. Um mit dem Handy in Hochformat ein Foto aufnehmen zu können, bedarf es einer gewissen körperlichen Nähe zwischen P1 und P2, da nur so beide erfasst werden können. Ein ähnlicher Rückschluss lässt sich auch in Bezug auf P4 anstellen. Um ein scharfes Foto der beiden Personen P1 und P2 aufnehmen zu können, erscheint es günstig ihnen möglichst nahe zu sein. Aus dieser Konstellation lässt sich ableiten, dass P1 und P4 scheinbar den Wunsch hegen, den abgebildeten Moment mittels eines Handyfotos zu dokumentieren. Dies lässt darauf schließen, dass dieser Moment für sie eine besondere Bedeutung hat. Dieser Eindruck wird durch den freudigen Gesichtsausdruck von P1 und P4 verstärkt. Beide scheinen sich über die Gelegenheit der Aufnahme eines Fotos zu freuen.

Der Kleidungsstil von P3 und P6 lässt die Vermutung anstellen, dass es sich hierbei um Personenschützer handelt. Hierfür sprechen der dunkle Kleidungsstil sowie die von ihnen getragenen Headsets. Personenschützer*innen werden meist zum Schutz von in der Öffentlichkeit stehenden Personen engagiert und sollen deren Sicherheit gewährleisten. Auf dem abgebildeten Foto ist zu sehen, wie P3 und P6 den beiden Personen im Fokus – P1 und P2 – zugewendet sind. Dies lässt den Rückschluss zu, dass mindestens eine der beiden Personen einen öffentlichen Bekanntheitsgrad innehat, der einen Personenschutz erfordert. Zwei Hinweise deuten darauf hin, dass es sich bei P2 um diejenige Person handelt, die in der Öffentlichkeit steht: zum einen sieht es so aus, als wenn P1 mit seinem Handy ein Foto von sich und P2 aufnehmen möchte. Ein solches Verhalten lässt sich i.d.R. beobachten, wenn Personen, die nicht in der Öffentlichkeit stehen, auf Personen treffen, die sie aus den Medien kennen und einen gewissen Bekanntheitsgrad erreicht haben. Zudem scheint der Blick von P3 (Personenschützer) auf P2 gerichtet zu sein. Seine Aufmerksamkeit scheint also vorrangig ihr zu gelten.

Mit Blick auf die Perspektive der Betrachter*innen lässt sich feststellen, dass das Foto scheinbar aus nächster Nähe aufgenommen wurde. Die Aufnahme erweckt den Eindruck, als wenn die*der Betrachter*in direkt bzw. sehr nahe hinter P6 steht und über seine*ihre Schulter auf die Fokuspersonen blickt. Ein Foto von P1 und P2 aufnehmen zu können, scheint hier eine besondere Bedeutung zuzukommen.

Speziell mit Blick auf die Repräsentation von geflüchteten*migrierten Personen lassen sich rein auf der Bildebene – ohne Hinzuziehung des Textes – keine eindeutigen Rückschlüsse anstellen. Gleiches gilt für die Repräsentation von Nationalstaatlichkeit. Es ist daher ohne Hinzuziehung des diskursiven

Kontextes bzw. der Titelüberschriften nicht möglich, Aussagen über das Verhältnis der Repräsentation von Nationalstaatlichkeit und „Flüchtlingskonstruktionen“ zu treffen.

Wie lässt sich das Bild unter Hinzuziehung des Textes deuten?

Die Hinzuziehung der Textebene gibt Aufschluss über die Identität der abgebildeten Personen. So heißt es in der ersten Zeile des Textfeldes der Titelseite: „Merkel und die Flüchtlinge“. P2 kann damit als Angela Merkel – die Regierungschefin der Bundesrepublik Deutschlands – identifiziert werden. Während eindeutig erkennbar ist, wer auf der Textebene mit „Merkel“ gemeint ist, lässt sich die Frage stellen, wer „die Flüchtlinge“ sind bzw. durch wen sie repräsentiert werden. Naheliegend scheint hier, dass P1 repräsentativ für „die Flüchtlinge“ steht, da er neben Angela Merkel zentral im Fokus des Bildes ist.

Als sehr dominant erweist sich die Hauptüberschrift „Weiß sie, was sie tut?“. Diese Frage scheint auf Angela Merkel und ihre Rolle als Bundeskanzlerin bezogen zu sein. Die Art der Fragestellung impliziert, dass Zweifel an Merkels Entscheidungen bzw. ihren Verhaltensweisen und deren Konsequenzen bestehen könnten. Dies lässt sie nahezu als naiv erscheinen. Dieser Eindruck wird durch die Unterüberschriften verstärkt. Hier heißt es „Ein Ansturm, der kaum noch zu bewältigen ist.“ Mit der Formulierung „Ansturm“ taucht eine Naturmetapher auf, die insbesondere in den 1990er Jahren häufig bei der Berichterstattung über Flucht*Migrationsbewegungen nach Deutschland verwendet wurde (vgl. Gerhard 1992: 168 ff.; Link 1988: 52 ff.). Geflüchtete*migrierte Personen werden hier als eine Naturgewalt dargestellt, die nicht aufzuhalten und lebensbedrohlich sei. Es wird der Eindruck vermittelt, als sei die autochthone deutsche Bevölkerung dem „Ansturm“ ausgeliefert, ohne Möglichkeit dagegen etwas zu unternehmen. Dies wird auch durch den Terminus „kaum noch zu bewältigen“ verstärkt. Die „Flüchtlinge“ werden hier scheinbar als eine Belastung bzw. eine Gefahr konstruiert, mit der kaum ein Umgang zu finden ist. Sie werden zum Objekt der Gefahr. Die Formulierung „Ansturm“ lässt sich in gewisser Weise auf das Bild übertragen. So ist hier eine Menschenmenge zu sehen, in der die Personen dicht gedrängt stehen. Es wirkt fast so, als würde es den abgebildeten Personen an ausreichend Platz fehlen. Das Foto könnte in diesem Zusammenhang als ein Beispiel für den „Ansturm“ der „Flüchtlinge“ gelesen werden. Auffällig ist dabei, dass die Mimik von P1 und P2 im weiteren Sinne freundlich wirkt. Während also auf sprachlicher Ebene der Moment einer Gefahrensituation vermittelt wird, scheinen P1 und P2 hiervon nicht ergriffen zu sein. Text- und Bildebene stehen damit in einem Spannungsfeld.

Im darauffolgenden Textabschnitt heißt es: „Manche Syrer, die gar keine Syrer sind.“ Diese Aussage wirkt auf den ersten Blick unvermittelt. Es lässt sich die Frage anbringen, welche Verbindung zwischen Angela Merkel, dem kaum zu bewältigenden „Ansturm“ und einer syrischen Staatsangehörigen besteht. Unter Berücksichtigung des diskursiven Kontextes wird klar, dass hier auf den Bürgerkrieg in Syrien Bezug genommen wird. So ist die Titelseite erschienen, kurz nachdem Angela Merkel bei einer Pressekonferenz im August 2015 ihr oft zitiertes Kredo „Wir schaffen das!“ (Die Bundesregierung 2015) publik gemacht hatte. Dieser Ausspruch bezog sich auf die Aufnahme von geflüchteten*migrierten Personen, insbesondere mit syrischer Staatsangehörigkeit (vgl. ebd.). Vor diesem Hintergrund impliziert die Formulierung „Manche Syrer, die gar keine Syrer sind“, dass Menschen sich als syrische Staatsangehörige ausgegeben hätten, um in Deutschland als „Flüchtlinge“ juristisch anerkannt zu werden. Hier taucht indirekt das Motiv des bösen „Flüchtlings“ auf, der Deutschland ausnutzt. Deutschland wird hier die Rolle des Opfers zugeschrieben (vgl. Niedrig/Seukwa 2010: 185). Zudem wird an dieser Stelle die Kategorie „Flüchtling“ mit der nationalstaatlichen Zugehörigkeit „Syrer“ gleichgesetzt. Die Zugehörigkeit zu einem bestimmten Nationalstaat legitimiert an dieser Stelle die Zuerkennung des „Flüchtlingsstatus“. Entscheidend sind in diesem Zuge scheinbar nicht die individuellen Fluchtgründe, wie sie bspw. auf der gesetzlichen Ebene in Deutschland festgelegt sind, sondern die Frage der nationalstaatlichen Zugehörigkeit. Im Umkehrschluss bedeutet das aber auch, dass alle Personen, die „nicht-syrisch“ sind, anscheinend nicht als „Flüchtlinge“ betrachtet werden. Wird daran anschließend davon ausgegangen, dass P1 als „Flüchtling“ adressiert ist, so lässt die Formulierung „Manche Syrer, die keine Syrer sind“ indirekt auf ihn übertragen. Es wird implizit die Frage aufgeworfen, ob P1 möglicherweise nur vorgibt „Flüchtling“ alias „Syrer“ zu sein. Es wird damit die Möglichkeit eröffnet, dass P1 unaufrichtig hinsichtlich seiner nationalstaatlichen Zugehörigkeit ergo seines Anspruches auf den Status als „Flüchtling“ ist. Das Motiv des „falschen Flüchtlings“ (Niedrig 2015: 31) bzw. des Täters taucht auf. Auffällig ist hierbei die körperliche Nähe, die zwischen Angela Merkel und P1 besteht. Wird davon ausgegangen, dass es sich bei P1 möglicherweise um einen „falschen Flüchtling“ handelt, scheint die Gefahr zu bestehen, dass sich die Bundeskanzlerin möglicherweise von ihm vereinnahmen lässt. Hier wird folglich implizit eine gewisse Gefahr konstruiert. Der Eindruck einer Gefahrensituation wird weiterhin durch die Formulierung „Und Bürger, deren Ängste wachsen“ verstärkt. Es stellt sich die Frage, wovor sich die „Bürger“ ängstigen. Naheliegend scheinen hier einerseits der zuvor erwähnte „Ansturm“ zu sein sowie andererseits die „falschen Flüchtlinge“. Was auf den ersten Blick wie eine zwanglose Situation wirkt, erweckt unter Hinzuziehung der Textebene Skepsis und Zweifel.

Indem von den „Bürger[n]“ die Rede ist, tritt an dieser Stelle auf sprachlicher Ebene eine weitere Personengruppe in Erscheinung. Der Terminus „Bürger“ bezeichnet dem Duden (vgl. Bibliographisches Institut GmbH 2019) zufolge die „Angehörige[n] eines Staates“. Es wird nicht eindeutig benannt, welche Staatsangehörigen hier gemeint sind. Aus dem Gesamtkontext lässt sich jedoch schließen, dass deutsche Staatsangehörige bezeichnet werden (z.B. Abbildung der Bundeskanzlerin Angela Merkel, Titelseite einer deutschen Wochenzeitung). Wer genau die „Bürger“ auf der Bildebene sind, bleibt offen. So lässt sich nicht eindeutig ausmachen, wer sich von den P1 und P2 umgebenden Personen als geängstigte „Bürger“ identifizieren lässt. Von den abgebildeten Personen, deren Gesichtsausdruck zu erkennen ist, wirkt jener von P4 beispielsweise sehr freundlich und nicht verängstigt. P3 hingegen blickt zwar skeptisch, aber es lässt sich ebenfalls keine Angst in seinem Blick erkennen. Ähnlich stellt es sich bei P5 dar, dessen Blick in die Ferne gerichtet ist. Die „Bürger“ scheinen folglich als anonyme Gruppe dargestellt zu werden, die sich außerhalb der abgebildeten Personen befindet. Dennoch scheinen die „Ängste“ der „Bürger“ schwer zu wiegen. So heißt es weiter in der Unterüberschrift „Doch die Kanzlerin bleibt unbeirrt. Warum?“ Es wird Unverständnis und nahezu Unmut hinsichtlich des Verhaltens der Bundeskanzlerin Angela Merkels transportiert. Ihr Verhalten bzw. ihre politischen Entscheidungen bezogen auf Flucht*Migrationsbewegungen nach Deutschland werden als nicht nachvollziehbar konstruiert. Das Bild vermittelt unter dieser Perspektive den Eindruck, als wenn die Kanzlerin den „Flüchtlinge[n]“ näherstehen würde, als ihren eigenen „Bürger[n]“. Es wird impliziert, dass sie die deutsche Bevölkerung mit ihrer Politik einer Gefahr (einem kaum zu bewältigenden „Ansturm“) aussetzt.

Unter Hinzuziehung der Quellenangabe wird konkretisiert, wo das Foto aufgenommen wurde. Hier heißt es „[…] nach dem Besuch einer Erstaufnahmeeinrichtung für Asylbewerber in Berlin“. Staatsoberhäupter wie Angela Merkel besuchen nicht täglich soziale Einrichtungen wie die einer Erstaufnahmeunterkunft. Gelegentlich kommt es jedoch vor, nicht selten dann, wenn Politiker*innen eine bestimmte politische Botschaft vermitteln wollen. Der Besuch einer Erstaufnahmeeinrichtung erweist sich folglich als ein besonderes Ereignis. Vor diesem Hintergrund lässt sich die Menschenmenge plausibilisieren. P1 scheint diesen besonderen Moment mit einem Selfie festhalten zu wollen. Weiterhin wird der Eindruck erweckt, als wenn Angela Merkel mit ihrem Besuch einer Erstaufnahmeeinrichtung für geflüchtete*migrierte Personen ihre Positionierung „Wir schaffen das!“ (Die Bundesregierung 2015) unterstreichen wolle.

Es gilt jedoch zu berücksichtigen, dass etwa zeitgleich mit der Aufnahme des Fotos eine Verschärfung des Asylrechts in Deutschland vorgenommen wurde (vgl. Pro Asyl 2015). So wurde mit den Asylpaketen I und II u.a. die Unterbringung in Erstaufnahmeeinrichtungen ebenso wie die Residenzpflicht von drei auf sechs Monate ausgeweitet; der Familiennachzug für subsidiär Schutzberechtigte und damit auch für Minderjährige wurde ausgesetzt; die Liste der „sicheren Herkunftsländer“ wurde ausgeweitet, wodurch Personen, die aus diesen Ländern stammen, schneller abgeschoben werden können; für abgelehnte Asylsuchende wurde eine Leistungskürzung unterhalb des soziokulturellen Existenzminimums möglich; u.v.a.m. (vgl. Pro Asyl 2015, 2016). Während sich einerseits Angela Merkel mit ihrem Besuch einer Erstaufnahmeunterkunft geflüchteten*migrierten Personen als ihnen zugewandt inszenierte, hat andererseits ihre Politik maßgeblich zu einer Verschärfung des Asylrechts in Deutschland beigetragen. Das Bild, das über Medien wie Die Zeit an dieser Stelle vermittelt wird, steht im Kontrast zu der Politik Angela Merkels.

Wird erneut die Quellenangabe näher betrachtet, so fällt auf, dass an dieser Stelle „Asylbewerber“ als eine Gruppe benannt werden. Bei diesem Begriff steht im Vordergrund, dass juristisch über den Status der Schutzbedürftigkeit durch das Bundesamt für Migration und „Flüchtlinge“ noch nicht entschieden wurde (vgl. Neue deutsche Medienmacher*innen 2018: 46). Zudem drückt sich durch den Begriff eine Art Hierarchiegefälle aus. Auf der einen Seite stehen die nationalstaatlich organisierten Institutionen, die über Ressourcen verfügen können (z.B. indem sie Zugang zum Arbeitsmarkt, Bildung, Wohnraum regulieren). Auf der anderen Seite stehen die „Asylbewerber*innen“, die um eine Teilhabe an diesen Ressourcen mit anderen konkurrieren, indem sie sich um eine Anerkennung als „Flüchtling“ bewerben. Der Begriff des „Asylbewerbers“ verschleiert weiterhin, dass es sich bei der Gewährung um Asyl um ein Grundrecht handelt. So haben Personen i.d.R. Grundrechte inne, ohne sich darum bewerben zu müssen.

Während sich die zugeschriebenen sozialen Rollen von P1 und P2 als relativ eindeutig erweisen, bleibt offen, um wen genau es sich bei den anderen abgebildeten Personen handelt. Aus dem Gesamtzusammenhang kann geschlossen werden, dass P3 und P6 Personenschützer Angela Merkels sind, da es sich bei ihr um eine prominente Person handelt. Welche Rolle hingegen P4, P5, P7, P8, P9, P10, P11 und P12 zukommt, ist nicht abschließend zu beantworten. Die räumliche Nähe der umstehenden Personen lässt den Rückschluss zu, dass Interesse an der abgebildeten Situation besteht.

Zusammenfassung

Werden die Blätter für deutsche und internationale Politik zur Einordnung in einen übergeordneten Kontext hinzugezogen, so wird unter anderem darauf hingewiesen, dass Bundekanzlerin Angela Merkel am 05.09.2015 mitteilte, dass geflüchtete*migrierte Personen aus Krisen- und Kriegsgebieten des Nahen Ostens und Afrika zunächst ohne weitere Formalitäten nach Deutschland einreisen dürften (vgl. Blätter für deutsche und internationale Politik 2015b: 125). Tausende Menschen saßen zu dieser Zeit u.a. in Ungarn fest (vgl. ebd.). Es kann davon ausgegangen werden, dass die Titelseite der Zeit vom 17.09.2015 auf diese politische Entscheidung Bezug nimmt.

Hinsichtlich der Repräsentation von Nationalstaatlichkeit tritt diese hauptsächlich durch die Abbildung Angela Merkels in Erscheinung. Als Staatsoberhaupt steht sie sowohl auf sprachlicher Ebene als auch auf der Bildebene im Mittelpunkt. Die Politik bezogen auf Flucht*Migrationsbewegungen nach Deutschland wird auf Angela Merkel reduziert. Es steht nicht die Politik einer Partei im Vordergrund, sondern die Person Angela Merkel. Ihre Politik wird dabei durch die Haupt- und Unterüberschrift in Frage gestellt. Die Flucht*Migrationsbewegungen nach Deutschland werden als Gefahr konstruiert („Ansturm"). Dabei wird impliziert, dass die Ängste der Bürger nicht ernst genommen würden. Es wird der Eindruck erweckt, als sorge sich Angela Merkel mehr um die als „Flüchtlinge" konstruierten Personen als um ihre „Bürger". Hier wird ein Dualismus eröffnet. Auf der einen Seite stehen die „Bürger" auf der anderen die „Flüchtlinge".

Es wird impliziert, dass Angela Merkel nicht wüsste, was sie tut. Überspitzt formuliert wird der Eindruck erweckt, als würde sie Deutschland ins Verderben stürzen. Die Nähe zu den „Flüchtlingen" erweist sich unter dieser Perspektive als Gefahrenmoment. Gleichzeitig bleiben die „Flüchtlinge" eine anonyme, homogene Gruppe. So ist bspw. der Name von P1 nicht genannt. Obwohl er auf den ersten Blick sehr sympathisch wirkt, wird impliziert, dass es sich bei ihm um einen „falschen Flüchtling" handeln könnte. Auf der Textebene wird Zweifel an seiner Person geweckt. Er scheint dabei stellvertretend für einen von vielen zu stehen, die ihre tatsächliche Identität verschleiern würden („Manche Syrer, die keine Syrer sind."). Diese Schlussfolgerung lässt sich auf die gesamte Gruppe von „Flüchtlingen" übertragen. Es wird der Eindruck erweckt, als könne „Flüchtlingen" im Allgemeinen nicht getraut werden. Vor diesem Hintergrund drückt sich auf sprachlicher Ebene ein starkes Unverständnis aus, weshalb Angela Merkel die räumliche Nähe zu P1 zulässt bzw. geflüchtete*migrierte Personen nach Deutschland einreisen lässt.

Abbildung 7: Titelbild der Wochenzeitung Die Zeit vom 01.10.2015

Quelle: Die Zeit (2015e: 1); Fotos: Michael Heck, Moritz Küstner, Oliver Mark und Julian Röder für Die Zeit; Sebastian Kahnert/dpa Picture-Alliance (u. r.); Beschriftungen BR1–2 sowie P1–P13 sind Anmerkungen von R.D.

Die Form der gewählten Repräsentationen ist geeignet, bei den Rezipierenden Angst und Zweifel zu wecken. Es werden zwei separate Gruppen konstruiert, auf der einen Seite die „Flüchtlinge“, auf der anderen Seite die „Bürger“. Auch wenn das Bild auf den ersten Eindruck eine harmlose Situation zu dokumentieren scheint, kann diese Form der Repräsentation genutzt werden, um eine restriktive Politik gegenüber geflüchteten*migrierten Personen zu legitimieren.

9.5 „Wir sind die Neuen!“ – Die Zeit – 01.10.2015

9.5.1 Deskription

Was ist zu sehen?

Die Titelseite zeigt die Portraits von 13 Personen. Die Portraits sind rechteckig, haben unterschiedliche Größen und sind mosaikartig angeordnet. Die mosaikartige Anordnung stellt sich dabei wie folgt dar: es gibt eine obere Bildreihe (BR1), die etwas weniger als zwei Drittel der gesamten Bild-Höhe einnimmt.

Die erste (BR1) und zweite Bildreihe (BR2) sind durch Haupt- und Unterüberschrift voneinander getrennt, wobei die obere (BR1) im Verhältnis zur unteren (BR2) größer ist. Die erste Bildreihe (BR1) ist in drei gleich große Spalten unterteilt. Dabei ergeben sich die Spalten durch den Abstand der Bilder zueinander. Die erste Spalte der ersten Bildreihe (BR1) ist wiederum in zwei Bildreihen unterteilt, wobei die obere Reihe etwa halb so groß ist die untere Reihe von BR1. Diese Spalte zeigt insgesamt drei Portraits. Dabei sind zwei Portraits (P1 und P2) in der gleichen Größe und rechteckig, nebeneinander und im oberen Bereich der Spalte angeordnet. Der untere Bereich dieser ersten Spalte zeigt ein Portrait (P3), welches in etwa doppelt so groß ist wie die beiden oberen (P1 und P2). Die Portraits in dieser Spalte sind allesamt rechteckig. In der zweiten Spalte von BR1 finden sich ebenfalls drei Portraits, jedoch sind diese genau andersherum im Verhältnis zur ersten Spalte angeordnet. Hier findet sich im oberen Bereich der zweiten Spalte von BR1 ein einzelnes Portrait (P4), das doppelt so groß ist wie die beiden unteren (P5 und P6). Auch hier sind die Portraits rechteckig, wobei P5 und P6 die gleiche Größe haben. Wie auch in der ersten Spalte sind P5 und P6 so breit wie die gesamte Bildbreite von P4. Die dritte Spalte von BR1 zeigt im Gegensatz zu den anderen Spalten nur ein einzelnes Portrait (P7). Auch dieses ist rechteckig, jedoch ist die Höhe dieses Portraits größer als seine Breite. Bildreihe zwei (BR2) ist in vier Spalten unterteilt. Die ersten beiden Spalten sind hinsichtlich ihrer Breite deckungsgleich mit den Spalten von BR1. Jedoch ist die dritte Spalte noch einmal mittig geteilt, so dass sich im Vergleich zu BR1 nicht drei, sondern vier Spalten ergeben. Spalte eins von BR2 zeigt insgesamt ein Bild (P8), ebenso wie die zweite Spalte von BR2 (hier P9). In der dritten und vierten Spalte sind insgesamt vier gleich große, rechteckige Portraits (P10–P13) in zwei Zeilen angeordnet. Zusammenfassend lässt sich festhalten, dass die Titelseite fünf größere Portraits zeigt (P3, P4, P7, P8, P9) von denen P3, P4, P8 und P9 alle gleich groß sind und P7 etwas größer. Und weiterhin acht kleinere Portraits (P1, P2, P5, P6, P10, P11, P12, P13).

Beschreibung der einzelnen Portraits

P1: Zu sehen ist das Bild einer Person, die als Frau gelesen werden kann. Sie ist schätzungsweise im Alter zwischen 19 und 25 Jahren. Sie hat braune Augen, dunkle Augenbrauen und hellbraune, lange, leicht gewellte Haare, die bis über ihre Schultern reichen. Wie lang ihr Haar ist, lässt sich nicht eindeutig feststellen, da der Bildausschnitt dies nicht abbildet. Es sieht so aus, als wenn ihre Haare hinten locker zusammengehalten werden. Zu erkennen ist, dass sie ein beige-weißes Oberteil mit einem Kragen trägt. Weiterhin trägt sie große, tropfenförmige, goldene Ohrringe mit kreisförmigen Mustern. Ihr Mund ist geschlossen, an ihren Mundwinkeln sind kleine Fältchen zu erkennen. Es zeichnen sich leichte Nasolabialfalten ab. Die Augen sind in die Kamera bzw. auf die betrachtende Person gerichtet. Die Lichtquelle scheint vorne, links zu sein, so dass ein leichter Schatten auf die rechte Gesichtshälfte von P1 fällt. Der Hintergrund ist überwiegend grau, mit leichten Farbverläufen. So ist die Mitte des Hintergrundes eher in einem helleren Grau gehalten und der äußere Rand eher in dunklerem grau.

P2: Zu sehen ist eine Person, die als Mann gelesen werden kann. Er ist schätzungsweise zwischen 30 und 35 Jahre alt. Er hat dunkles, kurzes, leicht gewelltes Haar, das leicht gräulich ist und einen Vollbart in derselben Farbe. Die Farbe der Augen ist nicht eindeutig zu erkennen. Der Mund von P2 ist geschlossen, in den Mundwinkeln deuten sich kleine Fältchen ab und der Blick ist in die Kamera gerichtet. Weiterhin zeichnen sich Nasolabialfalten an. Wie auch bei P1 scheint das Licht von links vorne zu kommen, sodass die linke Gesichtshälfte von P1 beleuchtet ist und die rechte etwas im Schatten liegt. P2 trägt ein hellblaues Hemd, dessen Innenseite des Kragens hellblau-weiß gestreift ist. Die obersten Knöpfe des Hemdes sind geöffnet. Der Hintergrund ist einfarbig, in einem satten Lila gehalten.

P3: Bild 3 zeigt das Portrait einer Person, die als Mann gelesen werden kann. Das Alter liegt schätzungsweise zwischen 35 und 45 Jahren. P3 trägt eine Kurzhaarfrisur, die nur einige Zentimeter lang ist. Seine Haarfarbe ist dunkelgrau, an den Schläfen weiß. Ebenso sind auch seine Augenbrauen eher dunkel und sein Bart grauweiß meliert. Er trägt einen gestutzten Schnurrbart. Die Augenfarbe ist hellblau. P3 trägt ein hellblau-weiß gestreiftes Hemd, bei dem der oberste Knopf geöffnet ist. Über dem Hemd trägt er eine dunkelblaue Jacke. Der Mund von P3 ist geschlossen, zeigt aber ein leichtes Lächeln. Es zeichnen sich leichte Nasolabialfalten ab. Es sind deutliche Lachfalten um den Mund herum zu sehen und ebenso um die Augen. Auch P3 blickt direkt in die Kamera. Das Licht kommt, wie auch bei P1 und P2, von links, so dass die linke Gesichtshälfte etwas stärker beleuchtet ist als die rechte. Der Hintergrund weist verschiedene Flächen auf in den Farben blaugrau, dunkelblau-grau.

P4: Die abgebildete Person kann als Mann gelesen werden. Er ist schätzungsweise im Alter zwischen 22 und 27 Jahren. Seine Augenfarbe ist dunkelbraun. Er trägt eine Kurzhaarfrisur. Weiterhin trägt P4 einen Vollbart, der im Wangenbereich auf einen schmalen Streifen gestutzt ist. Die Haarlänge des Bartes von P4 ist wenige Zentimeter lang. Er trägt ein weißes Hemd, dessen oberster Knopf geöffnet ist und darüber einen hellgrauen Pullover. P4 lächelt, so dass seine obere Zahnreihe zu sehen ist. Es zeichnen sich leichte Nasolabialfalten ab. P4 blickt direkt in die Kamera. Das Licht kommt ebenfalls von links-vorne, so dass die linke Gesichtshälfte stärker beleuchtet ist als die rechte. Der Hintergrund ist hellgrau.

P5: Die abgebildete Person kann als Frau gelesen werden. Sie ist schätzungsweise zwischen 20 und 25 Jahren alt. Ihre Augenfarbe ist dunkelbraun. Die Haarfarbe ist nicht zu erkennen, da P5 ein Kopftuch trägt. Das Kopftuch ist beige mit floralen Ornamenten. Es verdeckt Hals, Ohren und Schultern und wirft einige Falten. P5 trägt eine Brille mit transparentem Rahmen. Der Mund von P5 ist geschlossen. Sie lächelt leicht und blickt direkt in die Kamera. Im Hintergrund sind weiße bis graue Flächen zu erkennen, die stark verschwommen erscheinen.

P6: Die abgebildete Person kann als Mann gelesen werden. Er ist schätzungsweise im Alter zwischen 20 und 27 Jahren. Seine Augenfarbe ist braun. Unter seinen Augen zeichnen sich leichte Fältchen ab. Seine Haarfarbe ist schwarz, wobei er eine Kurzhaarfrisur trägt, bei der insbesondere die Haare im Stirnbereich leicht nach links gekämmt sind. P6 trägt keinen Bart. Er trägt ein blaues Jeanshemd, dessen oberste Knöpfe geöffnet sind. P6 lächelt leicht, so dass ein Teil seiner oberen Zahnreihe zu sehen ist. Sein Blick ist direkt in die Kamera gerichtet. Die Lichtquelle kommt von links vorne. Der Hintergrund ist flächig in der Farbe graubeige gehalten, wobei der untere Bereich heller ist.

P7: Es ist das Portrait einer Person zu sehen, die als Frau gelesen werden kann. Sie ist schätzungsweise im Alter zwischen 19 und 25 Jahren. Ihre Augenfarbe ist grünbraun, sie hat hellbraune Augenbrauen und leichte Fältchen unter den Augen. Sie hat langes Haar, das sie offen trägt und das über ihre Schultern reicht. Sie trägt eine weiße Bluse, die bis oben geschlossen ist und darüber einen dunkelgrauen Pullover. Ihr Mund ist geschlossen, zeigt aber ein leichtes Lächeln. P7 blickt direkt in die Kamera. Das Licht kommt von links vorne, so dass sich leichte Schatten auf der rechten Gesichtshälfte sowie dem Hals zeigen. Im Hintergrund sind schwarzgrüne sowie vereinzelt hellblau-weiße Strukturen im oberen Bildbereich zu erkennen, die stark verschwommen sind. Die Farbgebung deutet darauf hin, dass das Foto im Grünen aufgenommen wurde. Eindeutig ist dies jedoch aufgrund der Unschärfe des Hintergrundes nicht zu bestimmen.

P8: P8 zeigt eine Person, die als Frau kategorisiert werden kann. Sie ist schätzungsweise im Alter zwischen 35 und 50 Jahren. Ihre Augenfarbe ist nicht eindeutig zu erkennen. Unter ihren Augen sind deutliche Fältchen zu erkennen, ebenso wie an dem rechten, äußeren Rand ihres rechten Auges. Ihr Mund ist geschlossen und zeigt ein leichtes Lächeln. Durch das Lächeln und die einseitige Belichtung zeichnen sich die Nasolabialfalten deutlich ab und werfen Schatten auf ihrem Gesicht. Die abgebildete Person trägt ein weißes Kopftuch, das ihre Haare und ihren Hals bedeckt. Weiterhin trägt sie eine hellblaue Bluse, deren oberste Knöpfe geöffnet sind. P8 blickt direkt in die Kamera. Der Hintergrund ist lila und weist durch die Lichtquelle leichte Schattierungen auf, so dass der äußere Rand des Hintergrundes etwas dunkler erscheint als die Mitte.

P9: Das Bild zeigt eine Person, die als Frau gelesen werden kann. Sie ist schätzungsweise zwischen 18 und 25 Jahre alt. Ihre Augenfarbe ist dunkelbraun und sie blickt direkt in die Kamera. Ihre Haare sind am Haaransatz dunkelbraun bis schwarz und an den Spitzen teilweise dunkelblond. Sie hat Locken, die mit einer Schleife nach oben gebunden sind. Die Schleife ist bunt gemustert. Ihre Haare reichen etwa bis zu den Ohrläppchen. Unter ihren Augen und an ihrem linken Mundwinkel zeichnen sich Fältchen ab. An ihrem Hals sind ebenfalls leichte horizontale Falten zu erkennen. Links und rechts ihrer Nase zeichnen sich leichte Schatten ab. Der Mund von P9 ist geschlossen und lässt ein leichtes Lächeln erkennen. P9 scheint pinkfarbenen Lippenstift zu tragen. Das Kleidungsstück von P9 ist nicht eindeutig zu identifizieren. Um ihren Hals sieht es so aus, als wenn sie ein Kleidungsstück mit einem roten Kragen tragen würde. Die Knöpfe vorne sind nicht zu sehen, da sie außerhalb des Bildbereiches liegen. Neben dem roten Kragen sind im Schulterbereich zwei weiße, vertikale Streifen zu erkennen sowie daran anschließend im äußeren Schulterbereich türkisfarbene Absätze. Weiterhin trägt P9 weiße Ohrstecker.

P10: Zu sehen ist eine Person, die als Mann identifiziert werden kann. Er ist schätzungsweise im Alter zwischen 25 und 35 Jahren. Seine Augenfarbe scheint braun zu sein, jedoch ist dies aufgrund der geringen Größe des Bildes nicht eindeutig zu erkennen. P10 trägt sehr kurze, einige Millimeter lange, schwarze Haare. Weiterhin trägt P10 einen schwarzen Drei-Tage-Bart. Sein Mund ist geschlossen, er lächelt leicht. Seine Oberbekleidung besteht aus einem hellgrauen Oberteil mit einem runden Halsausschnitt. Es handelt sich hierbei womöglich um einen Pullover oder ein T-Shirt. P10 blickt direkt in die Kamera. Die Lichtquelle scheint direkt von vorne zu kommen. Der Hintergrund ist in verschiedenen Grautönen gehalten. Im rechten oberen Bereich zeichnen sich zwei horizontale, breite Linien ab. Im linken Bereich eher vertikal ausgerichtete Flächen. Der Hintergrund ist sehr unscharf, so dass sich keine konkreten Objekte beschreiben lassen.

P11: Dieses Bild zeigt eine Person, die als männlich kategorisiert werden kann. Sie ist schätzungsweise zwischen 16 und 23 Jahre alt. Wie auch bei P10 ist das Bild vergleichsweise klein, sodass die Augenfarbe nicht eindeutig zu erkennen ist. Direkt unter seinen Augen zeichnen sich leichte Fältchen ab. Deutliche Falten sind im Nasolabialbereich zu sehen und in dessen Verlängerung unterhalb des Mundes. Die Haarfarbe von P11 ist dunkelbraun bis schwarz. Die Haare sind im Stirnbereich sowie mittig auf dem Kopf länger und gewellt, wohingegen die Haare an den Seiten des Kopfes und im Bereich der Schläfen auf eine Länge von einigen Millimetern gestutzt sind. P11 trägt keinen Bart. Sein Mund ist leicht geöffnet, so dass die obere Reihe seiner Zähne zu sehen ist. Er lächelt und blickt dabei direkt in die Kamera. Bei dem Oberteil der Oberbekleidung von P11 scheint es sich um ein Kapuzenpullover in der Farbe hellgrau zu handeln. Eindeutig ist dies nicht zu bestimmen, da der vordere Bereich des Kleidungsstücks außerhalb des Bildbereiches liegt. Der Hintergrund des Bildes ist graublau.

P12: Das Bild zeigt eine Person, die als Frau gelesen werden kann. Sie ist schätzungsweise im Alter zwischen 14 und 22 Jahren. Soweit auf dem Bild erkennbar, scheint sie dunkelbraune Augen zu haben. Die Haarfarbe von P12 variiert zwischen dunkelbraun und dunkelblond. Insgesamt ist ihr Haar leicht gewellt bis lockig. P21 trägt ihre Haare in einem Zopf, der sich mittig auf ihrem Kopf befindet. In ihrem Gesicht sind kaum Falten zu sehen. Unterhalb ihrer Augen sind leichte Schatten zu sehen, ebenso wie im Nasolabialbereich. Ihr Mund zeigt ein Lächeln, so dass ihre obere Zahnreihe zu sehen ist. Ihr Kopf ist leicht nach rechts gedreht, dabei blickt P12 in die Kamera. Ihre Kleidung ist nicht zu erkennen, da sie außerhalb des Bildbereiches liegt. In ihrem linken Ohr trägt P12 einen runden Ohrstecker. Der Hintergrund hat einen Grau-Blauton und ist leicht schattiert. Wie auch bei den anderen Bildern ist der Hintergrund sehr unscharf, sodass sich nicht erschließen lässt, was sich dort befindet.

P13: Die abgebildete Person in P13 zeigt jemanden, der als männlich identifiziert werden kann. Er ist schätzungsweise im Alter zwischen 23 und 33 Jahren. Seine Augenfarbe kann als dunkelbraun beschrieben werden. Er hat deutlich sichtbare Falten unterhalb seiner Augen. Auch im Nasolabialbereich sowie unterhalb seiner Unterlippe und im Stirnbereich zeichnen sich Schatten von Falten ab. Seine Haare und sein Bart sind schwarz und auf wenige Millimeter gestutzt. Er trägt einen Bart, der kurz gestutzt ist. Der Mund von P13 zeigt ein Lächeln, bei dem seine obere Zahnreihe zu sehen ist. Bezogen auf die Kleidung ist zu erkennen, dass P13 ein grünes Oberteil und einen grauen Schal mit weißen Ornamenten trägt. P13 blickt direkt in die Kamera. Das Licht kommt von der linken Seite, außerhalb des Bildes. Der Hintergrund hat einen Beige-Ton, der insbesondere im unteren Bereich ins Weiße changiert.

Anmerkung zur Beschreibung der Portraits: Ich habe darauf verzichtet, die Hautfarben der einzelnen dargestellten Personen zu beschreiben, weil Deskriptionen von Hautfarben Entscheidungen über Differenz treffen und, ich damit Kategorisierungen (re-)produzieren würde (siehe Kapitel 8). Dennoch ist es zum Verständnis des Bildes notwendig zu wissen, dass durch die Komposition von Bildern von Menschen unterschiedlicher Hautfarben Diversität transportiert wird.

Wie lautet der Text?

Überschriften:

(Von oben nach unten gelesen)

- „Wir sind die Neuen!"
- „Diese ZEIT-Ausgabe zum 3. Oktober ist mit den Menschen entstanden, die viele begrüßen und manche fürchten"

Bildunterschrift/ Quellenangabe:

- „Titel: Große Bilder im Uhrzeigersinn: T.Haddad/Syrien, siehe Seite 37; Z.Tekle/Eritrea, S. 6; S.Ehsasian/Iran, S. 69; M.Abu Khaled/Palästina, S. 51; H.Albassir/Syrien, S. 24.; Kleine Bilder im Uhrzeigersinn: R.Abbas/Syrien, S. 8&13; I.Slik/Syrien, S. 24; S.Al Semadi/Syrien, S. 71; M.Asgari/Afghanistan, S. 71; C.Barssimian/Syrien, S. 71; H.Al Husein/Syrien, S. 71; K.Adeniyi/Benin, S. 71; N.Alsebaie/Syrien, S.37"
- „Fotos: (Titelbilder) Michael Heck (7), Moritz Küstner (3), Oliver Mark (2) und Julian Röder (1) für DIE ZEIT; Sebastian Kahnert/dpa Picture-Alliance (u. r.)"

Textgestaltung

Die Hauptüberschrift lautet „Wir sind die Neuen!“. Sie ist in dicker, schwarzer, serifenfreier Schrift gedruckt und etwa viermal so groß wie die Unterüberschrift. Auffällig ist das Ausrufungszeichen, mit dem der Satz endet. Die Hauptüberschrift ist mittig angeordnet. Die Unterüberschrift ist in einer Serifenschrift gedruckt und sehr viel kleiner als die Hauptüberschrift. Auffällig ist, dass der Begriff „ZEIT“ in Großbuchstaben gedruckt ist. Die Textzeile der Unterüberschrift geht über eine Zeile und ist genauso breit wie die mosaikartig angeordneten Bilder. Wie bereits beschrieben, lassen sich die Bilder in zwei Bildreihen unterteilen, wobei die obere etwa ein Viertel größer ist als die untere Bildreihe. Getrennt werden diese beiden Bildreihen durch die Haupt- und Unterüberschrift. Der Schrifthintergrund ist weiß, ebenso wie der Hintergrund der gesamten Titelseite.

9.5.2 Interpretation

Wie kann das Bild für sich allein gedeutet werden?

Die abgebildeten Personen scheinen auf den ersten Blick sehr unterschiedlich zu sein. Es sind Männer und Frauen abgebildet, unterschiedlichen Alters und mit verschiedenen Kleidungsstilen. Jedes Foto rückt eine andere Person in den Fokus. Alle abgebildeten Personen scheinen im erwerbsfähigen Alter zu sein (15–65 Jahre). Die Portraits lassen auf eine professionelle Machart durch eine*n Fotograf*in schließen. Sie wirken nicht wie Schnappschüsse einer zufälligen Situation, sondern arrangiert. Alle Bilder sind gut ausgeleuchtet, so dass die Gesichter jeweils gut zu erkennen sind und es wurde jeweils ein neutraler Hintergrund gewählt. Der Stil der Portraits erinnert an Bewerbungsfotos. So blicken alle abgebildeten Personen weitestgehend freundlich in die Kamera. Zwar gibt es hierbei Abstufungen (z.B. wirkt der Gesichtsausdruck von P4 freundlicher als von P1), aber dennoch sind keine negativen Emotionen zu erkennen. Indem sich der Stil der abgebildeten Portraits sehr ähnelt, jedoch unterschiedliche Personen abgebildet sind, wird die Diversität zwischen den einzelnen Personen hervorgehoben. Es lässt sich die Frage anbringen, was weitere Anlässe sein könnten, zu denen die Fotos in dieser Art aufgenommen worden sind. Denkbar ist bspw. der Internetauftritt im Arbeitskontext (Internetseite des Arbeitgebers*der Arbeitgeberin), Werbefotos zu Marketingzwecken oder aber Fotoshootings für den privaten Bereich, als Geschenk für jemanden oder als Andenken an einen feierlichen Anlass. Festgehalten werden kann, dass im

Rahmen der Aufnahmen offenbar versucht wurde, ein Bild in guter Qualität zu erstellen.

Interessant ist, dass bei genauerer Betrachtung jedes Bild für sich steht. Sie sind einzeln und separiert und in zwei Spalten aufgeteilt. Jeder Mensch wird so einzeln für sich betrachtet. Es gibt kein Foto mit mehreren Personen. Die Anordnung erinnert an Zellen oder auch an Raster. Die Bildgrößen scheinen einer Norm zu entsprechen und aufeinander abgestimmt zu sein. Während auf der einen Seite die Personen einzeln und separiert abgebildet werden, so ergeben sich auf der anderen Seite durch die Anordnung und Größe der Fotos Parallelen zwischen ihnen. Alle Personen blicken direkt in die Kamera und jedes Portrait hat einen Platz im Raster zugewiesen bekommen. Die Personen stehen im Fokus, es gibt keine Ablenkung. Ausgehend von der Interpretation, dass die Machart der Bilder an Bewerbungsfotos erinnert, scheinen die Bilder als eine Entscheidungsgrundlage zu dienen. Es ließe sich in diesem Zusammenhang die Frage stellen: Ist die Bewerberin oder der Bewerber geeignet oder die bzw. der Richtige?

Es gibt auf der Bildebene keine eindeutigen Hinweise darauf, dass es sich bei den abgebildeten Personen um als „Flüchtlinge“ positionierte Personen handelt. Die Repräsentationsform der abgebildeten Personen entspricht klassischen Bewerbungsfotos. Ebenso wenig finden sich bei ausschließlicher Berücksichtigung der Bildebene Hinweise auf das Konstrukt der Nationalstaatlichkeit.

Wie lässt sich das Bild unter Hinzuziehung des Textes deuten?

Die Hauptüberschrift lautet „Wir sind die Neuen!“. Durch den Begriff „Wir“ wird eine Gruppe konstruiert. Die abgebildeten Personen scheinen mit „Wir“ gemeint zu sein. Näher beschrieben wird diese Gruppe dadurch, dass betont wird, sie seien die „Neuen“. Neu-Sein wird zum bestimmenden Adjektiv, zum prägenden Merkmal, über das die Gruppe identifiziert wird. Doch offen bleibt die Frage „die Neuen“ wovon? Neu-Sein setzt voraus, dass es einen Bezugsrahmen gibt, bspw. eine andere Gruppe an Personen. Diese andere Gruppe kann durch den Wohnort, durch die Arbeit oder Ausbildung, durch Hobbies und ähnliches bestimmt sein. Entscheidend ist, dass man zu etwas Bestehendem dazu kommt, was einen als „neu“ erscheinen lässt. Ausdrucksstärke wird dieser Aussage durch das Ausrufungszeichen verliehen. Zudem wirken die schwarzen, fettgedruckten, großen Buchstaben sehr massiv und prägnant. In einem Spannungsfeld hierzu stehen die Portraits. Die sehr stark an Bewerbungsfotos erinnernden Bilder wirken eher zurückhaltend. Bei Bewerbungen geht es u.a. darum, in eine Position zu kommen, die man noch nicht innehat. Die

Titelüberschrift vermittelt jedoch keinen Zweifel daran, dass die abgebildeten Personen die Position als „Neue“ bereits innehaben. Hier wird die Position – in diesem Fall Neu-zu-sein – nicht in Frage gestellt, sondern als eine Tatsache hervorgehoben.

Zurück zu der Frage, in welchem Kontext die abgebildeten Personen als „Neue“ identifiziert werden. Wird nur die erste Titelzeile berücksichtigt, lassen sich keine eindeutigen Rückschlüsse anstellen, was genau der Referenzrahmen ist. Da hier viel Spekulationsraum besteht, erscheint es sinnvoll die Titelunterschrift hinzuzuziehen. Hier heißt es „Diese ZEIT-Ausgabe zum 3. Oktober ist mit den Menschen entstanden, die viele begrüßen und manche fürchten“. An dieser Stelle scheint konkretisiert zu werden, wer die abgebildeten Personen sind. Demnach sind es Menschen, die an der Entstehung der „ZEIT-Ausgabe zum 3. Oktober“ beteiligt waren, und die von vielen „begrüßt und von manchen gefürchtet“ werden. Wird berücksichtigt, dass es sich bei der vorliegenden Titelseite um eine Ausgabe einer deutschen Wochenzeitung handelt, kann Deutschland als Referenzrahmen herangezogen werden. Der dritte Oktober ist in Deutschland ein gesetzlicher Feiertag, es ist der Tag der Deutschen Einheit. Er erinnert an die deutsche Wiedervereinigung, die „mit dem Wirksamwerden des Beitritts der Deutschen Demokratischen Republik zur Bundesrepublik Deutschland […] am 3. Oktober 1990 […]“ (Art. 1 Einigungsvertrag (EV)) vollendet wurde. Hier kommt die deutsche Nation bzw. der Nationalstaat Deutschland ins Spiel. Die Ausgabe der vorliegenden Titelseite scheint zum Anlass der „Deutschen Wiedervereinigung“ erschienen zu sein. Durch den 3. Oktober wird ein Referenzrahmen ins Spiel gebracht anhand dessen sich Rückschlüsse ziehen lassen, wo die abgebildeten Personen „neu“ sind – nämlich in Deutschland. So ließe sich auch plausibilisieren, wer die abgebildeten Personen „begrüßt“ und wer sie „fürchtet“, nämlich Personen in Deutschland. Anders formuliert ließe sich so zu der Aussage kommen: viele Menschen in Deutschland begrüßen die abgebildeten, neuen Personen und manche Personen in Deutschland fürchten sie. In diesem Fall ist die Zugehörigkeit zur deutschen Nation bzw. zu den Mitgliedern des Deutschen Nationalstaates oder auch der Status deutscher Staatsbürger angesprochen. Bezogen auf die Frage, in welchem Kontext die abgebildeten Personen neu sind, ließe sich dies beantworten mit: sie sind neue Nationalstaatsangehörige oder auch neue Staatsbürger Deutschlands.

Es lässt sich der Rückschluss anstellen, dass es sich bei den abgebildeten Personen um als „Flüchtling“ adressierte Personen handelt. Diese Interpretation lässt sich auch mit Blick auf die Bildunterschrift anstellen. Die Bildunterschrift befindet sich ganz am Ende der Titelseite und gibt die Namen der abgebildeten Personen sowie ihr Herkunftsland an (siehe Hinweis oben zu „Bildunterschrift/

Quellenangabe“). Als Herkunftsländer werden Afghanistan (eine Person), Benin (eine Person), Eritrea (eine Person), Iran (eine Person), Palästina (eine Person) und Syrien (acht Personen) angegeben. Personen aus den hier gelisteten Ländern haben Chancen als „Flüchtlinge“ anerkannt zu werden. Hinzu kommt, dass die hier analysierte Titelseite am 01.10.2015 erschienen ist. Es handelt sich um einen Zeitpunkt, zu dem das Thema Flucht*Migration in Politik und Medien hoch brisant war. Die Blätter für deutsche und internationale Politik (vgl. 2015c: 109 f.) weisen bspw. darauf hin, dass im Oktober erste Gespräche mit der Türkei geführt wurden, um die Flucht*Migrationsbewegungen nach Europa und Deutschland zu begrenzen. Angela Merkel habe in diesem Zusammenhang verlautbaren lassen, „Die Flüchtlingskrise sei eine ‚Bewährungsprobe historischen Ausmaßes‘, die Europa zu radikalem Umdenken zwinge.“ (ebd.: 110) Zudem wurde im Oktober 2015 das Asylpaket I und damit eine Verschärfung des Asylrechts in Deutschland auf den Weg gebracht (vgl. Haller 2017: 114 f.; Pro Asyl 2015). Vor diesem Hintergrund lässt sich darauf schließen, dass die auf der Titelseite abgebildeten Personen als geflüchtete*migrierte Personen adressiert werden. Der Begriff des „Flüchtlings“ taucht dabei auf der Titelseite nicht auf.

Wird vor diesem Hintergrund davon ausgegangen, dass die abgebildeten Personen Repräsentant*innen von geflüchteten*migrierten Personen darstellen (dies geht nur unter Berücksichtigung des diskursiven Kontextes), dann lässt sich eine interessante Konstruktion beobachten: die abgebildeten Personen werden hier als bereits *zugehörig* zu Deutschland, zur deutschen Nation, zum deutschen Nationalstaat dargestellt. Durch die prägnante Textgestaltung (dicke, schwarze Buchstaben), die Wahl des Terminus („Wir *sind* die Neuen!“) sowie die Betonung durch das Ausrufungszeichen, wird hier nicht in Frage gestellt, wem oder wo die abgebildeten Personen zugehörig sind. Es wird als ein Fakt konstruiert, dass sie zu Deutschland, zur deutschen Nation gehören bzw. deutsche Nationalstaatsangehörige sind. Die abgebildeten Personen werden somit als „neue Deutsche“ konstruiert. Was an der gewählten Form der Repräsentation stutzig macht, ist die Aussage, dass „manche“ die abgebildeten Personen zu „fürchten“ scheinen. Dies wirft die Frage auf, aus welchem Grund sich Menschen vor den sympathisch wirkenden Personen fürchten. Es vermittelt den Eindruck als sei etwas faul, als wenn etwas an diesem Foto nicht stimmt. Als würden die abgebildeten Personen vorgeben etwas zu sein, was sie nicht sind. Das Motiv des „falschen Flüchtlings“ wird hier implizit adressiert.

Die Formulierung, dass „viele“ die „Neuen“ „begrüßen“ und „manche“ sie „fürchten“ lässt eine Objektivierung der abgebildeten Personen erkennen. Sie werden zum Objekt für jene konstruiert, die bereits dort sind, wo die „Neuen“

angekommen sind. Es wird eine Asymmetrie sichtbar, indem nähere Aussagen über die abgebildeten Personen entlang der Reaktionen der Nicht-Neuen getroffen werden. Der Reaktion der autochthonen Bevölkerung wird damit ein besonderer Stellenwert zugemessen. In Abhängigkeit davon, wie sie reagieren, scheint das zu beeinflussen, wie auf der Titelseite einer deutschen Wochenzeitung über die „Neuen“ berichtet wird. Den Nicht-Neuen kommt damit in gewisser Weise eine machtvolle Position zu. Gleichzeitig drückt sich damit ein Widerspruch aus. Während auf der Bildebene und durch die Hauptüberschrift die abgebildeten Personen scheinbar zweifelsfrei als „neue Deutsche“ konstruiert werden, wird durch die Unterüberschrift diese Selbstverständlichkeit relativiert.

Die Medienmacher*innen scheinen in diesem Zusammenhang gleichzeitig selbst Stellung bezogen zu haben. Indem sie nämlich unabhängig davon, ob nun viele die Neuen begrüßen oder manche sie fürchten, die abgebildeten Personen an der Entstehung dieser Ausgabe beteiligt haben. Sie haben sich also von den z.T. scheinbar widersprüchlichen Reaktionen auf die „Neuen“ nicht beirren lassen und diese Zeitungsausgabe „mit den Menschen entst[ehen lassen]“, die von „vielen begrüßt und manchen gefürchtet werden“. Die Medienmacher*innen treten hier scheinbar als Unbeirrbare in Erscheinung.

Zusammenfassung

Auffällig an der hier gewählten Repräsentationsform von als „Flüchtling“ positionierten Personen, ist, dass gängige Repräsentationsformen von den vermeintlich „Anderen“ durchbrochen werden. So wird geflüchteten*migrierten Personen der Status zugeschrieben, als Neue Deutsche der deutschen Nation zugehörig zu sein. Es ist nicht das typische „Flüchtlings-Bild“ überfüllter Rettungsboote, das hier reproduziert wird. Indem als Anlass für diese Titelseite der Tag der Deutschen Einheit gewählt wird, bekommt die „nationale Einheit“ einen besonderen Stellenwert zugeschrieben. Dabei scheint die Absicht verfolgt worden zu sein, mithilfe der professionell erstellten Portraits die Individuen in den Fokus zu rücken und gleichzeitig Diversität abzubilden. Scheinbar wurde damit der Versuch unternommen, eingefahrene Subjektpositionen zu durchkreuzen.

Und dennoch ist auch diese Form der Repräsentation nicht unproblematisch. Denn trotz dieses Einschlusses in das nationale Kollektiv gibt es keine durchgängige Gleichstellung zwischen den „alten Mitgliedern“ des Kollektivs und den „Neuen“. Denn zur Beschreibung der abgebildeten Personen wird angeführt, wie die „alten“ sich ihnen gegenüber verhalten. Die Meinung resp.

DIE ZEIT

PREIS DEUTSCHLAND 4,70 €

WOCHENZEITUNG FÜR POLITIK WIRTSCHAFT WISSEN UND KULTUR

DIE ZEIT im Taschenformat.
Neu für Ihr Smartphone!
www.zeit.de/apps

29. OKTOBER 2015 N° 44

Was helfen Zäune?

Die Kanzlerin sagt, dass Flüchtlinge sich durch Grenzen nicht aufhalten lassen. Aber das stimmt nicht. Es ist eine Frage des Preises – finanziell, politisch und menschlich

Eine neue Serie in der ZEIT POLITIK, SEITE 3–6

Die neue Madonna
Die Sängerin Grimes ist der Popstar des Jahres
ZEITmagazin

Das digitale Kind
Warum Eltern den Kampf gegen das Smartphone verlieren
Ein Chancen-Magazin

Menschen im Sog künstlicher Welten

Abbildung 8: Titelbild der Wochenzeitung Die Zeit vom 29.10.2015
Quelle: Die Zeit (2015 f: 1); Titelillustration: Davide Bonazzi für Die Zeit

das Verhalten der „Alten" gegenüber den „Neuen" wird als entscheidender Referenzrahmen herangezogen. Es stellt sich damit eine Asymmetrie her. Der Terminus „fürchten" in der Unterüberschrift ruft Zweifel an der Harmlosigkeit der abgebildeten Personen hervor. Es wird implizit das Bild des „falschen Flüchtlings" hervorgerufen und die abgebildeten Personen werden als potenziell gefährlich dargestellt.

9.6 „Was helfen Zäune?" – Die Zeit – 29.10.2015

9.6.1 Deskription

Was ist zu sehen?

Das Titelbild zeigt eine Illustration, die vom gewählten Stil her einem Cartoon oder einer Comiczeichnung ähnelt. Zu sehen ist eine gelborange Fläche und eine dunkelorange Fläche, die beide über die gesamte Bildbreite gehen. Durch den farblichen Unterschied sind sie voneinander abgesetzt, so dass das Bild horizontal geteilt erscheint. Die gelborange Fläche ist im unteren Bereich des Bildes angeordnet und nimmt etwa drei Fünftel der Höhe des Bildes ein, während die dunkelorange Fläche etwa zwei Fünftel der Bildhöhe einnimmt und im oberen Bereich angeordnet ist. Im unteren Bereich des Bildes, auf der gelborangen Farbfläche, sind kleine, schwarze Figuren zu sehen. Diese Figuren sind einheitlich, flächig schwarz und damit nur als Silhouetten zu erkennen. Die Form der Figuren deutet darauf hin, dass diese Silhouetten Menschen repräsentieren sollen. Zusammengenommen lassen sich insgesamt 116 Personen ausmachen, wobei von manchen nur der Kopf oder nur die Hälfte des Körpers zu sehen ist, da die anderen Körperbereiche außerhalb des Bildbereiches liegen. Diese Personen sind ausschließlich im unteren Bildbereich, auf der gelborangen Fläche zu sehen. Sie verteilen sich von der linken Seite diagonal bis zur rechten oberen Ecke der gelborangen Fläche. Insgesamt sind die Personen gleichmäßig im unteren Bereich des Bildes verteilt. Manche der abgebildeten Personen überlagern sich, so dass die schwarzen Silhouetten ineinander übergehen. Zwischen den Personen finden sich auch immer wieder Lücken unterschiedlicher Größe. Insgesamt weisen auch diese Lücken Regelmäßigkeiten auf, so dass der Eindruck einer nahezu gleichmäßigen Verteilung entsteht. Die Körper der abgebildeten Personen sind alle nach links gerichtet. Es wird der Eindruck vermittelt, als würde sich die Gruppe in Richtung des linken oberen Bereichs des Bildes bewegen.

Die Silhouetten sind nur sehr schemenhaft abgebildet. Bei genauerer Betrachtung zeigt sich, dass es verschiedene Typen an Silhouetten gibt, die sich wiederholen. Zwischen den verschiedenen Typen gibt es Unterschiede. So tragen einige ein langes Kleidungsstück, das bis zum Boden reicht, während andere Hosen zu tragen scheinen. Weiterhin gibt es Unterschiede hinsichtlich der Größe. So ist ein Teil der abgebildeten Silhouetten deutlich kleiner, andere größer. Möglicherweise sollen durch die kleineren Silhouetten Kinder repräsentiert werden. Hinsichtlich des Geschlechts lassen sich sowohl Männer als auch Frauen identifizieren. Jedoch wäre eine genauere Zuordnung hier aufgrund der Unschärfe der abgebildeten Silhouetten spekulativ. Auffällig ist, dass einige der abgebildeten Personen eine Flagge in der Hand halten. Der Fahnenstock dieser Flaggen hat in etwa die Größe der erwachsenen Personen, dementsprechend groß sind die Flaggen. Es sind insgesamt zehn Flaggen zu sehen, die getragen werden. Unter diesen zehn Flaggen finden sich jeweils zwei der gleichen Sorte, also insgesamt fünf unterschiedliche. Zu sehen sind die Nationalflaggen Afghanistans, Eritreas, Palästinas, Somalias und Syriens. Die Personen, die diese Flaggen tragen, sind gleichmäßig über die Bildfläche verteilt.

Neben den genannten Flaggen, die alle zweimal abgebildet sind und von Personen getragen werden, gibt es eine einzelne, die nur einmal auftaucht und welche auch nicht getragen wird. Hierbei handelt es sich um die deutsche Nationalflagge. Sie befindet sich in einigem Abstand zu der beschriebenen Personengruppe im linken Bereich des Bildes, auf dem Boden der gelborangen Fläche. Sie ist ein Stück größer als die anderen Flaggen und damit auch größer als die abgebildeten Personen und steht senkrecht auf dem Boden. Die Fahne selbst ist nach rechts gerichtet und wirft einen Schatten auf den Boden, der horizontal ebenfalls nach rechts zeigt. In dem direkten Umgebungsbereich dieser deutschen Nationalflagge sind keine Personen abgebildet. Sie steht für sich allein.

In dem Zwischenraum zwischen der deutschen Nationalflagge und der Personengruppe verläuft eine weiße Linie diagonal von links ab etwa der Hälfte der gelborangen Fläche zu ihrer rechten oberen Ecke. Die Line endet ab etwa drei Viertel des Weges. Die Linie ist leicht meliert, so dass der Untergrund an einigen Stellen durchschimmert. An ihrem Ende ist ein weißer Balken zu sehen. Er ist leicht nach links gekippt und sitzt auf dem Boden genau an der Stelle auf, wo die Linie endet. Dieser weiße Balken ist in etwa so groß wie die erwachsenen Personen (Silhouetten) und wird von einer Hand zwischen Daumen, Zeige- und Mittelfinger gehalten. Die Hand ist im Vergleich zum Rest des Bildes überdimensional groß. Neben der Hand ist auch ein Teil des Unterarmes zu sehen. Ausgehend von dem weißen Balken gehen Hand und Unterarm schräg von rechts nach links oben weg. Der Arm verlässt den Bildbereich nach oben in etwa auf der Mitte der Bildbreite.

Wie lautet der Text?

Überschriften:

(Von oben nach unten gelesen)

- „Was helfen Zäune?"
- „Die Kanzlerin sagt, dass Flüchtlinge sich durch Grenzen nicht aufhalten lassen. Aber das stimmt nicht. Es ist eine Frage des Preises – finanziell, politisch und menschlich"
- „Eine neue Serie in der ZEIT"
- „POLITIK, SEITE 3–5"

Quellenangabe:

- „Titelillustration: Davide Bonazzi für DIE ZEIT"

Textgestaltung

Die Hauptüberschrift lautet „Was helfen Zäune?“. Sie ist sehr groß gedruckt und mittig im oberen Bereich des Bildes angeordnet. Sie ist in weißer Schrift mit Serifen direkt auf das Bild gedruckt. Die Buchstaben *W* von „Was [...]“ und das *Z* von „Zäune“ sind fast so groß wie die abgebildete Hand. Die Unterüberschrift ist auf vier Zeilen verteilt. Der Schrifttyp ähnelt dem der Hauptüberschrift. Die Unterüberschrift ist um einiges kleiner gedruckt als die Hauptüberschrift. Die Quellenangabe ist am linken, äußeren Rand des Bildes bündig mit der Unterkante positioniert. Der Text ist senkrecht von unten nach oben verfasst. Der Schrifttyp ist Serifenfrei. Die Textfarbe ist schwarz und der Text ist direkt auf das Bild gedruckt. Es gibt keine Abhebung durch einen anderen farblichen Hintergrund. Die weißen großen Buchstaben stehen im Kontrast zu dem dunkelorangen Hintergrund. Dabei ist zu erwähnen, dass sich der Text insgesamt auf den Bereich der dunkelorangen Farbfläche beschränkt. Die Hauptüberschrift überlagert einen Teil des Unterarmes der überdimensionalen Hand. Die Unterüberschrift ist in dem Bereich der dunkelorangen Farbfläche angeordnet, in dem sich sonst keine Objekte befinden.

9.6.2 Interpretation

Wie kann das Bild für sich allein gedeutet werden?

Was für eine Situation wird auf dem Bild gezeigt? Es entsteht der Eindruck, als wenn sich die abgebildeten Personen, die als schwarze Silhouetten dargestellt sind, bewegen würden. Als wären sie auf dem Weg in Richtung der weißen Linie, die von der überdimensional großen Hand gezeichnet wird. Der Eindruck des Bewegens entsteht durch die angedeuteten, ausfallenden Schritte, die sich in etwa bei der Hälfte der Personen ausmachen lassen. Alle Personen bewegen sich von der rechten Seite zur linken hin, was sich an der Stellung des Kopfes sowie der Füße ablesen lässt. Bei der weißen Linie scheint es sich um eine Kreidelinie zu handeln, welche von der großen Hand vor der Personengruppe gezogen wird. Der Eindruck, dass es sich um eine Kreidelinie handeln könnte, entsteht durch ihre melierte, teilweise transparente Struktur, die den gelborangen Untergrund durchschimmern lässt. Dieses Erscheinungsbild ist für Kreide typisch, ebenso wie die Form des weißen Balkens, der in der überdimensionalen Hand geführt wird. Die überdimensionale Hand scheint die Kreidelinie zu ziehen, während sich die als Silhouetten dargestellten Personen in ihre Richtung bewegen. Diese Deutung ist darauf zurückzuführen, dass die Hand das Zeichnen der Linie noch nicht abgeschlossen zu haben scheint. So hat sie an der linken Seite des Bildes angefangen zu zeichnen, so dass die Linie durchgängig bis zu dem Punkt ist, an dem sich das Stück Kreide befindet. Die Kreidelinie wurde allerdings nicht durchgängig gezogen, so dass der rechte obere Bereich der gelborangen Farbfläche noch frei von der Kreidelinie ist. Hier scheint eine Gleichzeitigkeit verschiedener Handlungen repräsentiert zu werden: einerseits bewegen sich Personen in Richtung der „deutschen Flagge" und der Kreidelinie, andererseits scheint die überdimensional große Hand gerade dabei zu sein, die Kreidelinie zu vollenden.

Wer sind die abgebildeten Personen? Welche sozialen Rollen lassen sich rekonstruieren? Die Personen, die als Silhouetten abgebildet werden, wiederholen sich. Von 116 Personen, die angedeutet werden, gibt es insgesamt nur neun verschiedene Repräsentationsformen. Es sind immer wieder dieselben Figuren, die an unterschiedlicher Stelle in der Gruppe auftauchen. Weiterhin lässt sich in der Darstellungsweise eine große Ähnlichkeit erkennen. Sie sind schematisch auf die gleiche Art und Weise dargestellt. Sie gehen in die gleiche Richtung und befinden sich in räumlicher Nähe zueinander. All diese Faktoren deuten darauf hin, dass die abgebildeten Personen hier als eine Gruppe konstruiert werden. Es scheint sich um Personen zu handeln, die einander sehr ähnlich, wenn nicht sogar identisch sind. Es findet sich hier die Konstruktion eines anonymen Kollektivs. Anonym, da kein Gesicht zu sehen ist. Ihre Identität ist unklar.

Wenn man daran anschließend die Frage stellt, was für eine Situation im realen Leben dieses Bild zeigen könnte, ist eine mögliche Antwort, dass es sich bei der Personengruppe nicht um tatsächliche Menschen handelt, sondern um Spielzeugfiguren, ähnlich wie Zinnsoldaten oder Figuren für Miniatureisenbahnen. Auf diese Weise ließe sich auch die überdimensional große Hand plausibilisieren. Die abgebildete Situation erinnert vor diesem Hintergrund an ein Spielfeld. So könnte es sich bei der abgebildeten Situation um die Momentaufnahme eines Planspiels handeln. Das Bild zeigt in diesem Zusammenhang also möglicherweise einen Ausschnitt, in dem jemand (die überdimensional große Hand) eine Situation plant bzw. durchspielt. Werden die Silhouetten als Spielfiguren gelesen, erweist sich jedoch als fraglich, ob sie sich tatsächlich bewegen – wie eingangs vermutet – oder sie unbeweglich bzw. feststehend sind. In diesem Fall würde ihre Körperhaltung jedoch indirekt auf eine Bewegung in Richtung Kreidelinie hindeuten, auch wenn diese nicht vollzogen wird. Werden die abgebildeten Silhouetten als Spielzeugfiguren gelesen, zeigt sich hier eine Objektivierung. So sind Spielzeugfiguren keine Lebewesen, sie haben keinen eigenen Willen, keine Autonomie. Mit ihnen wird gespielt. Sie können von den spielenden Personen willkürlich versetzt und arrangiert werden, wenngleich ein Spiel üblicherweise bestimmten Regeln folgt. Die einzelne Figur an sich hat womöglich kaum einen Wert und kann nach Belieben ersetzt oder ausgetauscht werden. Auffällig ist, dass alle Figuren einheitlich schwarz sind. Dies ist insofern ungewöhnlich, als dass bspw. die Figuren von Miniatureisenbahnen oftmals bemalt sind, so dass Kleidung und Gesicht jeweils zu erkennen sind. Dies ist bei der hier gewählten Repräsentation jedoch nicht der Fall. Die Figuren scheinen hier in ihrer Rohform abgebildet worden zu sein. Im Vergleich zu den Figuren resp. den Silhouetten fällt auf, dass die Hand detailgetreuer dargestellt ist. Es lassen sich Fingernägel, Falten und Schatten bei der Hand erkennen, die Figuren sind im Vergleich dazu durchgängig in schwarz abgebildet. Bei letztgenannten lassen sich keine differenzierbaren Strukturen erkennen.

Ein besonderer Stellenwert scheint den nationalen Flaggen zu zukommen. Die Gruppe der Silhouetten trägt die Flaggen Afghanistans, Eritreas, Palästinas, Somalias und Syriens in Händen und sie befinden sich jeweils nahe am Körper der Träger*innen. Die Symbolik der Flaggen stellt sich in dieser Repräsentationsform als eines von sehr wenigen identitätsstiftenden Merkmalen heraus. Was die abgebildeten Personen ausmacht, scheint hier auf deren Nationalität reduziert zu sein. Es soll womöglich der Eindruck vermittelt werden, dass die Figuren aus den jeweiligen Ländern stammen bzw. als ihnen zugehörig betrachtet werden sollen. Das Tragen von Flaggen auf diese Art und Weise erinnert an eine Demonstration. Also an eine Situation, in der versucht wird, die eigene Haltung oder Meinung in der Öffentlichkeit publik zu machen. Demonstrationen sind in einer Demokratie ein wichtiges Grundrecht und eine Möglichkeit der politischen Meinungsäußerung der Bürger*innen. Hier werden Nationalflaggen getragen. Wird in diesem Zusammenhang das Bild als ein Moment der politischen Meinungsäußerung gelesen, dann steht hier die nationalstaatliche Identität im Vordergrund.

Interessant ist in diesem Zusammenhang auch, dass ausschließlich die deutsche Flagge nicht getragen wird, sondern fest im Boden verankert ist. Und obwohl im Bereich der deutschen Flagge keine Person abgebildet ist, sind alle Figuren in ihre Richtung ausgerichtet. Die Flaggen stellen eine Verbindung her zwischen dem linken und dem rechten Bereich des Bildes. Sie scheinen der ursächliche Grund für die abgebildete Situation zu sein. Nicht eindeutig scheint die Intention der Figuren zu sein. Es stellt sich die Frage, welches Ziel der Gruppe hier zum Ausdruck gebracht werden soll. Da es rein auf der Bildebene nur wenige Anhaltspunkte gibt, lässt sich die Schlussfolgerung anstellen, dass es um etwas Übergeordnetes gehen muss, dass mit der Symbolik der nationalen Flaggen verbunden ist. Denkbar wäre, dass die Figuren womöglich ihre eigenen Flaggen im Boden verankert sehen möchten, so dass neben der deutschen Flagge noch andere Flaggen stehen. Gleichzeitig wirkt es so, als würde die überdimensional große Hand mittels des Ziehens einer Grenze (Kreidelinie) genau dies zu verhindern suchen. Sie zieht die Linie, damit die Personen diese nicht übertreten können. Aus dieser Perspektive eröffnet sich ein Spannungsfeld zwischen der durch die Hand vollzogenen Abgrenzung mittels der Kreidelinie und der demonstrationsähnlichen Bewegung der Figuren. Von den abgebildeten Protagonist*innen scheinen unterschiedliche Intentionen verfolgt zu werden, wodurch sich die Situation als spannungsgeladen darstellt. Angenommen es handelt sich also um ein Planspiel, ist prägnant, dass hier die Nationalität als das entscheidende Kriterium gewählt wurde. Es scheint um die Verteilung von nationalen Zugehörigkeiten zu gehen. Während auf der einen Seite der Linie fünf verschiedene Nationalitäten mittels der Flaggen in Erscheinung treten, steht auf der anderen Seite die deutsche Nationalflagge für sich allein.

Es lässt sich dabei eine Asymmetrie erkennen. Die Hand, welche die Kreidelinie zieht, ist sehr viel größer als die Figuren. Sie könnte die abgebildeten Figuren leicht entfernen bzw. anders anordnen. Die Hand scheint somit auf den ersten Blick in der machtvolleren Position zu sein. Unklar ist, wie groß die Gruppe der Figuren tatsächlich ist. Möglicherweise gibt es noch zahlreiche Figuren außerhalb des Bildausschnittes. Es wird der Eindruck vermittelt, als könne die Gruppe der Figuren weitaus größer sein als auf dem Bild ersichtlich. In Abhängigkeit davon, wie groß die Gruppe der Figuren insgesamt ist, und ob die Silhouetten zu autonomen Handlungen fähig sind (oder es sich tatsächlich um Spielfiguren handelt), ist nicht abschließend zu klären, wie sich die Verteilung der Machtverhältnisse zwischen der Hand und den Figuren darstellt.

Es lässt sich die Deutung anstellen, dass die Verankerung der deutschen Flagge im Boden in Kombination mit der Kreidelinie sinnbildlich für das Territorium der deutschen Nation steht. Die Ausrichtung der Figuren in Richtung der deutschen Flagge könnte – dieser Deutung folgend – für Flucht*Migrationsbewegungen nach Deutschland aus Ländern wie Afghanistan, Eritrea, Palästina, Somalia und Syrien stehen. Die als Figuren dargestellten Personen scheinen eine Existenzberechtigung ihrer nationalen Zugehörigkeit auf dem Territorium anzustreben, das bisher nur von der deutschen Nation besetzt ist. Interessant dabei ist, dass sich im Bereich des deutschen Territoriums keine Figuren oder menschenähnlichen Repräsentationen finden. Die deutsche Flagge steht isoliert in einem sonst leeren Bereich.

Dieser Deutung folgend kann davon ausgegangen werden, dass die abgebildeten Figuren „Flüchtlinge" repräsentieren sollen. Dabei fällt auf, dass sie bis auf ihre Flaggen keine weiteren Gegenstände bei sich haben. Das Einzige, was sie mitbringen, ist ihre nationale Zugehörigkeit (Flaggen). Es scheint fast so, als sei dies das Einzige, was ihnen geblieben ist. So sind weder Fahrzeuge (Autos, Bahn, Fahrrad) noch sonstige materielle Güter zu erkennen. Auf diese Weise wird der Eindruck einer Mittellosigkeit erzeugt.

Mit Blick auf die Repräsentation von Nationalstaatlichkeit zeigt sich, dass die Nation in diesem Fall stärker im Vordergrund steht als die Ebene des Staates. Als ein Element von Nationalstaatlichkeit ist indirekt das Territorium angesprochen (das Ziehen einer Grenze durch die überdimensional große Hand). Die Hand ließe sich auf abstrakter Ebene als Regierung oder Exekutive des deutschen Nationalstaates deuten. Es entsteht in diesem Zusammenhang der Eindruck, als wenn es der Hand um die Alleinstellung der „deutschen Flagge“ ginge. Wie bereits ausgeführt, wirkt das Ziehen der Kreidelinie wie ein Akt der Abgrenzung. Es scheint, als sollten die Personen, die andere Nationalflaggen tragen, aufgehalten werden (siehe oben). Als ginge es darum, die Alleinstellung der deutschen Flagge zu verteidigen. Das Ziehen der Kreidelinie scheint dabei für einen symbolischen Akt zu stehen. Denn eine Kreidelinie an sich stellt kein Hindernis dar. Erst wenn an diese Symbolik bestimmte Konsequenzen geknüpft werden, ergibt sich daraus auch eine machtvolle Wirkung. Wenn also bspw. das Übertreten der Linie negative Folgen hätte. Für eine weiterführende Deutung des Bildes lohnt es die Textebene hinzuzuziehen.

Wie lässt sich das Bild unter Hinzuziehung des Textes deuten?

Die Hauptüberschrift lautet: „Was helfen Zäune?“. Wird diese Überschrift auf das Bild bezogen, fällt auf, dass im eigentlichen Wortsinn kein Zaun zu sehen ist. So handelt es sich bei einem Zaun üblicherweise um eine Abgrenzung, die fest im Boden verankert ist und ein Hindernis darstellt. In der untersuchten Abbildung ist ein solches Hindernis in diesem Sinne – bspw. in Form eines Holz- oder Drahtgeflechtes – nicht zu sehen. Was sich jedoch sinnbildlich als Abgrenzung deuten lässt, ist die Kreidelinie. Sie steht hier scheinbar als stellvertretendes Symbol für einen Zaun. Denkbar wäre, dass die abgebildete Situation den Vorgang der Planung zur Errichtung eines Zaunes zeigt. So könnte die Linie bspw. gezeichnet worden sein, um deutlich zu machen, wo ein Zaun entstehen soll.

Die Hauptüberschrift wirft die Frage auf, wogegen Zäune helfen könnten. Wird das Bild betrachtet, so vermittelt es den Eindruck, als sollten die als schwarze Silhouetten abgebildeten Figuren mittels eines Zaunes aufgehalten werden. Wie bereits oben beschrieben kann das Ziehen der Kreidelinie ergo die Planung eines Zaunes als ein Versuch der Abgrenzung gedeutet werden. Die überdimensional große Hand scheint den linken Bereich des Bildes, in dem ausschließlich die deutsche Nationalflagge zu sehen ist, gegenüber den Figuren abzuschirmen.

Weitere Rückschlüsse lassen sich unter Hinzuziehung der Unterüberschrift anstellen. Hier heißt es: „Die Kanzlerin sagt, dass Flüchtlinge sich durch Grenzen nicht aufhalten lassen. Aber das stimmt nicht. Es ist eine Frage des Preises – finanziell, politisch und menschlich." Auf sprachlicher Ebene treten einerseits die „Kanzlerin" und andererseits die „Flüchtlinge" in Erscheinung. Aus dem Gesamtzusammenhang (Abbildung der deutschen Nationalflagge; deutsche Wochenzeitung) lässt sich schließen, dass mit dem Begriff „Kanzlerin" Angela Merkel als Bundeskanzlerin Deutschlands bezeichnet wird. Weiterhin lässt sich die Deutung anstellen, dass die in der Unterüberschrift genannten „Flüchtlinge" hier als Silhouetten repräsentiert werden, während die überdimensional große Hand stellvertretend für Angela Merkel steht. Die Aussage „Flüchtlinge" ließen sich durch Grenzen nicht aufhalten, wird insofern plausibilisiert, als dass Grenzen in der gewählten Darstellung auf der Bildebene nur in Form einer Kreidelinie in Erscheinung treten. Wie bereits ausgeführt, stellt eine Kreidelinie – anders als ein im Boden verankerter Zaun – kein reales Hindernis dar. Kreide hat etwas Vorübergehendes, da sie schnell verwischt und wieder verschwindet. Deutlich wird jedoch, dass die Abgrenzung Deutschlands gegenüber als „Flüchtling" positionierten Personen das zentrale Thema dieser Titelseite ist. Werden Haupt- und Unterüberschrift zusammen betrachtet, so wird hier zentral die Frage in den Raum gestellt, inwieweit sich „Flüchtlinge" durch Zäune resp. Grenzen bei der Einreise nach Deutschland aufhalten ließen. Die deutsche Nationalflagge lässt sich vor diesem Hintergrund als stellvertretend für Deutschland ergo den deutschen Nationalstaat lesen. Es wird eine Situation konstruiert, bei der es zentral um Fragen der Abgrenzung geht.

Aus dieser Perspektive stellt sich die Frage, weshalb es in der abgebildeten Situation einer Abgrenzung durch einen Zaun bedarf. Auf der Bildebene steht die deutsche Nationalflagge für sich allein. Es wird der Eindruck vermittelt, dass dieser Zustand beibehalten werden soll, als sollten die von den Figuren mitgebrachten Nationalitäten (die Flaggen Afghanistans, Eritreas, Palästinas, Somalias, Syriens) das Territorium Deutschlands (linker Bereich hinter der Kreidelinie) nicht erreichen. Auf übergeordneter Ebene scheint damit der Zustand nationaler Einheitlichkeit aufrechterhalten zu werden. Eine Vermischung verschiedener nationaler Zugehörigkeiten scheint nicht gewünscht zu sein.

Interessant ist weiterhin die Aussage: „Die Kanzlerin sagt, dass Flüchtlinge sich durch Grenzen nicht aufhalten lassen." Hier tritt der Topos von „Flüchtlingen" als Naturgewalt indirekt in Erscheinung. Es wird der Eindruck vermittelt, als würde die Bundeskanzlerin in Anbetracht der Flucht*Migrationsbewegungen nach Deutschland – hier dargestellt durch die schwarzen Silhouetten – kapitulieren. Als könne nichts gegen die Flucht*Migrationsbewegungen ausgerichtet werden. Zu dieser Position wird durch die Medienmacher*innen eine Gegenposition eingenommen, indem es weiter in der Unterüberschrift heißt: „Aber das stimmt nicht. Es ist eine Frage des Preises – finanziell, politisch und menschlich.“ In diesem zweiten Teil der Unterüberschrift tritt ein*e anonyme*r Autor*in in Erscheinung. Dabei impliziert die Wahl der Formulierung „Aber das stimmt nicht“ eine vermeintliche Objektivität. Dass sich „Flüchtlinge“ sehr wohl durch Grenzen aufhalten ließen, wird als Tatsache dargestellt. Der oder die Autor*in beansprucht hier eine Deutungshoheit bezogen auf den beschrieben Sachverhalt und damit auch gegenüber der „Kanzlerin“.

Zu berücksichtigen ist zudem der letzte Satz: „Es ist eine Frage des Preises – finanziell, politisch und menschlich“. Dieser Teil stützt die zuvor getätigte Aussage, dass die „Kanzlerin“ Unrecht hat. Weiterhin wird zum Ausdruck gebracht, dass auf verschiedenen Ebenen (finanziell, politisch, menschlich) Einbußen in Kauf genommen werden müssten, um „Flüchtlinge“ durch Grenzen aufhalten zu können. Es wird die Frage in den Raum gestellt, wie hoch die Bereitschaft ist, den Preis zur Abschottung gegenüber als „Flüchtlinge“ positionierten Personen zu bezahlen. Wie genau sich der hier genannte „Preis“ ausgestaltet, was also bei einer Abschottung gegenüber geflüchteten*migrierten Personen in Kauf genommen werden müsste, bleibt offen und wird nicht weiter konkretisiert.

Zusammenfassung

Ausgehend von der hier dargelegten Interpretation steht im Mittelpunkt der gewählten Repräsentation die Abgrenzung Deutschlands gegenüber geflüchteten*migrierten Personen. Die Frage „Was helfen Zäune?“ setzt implizit voraus, dass eine Situation vorliegt, in der Maßnahmen zur Abgrenzung ergriffen werden müssten. So steht im Fokus, wie in Anbetracht der Flucht*Migrationsbewegungen nach Deutschland Abhilfe zu verschaffen sei.

Werden die Blätter für deutsche und internationale Politik (vgl. 2015c: 109 f.) für eine Einordnung in einen politischen Kontext hinzugezogen, so zeigt sich, dass im Oktober 2015 die EU-Politiker Schulz (EU Parlamentspräsident), Tusk (EU Ratspräsident) und Junker (EU Kommissionspräsident) in Gesprächen mit dem türkischen Präsident Erdogan versuchten darauf hin zu wirken, die Seegrenzen zwischen der Türkei und Griechenland für geflüchtete*migrierte Personen abzuriegeln (vgl. ebd.). Diese Gespräche mündeten im März 2016 in die Verabschiedung des EU-Türkei Abkommens mit dem Ziel, die

Flucht*Migrationsbewegungen über die Türkei in die EU zu reduzieren. Weiterhin wurde im deutschen Bundestag mit der Verabschiedung des Asylpakets I das Asylrecht in Deutschland weiter verschärft (vgl. ebd.: 111). Es zeigt sich, dass Maßnahmen zur Abwehr geflüchteter*migrierter Personen zu dieser Zeit ein zentrales Thema im politischen Diskurs waren. Die Titelseite scheint hierauf Bezug zu nehmen.

Auffällig bei der gewählten Repräsentation von „Flüchtlingen" ist, dass diese als schwarze Silhouetten bzw. Figuren dargestellt werden. Diese Form der Repräsentation erweist sich als problematisch. Es wird der Eindruck vermittelt, als würde es sich bei „Flüchtlingen" nicht um Menschen handeln. Sie werden als eine homogene Gruppe repräsentiert, deren Individuen keine Persönlichkeit, keine Identität besitzen. Es handelt sich hierbei um eine Entindividualisierung. Alles, was sie mitbringen, ist ihre nationale Zugehörigkeit, repräsentiert durch die nationalen Flaggen.

Bezogen auf das Verhältnis zwischen Nationalstaatlichkeits- und „Flüchtlingskonstruktionen" drückt sich weiterhin ein starkes Ungleichgewicht aus. Auf bildlicher Ebene wirkt die überdimensional große Hand gegenüber den Silhouetten dominierend. Sie kommt von oben herab (nahezu gottesgleich) und ist im Gegensatz zu den Silhouetten detailgetreu dargestellt (Schatten und Hautfalten sind erkennbar). Die Alleinstellung der deutschen Nationalflagge im linken Bildbereich scheint von der Hand gegenüber den Silhouetten verteidigt zu werden. Eine Vermischung der Nationalitäten soll damit offenbar verhindert werden. Niedrig (2015: 34) weist in diesem Zusammenhang darauf hin:

> „Sowohl der Ausländer- als auch der Flüchtlingsdiskurs stellen die ‚deutsche Gesellschaft' als unterschwellig rassifiziertes, d. h. als ‚ethnisch homogen' und ‚weiß' imaginiertes nationales Kollektiv her, dessen Essenz zu verteidigen ist. Während der ‚Ausländerdiskurs darüber hinaus die ‚deutsche Kultur' produziert, bestätigt der Flüchtlingsdiskurs die Humanität ‚deutschen Gesellschaft' – in Ausblendung aller historischer und aktueller ‚Täterschaft'."

Das Motiv nationaler Einheitlichkeit tritt hier auf den Plan. Nationalen Zugehörigkeiten kommt damit ein zentraler Stellenwert in der gewählten Repräsentationsform zu. Weiter noch lässt sich feststellen, dass indirekt auf einen rassifizierten Diskurs Bezug genommen wird. Hall (2010: 127) macht in diesem Zuge deutlich:

> „Dieser rassisierte Diskurs ist durch eine Reihe binärer Gegensätze strukturiert. Da ist der kraftvolle Gegensatz zwischen ‚Zivilisation' (weiß) und ‚Wildheit' (schwarz). Da ist der Gegensatz zwischen den biologischen und körperlichen Charakteristika der ‚schwarzen' und ‚weißen' ‚Rassen', polarisiert bis in ihre extremen Gegenteile – jedes

der Signifikant einer absoluten Differenz zwischen menschlichen ‚Typen' oder Spezies. Da gibt es die reichen Distinktionen, die sich um die angenommene Beziehung zwischen den weißen ‚Rassen' und intellektueller Entwicklung herumgruppieren – Kultiviertheit, Lernen und Wissen, ein Glaube an die Vernunft, die Anwesenheit von entwickelten Institutionen, formaler Regierung und Recht, und eine ‚zivilisierte Selbstbeherrschung' in ihrem emotionalen, sexuellen und gesellschaftlichen Leben, was alles mit ‚Kultur' assoziiert wird; und, auf der anderen Seite, die Verbindung zwischen den schwarzen ‚Rassen' und allem Instinktiven – der offene Ausdruck von Emotion und Gefühl anstelle von Intellekt, der Mangel an ‚Zivilisiertheit' im sexuellen und sozialen Leben, ein Sich-Verlassen auf Brauch und Ritual, und der Mangel an entwickelten zivilgesellschaftlichen Institutionen – dies alles wird mir ‚Natur' in Verbindung gebracht."

Die hier von Hall (vgl. ebd.) skizzierten Distinktionen zwischen der Repräsentation von Persons of Color und Weißen Personen lassen sich zumindest im Ansatz erkennen. So sind – wie bereits ausgeführt – Personen of Color bei der hier analysierten Titelseite gewissermaßen in ihrer Rohform dargestellt, während die überdimensionale Hand der Weißen Person als dominierend erscheint. Die gewählte Repräsentation knüpft damit an koloniale Narrative an.

9.7 Zwischenfazit

In den untersuchten Titelseiten finden sich verschiedene Repräsentationsformen von Nationalstaats- und „Flüchtlingskonstruktionen". Die Repräsentation von Nationalstaatlichkeit tritt zum Teil indirekt in Erscheinung. Nicht immer wird der Bezug zur deutschen Nation sprachlich expliziert. So stellt die Nation bspw. den zentralen Bezugspunkt dar, indem ein „Wir" („Was wollen wir tun?" Die Zeit vom 23.04.2015: 1) konstruiert wird. Es wird implizit vorausgesetzt, dass die rezipierende Person Kenntnis darüber hat, wer mit dem „Wir" adressiert wird – nämlich Deutschland zugehörige Personen. In einigen der hier untersuchten Fälle steht im Mittelpunkt, wie das „Wir" mit den „Anderen" ergo den als „Flüchtlinge" positionierten Personen verfahren soll (vgl. ebd.). Letztere werden zum Objekt des Handelns anderer (vgl. ebd.; „Was helfen Zäune?" Die Zeit vom 29.10.2015: 1) und ihnen wird eine passive Rolle zugeschrieben.

An anderer Stelle wird Nationalstaatlichkeit expliziter repräsentiert. Sie tritt dabei in sehr unterschiedlicher Form in Erscheinung und setzt sich aus verschiedenen Elementen zusammen. So ist mal von einem „Land" („Willkommen!" Die Zeit vom 06.08.2015: 1) die Rede, das „Fremden die Hand reicht" (ebd.) oder das von dem „Schicksal der Flüchtlinge" („Die Macht der Gefühle" Die Zeit vom 10.09.2015: 1) überwältigt wird, während an anderer Stelle Bundeskanzlerin Angela Merkel als Repräsentantin Deutschlands im Fokus steht (vgl. „Weiß sie, was sie tut?" Die Zeit vom 17.09.2015). Die Ebene der Nationalstaatlichkeit erweist sich als eine Art Hintergrundfolie, vor der über Flucht*Migration nach Deutschland und Europa berichtet wird. An anderer Stelle wird das Territorium der deutschen Nation – repräsentiert durch eine deutsche Nationalflagge – thematisiert (vgl. „Was helfen Zäune?" Die Zeit vom 29.10.2015: 1). Es wird gegenüber einer anonymen, schwarzen Masse an Figuren durch eine überdimensional große Hand mittels einer Grenzziehung (Kreidelinie) verteidigt (vgl. ebd.). Es wird subtil der Eindruck vermittelt, als würden die schwarzen Figuren für die deutsche Nationalflagge eine Bedrohung darstellen. Das Arrangement der Figuren erinnert an eine Demonstration, bei der die Figuren scheinbar Geltungsanspruch ihrer eigenen nationalen Zugehörigkeiten einfordern. Ihre nationale Zugehörigkeit ist bei dieser Repräsentation zentrales identitätsstiftendes Merkmal.

Das Verhältnis zwischen Nationalstaatlichkeit- und „Flüchtlingskonstruktionen" variiert in den hier untersuchten Fällen. So werden an manchen Stellen die individuellen Schicksale von geflüchteten*migrierten Personen in den Fokus gerückt (vgl. „Willkommen!" Die Zeit vom 06.08.2015: 1; „Wir sind die Neuen!" Die Zeit vom 01.10.2015: 1), während in anderen Zusammenhängen „Flüchtlinge" als Bedrohung konstruiert werden und eine Abgrenzung ihnen gegenüber im Mittelpunkt steht (vgl. „Weiß sie, was sie tut?" Die Zeit vom 17.09.2015; „Was helfen Zäune?" Die Zeit vom 29.10.2015: 1). Bei der Repräsentation von als „Flüchtling" positionierten Personen finden sich Naturmetaphern, die sie als eine nicht abwendbare Bedrohung erscheinen lassen (vgl. „Weiß sie, was sie tut?" Die Zeit vom 17.09.2015). Die Repräsentation des Nationalstaates bleibt in einigen Fällen abstrakt, indem von dem „Land" („Die Macht der Gefühle" Die Zeit vom 10.09.2015: 1) oder den „Bürgern" („Weiß sie, was sie tut?" Die Zeit vom 17.09.2015) die Rede ist.

In der Ausgabe der Wochenzeitung Die Zeit vom 06.08.2015 steht das Willkommenheißen von geflüchteten*migrierten Personen im Vordergrund (vgl. „Willkommen!" Die Zeit vom 06.08.2015: 1). Deutschland wird hier über den Terminus „ein Land, das Fremden die Hand reicht" (ebd.) personifiziert, als sicherer Zufluchtsort für geflüchtete*migrierte Personen stilisiert, und die Rolle der rettenden Instanz zugeschrieben. Geflüchtete*migrierte Personen erscheinen als Opfer.

Hinsichtlich der Repräsentation von als „Flüchtling" positionierten Personen zeigt sich weiterhin das Bild des überfüllten Rettungsbootes aus einer distanzierten Betrachter*innenperspektive von oben herab (vgl. „Was wollen wir tun?" Die Zeit vom 23.04.2015: 1). Im Mittelpunkt stehen dabei die Interessen des konstruierten, nationalen „Wir", indem die Frage aufgeworfen wird

„Was wollen wir tun?“ (ebd.). In diesem Zusammenhang wird die Freiwilligkeit betont, weniger die Verpflichtung Hilfe zu leisten. Gleichzeitig findet hierbei eine Entkontextualisierung statt, indem die Verantwortung der EU hinsichtlich der Flucht*Migrationsursachen nicht thematisiert wird. Nationale Interessen wiegen in diesem Zusammenhang scheinbar schwerer als die lebensbedrohliche Situation, in der sich die geflüchteten*migrierten Personen befinden.

Während bei Personen, die als „Flüchtlinge“ positioniert werden, z.T. die Individualität betont wird (vgl. „Willkommen!“ Die Zeit vom 06.08.2015: 1; „Wir sind die Neuen!“ Die Zeit vom 01.10.2015: 1), bleiben Repräsentationen der „Bürger“ („Weiß sie, was sie tut?“ Die Zeit vom 17.09.2015: 1) und des „Landes“ („Die Macht der Gefühle“ Die Zeit vom 10.09.2015: 1) anonym. Es drückt sich damit ein Ungleichgewicht aus. Auf der einen Seite stehen die Individuen, auf der anderen Seite eine scheinbar homogene Gruppe der Deutschen. An anderer Stelle ist diese Rollenverteilung umgekehrt, indem als „Flüchtlinge“ positionierte Personen als anonyme, homogene Gruppe dargestellt werden (vgl. „Was wollen wir tun?“ Die Zeit vom 23.04.2015: 1; „Was helfen Zäune?“ Die Zeit vom 29.10.2015: 1). Diese geht mit einer Entindividualisierung einher. Insbesondere bei der Ausgabe der Wochenzeitung Die Zeit vom 29.10.2015 werden sie entmenschlichend als schwarze Figuren dargestellt und ihre Individualität wird negiert (vgl. „Was helfen Zäune?“ Die Zeit vom 29.10.2015: 1). Im Mittelpunkt dieser Titelseite steht die Abgrenzung Deutschlands gegenüber geflüchteten*migrierten Personen. Es scheint das Motiv nationaler Einheitlichkeit verfolgt zu werden.

Bei der Titelseite „Wir sind die Neuen!“ (Die Zeit vom 01.10.2015: 1), „Die Macht der Gefühle“ (Die Zeit vom 10.09.2015: 1) sowie „Weiß sie, was sie tut?“ (Die Zeit vom 17.09.2015: 1) taucht indirekt das Narrativ des „falschen Flüchtlings“ auf. In allen drei Fällen stehen einzelne Personen auf der Bildebene im Mittelpunkt, über die sich eine Nähe zu den Betrachtenden ausdrückt. Während auf der Bildebene Sympathie gegenüber den abgebildeten Personen geweckt wird, wird diese auf sprachlicher Ebene in Frage gestellt. Es wird Zweifel an ihrer Aufrichtigkeit geweckt. So wird betont, dass sich „Bürger“ („Weiß sie, was sie tut?“ Die Zeit vom 17.09.2015) ängstigen würden (vgl. „Wir sind die Neuen!“ Die Zeit vom 01.10.2015: 1), es wird vor der Gefahr der „Verführbarkeit“ („Die Macht der Gefühle“ Die Zeit vom 10.09.2015: 1) gewarnt und auf den kaum zu bewältigenden „Ansturm“ („Weiß sie, was sie tut?“ Die Zeit vom 17.09.2015) an „Flüchtlingen“ verwiesen. „Flüchtlinge“ sind hier als eine Gefahr für Deutschland dargestellt.

Eine Titelseite, die besonders heraussticht, ist jene vom 01.10.2015 mit dem Titel „Wir sind die Neuen!“. Hier werden die sich wiederholenden

Darstellungsweisen von „Flüchtlingen“ als die „Anderen“ aufgehoben. Geflüchtete*migrierte Personen werden als Deutschland zugehörig repräsentiert – als Neue-Deutsche. Hierbei handelt es sich um eine vergleichsweise innovative Form der Darstellung, da nationale Zugehörigkeiten entlang der Linie „Wir“ und die „Anderen“ auf den ersten Blick durchbrochen werden. Zudem wird die Diversität der verschiedenen Personen in den Mittelpunkt gerückt. Allerdings wird diese positiv erscheinende Repräsentation nicht durchgehalten, da die Unterüberschrift auf das Bild des „falschen Flüchtlings“ Bezug nimmt.

Abgesehen von „Wir sind die Neuen!“ (vgl. Die Zeit vom 01.10.2015: 1) und „Willkommen“ (vgl. Die Zeit vom 06.08.2015: 1) finden sich kaum Repräsentationen, die den Dualismus zwischen einer Unterscheidung von „Wir“ und „den Anderen“ durchbrechen. Zwar fällt auf, dass anders als in den 1990er Jahren die Individuen stärker in den Mittelpunkt gerückt werden. Jedoch wird mindestens auf sprachlicher Ebene die Vertrauenswürdigkeit der abgebildeten Personen in Frage gestellt. Insgesamt überwiegen Repräsentationen, die geeignet sind, sozialen Ausschluss gegenüber geflüchteten*migrierten Personen zu legitimieren. Die Abgrenzung gegenüber den vermeintlich „Anderen“ wirkt dabei subtil. Erst bei genauerer Betrachtung, wie diese Analyse gezeigt hat, offenbart sich der Dualismus von „Flüchtlingen“ und „Bürgern“.

10 Ableitungen für (sozial-)pädagogische Handlungsfelder

Die vorliegende Untersuchung ist schwerpunktmäßig während meiner Zeit als Stipendiatin des kooperativen Graduiertenkollegs „Qualitätsmerkmale sozialer Bildungsarbeit" und somit an einer Schnittstelle zwischen den Erziehungswissenschaften und der Sozialen Arbeit entstanden. Vor diesem Hintergrund geht es in den nachfolgenden Ausführungen darum, herauszuarbeiten, welche Ableitungen sich in Anbetracht der empirischen Analyse der vorliegenden Arbeit für (sozial-)pädagogische Handlungsfelder ergeben. Ziel ist es, auf diese Weise einen Beitrag zur Reflexion im Umgang mit Medien als Quelle für Lern- und Bildungsprozesse zu leisten.

Wie aufgezeigt wurde, können Medien erheblichen Einfluss auf die Wahrnehmung und den alltäglichen Umgang von sozial konstruierten Phänomenen wie Flucht*Migration nehmen. Hiervon ist auch das Feld der Sozialen Arbeit resp. der Pädagogik in unterschiedlicher Hinsicht betroffen. Zum einen lässt sich feststellen, dass auch (sozial-)pädagogische Handlungsfelder mit der (Re-)Produktion der Konstruktion von „Flüchtlingen" verstrickt sind. Dies lässt sich am Beispiel der Sozialen Arbeit mit geflüchteten*migrierten Personen nachvollziehen. Wie aufgezeigt wurde, können die Phänomene „Flüchtling" und Nationalstaat als soziale Konstrukte verstanden werden, die durch diskursive Praktiken hervorgebracht werden. Indem die sog. „Flüchtlingssozialarbeit" eines der Handlungsfelder Sozialer Arbeit darstellt, ist die soziale Konstruktion des „Flüchtlings" ganz unmittelbar Bestandteil Sozialer Arbeit. Sozialarbeitende werden in diesem Feld nur deshalb tätig, weil diskursive (Re-)Produktionen den Gegenstand des „Flüchtlings" erst hervorbringen und weil nationalstaatliche Ordnungen eine kategoriale Differenz zwischen „Wir" und den „Anderen" erfordern. „[D]ie Etablierung dieser Differenz, bzw. das Wissen um diese Differenz, bietet Legitimation, [‚Flüchtlinge', Anmerk. R.D.] […] als soziale Gruppe zum Gegenstand ordnungs- und sozialpolitischen Bemühens sowie insbesondere sozialpädagogischer Intervention und Kontrolle zu machen." (Bettinger 2007: 84) (Sozial-)Pädagogische Handlungsfelder beteiligen sich somit mitunter an einer (Re-)Produktion der Konstruktion von „Flüchtlingen", indem sie bspw. Angebote speziell für diese Personengruppe bereitstellen und auf diese Weise auf das Konstrukt des „Flüchtlings" Bezug nehmen. Wie auch für die vorliegende Untersuchung im Rahmen der Reflexion deutlich gemacht wurde, können sich (sozial-)pädagogische Handlungsfelder der Macht der Diskurse nicht entziehen. Sie liegen nicht außerhalb des Diskurses, sondern sind in ebendiesen eingebunden. Sozialpädagogische Konzepte und Praxis sind Orte, über den sich der Diskurs vermittelt. Sie sind eingebunden in das Feld von Macht und Wissen. Je nachdem welches Wissen sie (re-)produzieren, kann dies Einfluss auf die Subjektivierung von Individuen nehmen. Die Art und Weise, *wie* geflüchtete*migrierte Personen bspw. in (sozial-)pädagogischen Konzepten und in der Praxis adressiert werden, nimmt Einfluss auf den ein- bzw. ausschließenden Charakter der Konstruktion von „Flüchtlingen". Die Soziale Arbeit resp. die Pädagogik selbst kann vor diesem Hintergrund Einfluss darauf nehmen, wie sich ein Diskurs formiert. Sie gibt mitunter selbst bestimmte Subjektpositionen vor, die Einfluss auf die Ex- bzw. Inklusion bestimmter Personengruppen nehmen können. Wird bspw. immer wieder eine Adressierung von Personen als „Flüchtlinge" vorgenommen, so wird dies das Konstrukt des „Flüchtlings" stabilisieren. Wenn Soziale Arbeit mit Kategorien, wie jener des „Flüchtlings", unhinterfragt operiert, so besteht die Gefahr, dass sie „ungebremst" zu einer Normalisierung und Disziplinierung der Subjekte beiträgt. Die Pädagogik ist folglich mitunter selbst eingebunden in das Feld der (Re-)Produktion der Konstruktion von „ Flüchtlingen".

In diesem Kontext ist weiterhin die Eingebundenheit Sozialer Arbeit resp. der Pädagogik in nationalstaatliche Strukturen zu berücksichtigen. So ist sie mit ihren Institutionen Teil des nationalen Wohlfahrtstaates (vgl. Kessl 2006; Scherr 2015b) und übernimmt Aufgaben, welche auf die „‚Normalisierung', die Wiedereingliederung, die Existenzsicherung etc. der Subjekte in einem Nationalstaat abziel[en]" (Seukwa 2014: 50). Soziale Arbeit ist auf diese Weise in eine nationalstaatlich organisierte Form von Gesellschaft eingebunden. Ihr Interventions- und Handlungsspielraum ist entlang von gesetzlichen Rahmenbedingungen und Finanzierungsmöglichkeiten z.T. stark reglementiert. Dies gilt insbesondere für das Handlungsfeld der Arbeit mit Personen im staatlichen System der Schutz- und Bleibeberechtigung. So weist Scherr (2015b: 18) darauf hin:

> „Flüchtlinge sind nur solange AdressatInnen der Sozialen Arbeit, wie es ihnen gelingt, ihren legalen oder illegalen Aufenthalt in der Aufnahmegesellschaft sicherzustellen. Diejenigen, die weder als Asylberechtigte noch als Flüchtlinge im Sinne der Genfer Flüchtlingskonvention anerkannt werden und denen auch der subsidiäre Schutz verweigert wird, werden zur sogenannten ‚freiwilligen Ausreise' gezwungen – und wenn sie diese verweigern mit polizeilicher Gewalt deportiert. […] Die hoch problematische Sortiermaschine des Flüchtlings- und Zuwanderungsrechts ist also für die Soziale Arbeit unmittelbar folgenreich. Sie entscheidet mit darüber, wer AdressatIn der Sozialen Arbeit bleiben darf und wer in Länder abgeschoben wird, in denen dem

> Betroffenen in der Regel kaum noch zumutbare Lebensbedingungen und auch keine Hilfeleistungen durch die Soziale Arbeit zugänglich sind."

An diesem Beispiel wird ansatzweise deutlich, wie wirkmächtig diskursive Konstruktionen (hier jene des „Flüchtlings" und des Nationalstaates) sein können und wie stark sie die Handlungsspielräume Sozialer Arbeit prägen. Diese Verstrickungen mit der (Re-)Produktion sozial ungleicher Verhältnisse gilt es m.E. für eine reflexive (sozial-)pädagogische Praxis zu berücksichtigen. Es braucht daher auf Seiten der Sozialen Arbeit resp. der Pädagogik eine Sensibilisierung dafür, wie machtvoll die Konstruktionen von „Flüchtlingen" in nationalstaatlich organisierten Gesellschaften sein können. Die vorliegende Untersuchung liefert Anhaltspunkte für eine Reflexion über sozial ungleiche Verhältnisse im Kontext von Flucht*Migration.

Neben dieser Verstrickung der Sozialen Arbeit und der Pädagogik selbst mit der Konstruktion von „Flüchtlingen" gilt es, den Umgang mit medialen Repräsentationen zu reflektieren. Insbesondere diskursanalytische Perspektiven können hierfür m.E. nutzbar gemacht werden. Das Potenzial dieses theoretischen Zugangs besteht u.a. darin, dass „[d]as Freilegen des Diskurses als Konstruktion [...] eine Schwächung der Macht bedeuten [kann], die von ihm ausgeht." (Belina/Dzudzek 2009: 145) Diskursanalytische Untersuchungen wie die vorliegende Arbeit ermöglichen es, hegemoniales Wissen und als Normalität erscheinende soziale Ordnungen infrage zu stellen. Parr (2014: 236) weist in diesem Zusammenhang darauf hin:

> „Indem Diskursanalyse den Gesamtzusammenhang der internen und der externen Formation untersucht, nach den mit ihnen verbundenen Subjekt- und Machteffekten fragt und diese transparent macht, erschließt sie stets auch Möglichkeiten zur Intervention in Diskurse, sei es in Form des Unterlaufens bestehender oder des Propagierens von Gegendiskursen."

Das Einbeziehen diskursanalytischer Ansätze im Bereich (sozial-)pädagogischer Handlungsfelder weist somit ein emanzipatorisches Potenzial auf. Denn unter dieser Perspektive gerät in den Blick, wie sich diskursive Regularitäten herstellen und macht diese überhaupt erst sichtbar. Auf diese Weise liefern diskursanalytische Betrachtungen einen Anhaltspunkt, um in den dominanten Diskurs zu intervenieren. So hat auch Foucault deutlich gemacht, dass seine Arbeiten darauf ausgerichtet sind, den Menschen ihre Freiheiten aufzuzeigen. Er konstatiert in diesem Zusammenhang:

> „Ich habe mir vorgenommen [...], den Menschen zu zeigen, dass sie weit freier sind, als sie meinen; dass sie Dinge als wahr und evident akzeptieren, die zu einem bestimmten Zeitpunkt in der Geschichte hervorgebracht worden sind und dass man

diese sogenannte Evidenz kritisieren und zerstören kann. […] Ich möchte zeigen, dass viele Dinge, die Teil unserer Landschaft sind - und für universell gehalten werden–, das Ergebnis ganz bestimmter geschichtlicher Veränderungen sind. Alle meine Untersuchungen richten sich gegen den Gedanken universeller Notwendigkeiten im menschlichen Dasein. Sie helfen entdecken, wie willkürlich Institutionen sind, welche Freiheit wir immer noch haben und wie viel Wandel immer noch möglich ist" (Foucault zit. n. Bettinger 2007: 86)

Vor diesem Hintergrund und in Anlehnung an Foucault liefert die vorliegende Untersuchung theoretisches Hintergrundwissen und Anregungen für die praktische Arbeit speziell von (Medien-)Pädagog*innen. Es gilt demzufolge in (sozial-)pädagogischen Kontexten eine kritische Haltung gegenüber medialer Berichterstattung einzunehmen. Cleppien und Lerche (2010: 12) machen in diesem Zusammenhang deutlich:

„Pädagogisch unbegleitete Auseinandersetzung mit Medien steht in Gefahr den Zuschauer zu passiven, manipulierten Konsumenten zu machen. Ziel pädagogischer Unterstützung ist die Herausstellung von Kritikfähigkeit in der Auseinandersetzung mit Medien. Kritikfähigkeit setzt demnach den widerständigen, aktiv-verarbeitenden Rezipienten voraus, der sich kompetent gegenüber dem massenmedialen Angebot verhält."

Insbesondere in Bereichen der Medienpädagogik bedarf es m.E. einer Reflexion des hier dargelegten Untersuchungsgegenstandes. Die vorliegende Arbeit kann als ein Anhaltspunkt für ebendiese Reflexion verstanden werden. Denkbar wäre, dass die hier dargelegten Perspektiven für die Entwicklung von (sozial-)pädagogischen Konzepten und Curricula bspw. im Bereich der Lehrer*innenbildung, des schulischen Bildungsbereiches oder der außerschulischen Bildung herangezogen werden. (Sozial-)Pädagogische Fachkräfte haben die Möglichkeit, medial vermittelte Bilder und die daraus folgenden Stigmatisierungen zum Gegenstand ihrer pädagogischen Arbeit zu machen. Ein möglicher Weg könnte bspw. sein, mit Schülerinnen und Schülern gemeinsam die Berichterstattung in den Medien näher zu betrachten, zu überlegen, welche Darstellungsweisen von medialen Ereignissen bestimmte Deutungen nahelegen und welche Konsequenzen sich daraus für das alltägliche Leben ergeben. Das Ziel einer Reflexion der hier aufgezeigten Verhältnisse kann darin bestehen, eine Sensibilisierung hinsichtlich der machtvollen Konstruktion von „Flüchtlingen" zu schaffen. Inwieweit haben also z.B. Bilder und Deutungen in den Medien Einfluss darauf, wie ich Mitschülerinnen und Mitschülern mit „Fluchterfahrungen" begegne? Was bedeutet das Sprechen über „Flüchtlinge" auf der einen Seite und ein nationalstaatliches „Wir" auf der anderen Seite für den Klassenzusammenhalt? Was sagt eine solche Form des Sprechens über die Gesellschaft aus, in der wir leben? Aber auch über meine eigene Position, die ich in dieser Welt innehabe? Und wie wollen wir in Zukunft auf diesem Planeten zusammenleben? Entlang dieser und ähnlicher Fragen können in der Auseinandersetzung mit Medien gesellschaftliche Verhältnisse reflektiert werden, die das Potenzial haben, zur Entwicklung einer kritischen Haltung beizutragen.

Für eine solche Auseinandersetzung kann weiterführend das pädagogische Konzept der Global Citizenship Education herangezogen werden (vgl. Wintersteiner/Grobbauer 2009). Im Mittelpunkt dieses Konzeptes steht „[...] eine enge Verknüpfung von Globalem Lernen, Politischer Bildung und Friedenspädagogik" (Grobbauer 2014: 28). Grobbauer (ebd.: 29) stellt folgende Aspekte als zentrale Perspektiven einer Global Citizenship Education heraus:

- „Global Citizenship Education erweitert den Horizont zu globalen Fragestellungen, aber immer mit einer an den Menschenrechten orientierten Werthaltung,
- eröffnet neue Wege politische Bildung zu denken, wie auch Globales Lernen zu denken: ‚Demokratie' im Weltmaßstab – Weltinnenpolitik,
- ermöglicht die ethische Dimension mit der demokratiepolitischen Dimension zu verbinden
- ist politische Bildung im globalen Rahmen und verbindet auf diese Weise das Lokale und das Globale zum Glokalen,
- wirft einen neuen Blick auf unsere Migrationsgesellschaften und begreift deren Defizite nicht mehr als interkulturelles, sondern als politisches Problem,
- erschließt Handlungsmöglichkeiten als politische, nicht als humanitäre Handlungen,
- hat auch ein utopisches Moment, die Verwirklichung einer tatsächlich globalen citizenship als Voraussetzung eines nachhaltig friedlichen Zusammenlebens"

Global Citizenship Education könne vor diesem Hintergrund als eine Form politischer Bildung verstanden werden, welche eine globale Dimension einbezieht und sich auf eine Perspektive einer Weltgesellschaft beziehe (vgl. ebd.: 30). Grobbauer (ebd.) führt in diesem Zusammenhang weiter aus:

> „Mit Global Citizenship ist ebenfalls kein rechtlicher Status verbunden, Global Citizenship entsteht vielmehr durch eine entsprechende Praxis, die auch eine entsprechende Identifizierung nach sich zieht; also: ein Verständnis der eigenen Identität als Mensch und ein Sich-Zugehörig-Fühlen zur Menschheit über geographische, religiöse oder kulturelle Grenzen hinweg. Dadurch werden die lokale, nationale und globale Ebene verbunden und die geographischen oder politischen Grenzen dazwischen verwischt. Eine intensivere Auseinandersetzung mit den Konzepten von Citizenship macht auch deutlich, wie viele Menschen (Flüchtlinge und Migrant/innen) heute politisch rechtlos oder mit geringerem Rechtsstatus leben. Dies stellt ein relevantes Thema und dringendes Desiderat gegenwärtiger und zukünftiger Demokratieentwicklung dar."

Unter der Perspektive der Global Citizen Education geraten somit die Voraussetzungen, Möglichkeiten und Strukturen für eine demokratische Mitbestimmung über die nationalstaatlichen Grenzen hinaus in den Mittelpunkt der Betrachtung. Insbesondere mit Blick auf die hier dargelegte soziale Ungleichheit im Kontext von Flucht*Migration kann dieser Ansatz nutzbar gemacht werden.

Aufbauend auf diesen theoretischen Ansätzen wurde an der Universität Klagenfurt ein Masterstudiengang für Global Citizenship Education mit dem Schwerpunkt auf Lehrer*innenbildung sowie der Fort- und Weiterbildung von Multiplikator*innen in der Bildungsarbeit entwickelt. Die folgenden Ziele stellt Grobbauer (2014: 31) als zentral für die Ausbildung von Lehrenden heraus:

- „Die Teilnehmer/-innen setzen sich kritisch mit dem sozialen Wandel in der Gesellschaft und den daraus resultierenden (neuen) Anforderungen für Bildung auseinander.
- Die Teilnehmenden erwerben Fachwissen über die konzeptionellen Grundlagen einer Global Citizenship Education, die Politische Bildung, Globales Lernen, Interkulturelle Bildung sowie Friedenspädagogik integriert und lernen die aktuellen Theoriediskurse in den Fachgebieten kennen.
- Darüber hinaus erfahren die Teilnehmenden die Auseinandersetzung mit relevanten globalen Fragen aus der Perspektive verschiedener Disziplinen und pädagogischer Konzepte und lernen dadurch interdisziplinäre Herangehensweisen kennen.
- Die Teilnehmenden stärken jene Kompetenzen, die für eine zeitgemäße, weltoffene (politische) Bildung notwendig sind: Sachkompetenz, Reflexions- und Urteilskompetenz, Handlungskompetenz sowie Methodenkompetenz.
- Die Teilnehmenden erforschen und dokumentieren die Umsetzung kompetenzorientierter Politischer Bildung, Globalen Lernens, Interkultureller Bildung sowie Friedenspädagogik in ihrer eigenen Praxis.
- Die Teilnehmenden etablieren ein Netzwerk zum Austausch ihrer Studienergebnisse und Erfahrungen und können nachhaltig als Multiplikator/inne/n für Politische Bildung, Globales Lernen, Interkulturelle Bildung sowie Friedenspädagogik, v.a. in ihren eigenen Bildungsinstitutionen, wirken."

Vor dem Hintergrund dieser Ausrichtung des Ansatzes der Global Citizenship Education kann die vorliegende Untersuchung als ein möglicher Baustein für die Auseinandersetzung mit den globalen Herausforderungen insbesondere im Bereich der Flucht*Migration herangezogen werden. So liefert die vorliegende Arbeit theoretische und empirische Befunde, die im Kontext der Lehrer*innenbildung für eine Reflexion der machtvollen Konstruktion von „Flüchtlingen" genutzt werden können. Weiterhin handelt es sich m.E. bei dem Ansatz der Global Citizenship Education um ein pädagogisches Konzept, das weitere Verbreitung finden sollte. So gerät in Anbetracht der globalen Herausforderungen über nationalstaatliche Grenzen hinweg die Humanität und Verantwortung anderen Menschen gegenüber in den Fokus der Betrachtung. Zudem liefert die Global Citizenship Education eine Perspektive für die Analyse von sozialer Ungleichheit und Ungerechtigkeit im globalem Maßstab und fördert eine Sensibilisierung für die damit verbundenen ungleichen Machtverhältnisse (vgl. Grobbauer 2014: 32). Es wäre m.E. wünschenswert, wenn dieser Ansatz auch an deutschen Universitäten eine breitere Rezeption und Adaption erfahren würde.

11 Abschließende Betrachtung

Im Mittelpunkt der vorliegenden Untersuchung standen die Fragen danach, wie „Flüchtlings-" und Nationalstaatskonstruktionen in deutschen Medien repräsentiert werden, in welchem Verhältnis beide Konstruktionen zueinanderstehen und inwieweit diese Repräsentationen das Potenzial haben, sozialen Ausschluss von geflüchteten*migrierten Personen zu legitimieren. In der theoretischen Auseinandersetzung mit dem Untersuchungsgegenstand Flucht*Migration wurde herausgearbeitet, wie machtvoll sich die Konstruktion von „Flüchtlingen" hinsichtlich ihres ein- bzw. ausschließenden Charakters erweisen kann. Dabei wurde auf die Verantwortung der EU-Mitgliedsstaaten hinsichtlich der Schaffung von Flucht*Migrationsursachen eingegangen und dargelegt, inwieweit die Konstruktion von „Flüchtlingen" mit sozialem Ausschluss einhergeht. Daran anschließend wurde die Rolle von Medien einer funktionalistischen Betrachtung hinsichtlich einer potenziellen Beteiligung an der (Re-)Produktion des sozialen Ausschlusses im Kontext von Flucht*Migration unterzogen. Neben der bildenden Funktion von Medien, wurde auf ihre Rolle als (Re-)Produzierende sozialer Wirklichkeit und Kommunikationsmittel in nationalstaatlich organisierten Gesellschaften eingegangen sowie ihre Funktion innerhalb eines Nationalstaates reflektiert. Es wurde herausgearbeitet, dass neben vielen anderen Akteur*innen u.a. mediale Berichterstattungen sich an der (Re-)Produktion der Konstruktion von „Flüchtlingen" beteiligen. Dies ist bspw. der Fall, wenn sich Sprech- und Darstellungsweisen von den „Flüchtlingen" in medialer Berichterstattung wiederholen. Sei es, dass bspw. von „politisch-verfolgten Flüchtlingen", „Wirtschaftsflüchtlingen" oder „Kriegsflüchtlingen" gesprochen wird. Diese immer wiederkehrende (Re-)Produktion der sozialen Konstruktion des „Flüchtlings" hat das Potential, die Unterscheidung zwischen „Wir" und „den Anderen" und damit auch eine Hierarchisierung zwischen Menschen zu stabilisieren. Eine Schlüsselposition bei der Herstellung sozialer Ungleichheit im Kontext von Flucht*Migration kommt Medien dabei aufgrund ihrer bildenden Funktion zu. So haben sie einen großen Einfluss darauf, was innerhalb einer Gesellschaft als *wahr, natürlich, sag-, diskutier-* und *denkbar* betrachtet wird und prägen unsere Wahrnehmung und Vorstellung von der Welt maßgeblich (vgl. Belina/Dzudzek 2009: 142; Jäger 2015: 83 ff.). Je nachdem, welche Medien betrachtet werden, haben sie mitunter eine hohe Reichweite, sind einer der zentralen Orte, aus denen wir Informationen über Ereignisse in der Welt beziehen und anhand derer wir uns in der Welt selbst verorten.

Wird in den Medien über die „Flüchtlinge“ auf der einen Seite und ein nationalstaatliches „Wir“ auf der anderen Seite gesprochen – vollzieht sich hier also eine sprachliche Abgrenzung von Zugehörigkeit – so hat dies Einfluss darauf, wie die Adressat*innen der Medien sich selbst im Verhältnis zu anderen Menschen sehen. Wen sie als *zugehörig* betrachten und wen sie als *nicht-zugehörig* betrachten, wem gegenüber sie sich als Mitglied der „*imaginierten Gemeinschaft*“ (vgl. Anderson 1988) solidarisch verhalten und wem nicht. Vollzieht sich hier bspw. eine immer wiederkehrende Differenzierung zwischen unterschiedlichen Statusgruppen (z.B. „wir Deutsche“ vs. „die Flüchtlinge“; „politische Flüchtlinge“ vs. „Wirtschaftsflüchtlinge“ usw.), „dann festigt dieser Diskurs die […] homogenisierend[e] und andere ausschließend[e] sozial[e] Form der Nation als Herrschaftsverhältnis“ (Belina/Dzudzek 2009: 133). Der Nationen-Diskurs sowie das damit in Verbindung stehende „Flüchtlingsregime“ wird damit eine „fraglos-selbstverständliche, quasi-natürliche und alternativlose Ordnung der Dinge“ (Scherr 2013: 343) und trägt zu der Aufrechterhaltung materieller sozialer Praktiken bei, die faktisch soziale Ungleichheit herstellen. Es wird deutlich: die Art und Weise *wie* Medien über das Thema Flucht und Geflüchtete berichten, kann maßgeblich Einfluss darauf haben, ob und wie sich an der Nation orientierte Inhalte, die einer Unterscheidung zwischen „Wir“ und „den Anderen“ folgen, ausgestalten. Sie beeinflussen Stereotype, Stigmatisierungen bzw. allgemein welche Bilder von den vermeintlich „Anderen“ alias den „Flüchtlingen“ transportiert werden und wie sich die soziale Konstruktion von „Flüchtlingen“ auf diese Weise (re-)produziert. Aus diesem Grund hat die vorliegende Arbeit zentral Medieninhalte untersucht.

Bevor sich die vorliegende Arbeit der empirischen Analyse gewidmet hat, wurde im Reflexionskapitel darauf eingegangen, inwieweit Forschende selbst in eine (Re-)Produktion sozialer Ungleichheit involviert sind, auch wenn sie versuchen, ebendiese zu dekonstruieren. Unter Bezugnahme auf Spivak (vgl. 1999: 127, 205, 266 f.) wurde herausgearbeitet, dass es keinen Ort außerhalb des Diskurses gibt und Forschende komplizenhaft mit den global ungleichen Verhältnissen, die sich aus dem Kolonialismus entwickelt haben, verstrickt sind. Mit dem Begriff der „epistemischen Gewalt“ hat Spivak (vgl. ebd.) die massive Gewaltausübung auf Bereiche des Wissens und der Erkenntnismöglichkeiten während und nach der Zeit des Kolonialismus aufgezeigt. Die Position als westliche (Nachwuchs-)Wissenschaftler*innen sei demzufolge untrennbar mit diesen Formen der Gewaltausübung verbunden. Als unabdingbar erweist sich vor diesem Hintergrund eine selbstreflexive Grundhaltung der forschenden Personen. Es gilt die eigene Forschungstätigkeit in den unterschiedlichen Phasen immer wieder einer kritischen Überprüfung zu unterziehen, bei der im

Fokus steht, inwieweit die jeweilige Tätigkeit potenziell zu einer (Re-)Produktion sozialer Ungleichheit beiträgt.

Für die Rekonstruktion der medialen Berichterstattung über den Themenbereich Flucht*Migration wurden für die empirische Analyse die Titelbilder der Wochenzeitung Die Zeit aus dem Jahr 2015 herangezogen, die sich mit der Thematik Flucht*Migration befassten. Als ein deutsches Leitmedium bildet die Wochenzeitung Die Zeit auf ihren Titelseiten jene zentralen Themen ab, die zum jeweiligen Zeitpunkt gesellschaftlich breit diskutiert wurden. Entlang des Prinzips der minimalen Kontrastierung konnten sechs Titelseiten identifiziert werden, die das Thema Flucht*Migration behandelten. Diese wurden einer detaillierten Text- und Bildanalyse unterzogen. Bei der empirischen Analyse dieser Titelseiten konnten verschiedene Repräsentationsformen an Nationalstaats- und „Flüchtlingskonstruktionen" identifiziert werden. Wie sich gezeigt hat, stellt der nationalstaatliche Kontext oftmals den übergeordneten Rahmen dar, wenn das Thema Flucht*Migration aufgegriffen wird. Verschiedene Elemente der Konstruktion von Nationalstaatlichkeit traten in Erscheinung.

Es zeigt sich, dass sowohl explizit als auch implizit immer wieder auf eine Bedrohung Deutschlands resp. der deutschen Nation bzw. der deutschen Bevölkerung durch geflüchtete*migrierte Personen Bezug genommen wurde. Die Bedrohung trat dabei auf verschiedene Art und Weise in Erscheinung. So wurde zum einen die Gefahr der „Verführbarkeit" angesprochen (vgl. „Die Macht der Gefühle" Die Zeit vom 10.09.2015: 1), zum anderen wurde vor der Täuschung durch „falsche Syrer" gewarnt (vgl. „Weiß sie, was sie tut?" Die Zeit vom 17.09.2015), es wurden die Ängste einiger Deutscher vor als „Flüchtling" positionierten Personen betont (vgl. „Wir sind die Neuen!" Die Zeit vom 01.10.2015: 1) sowie die Frage in den Raum gestellt, inwieweit mithilfe von Zäunen Menschen – dargestellt als eine homogene Masse schwarzer Figuren – von Flucht*Migrationsbewegungen abgehalten werden könnten (vgl. „Was helfen Zäune?" Die Zeit vom 29.10.2015: 1). Eng geknüpft an die Konstruktion von „Flüchtlingen" als Bedrohung zeigte sich bei zwei der untersuchten Titelseiten das Motiv der Abgrenzung Deutschlands gegenüber geflüchteten*migrierten Personen. Sowohl in der Ausgabe mit dem Titel „Was wollen wir tun?" (Die Zeit vom 23.04.2015: 1) als auch in jener mit der Hauptüberschrift „Was helfen Zäune?" (Die Zeit vom 29.10.2015: 1) werden hierfür sehr deutliche Worte gefunden. Demnach sei es einerseits nicht gewollt, „dass sie kommen" (Die Zeit vom 23.04.2015: 1), während andererseits hervorgehoben wurde, dass sich geflüchtete*migrierte Personen aufhalten ließen, wenn nur der entsprechende „Preis" (vgl. „Was helfen Zäune?" Die Zeit vom 29.10.2015: 1) gezahlt würde. Eng geknüpft an die Inszenierung einer Bedrohung Deutschlands durch Flucht*Migrationsbewegungen war der Verweis auf die „Ängste" der deutschen Bürger*innen. Sowohl in der Ausgabe „Weiß sie, was sie tut?" (Die Zeit vom 17.09.2015) als auch in jener mit dem Titel „Wir sind die Neuen!" (Die Zeit vom 01.10.2015: 1) wird hierauf Bezug genommen. In diesen Topos von Bedrohung, Angst und Abgrenzung fügt sich das sehr implizite Bild des „falschen Flüchtlings" ein. So wurde in der erstgenannten Ausgabe (vgl. Die Zeit vom 17.09.2015) auf die „Syrer" hingewiesen, die „gar keine Syrer" seien, während in der zweitgenannten Ausgabe (vgl. Die Zeit vom 01.10.2015: 1) durch den expliziten Verweis des „Fürchtens" mancher Deutscher vor den als „Flüchtlingen" positionierten Personen Zweifel an der Aufrichtigkeit der abgebildeten Personen geweckt wurde. Der gleiche Eindruck dieses Zweifelns fand sich auch bei der Titelseite „Die Macht der Gefühle" (Die Zeit vom 10.09.2015: 1) wieder, indem hier die „Verführbarkeit" geflüchteten*migrierten Personen in den Fokus gerückt wurde.

In nahezu allen der untersuchten Fälle ließ sich eine Verbindung zu einem Täter-Opfer-Retter-Dreieck ausmachen, wie Niedrig und Seukwa (vgl. 2010) es formuliert haben. Charakteristisch für diese Repräsentationsform ist es, dass Deutschland stets die Rolle des Opfers oder wahlweise der rettenden Instanz zukommt, nie jedoch jene des Täters*der Täterin (vgl. ebd.). Letztgenannte Rolle kommt, wenn, dann den als „Flüchtling" positionierten Personen zu. Dieser Befund hat sich durch die vorliegende Analyse bestätigt. So erwies sich beispielsweise Deutschland in der Ausgabe mit dem Titel „Willkommen!" (Die Zeit vom 06.08.2015: 1) als „Land" welches „Fremden die Hand reicht" – ergo als Retter*in – während den als „Flüchtlinge" positionierten Personen die Rolle der Opfer zukam. In der Ausgabe mit dem Titel „Weiß sie, was sie tut?" (Die Zeit vom 17.09.2015: 1) wurde Deutschland wiederum implizit als Opfers repräsentiert, indem die Bedrohung durch die vermeintlich „falschen Flüchtlinge" – ergo die Täter*innen – in den Fokus gerückt wurde.

Ein wiederkehrendes Motiv stellte die Unterscheidung zwischen einem national konstruierten „Wir" und „den Anderen" – alias den als „Flüchtlinge" positionierten Personen – dar (vgl. „Was wollen wir tun?" Die Zeit vom 23.04.2015: 1). Ein als homogen konstruiertes „Wir" adressierte die Rezipient*innen als Teil einer „imaginierten Gemeinschaft" (vgl. Anderson 1988). Dem gegenüber fand eine Objektivierung von als „Flüchtlinge" positionierten Personen statt. Ihnen wurde in einigen der untersuchten Fälle eine souveräne Handlungsfähigkeit abgesprochen, indem beispielsweise im Mittelpunkt stand, wie das konstruierte „Wir" mit ihnen verfahren soll (vgl. „Was wollen wir tun?" Die Zeit vom 23.04.2015: 1) oder indem sie als willenlose, schwarze Silhouetten dargestellt wurden (vgl. „Was helfen Zäune?" Die Zeit vom 29.10.2015: 1). Diese Repräsentationsformen grenzten an entmenschlichende Darstellungsweisen.

Wie sich anhand der vorangegangenen Ausführungen abzeichnet, kann in diesem Zusammenhang weiterhin auf das asymmetrische Verhältnis zwischen Repräsentationen von als „Flüchtling" positionierten Personen und Repräsentationen des Nationalstaates verwiesen werden. In den untersuchten Fällen hat sich dies als ein wiederkehrendes Motiv dargestellt. Als dominierend erwiesen sich dabei häufig jene Elemente, die sich als Konstruktionen des Nationalstaates fassen lassen. So wurde beispielsweise in den Mittelpunkt gerückt, wie ein „nationales Wir" mit den als „Flüchtlinge" positionierten Personen verfahren soll (vgl. „Was wollen wir tun?" Die Zeit vom 23.04.2015: 1), dass sich „Bürger" vor ihnen ängstigen würden (vgl. „Weiß sie, was sie tut?" Die Zeit vom 17.09.2015; „Wir sind die Neuen!" Die Zeit vom 01.10.2015: 1) oder inwieweit geflüchtete*migrierte Personen an der Einreise nach Deutschland mittels des Einsatzes von Zäunen gehindert werden könnten (vgl. „Was helfen Zäune?" Die Zeit vom 29.10.2015: 1). Das hierarchische Gefälle verlief dabei immer zu Gunsten der deutschen Nation resp. des deutschen Nationalstaates. In diesem Zusammenhang kann weiterhin auf die Personifizierungen des deutschen Nationalstaates hingewiesen werden. Dieser trat in den analysierten Fällen immer wieder als scheinbar handlungsfähiges Subjekt in Erscheinung. Dies war beispielsweise der Fall, wenn von dem „Land" die Rede ist, welches „Fremden" die Hand reiche (vgl. „Willkommen!" Die Zeit vom 06.08.2015: 1), oder aber wenn das „Land" von den Schicksalen der „Flüchtlinge" überwältigt wird (vgl. „Die Macht der Gefühle" Die Zeit vom 10.09.2015: 1).

Die Titelseiten mit der Hauptüberschrift „Was wollen wir tun?" (Die Zeit vom 23.04.2015: 1) und „Willkommen!" (Die Zeit vom 06.08.2015: 1) zeigten Personen, die als „Flüchtlinge" gelesen werden können, in einer lebensgefährlichen Situation. So waren auf der erstgenannten Titelseite die Überlebenden eines scheinbar gekenterten Schlauchbootes zu sehen, während die letztgenannte Titelseite eine Familie direkt an einer befahrenen Autobahn abbildete. In erstgenanntem Fall ist das Leben der abgebildeten Personen existenziell bedroht. Es geht um Leben oder Tod. Vor diesem Hintergrund wirkt die Titelüberschrift „Was wollen wir tun?" (Die Zeit vom 23.04.2015: 1) nahezu zynisch. Im Fokus scheinen hier die nationalen Interessen des „Wir" der „imaginierten Gemeinschaft" der deutschen Bevölkerung resp. der deutschen Nation zu stehen. Darüber hinaus drückte sich in beiden Fällen indirekt ein technologisches Defizit aus. Als „Flüchtlinge" positionierte Personen erscheinen in diesem Kontext als mittellos. Ein technologisches Defizit zeigte sich auch bei der Titelseite „Was helfen Zäune?" (Die Zeit vom 29.10.2015: 1). Hier wurden als „Flüchtling" positionierte Personen als schwarze Silhouetten dargestellt, die über nichts weiter verfügten als über Nationalflaggen, die sie ähnlich wie bei einer Demonstration mit sich trugen. Ihre nationale Zugehörigkeit bekam dadurch einen besonderen Stellenwert. Sie wurden vor diesem Hintergrund auf ihre nationale Zugehörigkeit reduziert.

Diese tendenziell negativ behafteten Repräsentationen von als „Flüchtling" positionierten Personen werden an der einen oder anderen Stelle jedoch durch positive Darstellungsweisen durchkreuzt. Sehr deutlich zeigte sich dies beispielsweise bei den Ausgaben mit dem Titel „Willkommen!" (Die Zeit vom 06.08.2015: 1) und „Die Macht der Gefühle" (Die Zeit vom 10.09.2015: 1). Zentral im Mittelpunkt stand hier das Willkommen-Heißen der geflüchteten*migrierten Personen. Durch die Fotoaufnahme wurde eine Nähe zu ihnen hergestellt und Empathie geweckt. Ähnliches lässt sich über die Ausgabe mit dem Titel „Wir sind die Neuen!" (Die Zeit vom 01.10.2015: 1) sagen. Die Bewerbungsfotos ähnelnden Portraits zeigten sympathisch wirkende Menschen. Dabei schien die Diversität im Fokus zu stehen. Diese wurde folglich mit der Konstruktion von „Flüchtlingen" in Verbindung gebracht. In diesem Zusammenhang kann darauf hingewiesen werden, dass Individualität von geflüchteten*migrierten Personen in einigen der untersuchten Fälle betont wurde. Bei den Titelseiten „Willkommen!" (Die Zeit vom 06.08.2015: 1), „Die Macht der Gefühle" (Die Zeit vom 10.09.2015: 1), „Weiß sie, was sie tut?" (Die Zeit vom 17.09.2015: 1) und „Wir sind die Neuen!" (Die Zeit vom 01.10.2015: 1) waren jeweils Fotografien von Personen, die als geflüchtete*migrierte Personen gelesen werden können, aus einer sehr nahen Perspektive abgebildet. Auf den ersten Blick schien damit Distanz abgebaut zu werden. Auf der Textebene wurde diese Nähe jedoch immer wieder durchkreuzt. So taucht wiederholt eine Unterscheidung zwischen „Wir" und „den Anderen" auf. Hierbei handelte es sich um eine wiederkehrende Repräsentationsform. Es zeigten sich mehrfach asymmetrische Verhältnisse – sei es auch indirekt – zwischen diesen beiden Gruppen. Im Mittelpunkt stand beispielsweise, wie das „Wir" mit den vermeintlich „Anderen" (vgl. „Was wollen wir tun?" Die Zeit vom 23.04.2015: 1) verfahren soll. An anderer Stelle wurde das Befinden der „Alten" über die „Neuen" (vgl. „Wir sind die Neuen!" Die Zeit vom 01.10.2015: 1) in den Mittelpunkt gerückt, oder aber es wurde vor der Gefahr der „Verführbarkeit" („Die Macht der Gefühle" Die Zeit vom 10.09.2015: 1) gewarnt.

Mit Blick auf die nationalen Zugehörigkeiten von als „Flüchtling" positionierten Personen zeigte sich, dass diese tendenziell in Ländern des globalen Südens verortet werden können. Explizit genannt wurden zum einen der Irak (vgl. „Willkommen!" Die Zeit vom 06.08.2015: 1) und Syrien (vgl. „Weiß sie, was sie tut?“ Die Zeit vom 17.09.2015). Zum anderen wurden in der Ausgabe mit dem Titel „Was helfen Zäune?“ (Die Zeit vom 29.10.2015: 1) die nationalen Flaggen Afghanistans, Eritreas, Palästinas, Somalias und Syriens als identitätsstiftendes Merkmal auf Seiten der als „Flüchtlinge“ positionierten Personen abgebildet. Dem gegenüber stand Deutschland, die deutsche Nation, die deutsche Bevölkerung. Die Rollen zwischen jenen, die geflüchtet*migriert sind und jenen, die ihren Geltungsanspruch auf dem Territorium Deutschlands behaupten, scheinen in den hier genannten Fällen klar verteilt zu sein.

Zusammenfassend lässt sich festhalten, dass sich die Rolle der Konstruktion von Nationalstaatlichkeit als ambivalent erwiesen hat. So fanden zum Teil Personifizierungen statt, bei denen dem deutschen Nationalstaat die Position der rettenden Instanz zugeschrieben wurde, während an anderer Stelle Deutschland eher die Rolle des Opfers zukam. Als ähnlich ambivalent hat sich auch die Repräsentation von geflüchteten*migrierten Personen erwiesen. So konnten einerseits Repräsentationen identifiziert werden, die einen inkludierenden Charakter aufweisen (vgl. „Wir sind die Neuen!“ Die Zeit vom 01.10.2015: 1), während sie an anderer Stelle als Bedrohung konstruiert wurden (vgl. „Was helfen Zäune?“ Die Zeit vom 29.10.2015: 1). Insgesamt hat sich gezeigt, dass bei den untersuchten Fällen die Repräsentationen von geflüchteten*migrierten Personen oftmals mit einer Unterscheidung zwischen „Wir“ und „den Anderen“ einherging. Dieses Muster wurde kaum durchbrochen. Vor diesem Hintergrund entfalten die gewählten Repräsentationen eher ein exkludierendes als inkludierendes Potenzial.

Wie bereits mehrfach betont, könnte m.E. ein Ansatz zur Abmilderung des Problems der Legitimierung sozialer Ungleichheit entlang der Konstruktion von „Flüchtlingen“ und Nationalstaatlichkeit darin bestehen, dass wir uns diese Mechanismen bewusstmachen. Das Ziel kann es in diesem Zusammenhang sein, einen (Gegen-)Diskurs zu schaffen, in dem darüber gesprochen wird, welche Rolle nationale Identitäten heute spielen und bewusst zur Diskussion zu stellen, inwieweit wir wollen, dass diese ausschließenden Konzepte unser heutiges Leben bestimmen. Dies kann – wie herausgearbeitet wurde – ein zentraler Ansatzpunkt für (sozial-)pädagogische Handlungsfelder sein. Wenn diese und ähnliche Fragestellungen aufgegriffen und mit den Adressat*innen diskutiert werden, kann dies m.E. als eine solche Einleitung eines Gegendiskurses betrachtet werden, mit dem Gesellschaft langfristig verändert werden kann. Das Konzept der Global Citizenship Education hat hier bereits einen Anfang gemacht, indem u.a. Fragen der nationalen Zugehörigkeiten und deren Konsequenzen im Mittelpunkt der Auseinandersetzung stehen. Flucht*Migration kann unter dieser Perspektive über nationale Grenzen und Interessen hinaus näher beleuchtet werden. Für eine solche Auseinandersetzung kann in diesem Kontext die vorliegende Untersuchung herangezogen werden. Sie liefert theoretische und empirische Anhaltspunkte mittels derer die Zusammenhänge zwischen nationalstaatlichen Strukturen, medialer Berichterstattung und dem sozialen Ausschluss von geflüchteten*migrierten Personen in den Mittelpunkt einer Auseinandersetzung gerückt werden. Insbesondere für den Bereich der Medienpädagogik können die hier dargelegten Perspektiven nutzbar gemacht werden. Es wäre bspw. denkbar, dass die dargelegten Analysen in (sozial)-pädagogischen Settings bspw. für die Entwicklung von Curricula im Bereich der formalen und non-formalen Bildungssettings hinzugezogen werden. Dabei könnten die Ergebnisse dieser Untersuchung sowohl für die Ausbildung von Lehrer*innen bzw. (Sozial-)Pädagog*innen als auch für die Adressat*innen von formalen sowie non-formalen Bildungsangeboten von Interesse sein. Die Ergebnisse der vorliegenden Untersuchung können potenziell Reflexionsprozesse des gesellschaftlichen Zusammenlebens speziell im Hinblick auf Fragen von Flucht*Migration anstoßen. Titelseiten, wie die hier analysierten Exemplare, können für eine kritische Auseinandersetzung mit medial vermittelten Repräsentationen von Flucht*Migration im formalen oder auch non-formalen Bildungsbereich herangezogen werden. Sie könnten bspw. als Diskussionsgegenstand im Unterricht eingebracht werden und so als ein Anlass fungieren, um sich näher mit dem ein- und ausschließenden Charakter der Konstruktion von „Flüchtlingen" zu befassen. (Sozial-)Pädagogische Fachkräfte können auf diese Weise helfen, eine „kritische" Haltung zu medial vermittelten Repräsentationen zu entwickeln. Kritik wird hier im Sinne Foucaults verstanden als „die Kunst nicht dermaßen regiert zu werden" (Foucault 1992: 12). Wie aufgezeigt wurde, lässt sich erkennen, dass die Quasi-Natürlichkeit der nationalstaatlichen Ausgrenzungslogik nicht unhinterfragt bleiben muss. Die Wirkmächtigkeit von Nationalismen könnte auf diese Weise stärker ins Zentrum einer medienpädagogischen Auseinandersetzung rücken. Aus dieser Perspektive wird deutlich, dass wir Handlungsspielräume haben, darüber zu entscheiden, wie wir gemeinsam auf diesem Planeten zusammenleben wollen.

In diesem Zusammenhang lassen sich m.E. Tendenzen in einem Umdenken neuer Identifikationskonzepte in der Fridays for Future Bewegung erkennen. Wenngleich abzuwarten bleibt, wie sich die Bewegung weiterentwickelt, ist hier doch m.E. ein Moment zu erkennen, in dem nationale Zugehörigkeitskonzepte zu Gunsten globaler Identifikationen überwunden werden. So haben mehrfach zeitgleich auf der ganzen Welt junge Menschen für nachhaltige Klimaschutz-Maßnahmen demonstriert. Slogans wie „There is no Planet B" oder „Change the System not the Climate" deuten auf eine Sensibilität der Demonstrierenden dafür hin, dass die Schlüsselprobleme unserer Zeit (vgl. Klafki 1990) nicht in nationalen Alleingängen gelöst werden können. Angesprochen ist hier die globale Menschheit als Ganzes. Dies kann m.E. als Potenzial gedeutet werden, dass bestehende, ausschließende Konzepte in Frage gestellt, und neue Formen der Zugehörigkeit zu einer globalen Weltgemeinschaft erprobt werden. Inwieweit damit eine nachhaltige Veränderung von Gesellschaft möglich ist, bleibt abzuwarten. Diese Entwicklungen stimmen aber hoffnungsvoll.

Ziel der vorliegenden Arbeit war es u.a., deutlich zu machen, dass die soziale Ungleichheit im Kontext von Flucht*Migration zu einem großen Teil menschengemacht ist. Nationalismus schirmt uns von unserem Mitgefühl gegenüber den vermeintlich „Anderen" ab. Er ist zentraler Bestandteil eines Mechanismus, der uns akzeptieren lässt, dass wir Menschen in einer Gesellschaft unterschiedliche Verwirklichungschancen zukommen lassen. Er schafft Akzeptanz dafür, dass wir Menschen, denen die Position des „Flüchtlings" zugewiesen wird, von bestimmten Bereichen gesellschaftlicher Teilhabe ausschließen. Das Skandalöse am Nationalismus ist, dass er uns diese Unmenschlichkeit als Normalität und legitim erscheinen lässt. Ein Blick in die Allgemeine Erklärung der Menschenrechte, die Europäische Menschenrechtscharta oder das Deutsche Grundgesetz genügt, um zu sehen, dass dort die Menschenwürde als unser höchstes Gut deklariert ist. Dies belegt, dass es ein Wissen darüber gibt, von welch zentraler Bedeutung diese Werte sind. Doch wenn wir uns, nur um ein Beispiel zu nennen, die Situation von geflüchteten*migrierten Personen an den Grenzen bzw. in Europa bewusstmachen, wird offensichtlich, dass diese Werte im Zweifel nicht stärker wiegen als nationale Interessen. Es ist meine tiefe Erschütterung darüber, dass uns Nationalismus diese Verstöße gegen die Menschlichkeit akzeptieren lässt, die mich bewogen hat, ihn zu einem zentralen Gegenstand der vorliegenden Arbeit zu machen. Dies ist der Grund, weshalb die Konstruktion von Nationalstaatlichkeit als eine zentrale Entstehungsbedingung für die soziale Ungleichheit von geflüchteten*migrierten Personen im Mittelpunkt der vorliegenden Arbeit steht. Wenn wir uns vor Augen führen, dass Nationalstaatlichkeits- und „Flüchtlingskonstruktionen" von Menschen gemacht sind, dann folgt daraus, dass prinzipiell die Möglichkeit besteht, Gesellschaft auch anders zu gestalten. Wir sind nicht per se dazu gezwungen, entlang nationaler Zugehörigkeiten einander auf diese diskriminierende Art und Weise zu begegnen. Dies gilt es m.E. anzuerkennen und nach faireren Lösungen für ein gesellschaftliches Zusammenleben zu suchen. Doch um an den Punkt zu kommen, an dem wir nach Lösungen suchen könnten, müssen wir uns zuerst der diskriminierenden Grenzen innerhalb unserer Gesellschaft bewusstwerden. Zu einer Förderung dieser Bewusstseinsbildung hoffe ich mit der vorliegenden Arbeit, einen Beitrag geleistet zu haben.

12 Abbildungsverzeichnis

13 Tabellenverzeichnis

14 Literaturverzeichnis

AA – Auswärtiges Amt (2017): NER-Migrationsknotenpunkt Agadez – Rückkehr aus der Hölle. Diplomatische Korrespondenz. Text abrufbar unter: https://fragdenstaat.de/dokumente/57-migrationsknotenpunkt-agadez-ruckkehr-aus-der-hoelle/ (Zugriff am 18.3.2021).

Akpınar, Leyla/Wagner, Constantin (2019): Die Darstellung von Flucht und Migration in der deutschen Presse (2015). In: Arslan, Emre/Bozay, Kemal (Hrsg.), Symbolische Ordnung und Flüchtlingsbewegungen in der Einwanderungsgesellschaft. Wiesbaden: Springer Fachmedien Wiesbaden, 299–323.

Almstadt, Esther (2017): Flüchtlinge in den Printmedien. In: Ghaderi, Cinur/Eppenstein, Thomas (Hrsg.), Flüchtlinge. Multiperspektivische Zugänge. Wiesbaden: Springer VS, 182–202.

Anderson, Benedict (1988): Die Erfindung der Nation. Zur Karriere eines folgenreichen Konzepts. Frankfurt am Main, New York: Campus.

Angermüller, Johannes (2012): Wissenschaft als Wissen/Macht. Für eine Wissenschaftssoziologie nach dem Strukturalismus. In: Soeffner, Hans-Georg (Hrsg.), Transnationale Vergesellschaftungen: Verhandlungen des 35. Kongresses der Deutschen Gesellschaft für Soziologie in Frankfurt am Main 2010. Band 1. Wiesbaden: Springer VS, 707–718.

Anseeuw, Ward/Boche, Mathieu/Boche/Breu, Thomas/Giger, Markus/Lay, Jann/Messerli, Peter/Nolte, Kerstin (2012): Transnational Land Deals for Agriculture in the Global South. Analytical Report based on the Land Matrix Database. Text abrufbar unter: https://www.oxfam.de/system/files/20120427_report_land_matrix.pdf (Zugriff am 27.4.2019).

Arendt, Hannah (1993): Elemente und Ursprünge totaler Herrschaft. I. Antisemitismus. II. Imperialismus. III. Totale Herrschaft. 3. Aufl., Erstausgabe 1955. München: Piper.

Arndt, Susan (2004): Kolonialismus, Rassismus und Sprache. BPB – Bundeszentrale für politische Bildung. Text abrufbar unter: http://www.bpb.de/gesellschaft/migration/afrikanische-diaspora/59407/afrikaterminologie?p=all (Zugriff am 19.4.2018).

Arps, Anne Brit/Leisegang, Daniel/Lucke, Albrecht von/Mängel, Annett/Vogel, Steffen (2015): Chronik des Monats April 2015. *Blätter für deutsche und internationale Politik*, 125–127.

BAMF – Bundesamt für Migration und Flüchtlinge (Hrsg.) (2014): Das deutsche Asylverfahren – ausführlich erklärt. Zuständigkeiten, Verfahren, Statistiken,

Rechtsfolgen. Nürnberg. Text abrufbar unter: http://www.bamf.de/SharedDocs/Anlagen/DE/Publikationen/Broschueren/das-deutsche-asylverfahren.pdf?__blob=publicationFile (Zugriff am 11.3.2016).

BAMF - Bundesamt für Migration und Flüchtlinge (2018a): Ablauf des Asylverfahrens. Text abrufbar unter: http://www.bamf.de/DE/Fluechtlingsschutz/AblaufAsylv/ablauf-des-asylverfahrens-node.html (Zugriff am 26.11.2018).

BAMF - Bundesamt für Migration und Flüchtlinge (2018b): Familienasyl und Familiennachzug. Bundesamt für Migration und Flüchtlinge. Text abrufbar unter: http://www.bamf.de/DE/Fluechtlingsschutz/FamilienasylFamiliennachzug/familienasyl-familiennachzug-node.html (Zugriff am 8.4.2019).

Baros, Wassilios/Sailer, Maximilian/Theurer, Thomas (2017): Studierende als RezipientInnen des aktuellen medialen Diskurses über Flüchtlinge und Asylpolitik – Ergebnisse einer Experimentalstudie. In: Duval, Patrick/Oberlechner, Manfred/Trültzsch-Wijnen, Christine W. (Hrsg.), Migration bildet. Nomos Verlagsgesellschaft mbH & Co. KG, 337–404.

Beck, Ulrich (2008): Jenseits von Klasse und Nation. Individualisierung und Transnationalisierung sozialer Ungleichheiten. In: Arbeitsgemeinschaft Sozialwissenschaftlicher Institute/Beck, Ulrich/Braun, Norman/Nassehi, Armin (Hrsg.), *Soziale Welt*, 4/2008 (59. Jg.), 301–326.

Beck, Ulrich (2011): Das neue Gesicht sozialer Ungleichheit - Wer absteigt, wer aufsteigt im Zeitalter von Globalisierung und Klimawandel. In: Heinrich-Böll-Stiftung (Hrsg.), Transnationalismus und Migration. Dossier. Berlin, 69–72. Text abrufbar unter: http://heimatkunde.boell.de/sites/default/files/dossier_transnationalismus_und_migration.pdf (Zugriff am 22.4.2015).

Belina, Bernd/Dzudzek, Iris (2009): Diskursanalyse als Gesellschaftsanalyse - Ideologiekritik und Kritische Diskursanalyse. In: Glasze, Georg/Mattissek, Annika (Hrsg.), Handbuch Diskurs und Raum. Theorien und Methoden für die Humangeographie sowie die sozial- und kulturwissenschaftliche Raumforschung. Bielefeld: Transcript, 129–152.

Bettinger, Frank (2007): Diskurse – Konstitutionsbedingung des Sozialen. In: Anhorn, Roland/Bettinger, Frank/Stehr, Johannes (Hrsg.), Foucaults Machtanalytik und Soziale Arbeit. Eine kritische Einführung und Bestandsaufnahme. Wiesbaden: Springer VS, 75–92.

Betts, Alexander (2009): Forced migration and global politics. Malden u.a.: Wiley-Blackwell.

BI - Bundeministerium des Innern (2014): Migration und Integration Aufenthaltsrecht, Migrations- und Integrationspolitik in Deutschland. Berlin. Text abrufbar unter: http://www.bmi.bund.de/SharedDocs/Downloads/DE/Broschueren/2014/migration_und_integration.pdf?__blob=publicationFile (Zugriff am 11.3.2016).

Bibliographisches Institut GmbH (2019): Duden Universalwörterbuch. Auszug aus Munzinger Online. 9., überarb. Aufl. Berlin.

Blanke, Bernhard (1993): Zuwanderung und Asyl: Zur Kommunikationsstruktur der Asyldebatte. In: *Leviathan*, 1/1993 (Jg. 21), 12–23.

Blätter für deutsche und internationale Politik (2015a): Chronik des Monats August 2015. *Blätter für deutsche und internationale Politik*, 125–127.

Blätter für deutsche und internationale Politik (2015b): Chronik des Monats September 2015. *Blätter für deutsche und internationale Politik*, 125–128.

Blätter für deutsche und internationale Politik (2015c): Chronik des Monats Oktober 2015. *Blätter für deutsche und internationale Politik*, 109–111.

Blätter für deutsche und internationale Politik (2015d): Chronik des Monats Juli 2015. *Blätter für deutsche und internationale Politik*, 125–127.

Blätter für deutsche und internationale Politik (2019): Chronik des Monats August 2019. In: *Blätter für deutsche und internationale Politik*, 125–127.

Blätter für deutsche und internationale Politik (2020): Über die „Blätter". Text abrufbar unter: https://www.blaetter.de/ueber-die-blaetter (Zugriff am 20.10.2020).

Blätter für deutsche und internationale Politik (2015): Chronik des Monats Juni 2015. *Blätter für deutsche und internationale Politik*, 125–128.

Blum, Roger (2011): Einleitung. Leidende Leuchttürme. Über die Unentbehrlichkeit von Qualitätsmedien. In: Blum, Roger/Bonfadelli, Heinz/Imhof, Kurt/Jarren, Otfried (Hrsg.), Krise der Leuchttürme öffentlicher Kommunikation. Vergangenheit und Zukunft der Qualitätsmedien. Wiesbaden: VS Verlag für Sozialwissenschaften, 7–16.

Branahl, Udo/Donges, Patrick (2010): Warum Medien wichtig sind: Funktionen in der Demokratie. In: BPB - Bundeszentrale für politische Bildung (Hrsg.), *Informationen zur politischen Bildung*, Massenmedien (309/2010), 6–8.

Braunsdorf, Felix/Friedrich-Ebert-Stiftung (Hrsg.) (2016): Fluchtursachen „Made in Europe". Über europäische Politik und ihren Zusammenhang mit Flucht und Migration. Berlin. Text abrufbar unter: https://library.fes.de/pdf-files/iez/12983-20161207.pdf (Zugriff am 14.6.2019).

Brubaker, Rogers (1994): Staats-Bürger. Deutschland und Frankreich im historischen Vergleich. Hamburg: Junius.

Brücker, Herbert/Rother, Nina/Schupp, Jürgen/BAMF - Bundesamt für Migration und Flüchtlinge (Hrsg.) (2016): IAB-BAMF-SOEP-Befragung von Geflüchteten: Überblick und erste Ergebnisse. Text abrufbar unter: http://www.bamf.de/SharedDocs/Anlagen/DE/Publikationen/Forschungsberichte/fb29-iab-bamf-soep-befragung-gefluechtete.pdf?__blob=publicationFile (Zugriff am 23.4.2019).

Brunner, Claudia (2011): Wissensobjekt Selbstmordattentat. Epistemische Gewalt und okzidentalistische Selbstvergewisserung in der Terrorismusforschung. Wiesbaden: VS Verlag für Sozialwissenschaften.

Brunner, Claudia (2016): Das Konzept epistemische Gewalt als Element einer transdisziplinären Friedens- und Konflikttheorie. In: Winterstein, Werner/Wolf, Lisa (Hrsg.), Friedensforschung in Österreich. Bilanz und Perspektiven. Klagenfurt: Drava, 38–53.

Bublitz, Hannelore (2011): Differenz und Integration. Zur diskursanalytischen Rekonstruktion der Regelstrukturen sozialer Wirklichkeit. In: Keller, Reiner/Hirseland, Andreas/Schneider, Werner/Viehöver, Willy (Hrsg.), Handbuch Sozialwissenschaftliche Diskursanalyse. Band 1: Theorien und Methoden. 3., erw. Aufl. Wiesbaden: Springer VS, 245–282.

Bublitz, Hannelore (2014): Macht. In: Kammler, Clemens/Parr, Rolf/Schneider, Ulrich Johannes (Hrsg.), Foucault Handbuch. Leben - Werk - Wirkung. Sonderausg. Stuttgart: J. B. Metzler, 273–277.

Bueno, Jael (2008): Differenzierung und Hierarchisierung in der Entwicklungspolitik. In: *Olympe - Feministische Arbeitshefte zur Politik*, Postkolonialismus. Logik und Perspektiven (27/2008), 88–99.

Bullion, Constanze von (2019): „Geordnete-Rückkehr-Gesetz". Seehofer schießt weit übers Ziel hinaus. Sueddeutsche.de. Text abrufbar unter: https://www.sueddeutsche.de/politik/seehofer-asyl-fluechtlingspolitik-geordnete-rueckkehr-fluechtlinge-1.4413435 (Zugriff am 18.4.2019).

Castro Varela, María do Mar/Dhawan, Nikita (2004): Horizonte der Repräsentationspolitik - Taktiken der Intervention. In: Roß, Bettina (Hrsg.), Migration, Geschlecht und Staatsbürgerschaft. Wiesbaden: VS Verlag für Sozialwissenschaften, 205–226. Text abrufbar unter: http://link.springer.com/chapter/10.1007/978-3-322-80978-0_13 (Zugriff am 20.7.2017).

Castro Varela, Maria do Mar/Dhawan, Nikita (2015): Postkoloniale Theorie. Eine kritische Einführung. 2., überarb. Aufl. Bielefeld: Transcript.

Castro Varela, María do Mar/Heinemann, Alisha (2016): Globale Bildungsbewegungen – Wissensproduktionen verändern. In: *Zeitschrift für internationale Bildungsforschung und Entwicklungspädagogik*, Schwerpunktthema: Globales Lernen Interdisziplinäre Wissensbezüge, 2/2016 (39. Jg.), 17–22.

Castro Varela, María do Mar/Mecheril, Paul (2016): Die Dämonisierung der Anderen. Einleitende Bemerkungen. In: Castro Varela, María do Mar/Mecheril, Paul (Hrsg.), Die Dämonisierung der Anderen. Rassismuskritik der Gegenwart. Bielefeld: Transcript, 7–19.

Cleppien, Georg/Lerche, Ulrike (2010): Einleitung – Soziale Arbeit und Medien. In: Cleppien, Georg/Lerche, Ulrike (Hrsg.), Soziale Arbeit und Medien. 1. Aufl. Wiesbaden: VS Verlag für Sozialwissenschaften, 7–22.

Dander, Valentin (2017): Medien – Diskurs – Kritik. Potenziale der Diskursforschung für die Medienpädagogik. In: *MedienPädagogik: Zeitschrift für Theorie und Praxis der Medienbildung*, 27, 50–64.

Dauer, Roxana (2017a): Opfer, Bedrohung und Neulinge. Flüchtlingskonstruktionen und nationalstaatliches „Wir“ in Medien. In: Beutel, Wolfgang/Kittlitz, Anja/Liebau, Eckart/Seukwa, Louis Henri/Tillmann, Klaus-Jürgen (Hrsg.), Schüler. Wissen für Lehrer. Seelze: Friedrich, 42–45.

Dauer, Roxana (2017b): „Nationalstaatlichkeit“ und „Flüchtlingskonstruktionen“. Diskursanalytische Überlegungen zur Entwicklung von Qualitätsmerkmalen Sozialer Bildungsarbeit. In: Schroeder, Joachim/Seukwa, Louis Henri (Hrsg.), Soziale Bildungsarbeit mit jungen Menschen. Bielefeld: Transcript, 269–288.

Degele, Nina/Schirmer, Dominique (2004): Selbstverständlich heteronormativ: zum Problem der Reifizierung in der Geschlechterforschung. In: Buchen, Sylvia/Helfferich, Cornelia/Maier, Maja S. (Hrsg.), Gender methodologisch. Empirische Forschung in der Informationsgesellschaft vor neuen Herausforderungen. Wiesbaden: VS Verlag für Sozialwissenschaften, 107–122.

Der Bundestag (2016a): Änderungen des Asyl- und Aufenthaltsrechts seit Januar 2015 mit den Schwerpunkten Asylpaket I und II. Sachstand. Wissenschaftlicher Dienst. Text abrufbar unter: https://www.bundestag.de/resource/blob/424122/05b7770e5d14f459072c61c98ce01672/wd-3-018-16-pdf-data.pdf (Zugriff am 8.4.2019).

Der Bundestag (2016b): Neuregelungen des sog. Asylpakets II zum Familiennachzug. Sachstand. Wissenschaftliche Dienste. Text abrufbar unter: https://www.bundestag.de/resource/blob/425088/8a75472508bbb3f26ee0cf3d291a18a1/wd-3-062-16-pdf-data.pdf (Zugriff am 8.4.2019).

Der Bundestag (2017): Der Syrienkrieg – Akteure und Verhandlungen. Sachstand. Wissenschaftliche Dienste. Aktenzeichen: WD 2 - 3000 - 043/17. Text abrufbar unter: https://www.bundestag.de/resource/blob/515094/6add202f3f24cc5c6295548c897f0d07/wd-2-043-17-pdf-data.pdf (Zugriff am 14.5.2019).

Der Spiegel (2015): Titelbilder und Heftarchive 2015. Text abrufbar unter: https://www.spiegel.de/spiegel/print/index-2015.html (Zugriff am 4.3.2021).

Dernbach, Andrea (2016): Willkommen und Abschiebung für Flüchtlinge. www.tagesspiegel.de. Text abrufbar unter: https://www.tagesspiegel.de/politik/asylpakete-i-und-ii-willkommen-und-abschiebung-fuer-fluechtlinge/13016904.html (Zugriff am 8.4.2019).

Derrida, Jacques (1983): Grammatologie. Frankfurt am Main: Suhrkamp.

Diallo, M. Moustapha (2017): Neokolonialismus. In: Göttsche, Dirk/Dunker, Axel/Dürbeck, Gabriele (Hrsg.), Handbuch Postkolonialismus und Literatur. Stuttgart: J. B. Metzler, 194–197.

Die Bundesregierung (2015): Sommerpressekonferenz von Bundeskanzlerin Merkel. Mitschrift Pressekonferenz. Montag, 31. August 2015. Bundesregierung. Text abrufbar unter: https://www.bundesregierung.de/breg-de/aktuelles/pressekonferenzen/sommerpressekonferenz-von-bundeskanzlerin-merkel-848300 (Zugriff am 7.1.2021).

Die Zeit (2015a): Was wollen wir tun? Wir wollen nicht, dass sie ertrinken. Wir wollen nicht, dass sie kommen. Ein ganzer Politik-Teil über den richtigen und falschen Umgang mit Flüchtlingen. In: *Die Zeit*, (17/2015). Hamburg, 23. April 2015, 1.

Die Zeit (2015b): Willkommen! Was widerfährt einer Familie aus dem Irak, die in Deutschland Zuflucht sucht? Geschichten aus einem Land, das Fremden die Hand reicht. In: *Die Zeit* (32/2015). Hamburg, 6. August 2015, 1.

Die Zeit (2015c): Die Macht der Gefühle. So wie jetzt das Schicksal der Flüchtlinge überwältigen immer wieder dramatische Ereignisse ein ganzes Land. Das ist die Stunde der großen Emotionen. Aber auch der Verführbarkeit. In: *Die Zeit*, (37/2015). Hamburg, 10. September 2015, 1.

Die Zeit (2015d): Weiß sie, was sie tut? Merkel und die Flüchtlinge. Ein Ansturm, der kaum noch zu bewältigen ist. Manche Syrer, die gar keine Syrer sind. Und Bürger, deren Ängste wachsen. Doch die Kanzlerin bleibt unbeirrt. Warum? In: *Die Zeit*, (38/2015). Hamburg, 17. September 2015, 1.

Die Zeit (2015e): Wir sind die Neuen! Diese ZEIT-Ausgabe zum 3. Oktober ist mit den Menschen entstanden, die viele begrüßen und manche fürchten. In: *Die Zeit*, (40/2015). Hamburg, 1. Oktober 2015, 1.

Die Zeit (2015f): Was helfen Zäune? Die Kanzlerin sagt, dass Flüchtlinge sich durch Grenzen nicht aufhalten lassen. Aber das stimmt nicht. Es ist eine Frage des Preises – finanziell, politisch und menschlich. Eine neue Serie in der ZEIT. In: *Die Zeit*, (44/2015). Hamburg, 29. Oktober 2015, 1.

Diehm, Isabell/Kuhn, Melanie/Machold, Claudia (2010): Die Schwierigkeit, ethnische Differenz durch Forschung nicht zu reifizieren – Ethnographie im Kindergarten. In: Heinzel, Friederike/Panagiotopoulou, Argyro (Hrsg.), Qualitative Bildungsforschung im Elementar- und Primarbereich. Bedingungen und Kontexte kindlicher Lern- und Entwicklungsprozesse. Baltmannsweiler: Schneider Verlag Hohengehren, 78–92.

Dittrich, Eckhard J./Radtke, Frank-Olaf (1990): Der Beitrag der Wissenschaften zur Konstruktion ethnischer Minderheiten. In: Dittrich, Eckhard J./

Radtke, Frank-Olaf (Hrsg.), Ethnizität. Wissenschaft und Minderheiten. Opladen: Westdeutscher, 11–42.

Dörries, Bernd (2017): Wie EU-Staaten das Meer vor Westafrika leerfischen. Sueddeutsche.de. Text abrufbar unter: https://www.sueddeutsche.de/wirtschaft/fischfang-wie-eu-staaten-das-meer-vor-westafrika-leerfischen-1.3687643 (Zugriff am 15.5.2019).

Dreesbach, Anne (2012): Kolonialausstellungen, Völkerschauen und die Zurschaustellung des „Fremden". Europäische Geschichte Online. IEG (http://www.ieg-mainz.de). Text abrufbar unter: http://ieg-ego.eu/de/threads/hintergruende/europaeische-begegnungen/anne-dreesbach-kolonialausstellungen-voelkerschauen-und-die-zurschaustellung-des-fremden (Zugriff am 22.10.2020).

Dübgen, Franziska (2014): Was ist gerecht? Kennzeichen einer transnationalen solidarischen Politik. Frankfurt am Main, New York: Campus.

Dworack, Sandra/Hauschild, Tobias/Jahnz, Julia/Kalinski, Jörn/Link, Nikolai/Schwertner, Pia (2019): Im öffentlichen Interesse. Ungleichheit bekämpfen, in soziale Gerechtigkeit investieren. Text abrufbar unter: https://www.oxfam.de/system/files/oxfam_factsheet_deutsch_im-oeffentlichen-interesse-ungleichheit-bekaempfen-in-soziale-gerechtigkeit-investieren.pdf (Zugriff am 18.3.2021).

Eckert, Andreas (2012): Rechtfertigung und Legitimation von Kolonialismus. Text abrufbar unter: http://www.bpb.de/apuz/146975/rechtfertigung-und-legitimation-von-kolonialismus (Zugriff am 7.3.2018).

Eggers, Maureen Maisha (2005): Rassifizierte Machtdifferenz als Deutungsperspektive in der kritischen Weißseinsforschung in Deutschland. Zur Aktualität und Normativität diskursiver Vermittlungen von hierarchisch aufeinander bezogenen rassifizierten Konstruktionen. In: Eggers, Maureen Maisha/Kilomba, Grada/Piesche, Peggy/Arndt, Susan (Hrsg.), Mythen, Masken und Subjekte: kritische Weissseinsforschung in Deutschland. Münster: Unrast, 56–72.

Esdar, Wiebke/Gorges, Julia/Wild, Elke (2012): Karriere, Konkurrenz und Kompetenzen. In: *Die Hochschule. Journal für Wissenschaft und Bildung*, Wettbewerb und Hochschulen 6. Jahrestagung der Gesellschaft für Hochschulforschung in Wittenberg 2011 (2/2012), 273–290.

EU KOM – Europäische Kommission (2015): European Commission – Press release – The European Union's cooperation with Africa on migration. Text abrufbar unter: http://europa.eu/rapid/press-release_MEMO-15-4832_en.htm (Zugriff am 9.4.2019).

Europäischer Rat (2016): Erklärung EU-Türkei, 18. März 2016. Europäischer Rat – Rat der Europäischen Union. Text abrufbar unter: https://www.consilium.europa.eu/de/press/press-releases/2016/03/18/eu-turkey-statement/ (Zugriff am 15.4.2019).

Faist, Thomas/Fauser, Margit/Reisenauer, Eveline (2014): Das Transnationale in der Migration. Eine Einführung. Weinheim: Beltz Juventa.

Fischhaber, Anna (2015): Was hinter der Hilfsbereitschaft der Deutschen steckt. Sueddeutsche.de. Text abrufbar unter: https://www.sueddeutsche.de/leben/willkommenskultur-fuer-fluechtlinge-was-hinter-der-hilfsbereitschaft-der-deutschen-steckt-1.2642991 (Zugriff am 15.4.2019).

Foroutan, Naika/İkiz, Dilek (2016): Migrationsgesellschaft. In: Mecheril, Paul/Kourabas, Veronika/Rangger, Matthias (Hrsg.), Handbuch Migrationspädagogik. Weinheim Basel: Beltz.

Foucault, Michel (1976): Mikrophysik der Macht. Über Strafjustiz, Psychiatrie und Medizin. Berlin: Merve-Verl.

Foucault, Michel (1978): Wahrheit und Macht. Interview von A. Fontana und P. Pasquino. In: Dispositive der Macht. Über Sexualität, Wissen und Wahrheit. Berlin: Merve.

Foucault, Michel (1992): Was ist Kritik? Berlin: Merve.

Foucault, Michel (2003): Dits et Ecrits. Schriften. Dritter Band. 1976-1979. Frankfurt am Main: Suhrkamp.

Foucault, Michel (2005): Dits et Ecrits. Schriften. Vierter Band. 1980-1988. Frankfurt am Main: Suhrkamp.

Foucault, Michel (2006): Geschichte der Gouvernementalität I. Sicherheit, Territorium, Bevölkerung. Vorlesung am Collège de France, 1977-1978. Frankfurt am Main: Suhrkamp Taschenbuch Wissenschaft.

Foucault, Michel (2010): Kritik des Regierens: Schriften zur Politik. Berlin: Suhrkamp.

Foucault, Michel (2012): Die Ordnung der Dinge. Eine Archäologie der Humanwissenschaften. 22. Aufl., Erstausgabe 1966. Frankfurt am Main: Suhrkamp.

Foucault, Michel (2013): Archäologie des Wissens. 16. Aufl., Erstausgabe 1969. Frankfurt am Main: Suhrkamp.

Foucault, Michel (2014a): Der Wille zum Wissen. Sexualität und Wahrheit. Erster Band. 20. Aufl. Frankfurt am Main: Suhrkamp.

Foucault, Michel (2014b): Die Ordnung des Diskurses. 13. Aufl., Erstausgabe 1972. München: Fischer.

Foucault, Michel (2015): Überwachen und Strafen. Die Geburt des Gefängnisses. 15. Aufl., Erstausgabe 1975. Frankfurt am Main: Suhrkamp.

Foucault, Michel (2017): Geschichte der Gouvernementalität I. Sicherheit, Territorium, Bevölkerung. Vorlesung am Collège de France, 1977-1978. 5. Aufl. Frankfurt am Main: Suhrkamp.

Foucault, Michel (2018): Geschichte der Gouvernementalität II. Die Geburt der Biopolitik: Vorlesung am Collège de France 1978-1979. 6. Aufl. Frankfurt am Main: Suhrkamp.

Foucault, Michel/Martin, Rux/Martin, Luther H./Paden, William E./Rothwell, Kenneth S./Gutman, Huck/Hutton, Patrick H. (1993): Technologien des Selbst. Frankfurt am Main: S. Fischer.

Frank, Arno (2015): Mittelmeer. Mit Wucht durch den Wahrnehmungspanzer. Die Zeit Online. Text abrufbar unter: https://www.zeit.de/kultur/2015-09/fluechtling-mittelmeer-bodrum-toter-junge-syrien (Zugriff am 15.4.2019).

Friesenhahn, Günter (2014): Bildung. *Handlungsräume Sozialer Arbeit. Ein Lern- und Lesebuch.*, Opladen: B. Budrich.

Funk, Peter/Weiß, Hans-Jürgen (1995): Ausländer als Medienproblem? Thematisierungseffekte der Medienberichterstattung über Ausländer, Asyl und Rechtsextremismus in Deutschland. In: *Media Perspektiven*, 1/1995, 21–29.

Gahleitner, Silke Birgitta (2004): Zwischen Differenz und Dekonstruktion - Methodische Überlegungen zur Überschreitung des bipolaren Geschlechterdualismus in der Genderforschung nach einem Verfahren von Hagemann-White. In: Buchen, Sylvia/Helfferich, Cornelia/Maier, Maja S. (Hrsg.), Gender methodologisch. Empirische Forschung in der Informationsgesellschaft vor neuen Herausforderungen. Wiesbaden: VS Verlag für Sozialwissenschaften, 107–122.

Garbe, Sebastian (2013): Deskolonisierung des Wissens. Zur Kritik der epistemischen Gewalt in der Kultur- und Sozialanthropologie. In: *Austrian Studies in Social Anthropology*, 1/2013, 1–17.

GBI-Genios Deutsche Wirtschaftsdatenbank GmbH (2021): wiso. Text abrufbar unter: https://www-1wiso-2net-1de-100c19bht00e4.emedien3.sub.uni-hamburg.de/dosearch (Zugriff am 4.3.2021).

Gerhard, Ute (1992): Wenn Flüchtlinge und Einwanderer zu „Asylantenfluten" werden - zum Anteil des Mediendiskurses an rassistischen Pogromen. In: Jäger, Siegfried/Duisburger Institut für Sprach- und Sozialforschung/Verein zur Förderung der Sprachwissenschaft in Forschung und Ausbildung (Hrsg.), Der Diskurs des Rassismus: Ergebnisse des DISS-Kolloquiums November 1991. Oldenburg: Redaktion OBST, 163–178.

Gerhard, Ute (1994a): Diskurstheoretische Überlegungen zu Strategien des Rassismus in Medien und Politik - Flüchtlinge und Zuwanderer in Deutschland als wiederkehrendes Thema im 20. Jahrhundert. In: Thiersch, Hans/

Wertheimer, Jürgen/Grunwald, Klaus (Hrsg.), „…überall, in den Köpfen und Fäusten“ Auf der Suche nach Ursachen und Konsequenzen von Gewalt. Darmstadt: Wissenschaftliche Buchgesellschaft, 138–152.

Gerhard, Ute (1994b): Sprachbilder der Bedrohung und ihre Folgen. In: Winkler, Beate (Hrsg.), Was heißt denn hier fremd? München: Humboldt-Taschenbuch, 51–56.

Goffman, Erving (1975): Stigma. Über Techniken der Bewältigung beschädigter Identität. Frankfurt am Main: Suhrkamp.

Grobbauer, Heidi (2014): Global citizenship education. Politische Bildung für die Weltgesellschaft. In: *ZEP - Zeitschrift für internationale Bildungsforschung und Entwicklungspädagogik*, 3/2014, 28–33.

Hailbronner, Kay (2014): Asyl- und Ausländerrecht. Studienreihe Rechtswissenschaften. 3., überarb. Aufl. Stuttgart: Kohlhammer.

Hall, Stuart (1996): The Question of Cultural Identity. In: Hall, Stuart/Held, David/Hubert, Don/Thompson, Kenneth (Hrsg.), Modernity. An Introduction to Modern Societies. Malden, MA: Blackwell, 595–634.

Hall, Stuart (1997): Stuart Hall - Representation and the Media. (Transcript). Northampton: The Media Education Foundation. Text abrufbar unter: http://www.mediaed.org/transcripts/Stuart-Hall-Representation-and-the-Media-Transcript.pdf (Zugriff am 30.9.2016).

Hall, Stuart (1999a): Ein Gefüge von Einschränkungen. Gespräch zwischen Stuart Hall und Christian Höller. In: Engelmann, Jan (Hrsg.), Die kleinen Unterschiede. Der Cultural Studies Reader. Frankfurt am Main, New York: Campus, 99–122.

Hall, Stuart (1999b): Encoding, Decoding. In: During, Simon (Hrsg.), The Cultural Studies Reader. 2nd ed. London ; New York: Routledge, 507–517.

Hall, Stuart (2010): Das Spektakel des „Anderen“. In: Koivisto, Juha/Merkens, Andreas (Hrsg.), Ideologie, Identität, Repräsentation. Ausgewählte Schriften 4., 3. Aufl., Hamburg: Argument, 108–166.

Hall, Stuart (2012a): Die Frage der kulturellen Identität. In: Mehlem, Ulrich/Bohle, Dorothee/Gutsche, Joachim/Oberg, Matthias/Schrage, Dominik (Hrsg.), Rassismus und kulturelle Identität. Ausgewählte Schriften 2. Neuausgabe. Hamburg: Argument, 180–222.

Hall, Stuart (2012b): Die strukturierte Vermittlung von Ereignissen. In: Ideologie, Kultur, Rassismus. Neuausgabe. Hamburg: Argument, 126–149.

Hall, Stuart (2013): The Work of Representation. In: Hall, Stuart/Evans, Jessica/Nixon, Sean (Hrsg.), Representation. 2. Aufl. Milton Keynes: Sage, 1–47.

Haller, Michael (2017): Die „Flüchtlingskrise“ in den Medien. Tagesaktueller Journalismus zwischen Meinung und Information. Eine Studie der Otto

Brenner Stiftung. Frankfurt am Main: Otto Brenner Stiftung. Text abrufbar unter: https://www.otto-brenner-stiftung.de/fileadmin/user_data/stiftung/Aktuelles/AH93/AH_93_Haller_Web.pdf (Zugriff am 24.7.2017).

Hartung, Anja (2010): Medien als Orte informellen Lernens? In: Cleppien, Georg/Lerche, Ulrike (Hrsg.), Soziale Arbeit und Medien. 1. Aufl. Wiesbaden: VS Verlag für Sozialwissenschaften, 71–84.

Heimeshoff, Lisa-Marie/Hess, Sabine/Kron, Stefanie/Schwenken, Helen/Trzeciak, Miriam (Hrsg.) (2014): Grenzregimeforschung II. Migration, Kontrolle, Wissen. Transnationale Perspektiven. Berlin u.a.: Assoziation A.

Heinrich-Böll-Stiftung (Hrsg.), (2014): Niemand flieht ohne Grund. In: *Böll. Thema*, Flucht und Migration (3/14).

Heinrichs, Hans-Jürgen (1992): Von Fluten, Wellen und Strömen. In: Nirumand, Bahman (Hrsg.), Angst vor den Deutschen. Terror gegen Ausländer und der Zerfall des Rechtsstaates. Orig.-Ausg. Reinbek bei Hamburg: Rowohlt, 28–51.

Hemmelmann, Petra/Wegner, Susanne (2016): Flüchtlingsdebatte im Spiegel von Medien und Parteien. Ein Überblick. In: *Communicatio Socialis*, Bd. 49 (1/2016), 21–38.

Hengst, Björn/Sperber, Sandra (2015): Flüchtlinge am Münchner Hauptbahnhof: Start in ein neues Leben. Spiegel Online. Text abrufbar unter: https://www.spiegel.de/politik/deutschland/fluechtlinge-am-hauptbahnhof-muenchen-erschoepfung-und-zuversicht-a-1051656.html (Zugriff am 15.4.2019).

Hentges, Gudrun/Kökgiran, Gürcan (2018): Die mediale Repräsentation von geflüchteten Kindern und Jugendlichen im Bildungskontext. In: Dewitz, Nora von/Terhart, Henrike/Massumi, Mona (Hrsg.), Neuzuwanderung und Bildung. Eine interdisziplinäre Perspektive auf Übergänge in das deutsche Bildungssystem. Weinheim: Beltz Juventa, 84–104.

Herbert, Von Ulrich/Schönhagen, Jakob (2020): Vor dem 5. September. Die „Flüchtlingskrise“ 2015 im historischen Kontext. In: *APuZ - Aus Politik und Zeitgeschichte*, 70. Jg/30–32/2020, 27–36.

Hess, Sabine/Kasparek, Bernd/Kron, Stefanie/Rodatz, Mathias/Schwertl, Maria/Sontowski, Simon (Hrsg.) (2016a): Der lange Sommer der Migration. Grenzregime III. Berlin: Assoziation A.

Hess, Sabine/Kasparek, Bernd/Kron, Stefanie/Rodatz, Mathias/Schwertl, Maria/Sontowski, Simon (2016b): Der lange Sommer der Migration. Krise, Rekonstruktion und ungewisse Zukunft des Europäischen Grenzregimes. In: Hess, Sabine/Kasparek, Bernd/Kron, Stefanie/Rodatz, Mathias/Schwertl, Maria/Sontowski, Simon (Hrsg.), Der lange Sommer der Migration. Grenzregime III. Berlin: Assoziation A, 6–24.

International Maritime Organization (2020): International Convention on Maritime Search and Rescue (SAR). International Maritime Organization. Text abrufbar unter: http://www.imo.org/en/About/Conventions/ListOfConventions/Pages/International-Convention-on-Maritime-Search-and-Rescue-(SAR).aspx (Zugriff am 15.10.2020).

Iser, Jurik Caspar (2019): Geordnete-Rückkehr-Gesetz. Wie Horst Seehofer schneller abschieben will. Zeit Online. Text abrufbar unter: https://www.zeit.de/politik/deutschland/2019-04/abschiebungen-geordnete-rueckkehr-gesetz-horst-seehofer-bundesinnenminister-faq#was-steht-im-gesetzentwurf (Zugriff am 24.4.2019).

IVW – Informationsgemeinschaft zur Feststellung der Verbreitung von Werbeträgern e.V. (2015): Titelanzeige. Die Zeit (woe) Zeitverlag G. Bucerius GmbH & Co. (Hamburg). Text abrufbar unter: https://www.ivw.eu/aw/print/qa/titel/967?quartal%5B20151%5D=20151&quartal%5B20152%5D=20152&quartal%5B20153%5D=20153&quartal%5B20154%5D=20154#views-exposed-form-aw-titel-az-aw-az-qa (Zugriff am 4.3.2021).

Jäger, Margarete/Jäger, Siegfried (2007): Deutungskämpfe: Theorie und Praxis kritischer Diskursanalyse. Wiesbaden: VS Verlag für Sozialwissenschaften.

Jäger, Margarete/Wamper, Regina (Hrsg.), (2017): Von der Willkommenskultur zur Notstandsstimmung. Der Fluchtdiskurs in deutschen Medien 2015 und 2016. In.:

Jäger, Siegfried (1997): Die Anstifter der Brandstifter? Zum Anteil der Medien an der Eskalation rassistisch motivierter Gewalt in der Bundesrepublik Deutschland. In: Scheffer, Bernd (Hrsg.), Medien und Fremdenfeindlichkeit: Alltägliche Paradoxien, Dilemmata, Absurditäten und Zynismen. Wiesbaden: VS Verlag für Sozialwissenschaften, 73–98.

Jäger, Siegfried (2015): Kritische Diskursanalyse. Eine Einführung. 7., vollst. überarb. Aufl., Erstausgabe 1993. Münster: Unrast.

Jäger, Siegfried/Link, Jürgen (Hrsg.) (1993): Die vierte Gewalt. Rassismus und die Medien. Duisburg: DISS.

Jakob, Christian/Schlindwein, Simone (2017): Diktatoren als Türsteher Europas. Wie die EU ihre Grenzen nach Afrika verlagert. 2., durchgesehene und aktualisierte Auflage. Berlin: Ch. Links.

Jellinek, Georg (1914): Allgemeine Staatslehre. 3. Aufl. Berlin: O. Häring. Text abrufbar unter: http://archive.org/details/allgemeinestaats00jelliala (Zugriff am 30.7.2019).

Johansson, Susanne (2016): Was wir über Flüchtlinge (nicht) wissen. Der wissenschaftliche Erkenntnisstand zur Lebenssituation von Flüchtlingen in Deutschland. Eine Expertise im Auftrag der Robert Bosch Stiftung und des

SVR-Forschungsbereichs. Text abrufbar unter: http://www.svr-migration.de/wp-content/uploads/2016/01/Was-wir-%C3%BCber-Fl%C3%BCchtlinge-nicht-wissen.pdf (Zugriff am 8.2.2016). Berlin.

Jöris, Lisa (2015): Hintergrund. Ein scheinbar neutraler Begriff: Flüchtling. MiGAZIN – Migration in Germany. Text abrufbar unter: http://www.migazin.de/2015/11/05/hintergrund-ein-scheinbar-neutraler-begriff-fluechtling/ (Zugriff am 9.3.2016).

Jörissen, Benjamin/Marotzki, Winfried (2009): Medienbildung. Eine Einführung. Theorie – Methoden – Analysen. Bad Heilbrunn: Klinkhardt.

Jung, Matthias/Wengeler, Martin/Böke, Karin (Hrsg.) (1997): Die Sprache des Migrationsdiskurses. Das Reden über „Ausländer" in Medien, Politik und Alltag. Opladen: Westdeutscher.

Kahn, Jonathan/et al. (2018): How Not To Talk About Race And Genetics. Open Letter. Buzz Feed News. Text abrufbar unter: https://www.buzzfeed.com/bfopinion/race-genetics-david-reich (Zugriff am 3.5.2018).

Kammler, Clemens (2014): Wissen. In: Kammler, Clemens/Parr, Rolf/Schneider, Ulrich Johannes (Hrsg.), Foucault Handbuch. Leben – Werk – Wirkung. Sonderausg. Stuttgart: J. B. Metzler, 303–306.

Kapoor, Ilan (2004): Hyper-self-reflexive Development? Spivak on Representing the Third World 'Other'. In: *Third World Quarterly*, 25. Jg. (4/2004), 627–647.

Karakayali, Serhat/Tsianos, Vassilis S./Karakayali, Jule (2013): Blackbox Critical Whiteness. Zur Kritik neuer Fallstricke des Antirassismus: Eine Intervention. Text abrufbar unter: www.academia.edu/download/31175139/Black_Box_Critical_Whiteness-20_3_2013.doc (Zugriff am 13.7.2017).

Keller, Reiner (2011): Diskursforschung. Eine Einführung für SozialwissenschaftlerInnen. 4. Aufl. Wiesbaden: Springer VS.

Keller, Reiner (2016): Die komplexe Diskursivität der Visualisierungen. In: Bosančić, Saša/Keller, Reiner (Hrsg.), Perspektiven wissenssoziologischer Diskursforschung. Wiesbaden: Springer VS, 75–93.

Keppler, Angela (2005): Medien und soziale Wirklichkeit. In: Jäckel, Michael (Hrsg.), Mediensoziologie. Grundfragen und Forschungsfelder. Wiesbaden: Springer, 91–106.

Kerchner, Brigitte/Schneider, Silke (2006): „Endlich Ordnung in der Werkzeugkiste". Zum Potenzial der Foucaultschen Diskursanalyse für die Politikwissenschaft – Einleitung. In: Kerchner, Brigitte/Schneider, Silke (Hrsg.), Foucault: Diskursanalyse der Politik. Eine Einführung. Wiesbaden: VS Verlag für Sozialwissenschaften, 9–32.

Kessl, Fabian (2006): Soziale Arbeit als Regierung – eine machtanalytische Perspektive. In: Weber, Susanne/Maurer, Susanne (Hrsg.), Gouvernementalität und Erziehungswissenschaft. Wissen - Macht - Transformation. Wiesbaden: VS Verlag für Sozialwissenschaften, 63–75.

Kessler, Adriana/Krause, Sigrun (2018): Kinderrechtliche Aspekte zum Thema „Aussetzung des Familiennachzugs zu subsidiär Schutzberechtigten nach § 104 Abs. 13 AufenthG". Berlin: Deutsches Kinderhilfswerk e.V.

Klafki, Wolfgang (1990): Abschied von der Aufklärung? Grundzüge eines bildungstheoretischen Gegenentwurfs. In: Krüger, Heinz-Hermann (Hrsg.), Abschied von der Aufklärung? Wiesbaden: VS Verlag für Sozialwissenschaften, 91–104.

Klein, Josef (1994): Asyl-Diskurs. Konflikte und Blockaden in Politik, Medien und Alltagswelt. In: Reiher, Ruth (Hrsg.), Sprache im Konflikt. Zur Rolle der Sprache in sozialen, politischen und militärischen Auseinandersetzungen. Walter de Gruyter, 15–71.

Kloha, Johannes/Söyler, Sevgi (2015): Zwischen Perspektivenerweiterung und -reproduktion. Methodologische und methodische Herausforderungen wissenschaftlicher Arbeiten mit ‚migrationsspezifischen' Themenstellungen. In: *Österreichische Zeitschrift für Soziologie*, 40 (3), 299–312.

Koller, Hans-Christoph (2011): Bildung anders denken: Einführung in die Theorie transformatorischer Bildungsprozesse. Stuttgart: Kohlhammer.

Kothen, Andrea (2016): Sagt man jetzt Flüchtlinge oder Geflüchtete? Pro Asyl. Text abrufbar unter: https://www.proasyl.de/hintergrund/sagt-man-jetzt-fluechtlinge-oder-gefluechtete/ (Zugriff am 25.4.2019).

Kreckel, Reinhard (2006): Soziologie der sozialen Ungleichheit im globalen Kontext. Der Hallesche Graureiher. Forschungsberichte des Instituts für Soziologie an der MLU Halle-Wittenberg. Halle-Wittenberg: Martin-Luther-Universität Halle-Wittenberg.

Krotz, Friedrich (2009): Stuart Hall: Encoding/Decoding und Identität. In: Hepp, Andreas/Krotz, Friedrich/Thomas, Tanja (Hrsg.), Schlüsselwerke der Cultural Studies. 1. Auflage. Wiesbaden: VS Verlag für Sozialwissenschaften, 210–223.

Kultusministerkonferenz (Hrsg.) (2012): Medienbildung in Schule. (Beschluss der Kultusministerkonferenz vom 8. März 2012). Text abrufbar unter: https://www.kmk.org/fileadmin/Dateien/veroeffentlichungen_beschluesse/2012/2012_03_08_Medienbildung.pdf (Zugriff am 14.11.2016).

Küpfer, Adriano Renato (1994): „... darunter zwei Asylbewerber." Eine quantitative Inhaltsanalyse von Schweizer Tageszeitungen zur Asylthematik. Bern: Nationale Schweizerische UNESCO-Kommission.

Leiprecht, Rudolf (1999): Die Berichterstattung in den Medien zu „asylsuchenden Flüchtlingen" und wie Jugendliche damit umgehen: das Beispiel

Niederlande. In: Špona, Ausma/Held, Josef (Hrsg.), Jugend zwischen Ausgrenzung und Integration. Ergebnisse eines internationalen Projekts. Berlin u.a.: Argument, 159–185.

Lemke, Thomas (2004): Die politische Ökonomie des Lebens – Biopolitik und Rassismus bei Michel Foucault und Giorgio Agamben. In: Bröckling, Ulrich/Bühler, Benjamin/Hahn, Marcus/Schöning, Matthias/Weinberg, Manfred (Hrsg.), Disziplinen des Lebens. Zwischen Anthropologie, Literatur und Politik. Tübingen: Narr, 257–274.

Lemke, Thomas (2014): Gouvernementalität. In: Kammler, Clemens/Parr, Rolf/Schneider, Ulrich Johannes (Hrsg.), Foucault Handbuch. Leben - Werk - Wirkung. Sonderausg. Stuttgart: J. B. Metzler, 260–263.

Link, Jürgen (1988): Medien und „Asylanten“: Zur Geschichte eines Unworts. In: Thränhardt, Dietrich/Wolken, Simone (Hrsg.), Flucht und Asyl. Informationen, Analysen, Erfahrungen aus der Schweiz und der Bundesrepublik Deutschland. Freiburg im Breisgau: Lambertus, 50–61.

LMI - Land Matrix Initiative (2019a): By Data Source Type. Text abrufbar unter: https://landmatrix.org/data/by-data-source-type/? (Zugriff am 26.4.2019).

LMI - Land Matrix Initiative (2019b): Frequently Asked Questions (FAQs). Land Matrix. Text abrufbar unter: https://landmatrix.org/faq/ (Zugriff am 7.5.2019).

LMI - Land Matrix Initiative (2019c): Land Matrix - Data. (Excel Tabelle. Stand: 26.04.2019). Text abrufbar unter: https://landmatrix.org/data/all.xls/? (Zugriff am 26.4.2019).

LMI - Land Matrix Initiative (2019d): Web of transnational deals. Land Matrix. Text abrufbar unter: https://landmatrix.org/charts/web-of-transnational-deals/ (Zugriff am 26.4.2019).

LMI - Land Matrix Initiative (2019e): Web of transnational deals. (Default filters are disabled). Text abrufbar unter: https://landmatrix.org/charts/web-of-transnational-deals/ (Zugriff am 6.5.2019).

Loomba, Ania (2007): Colonialism/postcolonialism. London, New York: Routledge.

Lückoff, Janina (2019): „Ankerzentren“: „Es geht doch nur um einen Namen“. Tagesschau.de. Text abrufbar unter: https://www.tagesschau.de/inland/asylpolitik-ankerzentren-101.html (Zugriff am 8.4.2019).

Lüders, Jenny (2007): Soziale Arbeit und „Bildung“. Ein foucaultscher Blick auf ein umstrittenes Konzept. In: Anhorn, Roland/Bettinger, Frank/Stehr, Johannes (Hrsg.), Foucaults Machtanalytik und Soziale Arbeit. Eine kritische Einführung und Bestandsaufnahme. Wiesbaden: Springer VS, 185–202.

Marrenbach, Jenny (2018): EU-Fangflotten im Senegal - Wie Fischfang Migration auslöst. Deutschlandfunk Kultur. Text abrufbar unter: https://www.deutschlandfunkkultur.de/eu-fangflotten-im-senegal-wie-fischfang-migration-ausloest.979.de.html?dram:article_id=420002 (Zugriff am 15.5.2019).

Maurer, Susanne/Weber, Susanne Maria (2006): Die Kunst, nicht dermaßen regiert zu werden. Gouvernementalität als Perspektive für die Erziehungswissenschaft. In: Weber, Susanne Maria/Maurer, Susanne (Hrsg.), Gouvernementalität und Erziehungswissenschaft. Wissen - Macht - Transformation. Wiesbaden: VS Verlag für Sozialwissenschaften, 9–36.

Mecheril, Paul/Scherschel, Karin (2009): Rassismus und „Rasse". In: Melter, Claus/Mecheril, Paul (Hrsg.), Rassismuskritik. Band 1: Rassismustheorie und -forschung. Schwalbach/Ts: Wochenschau, 39–58.

Mecheril, Paul/Scherschel, Karin/Schrödter, Mark (2003): „Ich möchte halt von dir wissen, wie es ist, du zu sein". Die Wiederholung der alienierenden Zuschreibung durch qualitative Forschung. In: Badawia, Tarek/Hamburger, Franz/Hummrich, Merle (Hrsg.), Wider die Ethnisierung einer Generation. Beiträge zur qualitativen Migrationsforschung. Frankfurt am Main u.a.: IKO, 93–110.

Meisner, Matthias (2015): Flüchtlinge: Der braune Mob von Heidenau. In: *Die Zeit*, Hamburg, 22. August 2015. Text abrufbar unter: https://www.zeit.de/gesellschaft/zeitgeschehen/2015-08/heidenau-fluechtlinge-ausschreitungen-polizei (Zugriff am 25.3.2019).

Merten, Klaus (1986): Das Bild der Ausländer in der deutschen Presse: Ergebnisse einer systematischen Inhaltsanalyse. Frankfurt: Dagyeli.

Meyer, Katrin/Purtschert, Patricia (2008): Migrationsmanagement und die Sicherheit der Bevölkerung. In: Purtschert, Patricia/Meyer, Katrin/Winter, Yves (Hrsg.), Gouvernementalität und Sicherheit. Zeitdiagnostische Beiträge im Anschluss an Foucault. Bielefeld: Transcript, 149–172.

Milanović, Branko (2016): Die ungleiche Welt. Migration, das Eine Prozent und die Zukunft der Mittelschicht. Berlin: Suhrkamp.

NDMM - Neue deutsche Medienmacher*innen (2018): Glossar der Neuen deutschen Medienmacher*innen Formulierungshilfen für die Berichterstattung im Einwanderungsland. Text abrufbar unter: https://www.neuemediennmacher.de/Glossar_Webversion.pdf (Zugriff am 25.4.2019).

Neue deutsche Medienmacher (Hrsg.) (2015): Glossar der Neuen deutschen Medienmacher. Formulierungshilfen für die Berichterstattung im Einwanderungsland. Berlin. Text abrufbar unter: http://www.neuemedienmacher.de/wp-content/uploads/2015/04/NdM_Glossar_www.pdf (Zugriff am 21.8.2015).

Neumann, Ursula/Niedrig, Heike/Schroeder, Joachim/Seukwa, Louis Henri (Hrsg.), (2003a): Beschreibung des Forschungsprojekts. Fragestellungen, theoretische Einbettung und methodische Ansätze. In: Lernen am Rande der Gesellschaft. Bildungsinstitutionen im Spiegel von Flüchtlingsbiografien. Münster u.a.: Waxmann, 23–40.

Neumann, Ursula/Niedrig, Heike/Schroeder, Joachim/Seukwa, Louis Henri (Hrsg.) (2003b): Lernen am Rande der Gesellschaft. Bildungsinstitutionen im Spiegel von Flüchtlingsbiografien. Münster u.a.: Waxmann.

Niedrig, Heike (2015): Ausländer und Flüchtlinge. Eine postkoloniale Diskursanalyse. In: Dirim, İnci/Gogolin, Ingrid/Knorr, Dagmar/Krüger-Potratz, Marianne/Lengyel, Drorit/Reich, Hans H./Weiße, Wolfram (Hrsg.), Impulse für die Migrationsgesellschaft. Bildung, Politik und Religion. Münster, New York: Waxmann, 27–36.

Niedrig, Heike/Schroeder, Joachim (2003): Doing black - doing gender. Afrikanische Flüchtlingsjugendliche in Hamburg aus Genderperspektive. In: Böll, Verena/Günther, Ursula/Hemshorn de Sánchez, Britta/Niedrig, Heike/Schroeder, Joachim (Hrsg.), Umbruch - Bewältigung - Geschlecht: Genderstudien zu afrikanischen Gesellschaften in Afrika und Deutschland. Münster, New York, München, Berlin: Waxmann, 91–108.

Niedrig, Heike/Seukwa, Louis Henri (2010): Die Ordnung des Diskurses in der Flüchtlingskonstruktion: Eine postkoloniale Re-Lektüre. In: *Diskurs Kindheits- und Jugendforschung*, 5. Jg. (2/2010), 181–193.

Nohl, Arnd-Michael (2017): Politische Erziehung durch Medienberichterstattung? Diskurse zu Flucht und Asyl 2015 in der Mitte-Rechts-Presse und linksalternativen Presse. In: *Zeitschrift für Flüchtlingsforschung*, 1 (2), 244–274.

Nohl, Arnd-Michael/Pusch, Barbara (2017): »Wir schaffen das«: Politische Erziehung im Zuge der CDU-Flüchtlingswende 2015. In: *Vierteljahrsschrift für wissenschaftliche Pädagogik*, 93 (3), 324–344.

Nolte, Kerstin/Chamberlain, Wytske/Giger, Markus (2016): International Land Deals for Agriculture. Fresh Insights from the Land Matrix: Analytical Report II. Text abrufbar unter: http://boris.unibe.ch/85304/ (Zugriff am 6.5.2019).

Nuscheler, Franz (2004): Internationale Migration. Flucht und Asyl. 2. Aufl. Wiesbaden: VS Verlag für Sozialwissenschaften.

Obert, Michael (2017): An der Grenze. In: *Süddeutsche Magazin*, Nr. 23. 9. Juni 2017, 22–39.

Ofuatey-Alazard, Nadja (2011): Koloniale Kontinuitäten in Deutschland. In: Arndt, Susan/Ofuatey-Alazard, Nadja (Hrsg.), Wie Rassismus aus

Wörtern spricht: (K)Erben des Kolonialismus im Wissensarchiv deutscher Sprache. Ein kritisches Nachschlagewerk. Münster: Unrast, 136–153.

Ofuatey-Alzard, Nadja (2011): Sklave/Sklavin. In: Arndt, Susan/Ofuatey-Alazard, Nadja (Hrsg.), Wie Rassismus aus Wörtern spricht: (K)Erben des Kolonialismus im Wissensarchiv deutscher Sprache. Ein kritisches Nachschlagewerk. Münster: Unrast, 519–520.

Orth, Stephan (2015): Flüchtlinge auf Ungarns Autobahnen. Dann eben zu Fuß. Spiegel Online. Text abrufbar unter: https://www.spiegel.de/politik/ausland/fluechtlinge-in-ungarn-zu-fuss-unterwegs-mit-einem-treck-a-1051498.html (Zugriff am 15.4.2019).

Parr, Rolf (2014): Diskurs. In: Kammler, Clemens/Parr, Rolf/Schneider, Ulrich Johannes (Hrsg.), Foucault Handbuch. Leben - Werk - Wirkung. Sonderausg. Stuttgart: J. B. Metzler, 233–237.

Peters, Dominik/Popp, Maximilian (2018): Deal mit Libyen: Für Flüchtlinge die Hölle - für die EU ein Partner. In: *Spiegel Online*, 12. April 2018. Text abrufbar unter: https://www.spiegel.de/politik/ausland/libyen-die-hoelle-fuer-fluechtlinge-ein-partner-fuer-die-eu-a-1202364.html (Zugriff am 15.4.2019).

Popp, Maximilian/Ulrich, Andreas/Wiedmann-Schmidt, Wolf (2016): Chronik einer Überforderung. In: *Der Spiegel*, Nr. 3. 16. Januar 2016, 26–29.

Pries, Ludger (2011): Transnationalisierung der sozialen Welt als Herausforderung und Chance. In: Heinrich-Böll-Stiftung (Hrsg.), Transnationalismus und Migration. Dossier. Berlin, 8–18. Text abrufbar unter: https://heimatkunde.boell.de/sites/default/files/dossier_transnationalismus_und_migration.pdf (Zugriff am 11.1.2021).

Pro Asyl (2015): Asylpaket I in Kraft: Überblick über die ab heute geltenden asylrechtlichen Änderungen. Pro Asyl. Text abrufbar unter: https://www.proasyl.de/hintergrund/asylpaket-i-in-kraft-ueberblick-ueber-die-ab-heute-geltenden-asylrechtlichen-aenderungen/ (Zugriff am 8.2.2017).

Pro Asyl (2016): Asylpaket II in Kraft: Überblick über die geltenden asylrechtlichen Änderungen. Pro Asyl. Text abrufbar unter: https://www.proasyl.de/hintergrund/asylpaket-ii-in-kraft-ueberblick-ueber-die-geltenden-asylrechtlichen-aenderungen/ (Zugriff am 8.2.2017).

Pro Asyl (2018): #NichtMeineLager. Gegen die Entrechtung schutzsuchender Menschen. Frankfurt am Main. Text abrufbar unter: https://www.proasyl.de/wp-content/uploads/2018/09/PRO_ASYL_Brosch%C3%BCre_NichtMeineLager-web.pdf (Zugriff am 8.4.2019).

Pro Asyl (2019): Stellungnahme zum Entwurf eines Zweiten Gesetzes zur besseren Durchsetzung der Ausreisepflicht (Geordnete-Rückkehr-Gesetz). Text abrufbar unter: https://www.proasyl.de/wp-content/uploads/PRO-ASYL_Stellungnahme-zum-Geordnete-R%C3%BCckkehr-Gesetz-1.pdf (Zugriff am 24.4.2019).

Püschel, Jürgen/Weiß, Hans-Jürgen (1996): Fernsehberichterstattung über Rechtsextremismus. Ausländer und Asyl im Ländervergleich. In: Jungk, Sabine (Hrsg.), Zwischen Skandal und Routine? Rechtsextremismus in Film und Fernsehen. Marburg: Schüren, 77–95.

Raithel, Jürgen/Dollinger, Bernd/Hörmann, Georg (2009): Einführung Pädagogik. Begriffe, Strömungen, Klassiker, Fachrichtungen. 3. Auflage. Wiesbaden: VS Verlag für Sozialwissenschaften.

Reich, David (2018): How Genetics Is Changing Our Understanding of 'Race'. In: *The New York Times (Online)*, 23. März 2018. Text abrufbar unter: https://www.nytimes.com/2018/03/23/opinion/sunday/genetics-race.html (Zugriff am 3.5.2018).

Rieger, Günter (1998): Einwanderung und Gerechtigkeit. Mitgliedschaftspolitik auf dem Prüfstand amerikanischer Gerechtigkeitstheorien der Gegenwart. Wiesbaden: Springer VS.

Rommelspacher, Birgit (2009): Was ist eigentlich Rassismus? In: Melter, Claus/Mecheril, Paul (Hrsg.), Rassismuskritik. Band 1: Rassismustheorie und -forschung. Schwalbach/Ts: Wochenschau, 25–38.

Ruoff, Michael (2013): Foucault-Lexikon. Entwicklung - Kernbegriffe - Zusammenhänge. 3., aktualisierte und erw. Aufl., Erstausgabe 2007. Paderborn: Fink.

Scherr, Albert (2013): Offene Grenzen? Migrationsregime und die Schwierigkeiten einer Kritik des Nationalismus. In: *Prokla - Zeitschrift für kritische Sozialwissenschaft*, (2/2013, 43. Jg., Heft 171), 335–349.

Scherr, Albert (2015a): Flüchtling. In: *Peripherie. Zeitschrift für Politik und Ökonomie in der Dritten Welt*, Dis-Placement: Flüchtlinge zwischen Orten (138–139/2015), 358–360.

Scherr, Albert (2015b): Soziale Arbeit mit Flüchtlingen. Die Realität der „Menschenrechtsprofession" im nationalen Wohlfahrtsstaat. In: *Sozial Extra*, 39. Jg. (4/2015), 16–19.

Scheu, Johannes (2014): Der blinde Fleck: Biopolitik Staatsrassismus und Gouvernementalität bei Michel Foucault und Giorgio Agamben. In: Vasilache, Andreas (Hrsg.), Gouvernementalität, Staat und Weltgesellschaft: Studien zum Regieren im Anschluss an Foucault. Wiesbaden: Springer VS, 59–82.

Schiefer, David (2017): Wie gelingt Integration? Asylsuchende über ihre Lebenslagen und Teilhabeperspektiven in Deutschland. Studie des SVR-Forschungsbereichs 2017-4. Berlin: SVR GmbH. Text abrufbar unter: http://www.svr-migration.de/wp-content/uploads/2016/01/Was-wir-%C3%BCber-Fl%C3%BCchtlinge-nicht-wissen.pdf (Zugriff am 8.2.2016). Berlin.

Schiffer, Sabine (2004): Die Darstellung des Islams in der Presse. Sprache, Bilder, Suggestionen. Eine Auswahl von Techniken und Beispielen. Dissertation. Erlangen: Universität Erlangen-Nürnberg.

Schlindwein, Simone (2019): Irgendwo in Afrika: Konsequenzen der Auslagerung der EU-Grenzen. Text abrufbar unter: http://www.bpb.de/gesellschaft/migration/kurzdossiers/283720/konsequenzen-der-auslagerung-der-eu-grenzen (Zugriff am 9.4.2019).

Schmid, Salome (2018): Zwischen Kriminalisierung und Regulierung: Der schwindende Aktionsradius der zivilen Seenotrettungsorganisationen im Mittelmeer – ein Eingriff in die Vereinigungsfreiheit? In: *Sui Generis*, 285–296.

Schmitt, Martin/Bitterwolf, Maria/Baraulina, Tatjana (2019): Geförderte Rückkehr aus Deutschland: Motive und Reintegration. Eine Begleitstudie zum Bundesprogramm StarthilfePlus. Forschungsbericht 34 des Forschungszentrums des Bundesamtes. Nürnberg. Text abrufbar unter: https://www.bamf.de/SharedDocs/Anlagen/DE/Forschung/Forschungsberichte/fb34-evaluation-starthilfeplus.pdf?__blob=publicationFile&v=4 (Zugriff am 19.3.2021).

Schroeder, Joachim (2003): Umbruch und Bewältigung. Reflexionen zu einem widerständigen Kategorienpaar aus erziehungswissenschaftlicher Sicht. In: Neumann, Ursula/Niedrig, Heike/Schroeder, Joachim/Seukwa, Louis Henri (Hrsg.), Lernen am Rande der Gesellschaft. Bildungsinstitutionen im Spiegel von Flüchtlingsbiografien. Münster u.a.: Waxmann.

Semsrott, Arne (2018): Exklusiv: Interner Diplomatenbericht zu „KZ-ähnlichen" Verhältnissen in libyschen Flüchtlingslagern. FragDenStaat. Text abrufbar unter: https://fragdenstaat.de/blog/2018/05/07/libyen-fluechtlingslager/ (Zugriff am 15.4.2019).

Seukwa, Louis Henri (2006): Der Habitus der Überlebenskunst: Zum Verhältnis von Kompetenz und Migration im Spiegel von Flüchtlingsbiographien. Münster: Waxmann.

Seukwa, Louis Henri (2007): „Zum Flüchtling wird man gemacht": Ein (de) konstruktivistischer Blick auf Migrationsdiskurse. In: *Afrika & Wissenschaft*, Diaspora und Staatsbildungsprozess in Afrika-Eine Analyse aus dem Blick der Armutsbekämpfung (02/2007), 69–83.

Seukwa, Louis Henri (2014): Soziale Arbeit mit Flüchtlingen zwischen Macht und Ohnmacht. In: Gag, Maren/Voges, Franziska (Hrsg.), Inklusion auf Raten: Zur Teilhabe von Flüchtlingen an Ausbildung und Arbeit. Münster, New York: Waxmann, 49–59.

Seukwa, Louis Henri/Dauer, Roxana (2018): „Flüchtlinge“: Begriffe und Diskurse auf dem Prüfstand. In: Dewitz, Nora von/Terhart, Henrike/Massumi, Mona (Hrsg.), Neuzuwanderung und Bildung. Eine interdisziplinäre Perspektive auf Übergänge in das deutsche Bildungssystem. Weinheim, Basel: Beltz Juventa, 59–83.

SIPRI - Stockholm International Peace Research Institute (Hrsg.) (2018): SIPRI Yearbook 2018. Armaments, Disarmament and International Security. Kurzfassung auf Deutsch. Text abrufbar unter: https://www.sipri.org/sites/default/files/2018-09/sipri_yb18_summary_de_0.pdf (Zugriff am 23.4.2019).

Sommerfeldt, Nando (2016): Wirtschaft fürchtet sich vor neuem Flüchtlingsstrom.

Spanhel, Dieter (2002): Medienkompetenz als Schlüsselbegriff. In: *Forum Mediethik*, 1/2002, 48–53.

Spiegel Online (2016): Asylunterkunft in Sachsen. Rechter Mob bepöbelt Flüchtlinge. Spiegel Online. Text abrufbar unter: https://www.spiegel.de/video/fluechtlinge-rechte-bepoebeln-bus-mit-fluechtlingen-clausnitz-video-1651667.html (Zugriff am 15.4.2019).

Spivak, Gayatri Chakravorty (1988): In Other Worlds. Essays in Cultural Politics. New York u.a.: Routledge.

Spivak, Gayatri Chakravorty (1990): The Post-Colonial Critic. Interviews, Strategies, Dialogues. New York, u.a.: Routledge.

Spivak, Gayatri Chakravorty (1999): A Critique of Postcolonial Reason. Toward a History of The Vanishing Present. 2. Aufl. Cambridge, London: Harvard University Press.

Spivak, Gayatri Chakravorty (2007): Feminism and Human Rights. In: Shaikh, Nermeen (Hrsg.), The Present as History. Critical Perspectives on Contemporary Global Power. New York: Columbia University Press, 172–202.

Spivak, Gayatri Chakravorty (2008): Can the subaltern speak? Postkolonialität und subalterne Artikulation. Wien: Turia & Kant.

Spivak, Gayatri Chakravorty (2011): Ein moralisches Dilemma. In: Castro Varela, María do Mar/Dhawan, Nikita (Hrsg.), Soziale (Un)Gerechtigkeit. Kritische Perspektiven auf Diversity, Intersektionalität und Antidiskriminierung. Berlin u.a.: Lit-Verl., 62–77.

Spivak, Gayatri Chakravorty (2013): The Spivak Reader. Selected Works of Gayati Chakravorty Spivak. New York, London: Routledge.

Spivak, Gayatri Chakravorty (2014): Kritik der postkolonialen Vernunft. Hin zu einer Geschichte der verrinnenden Gegenwart. Stuttgart: Kohlhammer.

Staud, Toralf (2018): Straf- und Gewalttaten von rechts: Was sagen die offiziellen Statistiken? Bundeszentrale für politische Bildung. Text abrufbar unter:

http://www.bpb.de/politik/extremismus/rechtsextremismus/264178/pmk-statistiken (Zugriff am 26.8.2019).

Stauff, Markus (2014): Cultural Studies. In: Kammler, Clemens/Parr, Rolf/Schneider, Ulrich Johannes (Hrsg.), Foucault Handbuch. Leben – Werk – Wirkung. Sonderausg. Stuttgart: J.B. Metzler, 358–367.

Steinke, Ines (2010): Gütekriterien qualitativer Forschung. In: Flick, Uwe/Kardorff, Ernst von/Steinke, Ines (Hrsg.), Qualitative Forschung. Ein Handbuch, Bd. 6. 8. Aufl. Reinbek bei Hamburg: Rowohlt, 319–331.

Thiele, Matthias (2005): Flucht, Asyl und Einwanderung im Fernsehen. Konstanz: UVK.

Treibel, Annette (2004): Einführung in soziologische Theorien der Gegenwart. 6., überarbeitete uns aktualisierte Aufl. Wiesbaden: Springer Fachmedien.

Treibel, Annette (2011): Migration in modernen Gesellschaften. Soziale Folgen von Einwanderung, Gastarbeit und Flucht. 5. Aufl. Weinheim, München: Juventa.

Tretbar, Christian (2016): Die Schande von Clausnitz. Der Tagesspiegel. Text abrufbar unter: https://www.tagesspiegel.de/politik/mob-blockiert-bus-mit-fluechtlingen-die-schande-von-clausnitz/12991676.html (Zugriff am 25.3.2019).

Unger, Hella von (2014): Forschungsethik in der qualitativen Forschung: Grundsätze, Debatten und offene Fragen. In: Unger, Hella von/Narimani, Petra/M´Bayo, Rosaline (Hrsg.), Forschungsethik in der qualitativen Forschung. Wiesbaden: Springer VS, 15–39.

UNHCR – United Nations High Commissioner for Refugees (2015): Genfer Flüchtlingskonvention. UNHCR. The UN Refugee Agency. Text abrufbar unter: http://www.unhcr.de/mandat/genfer-fluechtlingskonvention.html?L=0%25253D (Zugriff am 14.9.2015).

UNHCR – United Nations High Commissioner for Refugees (2018a): Gefährliche Mittelmeerroute: bereits 2.000 Tote dieses Jahr und es werden immer mehr. UNHCR Deutschland. Text abrufbar unter: https://www.unhcr.org/dach/de/26876-2-000-menschenleben-und-es-werden-immer-mehr-zentrales-mittelmeer-immer-gefaehrlicher.html (Zugriff am 4.6.2021).

UNHCR – United Nations High Commissioner for Refugees (Hrsg.) (2018b): UNHCR Global Trends. Forced Displacement in 2017. Genf: UNHCR. Text abrufbar unter: https://www.unhcr.org/statistics/unhcrstats/5b27be547/unhcr-global-trends-2017.html (Zugriff am 25.4.2019).

UNHCR – United Nations High Commissioner for Refugees (2019a): Desperate Journeys. Refugees and migrants arriving in Europe and at Europe's borders. January - December 2018. Text abrufbar unter: https://data2.unhcr.org/en/documents/download/67712 (Zugriff am 25.4.2019).

UNHCR - United Nations High Commissioner for Refugees (2019b): Flüchtlinge - UNHCR Deutschland. UNHCR. Text abrufbar unter: https://www.unhcr.org/dach/de/ueber-uns/wem-wir-helfen/fluechtlinge (Zugriff am 17.4.2019).

UNHCR - United Nations High Commissioner for Refugees (2019c): Über uns. Die UN-Flüchtlingsorganisation UNHCR im Überblick. *UNHCR*, Text abrufbar unter: https://www.unhcr.org/dach/de/ueber-uns (Zugriff am 17.4.2019).

Vasilache, Andreas (2014): Einleitung: Gouvernementalität, Staat und internationale Politik. In: Vasilache, Andreas (Hrsg.), Gouvernementalität, Staat und Weltgesellschaft: Studien zum Regieren im Anschluss an Foucault. Wiesbaden: Springer VS, 1–20.

VBRG - Verband der Beratungsstellen für Betroffene rechter, rassistischer und antisemitischer Gewalt e.V (2019): Rechte, rassistische und antisemitische Gewalt 2003 bis 2017. VBRG.de. Text abrufbar unter: https://www.verband-brg.de/betroffene-rechtsmotivierter-gewalt-2009-2017/ (Zugriff am 26.8.2019).

Wedekind, Lara (2017): Ein ganz normales „Bootsunglück". Eine Ereignisanalyse. In: Jäger, Margarete/Wamper, Regina (Hrsg.), Von der Willkommenskultur zur Notstandsstimmung. Der Fluchtdiskurs in deutschen Medien 2015 und 2016, 170–177.

Wedl, Juliette (2008): Medien in der Triade von Wissen, Macht und Subjektivierung. Text abrufbar unter: http://www.strategiespielen.de/wordpress/wp-content/j_wedl_medien_als_regierungstechnologien.pdf (Zugriff am 19.3.2021).

Wellgraf, Stefan (2008): Migration und Medien. Wie Fernsehen, Radio und Print auf die Anderen blicken. Münster: Lit.

Wengeler, Martin (1993): „Asylantenfluten" im „Einwanderungsland" Deutschland. Brisante Wörter in der Asyldiskussion. In: *Sprache und Literatur in Wissenschaft und Unterricht*, (72/1993), 2–29.

Wengeler, Martin (1995): „Multikulturelle Gesellschaft" oder „Ausländer raus"? Der sprachliche Umgang mit der Einwanderung seit 1945. In: Wengeler, Martin/Stötzel, Georg (Hrsg.), Kontroverse Begriffe: Geschichte des öffentlichen Sprachgebrauchs in der Bundesrepublik Deutschland. Berlin, New York: de Gruyter, 711–749.

Wintersteiner, Werner/Grobbauer, Heidi (2009): Global Citizenship Education. Text abrufbar unter: https://www.aau.at/wp-content/uploads/2019/07/Information-ULG-Global-Citizenship-Education-Deutsch.pdf (Zugriff am 19.3.2021).

Wodak, Ruth (1994): Formen rassistischen Diskurses über Fremde. In: Brünner, Gisela/Graefen, Gabriele (Hrsg.), Texte und Diskurse. Methoden und Forschungsergebnisse der Funktionalen Pragmatik. Wiesbaden: VS Verlag für Sozialwissenschaften, 265–284.

Yildiz, Erol (2006): Stigmatisierende Mediendiskurse in der kosmopolitanen Einwanderungsgesellschaft. In: Butterwegge, Christoph/Hentges, Gudrun (Hrsg.), Massenmedien, Migration und Integration. Herausforderungen für Journalismus und politische Bildung. 2., korrigierte und aktualisierte Aufl. Wiesbaden: Springer VS, 37–54.

Ziegelmayer, Usha (2014): „Wir sind hier, weil ihr unsere Länder zerstört" Überfischung und Landgrabbing: Warum Europa mitverantwortlich ist für die Migration aus dem Senegal. In: Heinrich-Böll-Stiftung e.V. (Hrsg.), *Böll. Thema*, Flucht und Migration (3/2014), 8–10.

Interkulturelle Pädagogik und postkoloniale Theorie

Herausgegeben von Heike Niedrig und Louis Henri Seukwa

Band	1	Patricia Baquero Torres: Kultur und Geschlecht in der Interkulturellen Pädagogik. Eine postkoloniale Re-Lektüre. 2009.
Band	2	Heike Niedrig / Christian Ydesen (eds.): Writing Postcolonial Histories of Intercultural Education. 2011.
Band	3	Frauke Meyer: Kompetenzzuschreibungen und Positionierungsprozesse. Eine postkoloniale Dekonstruktion im Kontext von Migration und Arbeitsmarkt. 2012.
Band	4	Susanne Spieker: Die Entstehung des modernen Erziehungsdenkens aus der europäischen Expansion. 2015.
Band	5	Astride Velho: Alltagsrassismus erfahren. Prozesse der Subjektbildung – Potenziale der Transformation. 2016.
Band	6	Mariam Arouna: Positionierungen im Fluchtkontext. Zur Handlungsfähigkeit geflüchteter Jugendlicher vor dem Hintergrund gesellschaftlicher Flüchtlingskonstruktionen. 2018.
Band	7	Mona Massumi: Migration im Schulalter. Systemische Effekte der deutschen Schule und Bewältigungsprozesse migrierter Jugendlicher. 2019.
Band	8	Louis Henri Seukwa / Uta Wagner (Hrsg.): Pädagogik angesichts von Vulnerabilität und Exklusion. Bummeln durch die Landschaft der Randständigkeit. 2021.

Band 9 Sofie Olbers: Theater im Fluchtkontext. Für ein widerspruchsensibles Re-Präsentieren in der Kulturellen Bildung. 2022.

Band 10 Louis Henri Seukwa / Elina Marmer / Cornelia Sylla: The Challenge of Cultural Heritage and Identity for Inclusive and Open Societies. 2022.

Band 11 Roxana Dauer: Flucht - Nation - Soziale Ungleichheit. 2022.

www.peterlang.com

www.ingramcontent.com/pod-product-compliance
Ingram Content Group UK Ltd.
Pitfield, Milton Keynes, MK11 3LW, UK
UKHW021317071026
8980IPUK00046B/220

9 783631 885062